AF304780

Esta publicación se edita con motivo de la exposición *Art et Liberté: ruptura, guerra y surrealismo en Egipto (1938-1948)*, presentada en el Museo Reina Sofía del 14 de febrero de 2016 al 28 de mayo de 2017

CIRCUITO DE EXPOSICIÓN
Centre national d'art et de culture Georges Pompidou, Paris
19.10.2016 - 16.01.2017

Kunstsammlung Nordrhein-Westfalen, Düsseldorf, K20 Ständehaus
15.07.2017 - 15.10.2017

Tate Liverpool
17.11.2017 - 18.03.2018

ISBN 978-2-37074-049-6
NIPO 036-17-001-3

La ortografía de los nombres de los artistas en esta publicación respeta, cuando es aplicable, sus firmas en sus obras, y la forma en que aparecen en la mayoría de las fuentes primarias.

MINISTERIO DE EDUCACIÓN, CULTURA Y DEPORTE

Ministro
Iñigo Méndez de Vigo y Montojo

REAL PATRONATO DEL MUSEO NACIONAL CENTRO DE ARTE REINA SOFÍA

Presidencia de Honor
SS.MM. los Reyes de España

Presidente
Guillermo de la Dehesa Romero

Vicepresidente
Carlos Solchaga Catalán

Vocales
Alberto Nadal
Fernando Benzo Sainz
José Canal
Luis Lafuente
Manuel Borja-Villel
Michaux Miranda Paniagua
José Joaquín de Ysasi-Ysasmendi Adaro
José Capa Eiriz
María Bolaños Atienza
Miguel Ángel Cortés Martín
Montserrat Aguer Teixidor
Zdenka Badovinac
Marcelo Mattos Araújo
Santiago de Torres Sanahuja
Salvador Alemany
César Alierta Izuel
Ana Patricia Botín Sanz de Sautuola O'Shea
Isidro Fainé Casas
Ignacio Garralda Ruiz de Velasco
Antonio Huertas Mejías
Pablo Isla

Pilar Citoler Carilla
Claude Ruiz Picasso

Secretaria de Patronato
Fátima Morales González

Comité asesor
María de Corral López-Dóriga
Fernando Castro Flórez
Marta Gili

MUSEO NACIONAL CENTRO DE ARTE REINA SOFÍA

Director
Manuel Borja-Villel

Subdirector Artístico
João Fernandes

Subdirector Gerente
Michaux Miranda

PROYECTO REALIZADO POR EL DEPARTAMENTO DE COLECCIONES DEL MUSEO REINA SOFÍA

EXPOSICIÓN
Proyecto y comisariado
Sam Bardaouil
Till Fellrath

Jefa de colecciones
Rosario Peiró

Coordinadora General de Colecciones
Paula Ramírez Jimeno

Coordinación
Natalia Jiménez

Restauración
Pilar Hernández
Eugenia Gimeno
Ana Iruretagoyena

Registro
Carmen Cabrera
Esther Gómez
José Manuel Lara
Pureza Villaescuerna

Traducción de textos de sala
Álvaro Llamas

Diseño de montaje
María Fraile

Montaje
CUBIC S.L.

CATÁLOGO
Traducción
Casa Árabe

Edición MNCARS
Marta Alonso-Buenaposada
Mercedes Pineda

ART REORIENTED

Sam Bardaouil y Till Fellrath

Nueva York
244 5th Ave #2906 New York
NY 10001
Estados Unidos

Múnich
Corneliusstrasse 20
80469 Múnich
Alemania

ÉDITIONS SKIRA PARIS

14 rue Serpente
75006 París
www.skira.net

Dirección editorial
Nathalie Prat-Couadau

Coordinación editorial
María Laura Ribadeneira
asistida por Auriane Kolodziej
y Anissa Mahdaoui

Diseño grafico
Sophie Dupriez

Corrección
Traducciones Vaikava

Fotograbado
Litho Art New, Turín
Italia

Con la colaboración de:

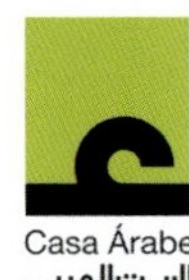

Cubierta:
RAMSES YOUNANE
Sin título (detalle), 1939
Óleo sobre lienzo
46,5 x 35,5 cm
Colección H. E. Sh. Hassan M. A. al Thani, Doha

ART ET LIBERTÉ

RUPTURA, GUERRA Y SURREALISMO EN EGIPTO (1938-1948)

BAJO LA DIRECCIÓN DE SAM BARDAOUIL Y TILL FELLRATH

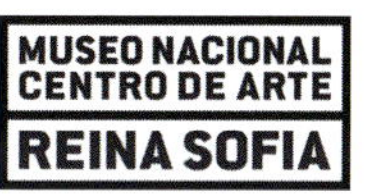
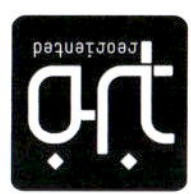
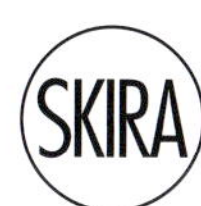

AGRADECIMIENTOS

SAM BARDAOUIL Y TILL FELLRATH

Durante los últimos cinco años, hemos emprendido la complicada tarea de organizar una exposición sobre la importante y, no obstante, poco conocida, historia del grupo Art et Liberté y su refundición del surrealismo en Egipto. Para encajar las piezas de este rompecabezas de la historia del arte, hemos viajado por todo el mundo a ciudades tan distintas como París, Londres, Roma, Tesalónica, Doha, Beirut, Dayton, Nueva York, Los Ángeles, Chicago o Tokio. En Egipto, donde comenzó nuestra aventura, pasamos un tiempo considerable siguiendo el rastro de los miembros del colectivo, hablando con sus descendientes y visitando los lugares en los que acontecieron sus actividades. Descubrimos y analizamos cientos de documentos originales y de archivo escritos en árabe, francés, inglés, griego, italiano y alemán, fiel reflejo del cosmopolitismo del grupo.

Entre 2012 y 2013, hicimos una presentación preliminar del trabajo de investigación que estábamos realizando en nuestra exposición itinerante *Tea with Nefertiti* [Té con Nefertiti]. Hoy, nos honra y enorgullece presentar el resultado de nuestro trabajo, y queremos dar las gracias a todos aquellos que lo han hecho posible. Nuestra exposición *Art et Liberté: ruptura, guerra y surrealismo en Egipto (1938-1948)* es la primera exposición museística completa en torno a este tema y reúne 110 obras de arte y 150 documentos de archivo; la mayoría de ellos se exponen y editan aquí por primera vez. Ellos son testimonio del legado del grupo, no solo en el contexto del arte moderno en Egipto en particular, sino también de un singular capítulo de la historia del surrealismo en general.

A lo largo de este proceso, hemos tenido la suerte de gozar del apoyo de muchos agentes e instituciones a los que queremos mostrar nuestro reconocimiento y agradecimiento de todo corazón.

Préstamos

Antes de nada, nos gustaría mostrar nuestra gratitud a las 46 personas e instituciones que nos han cedido las obras de arte y documentos que aquí se exponen. Su confianza y generosidad han hecho posible sacar a la luz y dar a conocer al público muchísimos cuadros, obras en papel, fotografías, publicaciones y documentos de archivo excepcionales.

Nuestro más caluroso agradecimiento para los siguientes coleccionistas privados: Waleed Abdulkhalek, Soraya Antonius, Mona Barakat, Alexandre Bideau, Christophe Bouleau, herederos de Chafik Charobim, Mai el-Dib, herederos de Abdel Hadi el-Gazzar, familia El-Telmissany, Nadim Elias, Colección Henein-Farhi, Sergio Grossetti, Michael Holter, Fatenn Mostafa Kanafani, herederos de Robert Medley, herederos de Laurent Marcel Salinas, Naguib y Ghada Sawiris, Sherwet Shafie, Hassan al Thani, Kareem Wissa, Evelyne Yeatman, familia Younan, Kamal Youssef, Yasser Hashem.

Queremos también dar las gracias a las siguientes instituciones por sus préstamos: Rateb Seddik Museum, El Cairo; Ministerio de Cultura egipcio de la República Árabe de Egipto; Sección de Bellas Artes; Institut dominicain d'études orientales, El Cairo; Library of American University of Cairo; Bibliothèque Georges et Boula Henein del Institut Français de El Cairo; Centre d'Études Alexandrines (CEALEX), Alejandría; Arab Image Foundation, Beirut; Mathaf: Arab Museum of Modern Art, Doha; The Barjeel Art Foundation, Sharjah; The European Cultural Centre of Delphi, Atenas y Delfos; The National Portrait Gallery, Londres; The Lee Miller Archive / Roland Penrose Art Collection, Farley Farm House, Chiddingly; la Biblioteca de la Scottish National Gallery of Modern Art, Edimburgo; Bibliothèque Kandinsky en el Centre Pompidou, París; Bibliothèque de Documentation Internationale Contemporaine, Nanterre; Universités de Paris: Bibliothèque Littéraire Jacques Doucet y Bibliothèque Interuniversitaire Sainte-Geneviève, París; Museo de Institut du Monde Arabe, París; The Musée Nicéphore Nièpce, Chalon-sur-Saône; y la Biblioteca Beinecke Rare Books and Manuscripts de la Yale University, New Haven.

Colaboradores

Nos gustaría dar las gracias a las numerosas personas e instituciones que han apoyado este proyecto de muchas maneras diferentes: desde facilitar el intercambio de ideas hasta asistir en varios aspectos de la investigación, pasando por actuar como generosos interlocutores que nos han puesto en contacto con distintas entidades, colecciones y herederos de artistas. Agradecemos en este sentido a Mona Abaza, Reda Abdel Rahman, Nabil Abou el-Hassan, Emad Badr el-Din Abu Ghazi, Wafik Chammaa, Jean Colombain, Ahmad el-Dabbaa, Esmat el-Dawastashy, Chris Dercon, Laila Effat el-Gazzar, Hager el-Hadidi, Mostafa el-Razzaz, Bashir el-Sibai, Tarek el-Telmisany, Catherine Farhi, Hesham Geshta, Samir Gharib, James Gifford, Valerie Hess, James Hyman, Jean-Roch Giovachini, Daniel Lançon, J. R. LeShufy, Karen LeShufy, Nazli Madkour, Nuria Medina, Samia Mehrez, Elizabeth Miller, Yasser Mongy, Mandy Prowse, Hussam Rashwan, Markus Richter, Francesca Rondinelli, Irene Rustom, Mona Said, Mohamed Salmawy, Sarah Salmaway, Hala Sarofim, Taya Sawiris, Ola Seif, Nicholas Serota, Nada Shabout, Avinoam Shalem, Ragy Soliman, Przemyslaw Strozek, Mohammad Talaat, May Telmissnay, Mercedes Volait, Nadia von Maltzahn, Anna Wallace Thompson, Annie White, Doreen Wenzel, Mai Yannie, Sonia Younan, Sylvie Younan.

Nuestra gratitud para Ines Bouaillon, coordinadora del proyecto en la exposición en el Centre Pompidou, por su ayuda a la hora de obtener material de consulta en varias bibliotecas de París; junto con ella, a Dorothée Lacan, directora de producción de la exposición en el Centre Pompidou, por su asistencia para conseguir varias imágenes en alta definición incluidas en la presente publicación; y al departamento de material audiovisual del Centre Pompidou por su colaboración en la elaboración de proyecciones y filmaciones para la exposición. Asimismo, queremos darle las gracias a Véronique Sorano-Stedman, jefa de Restauración del Centre Pompidou; a Cinzia Pasquali, de los laboratorios de restauración Arcanes, y a sus respectivos equipos por su incansable diligencia a la hora de restaurar y preparar las obras de arte y documentos que conforman la exposición. También a la arquitecta Julie Boidin por su labor convirtiendo nuestra visión del diseño de la exposición en una experiencia espacial real, así como por todas las soluciones creativas que aportó durante el proceso. De igual modo a Ronan Prigent, agregado cultural de Francia en Egipto, por poner a nuestra disposición su talento diplomático e inagotable paciencia; y al Sr. Michael Schischke, jefe de relaciones externas del Centre Pompidou, por la cuidadosa atención que le dedicó a la cooperación con el Ministerio de Cultura francés.

Agradecemos al equipo de Skira, en particular a Francesco Baragiola, Nathalie Prat-Couadau, María Laura Ribadeneira y Sophie Dupriez, su diligencia y compromiso en la edición simultánea de esta publicación en cinco idiomas distintos.

De manera muy especial, damos las gracias a Sama Waly y Amy Arif, nuestras asistentes de investigación y coordinadoras del proyecto en El Cairo, por su admirable dedicación de principio a fin; y a Mai el-Dib, que generosamente nos ha dedicado tanto tiempo y energía, y nos puso en contacto con esta extensa red de colaboradores.

Museos

Estamos encantados de que cuatro de los museos más importantes del mundo reconozcan la singular contribución de los artistas, escritores y simpatizantes del grupo Art et Liberté. Por lo tanto, queremos agradecerles a los directores de estas cuatro instituciones la confianza que han demostrado en nuestros conocimientos sobre este colectivo, así como la oportunidad que nos han brindado para realizar esta exposición histórica dentro de la programación de las instituciones que dirigen.

En el Centre Pompidou en París, queremos dar las gracias particularmente a Bernard Blistène y Catherine David por incluir la muestra del surrealismo en Egipto en el marco de la programación especial con motivo del 50.º aniversario de la muerte de André Breton. En el Museo Reina Sofía en Madrid, a Manuel Borja-Villel por dar la oportunidad de reunir el *Guernica*, de Pablo Picasso, con su reproducción en la cubierta del manifiesto de 1938 de Art et Liberté, en una exposición que ilustra el compromiso político del grupo con la guerra civil española. En la Kunstsammlung K20 en Düsseldorf, queremos agradecer a Marion Ackermann y Doris Krystof que hayan hecho posible destacar la posición antifascista del grupo y su solidaridad con el «arte degenerado». Y en la Tate Liverpool, damos las gracias a Francesco Manacorda por facilitar esta exploración sin precedentes de la conexión entre el surrealismo en Egipto y Gran Bretaña.

Donaciones

En una época en la que muchas instituciones culturales se enfrentan a retos cada vez más difíciles para financiar exposiciones y proyectos de investigación amplios y complejos, se ha hecho indispensable la dedicación de los donantes.

A lo largo del proyecto, hemos tenido la fortuna de establecer sólidas relaciones con auténticos mecenas que se han involucrado de lleno en esta exposición. Además de su generosa contribución económica a la itinerancia internacional de esta muestra y a la publicación de catálogos en árabe, inglés, francés, alemán y español, han dedicado todos sus recursos a fomentar el proyecto de otras muchas maneras.

Asimismo, deseamos darle las gracias a la Casa Árabe en Madrid, cuyo apoyo ha hecho posible la edición española de este catálogo.

Nuestra especial gratitud a Yasser Hashem, que siguiendo el ejemplo de la creencia de Art et Liberté en el valor de la educación universal, respaldó la edición árabe de este catálogo y su difusión gratuita en gran número de centros de enseñanza, universidades y espacios artísticos en Egipto.

Le estamos profundamente agradecidos a Samih Sawiris, quien hizo que fuera posible incluir algunas de las obras maestras que se pueden ver en esta exposición; gracias a su asesoramiento y consejo, hemos podido llevar a cabo algunos de los aspectos más complejos de este proyecto.

Agradecemos el considerable apoyo de Montblanc Cultural Foundation y su reconocimiento de la ambición de este proyecto de reescribir un capítulo en la historia del surrealismo; una aspiración que se hace eco de la fe de esta entidad en el valor del conocimiento y la innovación.

En último lugar, si bien no menos importante, nuestro agradecimiento de todo corazón a Hassan al Thani por su imperecedera amistad y ayuda. Su labor en solitario para la conservación y la promoción del arte moderno del mundo árabe a lo largo de las tres últimas décadas ha inspirado a muchos. Su singular pasión nos ha servido de guía a lo largo de este proyecto y su inquebrantable generosidad ha sido el pilar sobre el que se ha apoyado la exposición internacional de estas obras. También ha contribuido a la publicación de las ediciones en inglés, francés y alemán de este catálogo. Por todo ello, le estamos sinceramente agradecidos.

Nuestro reconocimiento final va dirigido a los miembros del grupo Art et Liberté y su defensa de la liberación de los artistas de las limitaciones de las fronteras geográficas y la propaganda política. En una época en la que el mundo es cada vez más diverso, su firme creencia en el empoderamiento social, económico y cultural de la humanidad es un ejemplo para todos. ∎

Sam Bardaouil y Till Fellrath
2016

Desde sus inicios, el Museo Reina Sofía ha planteado una revisión del concepto de modernidad que cuestione la consideración que tradicionalmente se le ha otorgado como un movimiento homogéneo, de raíz occidental y eminentemente masculina. Con el desarrollo de diferentes líneas de trabajo e investigación, el Museo ofrece una visión poliédrica y en permanente construcción de la modernidad, que incorpora prácticas y ejes que escapan a los centros y discursos dominantes, con el objetivo de sumar otras voces y posiciones.

La exposición *Art et Liberté: ruptura, guerra y surrealismo en Egipto (1938-1948)* contribuye a reescribir la noción de lo moderno mediante la presentación de un caso de estudio poco atendido hasta la fecha y que resulta clave para nuestro contexto e historia. Un conocimiento profundo del entorno del Mediterráneo es esencial en la configuración de un mapa plural que considere distintas posiciones y articulaciones de la denominada periferia.

La muestra analiza un escenario cultural, social y político en efervescencia que comprende desde los años veinte a los cincuenta del pasado siglo XX, en el que artistas e intelectuales buscaban dar respuesta a cuestiones locales y globales. El resultado es una producción artística que no puede clasificarse en el mencionado patrón eurocéntrico, sino que requiere problematizar antiguas identificaciones y esquemas.

Visibilizar otras modernidades, como la egipcia, supone, por consiguiente, revelar la complejidad de un movimiento de tiempos dilatados y de condiciones, referencias y resistencias variadas y específicas. Contribuye asimismo a componer una perspectiva inclusiva y abierta desde la que entender el momento presente y afrontar sus retos y dificultades.

Por otra parte, el trabajo conjunto con diferentes instituciones y agentes consolida la ya destacada presencia internacional del Museo Reina Sofía, involucrado activamente en debates y proyectos de marcos y escalas diversos. En concreto, y desde estas líneas, se desea agradecer la generosa colaboración de H. E. Sh. Hassan M. A. al Thani, Montblanc Cultural Foundation y Casa Árabe, así como de las otras instituciones que acogen el proyecto: el Musée national d'art moderne-Centre Pompidou de París, la Tate Liverpool y la Kunstsammlung Nordrhein-Westfalen K20 de Düsseldorf. ∎

La exposición *Art et Liberté: ruptura, guerra y surrealismo en Egipto (1938-1948)* muestra la actividad del colectivo de escritores, artistas y activistas de Art et Liberté, establecido en El Cairo durante la Segunda Guerra Mundial. Abordado por primera vez de manera monográfica, contribuye a visibilizar otras modernidades, como es la del Oriente Próximo, desatendidas por los discursos y articulaciones que han dominado el relato de la historia del arte. Tomar conciencia de la naturaleza múltiple de la modernidad supone desbaratar la idea de un centro cuyas características se replican en diferentes contextos y reivindicar la existencia de lenguajes, temporalidades y prácticas diversas en distintas partes del mundo. Para ello, resulta esencial analizar y conocer en profundidad estas otras narrativas y posiciones, revisar sus legados y activar sus aportaciones como dispositivos de reflexión para pensar también en el presente.

Hablar de surrealismo en Egipto supone cuestionar la misma noción de canon para abrirla a las tensiones entre lo vernáculo y lo internacional, la vanguardia y la tradición, y la naturaleza de los intercambios y contactos culturales. Implica, por tanto, reescribir esta identificación desde una perspectiva más compleja y flexible. El «surrealismo» egipcio, encarnado en el grupo Art et Liberté, no deriva de la variación o traducción de un modelo cerrado, sino que es una forma negociada que responde a condiciones políticas, sociales y artísticas específicas, diferentes de las europeas o americanas, y al contacto con prácticas de distintos entornos.

Por otra parte, la recepción de este colectivo en nuestros días no escapa a la problematización de la denominada periferia, lo que pone en evidencia dinámicas y desequilibrios discursivos que es necesario revisar. La intención de este proyecto expositivo es analizar la relevancia del colectivo como catalizador activo en la expansión y evolución del movimiento surrealista a partir de sus especificidades contextuales. Más allá de valorar su lugar subalterno respecto al centro hegemónico, estos creadores conciben un margen de posibilidad propio y asentado, desde el que transcender las categorías regionalistas y tensar las artísticas. Al considerar que las instituciones culturales egipcias se hallaban en crisis, cuando no obsoletas, reaccionarias e impositivas, el grupo de artistas adopta una voluntad transgresora y propositiva que da la bienvenida a planteamientos variados, sin entender que su origen geográfico dispar comporte una limitación.

En lo que respecta a sus referentes, el resultado es la puesta en marcha de un lenguaje heterogéneo e internacional, que se inscribe de manera activa y crítica dentro del movimiento surrealista, y se percibe como un proyecto en construcción al que sumarse y desde el que realizar aportaciones en condiciones de visibilidad y legitimidad compartidas con otros núcleos.

Art et Liberté abraza el carácter experimental surrealista y muchas de sus estrategias, añadiendo otras, con el objetivo de liberarse de todo tipo de constricciones heredadas, locales y foráneas.

Asimismo, valora del surrealismo su ánimo de afectar no solo a la escena creativa, sino a las formas de vida. Esta concepción del arte en términos de responsabilidad social y política es uno de los principales rasgos del grupo: por una parte, adquieren un compromiso con una situación local concreta muy asfixiante; por otra, se solidarizan con un escenario internacional sacudido por el ascenso de los fascismos y, posteriormente, por la Segunda Guerra Mundial, en el que se entiende que las circunstancias egipcias están vinculadas a un marco más amplio y no son independientes. Por esta razón, en diciembre de 1938, varios miembros del grupo firman el manifiesto «Vive l'art dégénéré» [Viva el arte degenerado], con el que reaccionan a la exposición *Entartete Kunst* [Arte degenerado], organizada en Múnich el año anterior por el gobierno nazi del III Reich, con la intención de ridiculizar a los artistas de las vanguardias europeas. Esta postura y este gesto en concreto, que dan origen al grupo, dibujan una suerte de hermanamiento con distintas áreas geográficas, desde Francia, Chile o México hasta la Segunda República española, basado en afinidades ideológicas y creativas, y en un sentimiento de unión respecto a peligros comunes.

Para superar las barreras nacionales y desarrollar su discurso internacional, el colectivo se sirve de un planteamiento en red que permite la circulación de ideas a escalas diversas, y favorece la contaminación de subjetividades y la consideración de necesidades y deseos diferentes. De esta práctica artística se desprende un posicionamiento ideológico, que es igualmente relevante para los discursos actuales de nuestra sociedad globalizada.

Esta muestra da continuidad a las líneas de investigación y acción que se han ido implementando desde el Museo. El interés por producir nuevas narrativas de la modernidad que incluyan los debates poscoloniales o de género, entre otras formas de pensamiento crítico, ha determinado una constante revisión de la colección y el desarrollo de propuestas expositivas, programas de estudio y actividades públicas.

De manera precisa, este proyecto se suma a la programación de la primavera de 2017 del Museo Reina Sofía debido a que la obra *Guernica* fue un referente importante para el grupo Art et Liberté: con su imagen ilustran el manifiesto citado, por lo que dan de este modo su apoyo a la causa republicana y se sitúan en la mencionada red de intercambio artístico e ideológico. *Guernica* es el eje de otras dos propuestas que se desarrollan en paralelo: la exposición *Piedad y terror en Picasso: el camino a Guernica* y el archivo en torno a los viajes de la obra, una historia de su recepción en Europa y América. Estos proyectos contextualizan no solo las condiciones de producción, sino también las de interpretación de la obra, lo que contribuye a favorecer, por tanto, una mirada poliédrica de la modernidad a través de una de sus piezas clave al tiempo que desvela sus declinaciones y actualiza sus posibilidades de sentido. ∎

POEMAS DE GEORGES HENEIN

Llamada a la basura

Alerta
Ya está aquí la puta social
Su carne a cambio de oro
Su teñido a cambio de vino
Su sífilis a cambio de nada
Ya está aquí la puta social

Los uniformados reventados privados de sus noches
Se abren como abscesos
Sube el mar de pus
El mar de pus sube
El mar de pus

Y los pueblos enteros
Los pueblos soberanos
Son nutridos con ese pus
Y hay quien ya no puede
Y hay quien ya no sabe
Y hay quien ya no cree

Carne de horca
Todos los dioses juntos
Los demonios juntos
Los genios juntos
Todos los pobres y los ricos y los hombres juntos

Al servicio exclusivo de la puta social

Su horizonte fecal
Ilumina al poeta
Amigo vocacional
De la honorable sífilis

Y hacia ese horizonte
Se arrastran humilladas
Las lentas víctimas
De los chancros inconsolables

Y es a esta pálida imagen
Que imploran en su latín
Los grandes sacerdotes fatídicos
De las maculadas virtudes

Ya está aquí la puta social
Coronada
En plena feria de la carroña
Entre un papa que la bendice
Y otro que la relame
Ya está aquí la puta social

Presentes los venenos adorados y mortales
Presentes los miembros descuajados y colgantes
Presentes los tumores verdes, negros, violetas
Que decoran los traseros de nuestra humanidad

Presentes las nieblas para hedonistas de lujo
Y las fornicaciones de los muy seniles senadores
Presentes las carnes febriles y marchitas
Por las incursiones consentidas al deseo
Y si no hay bastantes fetos estropeados

Y si no hay bastantes tenias florecientes
Ni en los mismos intestinos de nuestros civilizados
Es culpa de los comunistas, ¡ha dicho el general!

Es culpa de los comunistas
Que el mar de pus
No suba tan rápido como debiera
Que la anónima ignominia y la inmensa putrefacción
No hayan digerido toda la materia
Ni abolido todo el espíritu que debieran
Es culpa de los comunistas
Y no hay nada más que hablar… ¡ha dicho el general!

¡Viva el fuego que abrase todo esto!
¡Viva la bomba que castigue todo esto!
Sodoma y gomorra y todo lo que tú quieras
¡Y viva el rayo por fin
Que reviente el burdel!
En el que estamos encerrados
¡Nosotros los muertos vivientes!
¡Nosotros los muertos conscientes!
¡Nosotros los muertos en pie!

G. H.
Le Rappel à l'ordure [Llamada a la basura], 1935

El canto de los violentos

Cuando le hayamos sacado el tocino al último burgués que quede en pie
Cuando hayamos desgarrado como un saco el último útero
En el que pudo crecer el germen odioso de los Superiores
Entonces nuestros puñales volverán a descansar en sus fundas

Cuando hayamos abatido como si de un muro endeble se tratara el último templo vivo
Y aceptado con la frente endurecida el último desafío de Dios
Cuando hayamos plantado la oriflama vengadora sobre las ruinas malditas

Entonces podremos guardar el pico y el dardo

A nosotros los esclavos —los campesinos— los metalúrgicos, a nosotros los parados
Negras víctimas de la mina
Y tristes presas de los puertos
A nosotros el hambre —la miseria— la agonía
A nosotros los asesinados
Nos ha llegado la hora de ASESINAR

Trabajadores doblegados desde que hay pasado
¡Los que aguantan sin explicaciones!
A los que todo se niega
Salvo la trena y la muerte y el culatazo en los riñones
Trabajadores doblegados tenéis que alzaros

¡Con nosotros los nihilistas! ¡Con nosotros los herejes!
¡Con nosotros la violencia pura que destruirá a nuestros amos!
Tanto tiempo diciéndoles que sí
Ha llegado el momento de decirles ¡MIERDA!

G. H.
Le Rappel à l'ordure [Llamada a la basura], 1935

La guerra que vuelve

1. *El momento es crucial*
2. *Los gobiernos mantienen la sangre fría*
3. *Se limitan a derramar la del pueblo*
4. *El momento es cada vez más crucial*
5. *La movilización no es la guerra*
6. *La guerra no es la muerte*
7. *Y además está la vida eterna*
8. *La entrada es gratuita*
9. *Los derechos humanos están en peligro*
10. *La justicia está en peligro*
11. *La civilización está en peligro*
12. *El beneficio está en peligro*
13. *Así como los urinarios con ruedas*
14. *Silenciemos a los cobardes*
15. *Demos la palabra a los lame*
16. *Culos*
17. *Horario del tren de Burdeos*
18. *Tenemos una patria al fin y al cabo*
19. *Hay que demostrar que somos hombres*
20. *Hombres de negocios*
21. *Hombres para todo*
22. *Incluso para cumplir con su deber*
23. *Su deber más sagrado*
24. *Cagarse en los pantalones*
25. *Cagará mejor quien cague el último*
26. *Madelon, sírvenos un vaso*
27. *Que ya no queda vinazo*
28. *Pero aún quedan bilis*
29. *Suertudos los muertos*
30. *Suertudos los prisioneros*
31. *Pobres de los vivos*
32. *En primera línea*
33. *Los de atrás*
34. *Cambian de amante a cada ofensiva*
35. *Y de coche a cada triunfo*
36. *Pobres de los vivos*
37. *Aquí hay balas, fusiles, granadas*
38. *Aquí hay armas*
39. *Contra el hombre*
40. *A favor del hombre*
41. *Hay que saber utilizarlas*
42. *Hay que saber hacerlas útiles*
43. *Para la batalla final*
44. *La batalla de los condenados*
45. *La victoria de los condenados*
46. *Agraciados los vivos*

G. H.
Le Rappel à l'ordure [Llamada a la basura], 1935

Despertar

El alba crápula y rastrera
avanza
arrastrando con correa
los ríos
y los trenes de la noche
arrebatados de su túnel
y las imágenes de altos árboles vacíos
guardianes de los paisajes
las cosas vuelven a ser
ellas mismas
los muros de fachadas opacas
muros de cementerios
para los ayeres
procesión de fábricas
que se disputan el cielo
a baquetazos
desolados
lágrimas derramadas por las fisuras de las calles
enjugadas por las pestañas de las intersecciones
la lívida bandera del día
marchita la incierta distancia
de los suburbios
atestados de patios
con variopintas coladas

los hombres sienten los nervios helados
en las camas compartidas
posan lentamente
un puño de adoquín
sobre el vientre de las mujeres
el vientre aún soñoliento
se alza
como se alza un sapo
del fango
la esposa flácida y conocida
se agita
bajo la mano matutina
un ruido de cacerolas
baja por las escaleras
los taimados pasillos
acechan los pálidos gestos de los hombres
dentífrico gargarismo y bidé
una frase sobre los sueños
dos sobre el café con leche
en cuanto al coste de la vida...

un tranvía avanza penosamente
al borde de la gran avenida
los relojes como piedras animadas
cuentan los minutos
que quedan
a guisa de silencio
los bollitos están servidos
yo, tú, nosotros, ellos
de nuevo
presas de caza en el escaparate del siglo
exposición de las obras completas de dios.

G. H.
Carrefours. Cahiers de littérature et de critique [Encrucijadas.
Cuadernos de literatura y crítica], 1936

Viva Cataluña

Viva Cataluña
donde los curas se cuecen a fuego lento
en el fondo de las marmitas expiatorias
con su pellejo
haremos buenas botas
con las que un día
patear el culo del Santo Padre.
Viva Cataluña
y su insolente bandera
que vuela como una bofetada
en la mejilla de Europa
fulminando de apoplejía
a los batracios agazapados
en el estercolero fascista.
Viva Cataluña
cuyas podridas iglesias
sirven para dar lumbre
a los cigarrillos de los milicianos.
Viva Cataluña
donde las muecas de Occidente
y las escorias del cristianismo
¡por fin desaparecen
en la trampilla de la Revolución!...

G. H.
Les Humbles, n.º 12 [Los humildes] París,
diciembre de 1936

El sentido de la vida

«Cara de todo está perdido»
James Joyce *(Ulises)*

justo cuando por fin vas a descubrir algo — cuando te aproximas
a las grandes respuestas cristalinas — cuando vas a poder decidirte —
vencer la ley de la gravedad del espíritu — cambiar totalmente de aires
— crecer por todas partes — despistar a la fatalidad — justo cuando
todo eso parece ya muy cercano — te topas contra la opacidad de
un muro — a pesar de lo cual, saludas a ese extranjero — te pones a
explicarle hacia qué abstractos derroteros te estaba lanzando una
misteriosa velocidad interior — en vano — cada palabra que sale de tu
boca es guillotinada por un nuevo muro — viene de muy lejos — cae de
muy alto — entre nosotros y los descubrimientos pendientes de los que
nadie sabrá nunca nada — el imperio de los muros es infinito — y maldito
sea quien pretenda regatearles el almuerzo de ladrillos y yeso que les es
debido — con un enorme bostezo expondrían a la luz del día apariciones
insoportables — llevarían el desorden a las sociedades sin orden —
quien dice muro dice espesor — al fin y al cabo te das cuenta de que
todo ocurre en función de cierto espesor — al comienzo de todo estás
solo — no posees ni el espesor de un céntimo — absolutamente
insignificante — un minúsculo excremento solitario — a continuación
te conviertes en dos — delante o detrás del Código — entonces te haces
de repente más espeso — los demás acceden a considerarte con una
atención deferente — te vigilan para comprobar si vas a seguir
desarrollándote — si vas a volverte un poco más voluminoso — como lo
exigen las leyes de la naturaleza — los mandatos de la moral — llenar tu
espacio bajo el sol —contribuir al espesor colectivo — una familia supone
ya un espesor bastante interesante — digno de aliento — difícil de
traspasar — segura de su derecho al formato reglamentario — faltan
todavía algunos pisos que subir — en la cima reposa el Estado — el
Estado escribe la historia — simple cuestión de caligrafía — de cuando
en cuando el Estado moviliza al conjunto de sus súbditos — con el fin
de comprobar el nivel de espesor de la Nación — de humillar el espesor
rival de las Naciones vecinas — cuando se ha consumido así mucho
espesor — se vuelven a construir muros — a vivir como muros — igual
de aburridos — igual de inmóviles — con hostiles rostros de muros —
con un destino espeso e inútil y lleno de muros.

G. H.
Déraisons d'être [Sinrazones de ser], 1938

No intervención

las cancillerías revientan de cadáveres espléndidos
que brotan de los más violentos desgarros de España
y cómo se parecen tanto todos esos muertos bisoños
y cómo su muerte contiene ya todo lo que merece devenir

nunca se ha tenido a mano
tanta carne de discurso —de dosier— de informe
una lagrimita por aquí otra por allá
nunca se han tenido tantas víctimas
sobre tan poca conciencia

mirad las ciudades desangrándose una tras otra
los campos marchitándose con tantos tumores rapaces
las carreteras dirigiéndose todas
hacia la negrura de un mismo espanto
mientras nadie sabría decir dónde está el cielo y dónde la tierra
pues no queda hueco más que para la dimensión única
de la muerte

mirad las llagas definitivas
instalándose en pleno pueblo
y a los nuevos propietarios del firmamento
creando en la carne viva y abierta
cotidianas superficies de sufrimiento

por suerte aquí están los diplomáticos
su dialéctica solo florece entre ruinas
entre las mortajas de Madrid y de Barcelona
capitales de perfil diezmado
barrios arrasados por el fuego de vuestra noche de acero
mantened el tosco clamor de vuestras sirenas
hasta el ensordecimiento de los tiempos

ruinas imperdonables
de vosotras se habla en los gabinetes de asuntos exteriores
de vosotras se habla camillas —ataúdes— cementerios
consolaos hombres y piedras
ruinas españolas no seréis las últimas
asunto decidido

y no anheléis el más allá
pues hacia vosotros avanzan
las venerables trampas metafísicas
abran paso a los conquistadores de Badajoz
abran paso a los inventores de calvarios
que van a ofreceros la limosna de su eternidad

van a administraros sus sacramentos
en forma de torpedos
¡para que reposéis en fuego!

G. H.
Déraisons d'être [Sinrazones de ser], 1938

El Judas de España

A aquellos que se preocupaban por el declive de su salud, Élie Faure acostumbraba a responder: «Me duele España». Élie Faure ha muerto. Pero a él, por lo menos, nadie lo ha apuñalado por la espalda.

El drama de España, sobre el cual el telón del último acto está a punto de caer, va a pesar como una imborrable vergüenza para todos los grandes partidos que dicen ser «de izquierdas» y para aquellos políticos que hasta ahora se nos presentaban como devotos servidores del ideal democrático. Ciertamente, tampoco es cuestión de dedicarse ahora, a toro pasado, a pasar lista a todos los errores cometidos, dándose uno aires con declaraciones como: «… Ay, si se hubiera hecho esto o lo otro…». Pero sí es importante determinar el mínimo de fidelidad a las ideas exigible a unos hombres que pretenden hacer de estas su vocación. Cuando formulamos la siguiente evidencia, «Léon Blum es un traidor», lo que pretendemos decir es que el jefe de la SFIO se ha comportado hacia la España republicana exactamente igual a como lo hubiera hecho cualquier político radical[1]. El 6 de agosto de 1936, al cerrar los Pirineos e inaugurar la más monstruosa política de no intervención, el socialista Léon Blum aceptaba conscientemente trabajar, en connivencia con la City londinense y con el Eje Berlín-Roma, a favor del aplastamiento de las fuerzas socialistas en España. Por muy presionado que se hallara, siempre tuvo, en cualquier caso, la posibilidad de optar por otros dos planteamientos: hacer un llamamiento a las masas o dimitir. Pero eligió un tercero: seguir ejerciendo el poder al salto de cada día. Aunque, de hecho, Léon Blum ni siquiera llegó a ejercer realmente el poder, más bien sufrió el poder. Su coartada es bien conocida: la priorización de las leyes sociales. Pero no hay más que ver cómo han acabado tanto sus leyes sociales como España. Y en cualquier caso, no puedo dejar de preguntarme cómo la votación de no sé qué oficina del trigo o la minuciosa regulación de los puestos de radiodifusión pueden compensar de alguna manera la caída de Badajoz, de Málaga o de Toledo. Con ocasión del reciente gran debate sobre política exterior en el palacio Borbón, Léon Blum no ha tenido empacho en alardear de haber dejado caer Irún mediante la inmovilización de un tren de municiones destinado a los defensores de esta ciudad. Parece difícil llevar más lejos esta mezcla de ingenuidad y de traición. La guerra de España ha sacado a relucir, una vez más, la psicosis masoquista de la socialdemocracia europea. Una psicosis que parece incurable. De nada sirven las lecciones de la experiencia: ni de Italia, ni de Alemania, ni de Austria ni de España. El calificativo de masoquista no me parece de ninguna manera exagerado, pues es lo único que puede arrojar alguna luz sobre frases como la que sigue, publicada en Le Populaire el 6 de febrero: «Las derrotas han aportado más al desarrollo del proletariado que las victorias». Traducción: bienvenida sea toda nueva derrota proletaria. Los coleccionistas de mártires deben de estar frotándose las manos. Hay así personas que son socialistas porque han comprendido todo el absurdo de este mundo actual, pero que han sido demasiado humillados por el mismo como para creer realmente en la realización del socialismo y como para participar hoy en día en él. Su socialismo solo se hace realidad con la muerte. La figura del mártir acaba pareciéndoles más deseable que la figura del vencedor. Los partidos de izquierdas llevan años acometiendo el desarme moral de las masas obreras. Su lema «defendamos la democracia» no ha hecho sino arrebatar a los trabajadores toda posibilidad de criticar, de forma pacífica o no, esta democracia que unos imperativos económicos incuestionables están conduciendo a un fascismo más o menos larvado. Lo hemos podido comprobar muy bien a lo largo de todo el experimento Blum. Cuando el difunto Roger Salengro reconocía ante el Senado reaccionario que las ocupaciones de fábricas eran ilegales, estaba anteponiendo la esclerótica legalidad burguesa a una legalidad viva, carnal, en pleno devenir. Así es como la socialdemocracia y sus aliados de izquierdas solo saben sacrificar el futuro por el pasado, las iniciativas de la clase obrera por una legalidad caduca, España por la City londinense. El suicidio de Roger Salengro ha sido altamente simbólico. Está relacionado con toda una política, con todo un naufragio moral que nada tiene que ver con el socialismo.

Se suele reprochar a los escritores y artistas que respondan con no poco retraso a los acontecimientos de su tiempo. Pero no por ello sigo menos convencido de que estos hombres, mis camaradas, tienen por delante un papel único: acelerar la liquidación de todos los viejos partidos, acabar de forma radical con esta infame psicosis masoquista que pesa sobre el movimiento progresista en todo el mundo. Nicolas Calas termina uno de sus más brillantes capítulos de su libro (Foyers d'incendie) con el siguiente llamamiento: «¡Seamos crueles!». Yo solo añadiría: ¡seamos lúcidos, luego crueles!

Pues cada vez tenemos más gentes que vengar.

G. H.
Les Humbles, n.º 5 [Los humildes] París, mayo de 1939

1. SFIO: *Section Française de l'Internationale Ouvrière* (Sección Francesa de la Internacional Obrera), principal partido de los socialdemócratas franceses desde comienzos del siglo XX y gobernante en Francia durante el comienzo de la Guerra Civil española. Aquí la expresión «político radical» se refiere a los seguidores del Parti Radical francés, de tendencia centrista y liberal. (N. del T.)

EL GRUPO ART ET LIBERTÉ Y LA REFUNDICIÓN DEL SURREALISMO EN EGIPTO (1938-1948)

SAM BARDAOUIL

Ser comisario de una exposición acerca del grupo
Art et Liberté *(fann wa al-hurriyyah)* supone reinventar
la definición, la expresión y el canon general
del surrealismo. Los mecanismos de exposición
visual y literaria que enmarcan a los artistas y mediante
los cuales se genera conocimiento desembocan,
en última instancia, en la creación del canon.

Una fama en aumento, intensificada por el paso del tiempo, hace que el canon se convierta en tradición. Como dice Keith Moxey: «La convicción que subyace en estas actitudes, que siguen estando muy extendidas e incluso son prevalentes en la historia del arte hoy en día, es el compromiso con la tradición. […] A menudo, sin darnos cuenta, nos involucramos en una reproducción irreflexiva de la cultura: reproducimos el conocimiento sin producirlo»[1]. Una de las características más llamativas del grupo Art et Liberté es que se negó a sucumbir a la tradición y a la reproducción pasiva de los cánones heredados, tanto el interno, que exaltaba a los artistas locales considerados héroes a nivel local según las necesidades del proyecto nacional, como el externo, que al proponer una idea fija de lo que es el surrealismo y de su apariencia, los relegó a una posición marginal o los excluyó por completo.

Desde que existe este tipo de discurso, se han producido varias intervenciones para remediar esta injusticia histórica a fin de integrar los logros del mal llamado «otro» en el canon oficial, a menudo considerado producto del mal llamado «Occidente». Es en este punto donde el historicismo se torna problemático. Por consiguiente, para lograr la «recreación estética», en palabras de Panofsky, de la obra y las consecuentes contribuciones del grupo Art et Liberté, los comisarios e historiadores del arte deben cuidarse de no dejar que su toma de posición en las polémicas que provocan el debate en torno a la historia y la historiografía actuales se interponga y dicte su valoración de artistas y movimientos previos fieles a normas políticas y culturales de su propia época[2].

El examen riguroso de los logros del grupo Art et Liberté es una iniciativa oportuna y necesaria para remediar los confusos historicismos que han aquejado a dicho colectivo. Por ejemplo, en momentos de exacerbado panarabismo y nacionalismo egipcio nasserista, los historiadores del arte egipcios situaron a sus miembros en ambos extremos del espectro político, bien como «imitadores y seguidores del pensamiento europeo»[3] o como «adalides de la identidad egipcia»[4], mientras que, desde su fundación, los integrantes de Art et Liberté se consideraron a sí mismos

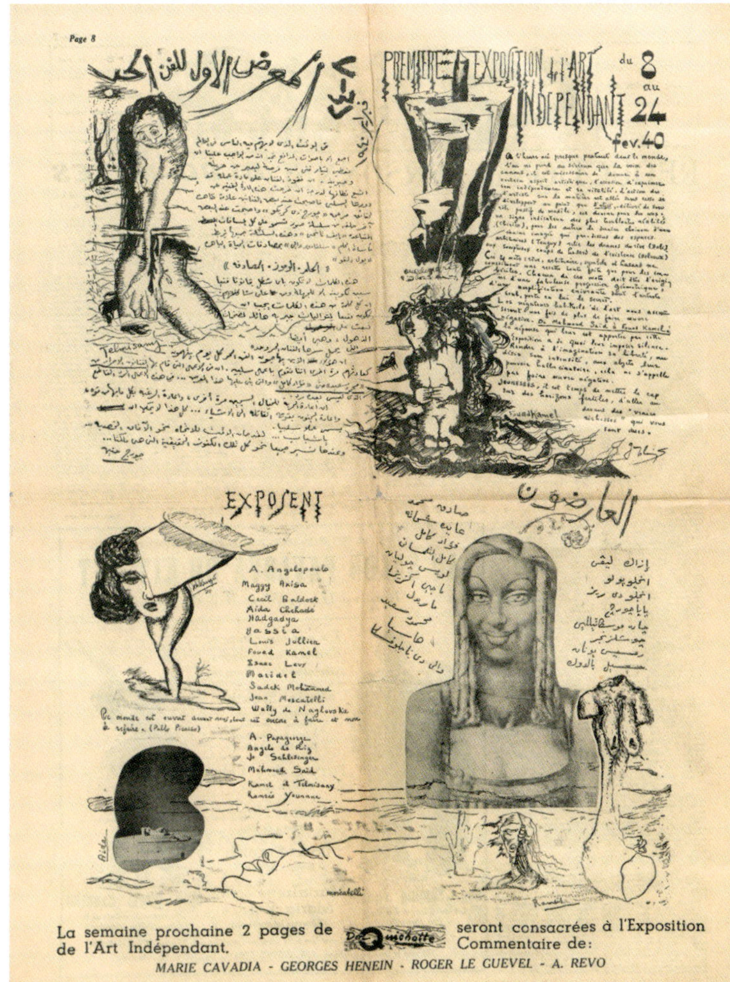

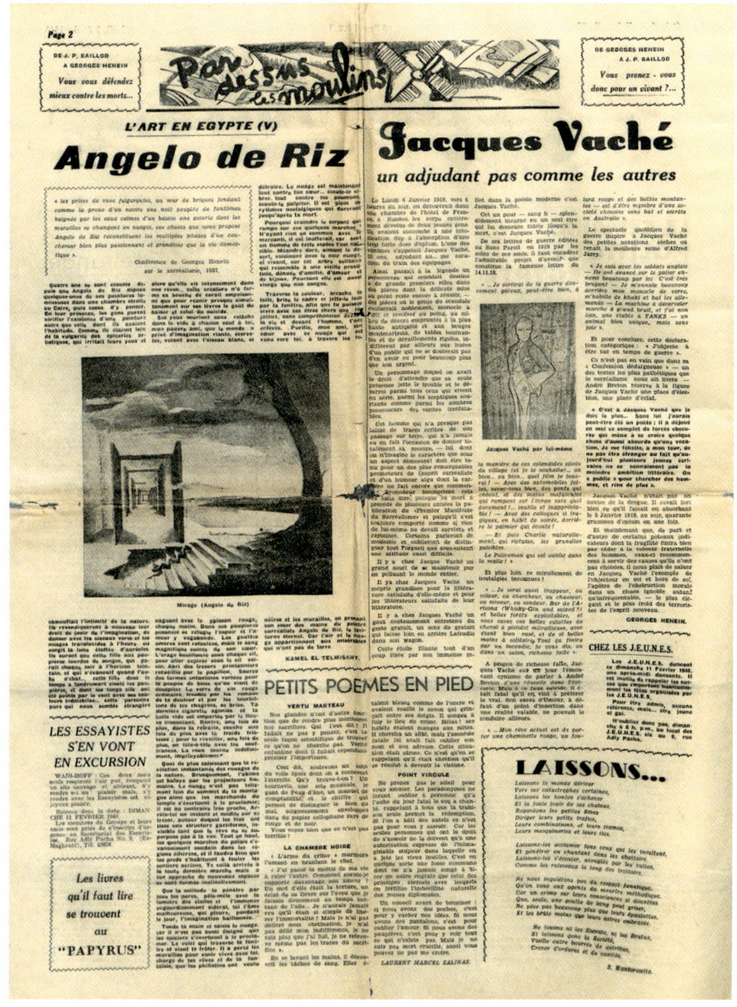

miembros de una red internacional de artistas involucrados en actividades intelectuales y artísticas afines, al margen de implicaciones políticas o sociales que, desde El Cairo, engarzaban con los desafíos modernistas que se debatían en lugares varios como Nueva York, Ciudad de México y París, por nombrar solo unos cuantos. No ser capaces de reconocer estos atributos fundamentales, insertando a la fuerza el ejemplo de Art et Liberté en los debates de la retórica poscolonial, es, a mi parecer, ir en contra de la imagen que este colectivo tenía de sí mismo, y sería hacerles un muy flaco favor. En lugar de retratarlos como víctimas del centralismo excluyente de Occidente, es más adecuado destacar su papel como catalizadores activos que contribuyeron a la evolución y expansión de las cualidades formales del surrealismo en su época. Con esta oportuna exposición, para la que Till Fellrath y yo hemos reunido más de doscientas obras de arte y documentos de archivo compilados a lo largo de cinco años de documentación y traídos de varios puntos del globo, nos proponemos conseguir eso mismo.

¿Cuál es la historia del grupo Art et Liberté, quiénes la protagonizaron, por qué adoptaron el surrealismo como *modus operandi*, qué podemos aprender de su legado, y cómo, al igual que sucede con toda buena historia, se puso fin a la suya? No hay palabras mejores ni más sencillas y directas con las que empezar a contestar a estas preguntas que las que pronunció Georges Henein en 1945 durante una *performance* con la que daba la bienvenida a los atónitos visitantes a la Quinta Exposición de Arte Independiente de Art et Liberté: «Comenzad por el comienzo»[5]. Y es precisamente por ahí por donde empezaremos nuestra historia… El principio que nos ocupa

1
Don Quichotte, semanario de actualidad
a la venta los jueves,
n.º 10, 8 de febrero de 1940, p. 8
Diario impreso
Bibliothèque de Documentation Internationale
Contemporaine, Nanterre

2
Don Quichotte, semanario de actualidad
a la venta los jueves,
n.º 10, 8 de febrero de 1940, p. 2
Bibliothèque de Documentation Internationale
Contemporaine, Nanterre

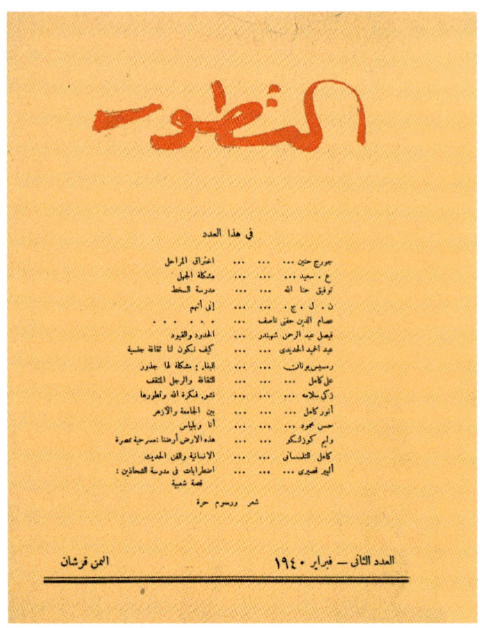

3

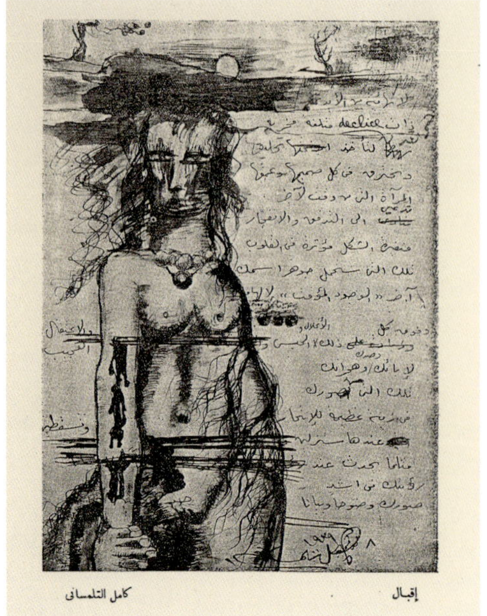

4

se remonta al 8 de febrero de 1940, fecha de la primera exposición del grupo ante el público cairota. En uno de los folletos de la exposición, Art et Liberté declaraba:

> En esta hora, en la que al mundo entero no le importa nada salvo el ruido de los cañones, creemos que es nuestro deber proporcionarle una corriente artística que le brinde la oportunidad de expresar su libertad y su vitalidad[6].

Con estas palabras, emitidas desde los márgenes de la corriente cultural preponderante en Egipto, un grupo de jóvenes y resueltos artistas y escritores, compuesto por mujeres y hombres, egipcios y extranjeros, comunicaban uno de sus principios fundamentales, un principio inconfundiblemente artístico pero también político. Se llamaban a sí mismos grupo Art et Liberté, palabras que constituyeron el prefacio a la primera de cinco influyentes exposiciones (1940-1945), todas ellas celebradas en el transcurso de la Segunda Guerra Mundial (figs. 1 y 2). El acontecimiento tuvo lugar en El Cairo, ciudad compuesta de muchas ciudades y de barrios extraordinariamente distintos entre sí, donde la desigualdad entre ricos y pobres era inmensa y la creciente brecha entre una burguesía cosmopolita y una clase trabajadora marginal se hacía cada vez más infranqueable. Tan solo seis meses después de que el Reino Unido y Francia le declararan la guerra a Alemania el 3 de septiembre de 1939, este grupo rebelde osaba evocar los peligros del campo de batalla («el ruido de los cañones»).

Mediante unas pocas pero evocadoras palabras, Art et Liberté reiteraba el complejo proyecto social que había empezado a cobrar forma a mediados de la década de 1930 y que continuaría manteniendo durante la mayor parte de la década siguiente. En el último momento, este grupo de «inadaptados»[7], como los llamaba la fotógrafa Lee Miller, exponían su fe en un arte que brota del sentido de la responsabilidad en lugar de surgir del privilegio («creemos que es nuestro deber»), que afirma su posicionamiento contra cualquier forma de confinamiento («su libertad y su vitalidad»), y que lo hace aquí y ahora, en el mismo presente («en esta hora»). El grupo Art et Liberté rechazaba lo que consideraba el academicismo importado sancionado por un Estado/Monarquía ávido de propaganda, se rebelaba contra el poder colonial y se desvinculaba de la moralidad burguesa que celebraba el arte por el arte. Una década después, no sin escándalo, varios miembros del grupo acabarían en la cárcel o en el exilio.

3
Al-Tatawwur, revista mensual del grupo Art et Liberté
Diario impreso
Colección Farhi-Henein, Neuilly-sur-Seine

4
Al-Tatawwur, revista mensual del grupo Art et Liberté n.º 1, enero de 1940
Ilustración de Kamel el-Telmisany para el poema *Iqbal*, de Georges Henein
Colección Farhi-Henein, Neuilly-sur-Seine

Art et Liberté fue fundado el 22 de diciembre de 1938 por un grupo de artistas, escritores y activistas predominantemente jóvenes radicados en El Cairo, que se esforzaban por expresar una visión distinta de la relación entre arte y compromiso social. Los dos impulsores principales de Art et Liberté fueron el poeta Georges Henein y el pintor/crítico, y posteriormente cineasta, Kamel el-Telmisany. Les acompañaban el escritor trotskista Anwar Kamel y su hermano menor, el pintor Fouad Kamel. El teórico y pintor Ramses Younane se les uniría poco después. Juntos, se habrían de convertir en la cara visible del grupo. Cada uno de ellos habría de aportarle un atributo distinto y, no obstante, complementario. Henein se encargó de conectar al grupo con el creciente número de redes internacionales de artistas y escritores surrealistas, El-Telmisany, Younane y Fouad Kamel, quienes le confirieron el arraigo necesario para su desarrollo en el seno de la cultura local. Anwar Kamel haría de editor de la efímera revista cultural *al-Tatawwur* [Evolución] y se encargaría fundamentalmente de encabezar el programa de reforma política y social del grupo (figs. 3 y 4). El surrealismo, un movimiento al que Art et Liberté consideraba «todavía en fase experimental»[8], sería la herramienta que usaría para conseguir sus objetivos reformistas. El debate del grupo acerca del surrealismo les permitió desarrollar un lenguaje pictórico y literario tan comprometido con lo global como enraizado en preocupaciones artísticas y políticas locales. De este modo, ampliaron el canon surrealista con una mayor gama de estilos literarios y pictóricos. También acuñaron términos nuevos para referirse al surrealismo, tales como «arte libre» y «realismo subjetivo», dotando así al movimiento de una definición renovada en lo concerniente a su teoría y expresión. Pero ¿cómo llegó el surrealismo a Egipto y quiénes fueron los principales responsables de su difusión?

EL SURREALISMO EN EGIPTO: LOS PRIMEROS PROTAGONISTAS

No hay duda del papel fundamental que desempeñó el poeta Georges Henein en lo que respecta a la introducción del surrealismo en Egipto. Todos los documentos históricos existentes, y hay muchos, identifican o al menos mencionan la influyente conferencia titulada «Bilan du Mouvement Surréaliste» [Balance del movimiento surrealista] que este pronunció en El Cairo el 4 de febrero de 1937, como la inauguración cuasioficial del surrealismo en Egipto[9]. No obstante, es importante tener en cuenta que Henein empezó a dar muestra de sus tendencias izquierdistas y surrealistas en 1935 en sendos artículos en las publicaciones *Un Effort* [Un esfuerzo][10], revista mensual publicada en El Cairo por Les Essayistes, un grupo literario francófono, y *Les Humbles* [Los humildes][11], publicación marxista-leninista editada en París. Henein, que también practicó la fotografía y realizó instalaciones (fig. 8), había comenzado a introducir conceptos surrealistas en Egipto ya desde 1934 en varios escritos, como su obra de teatro surrealista *Suite et Fin* [Continuación y fin]. A esta le siguió en 1935 su colección de poemas surrealistas *Le Rappel à l'ordre* [Llamada a la basura], una colaboración con Jo Farna (Joseph el-Habachi), y varios artículos publicados en *Un Effort* (figs. 5 y 6).

El padre de Henein, Sadek Henein Pacha, era un diplomático egipcio, y su madre era la ítalo-egipcia Mary Zanelli. La carrera de su padre supuso que Henein pasara su infancia en El Cairo, Madrid, Roma y París, ciudad en la que completaría su educación secundaria en el Lycée Pasteur de Neuilly para luego estudiar en la Sorbona (fig. 7). Este temprano cosmopolitismo le permitió dominar en igual medida el árabe, el italiano, el griego, el inglés y el francés, lo que le ayudó a desenvolverse en los distintos ambientes en los que se movía con la facilidad y la seguridad de un «vagabundo de dos mundos»[12].

En 1936, Henein conoce a Breton. En una carta fechada el 8 de abril de 1936, Breton ya le revela a Henein que es consciente de sus esfuerzos por difundir el surrealismo en Egipto: «El diablillo

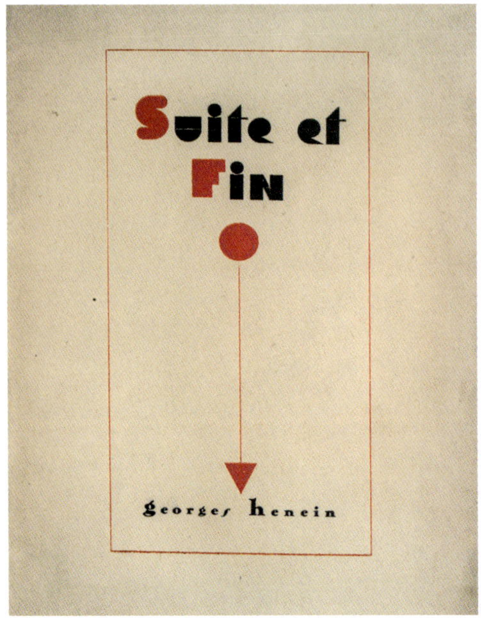

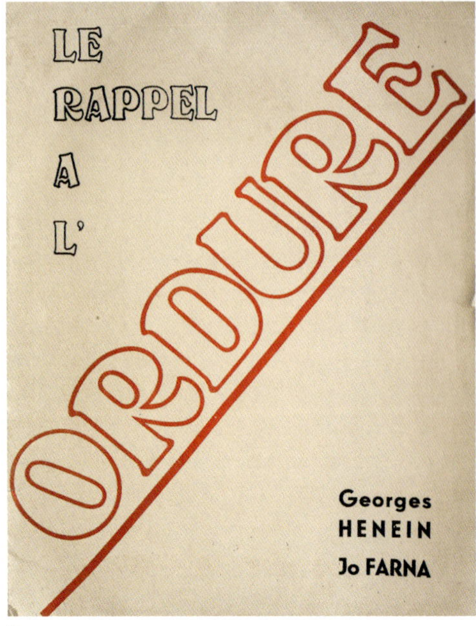

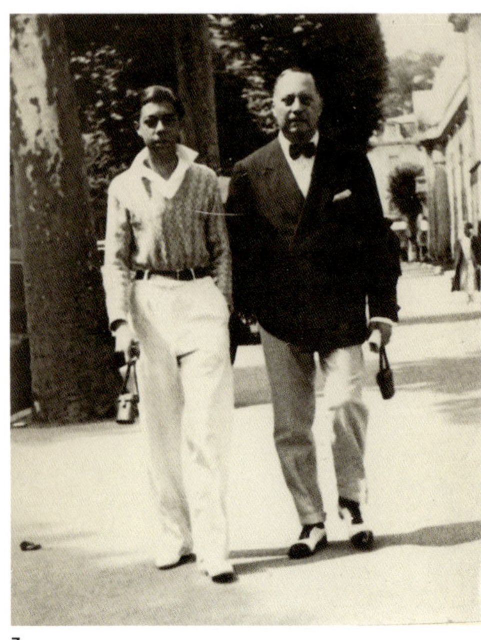

de lo perverso, tal y como se digna manifestarse ante mí, parece tener un ala aquí y la otra en Egipto»[13]. De ahí en adelante, Henein se convertiría en el principal conector entre la corriente surrealista internacional y la local. Más allá de sus numerosísimas publicaciones en decenas de revistas surrealistas y políticas en el extranjero, y de correspondencia con un gran número de escritores y artistas surrealistas, podrían citarse muchísimos ejemplos que demuestran que Henein fue un nexo esencial entre Art et Liberté y sus homólogos internacionales. Mencionaré tan solo unos cuantos.

Durante su estancia en París en 1936, Henein asistió a las reuniones surrealistas que Breton organizó para debatir los posteriormente denominados Procesos de Moscú y tomar posiciones al respecto. En una reunión del 3 de septiembre de 1936, Breton leyó un manifiesto, o para ser más precisos, una declaración titulada *La Vérité Sur Le Procès de Moscou* [La verdad sobre los Procesos de Moscú], que fue suscrita por los presentes. Henein fue uno de los firmantes. También lo fue Yves Tanguy, uno de los principales organizadores cuyo famoso poema *L'Évidence Poétique* sería publicado más tarde en el primer número de la revista del grupo Art et Liberté, *al-Tatawwur*. En una carta de diciembre de 1938 dirigida a Henri Calet, Henein le pide a su amigo que le pase a la *Nouvelle Revue Française* el manifiesto de Art et Liberté del 22 de diciembre de 1938 titulado «Viva el arte degenerado», que se distribuyó «ayer»[14]. Calet le hizo el favor y se publicó un anuncio corto en el número del 1 de febrero de 1939 bajo el titular «Oriente se esfuerza en defender la cultura de Occidente». De manera similar, en febrero de 1939, apareció una breve nota que anunciaba la creación de Art et Liberté en el segundo número de *Clé* [Llave], el boletín de la Fédération Internationale de l'Art Révolutionnaire Indépendant [Federación Internacional de Arte Revolucionario Independiente, FIARI], que se editaba en francés en París[15]. Ese mismo número incluía un artículo de crítica literaria de Henein sobre *El castillo*, de Franz Kafka[16]. En el número anterior, Henein también había publicado un artículo, en aquella ocasión, una reseña sobre el libro *Crónicas maritales*, de Marcel Jouhandeau[17]. El manifiesto de Art et Liberté se volvería a publicar en el número del 15 de abril de 1939 de *The London Bulletin* gracias a la amistad de Henein con Roland Penrose, uno de los fundadores de la revista y figura destacada del surrealismo británico. Todo lo anteriormente citado constituye tan solo unos cuantos ejemplos de entre las muchas pruebas documentales de correspondencia, publicaciones, viajes y participación que demuestran la colaboración entre surrealistas a ambos lados del Mediterráneo, facilitada por una tupida red de amigos y conocidos. No hay duda de que Henein ocupaba un lugar central en dicha red.

Además de Henein, y en cierta manera anticipándose a él, se encontraban otros dos protagonistas cruciales que desempeñaron un papel esencial en la introducción y difusión del pensamiento, la literatura y el arte surrealistas en Egipto. Se trataba de los artistas Antoine Malliarakis, también conocido como Mayo, y Lee Miller. Sus lazos con varias figuras del surrealismo y su propia obra artística, enraizada en la estética surrealista, allanaron el camino para las actividades de Henein y permitieron que las semillas del surrealismo dieran fruto en Egipto.

Ya desde 1934, el pintor surrealista Mayo había creado las ilustraciones para *Pieds en l'air* [Pies en el aire] (Éditions de La Semaine Égyptienne, El Cairo, 1934), del integrante de Art et Liberté Édmond Jabès. Mayo es un ejemplo importante de la irrupción del surrealismo en los ambientes artísticos cairotas en los años previos a la formación de Art et Liberté, y por ello merece especial atención. Nacido en 1905 en Port Said en el seno de una familia greco-egipcia (fig. 10), Mayo pasó la mayor parte de la década de 1920 en París, donde desarrolló su verdadera formación artística, aparte de los cursos formales que hizo en la École des Beaux Arts, en la Académie de la Grande Chaumière en Montparnasse, en el corazón de la vanguardia parisina. En 1926, en el n.º 16 de la *rue* Jacques Callot, sede de la primera galería de los surrealistas en el barrio adyacente de Saint-Germain-des-Prés, Mayo conoció a Man Ray, y en 1927, a Yves Tanguy[18]. Allí fue testigo de primera mano del nacimiento del surrealismo y allí forjaría una estrecha amistad con dos de sus miembros fundadores, Robert Desnos y Georges Duhamel. Cuando Mayo celebró su primera exposición en Egipto, en el Cercle du Canal du Suez en Ismailía en diciembre de 1933 (fig. 9), ya estaba bastante consolidado en los círculos surrealistas de París y había expuesto en varias ocasiones junto con figuras destacadas de su tiempo, como André Masson y Giorgio de Chirico. Una de las ilustraciones de Mayo adorna la portada del número del 30 de noviembre de 1933 de la revista cultural egipcia *La Semaine Égyptienne* [La semana egipcia], a la que acompañaba una nota de los editores que confirmaban que «Mayo, que nos ha llegado desde París, ha estado en contacto con los mejores surrealistas»[19]. Sería tan solo cuestión de tiempo que los círculos de Mayo y Henein

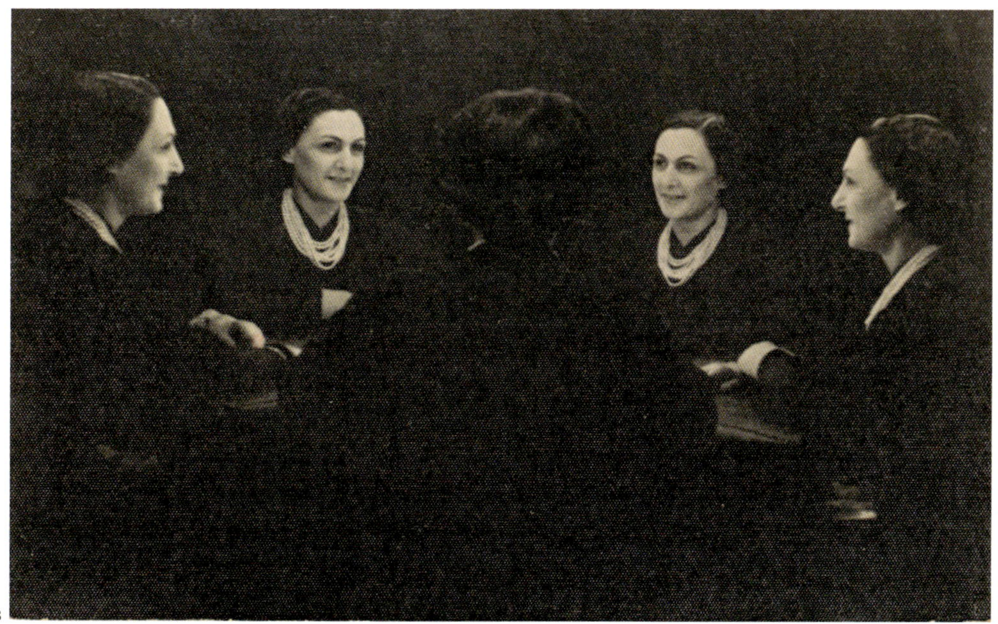

coincidieran, primero en El Cairo y luego en París, dada la expansión de la red surrealista de este último, que incluía a varios amigos en común, como el poeta surrealista serbio-judío Monny de Boully, integrante del grupo cuasisurrealista Le Grand Jeu al que Mayo también pertenecía[20].

Mayo pasaría los primeros años de la guerra, desde 1937-1938 hasta 1941, en El Cairo, donde continuaría exponiendo independientemente, creando algunos de sus cuadros surrealistas más notables, como *Portrait* [Retrato], *Composition surréaliste* [Composición surrealista], *Coup de batons* [Bastonazos] y *Dessin cruel* [Dibujo cruel], todos de 1937; *L'Union* [La unión, 1938]; y *Souvenir* [Recuerdo] y *Souvenir de Sonia* [Recuerdo de Sonia] de 1939. Al concluir la guerra, tanto Mayo como Ramses Younane expondrían su obra en la Galerie Nina Duasset de París, una prueba más del estrecho círculo de relaciones personales y profesionales comunes. Durante sus estancias en Egipto, Mayo continuaría trabajando como ilustrador —surrealista y de otros estilos—, su obra adquirió un cariz más dramático y macabro en los años de la guerra, con dibujos para una serie de escritos de miembros y simpatizantes de Art et Liberté —como Ivo Barbitch y Édmond Jabès—, además de para varios artículos de crítica literaria y artística[21].

La fotógrafa Lee Miller fue la segunda artista en ocupar una posición destacada en esta cadena «protosurrealista». Representó un papel igualmente importante al introducir el surrealismo en los ambientes artísticos cairotas. En 1933, Miller se trasladó a El Cairo al casarse con el adinerado empresario egipcio Aziz Eloui Bey (fig. 11). Durante los tres últimos años que pasó en El Cairo, Lee Miller tomó parte activa en la introducción de ideas surrealistas entre sus amistades «presentando el tema» mediante la difusión de una amplia gama de literatura y reseñas de exposiciones surrealistas que le proporcionó Roland Penrose, con el que había mantenido una relación sentimental a distancia desde el verano de 1937: «Le he prestado mi biblioteca surrealista a todo el mundo y empiezan a tener ideas acerca del tema»[22]. La cita directa que Kamel el-Temisany tomó de una traducción al inglés de Penrose del artículo de Jean Scutenaire sobre Paul Delvaux, publicado en el número de junio de 1938 de *The London Bulletin*, es un buen ejemplo del éxito

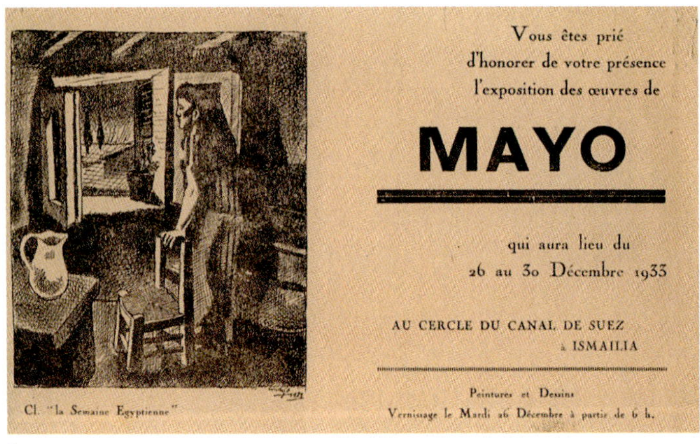

9

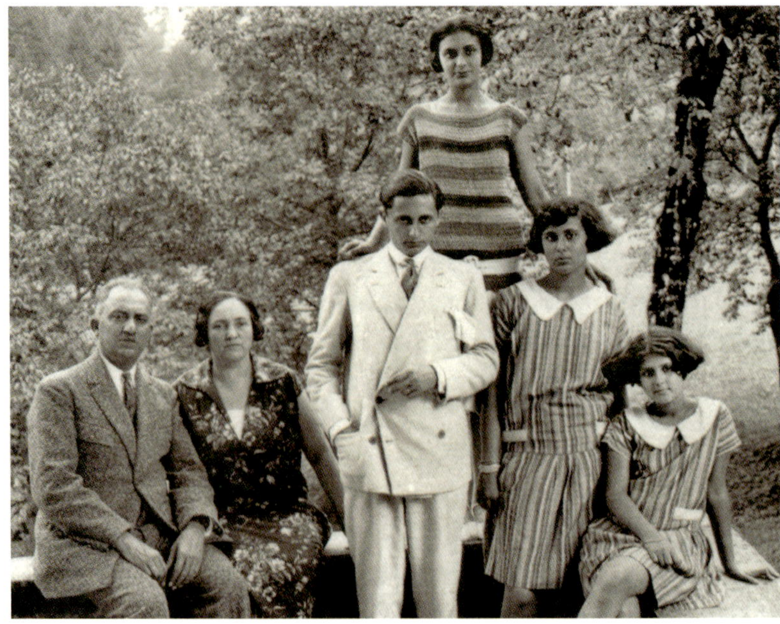

10

que Miller cosechó al prestarles las últimas publicaciones surrealistas a los integrantes de Art et Liberté[23]. Miller y varios miembros de Art et Liberté pasarían un tiempo en el desierto occidental que, con sus dunas, termas, formaciones rocosas y remotas aldeas con antiguas ciudadelas y viviendas de barro, serviría de fuente de inspiración para varias obras pictóricas y fotográficas (fig. 13). Es más, gracias a varias cartas de Miller y Penrose, la mayoría enviadas en el periodo de 1937 a 1939, sabemos de varios eventos nocturnos en los que Miller, que planeaba lanzar una «revista surrealista con Maria Riaz [también conocida como Marie Cavadia], Henein y Santini»[24], participó en actividades de dibujo espontáneo y sesiones de espiritismo con miembros y simpatizantes del grupo Art et Liberté[25]. En algunas de esas ocasiones, algunos de ellos llegaban disfrazados con «trajes surrealistas que incluían máscaras de gas y orinales llenos de flores»[26]. Hay pruebas suficientes que sugieren que estas actuaciones transcendían los límites formales del espacio expositivo o noche inaugural y se entroncaban, con un interés más general, en investigar las distintas maneras de liberar el subconsciente.

Gracias a Miller, Roland Penrose, una figura influyente del surrealismo británico, llegaría a conocer a Henein y al grupo Art et Liberté. Es evidente —por ejemplo, por las anotaciones de su agenda de la época— que frecuentaba las casas de Amy Nimr, notable mecenas y artista miembro de Art et Liberté, y de la crítica y poetisa surrealista Marie Cavadia-Riaz a la que alude Miller en la carta anteriormente citada. Cavadia se había trasladado a El Cairo tras contraer matrimonio con el ministro egipcio Mamdouh Riaz[27]. De hecho, fue ella la que presentaría Miller a Henein en enero de 1939, y al hacerlo, indirectamente a Penrose[28] (fig. 12). Tras la presentación, Penrose se encontraría con Henein en varias ocasiones durante las frecuentes visitas de este último a París. Dada su estrecha conexión, no ha de extrañarnos, pues, que Penrose presidiera la asamblea general de Art et Liberté el 8 de marzo de 1939, tal y como nos da a conocer el segundo boletín del grupo de mayo de 1939 (fig. 14). Para la ocasión, Penrose dio un discurso acerca de la relación entre el arte y el activismo político antifascista[29]. Penrose se encargaría más tarde de que se volvieran a publicar los textos íntegros en francés y árabe de «Viva el arte degenerado», el manifiesto de Art et Liberté del 22 de diciembre de 1938, en el número de abril de 1939 de *The London Bulletin*, la revista de los surrealistas británicos, con un prefacio titulado «From Egypt» [Desde Egipto], escrito por Penrose, que decía: «Las victorias del fascismo no dejan de provocar reacciones y despertar una actividad que es tan creativa como defensiva. En El Cairo, el grupo "Art et Liberté", recientemente fundado por Georges Henein y Georges Santini y el pintor Telmisany, ha publicado recientemente un manifiesto en árabe y en francés titulado "Viva el arte degenerado" junto con una reproducción del *Guernica* de Picasso. (Al dorso reproducimos un facsímil del texto árabe y también del francés.) Lo suscriben treinta y seis intelectuales y ha sido difundido extensamente. A pesar del boicot de la prensa, el grupo está constantemente en activo, celebrando reuniones y protestando sin cuartel cuando detectan una nueva amenaza a sus libertades. También están preparando una revista surrealista»[30].

Los múltiples canales mediante los cuales Art et Liberté y los surrealistas británicos intercambiaron ideas en su búsqueda común de una versión renovada del surrealismo no hubieran sido posibles sin la mediación de Lee Miller. Su difusión de las prácticas e ideas surrealistas, así como la celebración de sesiones surrealistas en las que una generación de jóvenes escritores y artistas egipcios participaban en juegos cuyo objetivo era liberar el subconsciente, fomentaron un ambiente que le permitió a los miembros de Art et Liberté explorar y experimentar los varios tipos de *performances* que formarían una pequeña parte de la actividad que, más tarde, constituiría el material de sus polémicas exposiciones.

Mediante estas actividades y otras en las que emplearon una gama de tácticas surrealistas, Art et Liberté lanzaría su proyecto de liberación sociopolítica y cultural. Para comprender mejor los

9
Invitación a la primera exposición de Mayo
en Egipto celebrada del 16 al 30
de diciembre de 1933 en
el Cercle du Canal de Suez, Ismailía.
Tinta sobre cartón
Yani Malliarakis Collection, París

10
Mayo con sus padres y sus hermanas
Hélène, Marguerite y Calliope, 1924
Fotógrafo desconocido
Gelatina de plata
Yani Malliarakis Collection, París

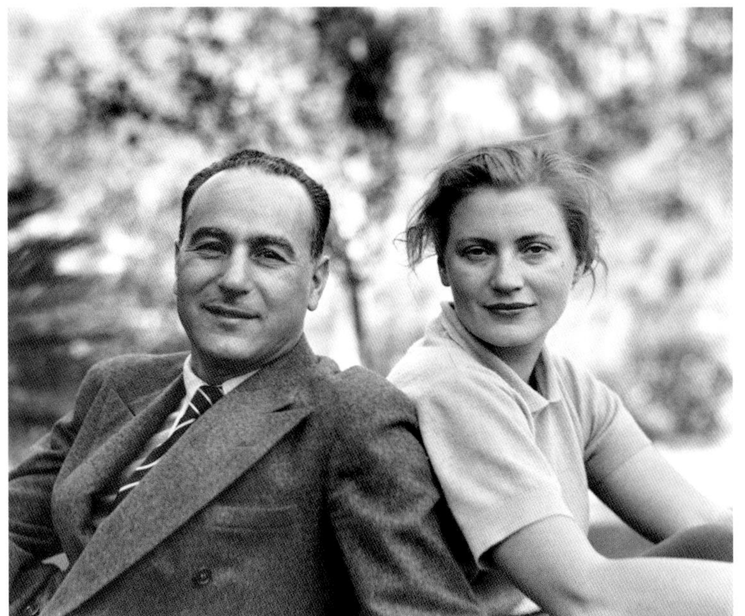

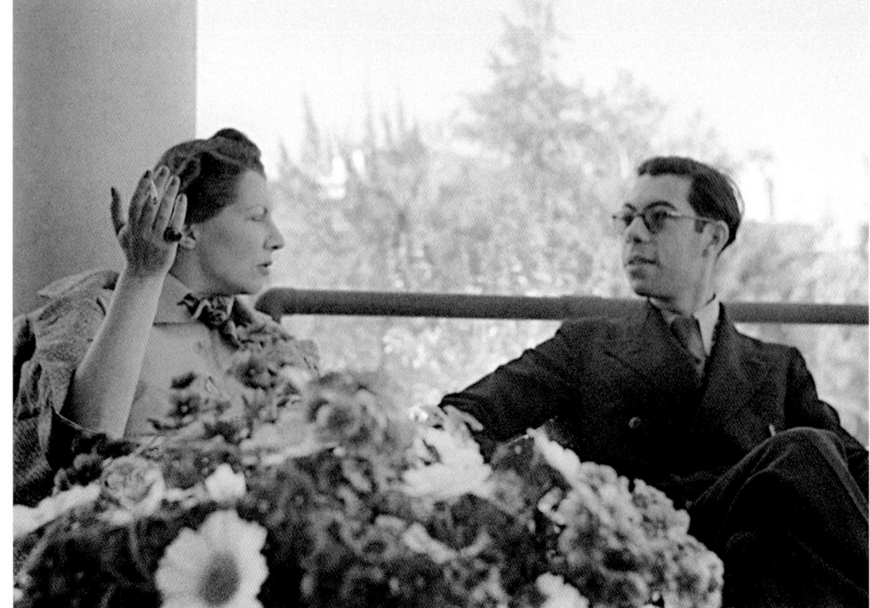

motivos de esta convergencia, debemos resumir brevemente algunos de los principios surrealistas, comenzando con la fundación del movimiento en los últimos años de la década de 1910 y principios de la de 1920 hasta el inicio de la Segunda Guerra Mundial, época en la que ya se había disuelto como organización en Europa y se había convertido en un movimiento verdaderamente internacional. También es necesario aclarar cómo era el ambiente cultural y político en Egipto en la época en la que Art et Liberté irrumpió en la escena artística local.

POR QUÉ EL SURREALISMO...

Los surrealistas con los que Art et Liberté mantuvieron un diálogo estrecho habían tardado un tiempo en llegar al punto en el que se encontraban a finales de la década de 1930. Desde los primeros años de la década de 1920, los surrealistas habían estado forjando una visión estética estrechamente conectada con la conciencia social: una visión que se manifestaba en última instancia en el plano de lo real. Habían comenzado por rebelarse principalmente contra las tradiciones racionalistas que habían desembocado en la Primera Guerra Mundial. Encontraron, dieron, o eso pensaban, con el remedio perfecto en el exhibicionismo y nihilismo impenitente del dadaísmo mediante el cual podían dar rienda suelta a su «violento asco por la decrépita e intolerante seguridad» que gobernaba todos los órdenes sociales[31]. Breton consideraba el manifiesto de 1918 de Tzara «violentamente perturbador»[32]. Para los dadaístas, el arte y la literatura representaban «una imagen fiel de la sociedad, consagrada por la rutina y la autocomplacencia petulante. ¿Qué mejor manera de despertar una nueva conciencia en la humanidad que ridiculizar las técnicas y actitudes reflejadas en sus obras de arte?»[33].

Los poemas escritos de manera conjunta por Tzara, Arp y Serner representaban un desafío total a la autoridad exclusiva del poeta sobre su creación al exponer el lenguaje a elementos del azar[34]. Las instrucciones de Tzara para escribir un poema seleccionando al azar fragmentos de entre un revoltijo de recortes de artículos de periódico forzaban al lector a buscar significados más allá de la lógica de la sintaxis y la semántica. Las revistas y periódicos que constituían el repertorio burgués de comunicación impresa terminarían así irrevocablemente distorsionados, al ser seleccionados para la creación de *collages* y fotomontajes iconoclastas[35]. No hay quizá mejor ejemplo

11
Aziz Eloui Bey y Lee Miller, Egipto, 1939
Fotógrafo desconocido
Copia digital moderna
Lee Miller Archives, Inglaterra

12
Georges Henein y Marie Cavadia, 1939
Fotógrafo desconocido
Gelatina de plata
Lee Miller Archives, Inglaterra

de este ataque dadaísta contra la tradición conservadora y el rancio academicismo que el *Portrait de Cézanne* [Retrato de Cézanne], de 1920, de Francis Picabia en el que el artista colocó un mono disecado en el centro del lienzo en torno al cual escribió, en el sentido de las agujas del reloj empezando por la parte superior: *Portrait de Cézanne*, *Portrait de Renoir* [Retrato de Renoir], *Nature Morte* [Naturaleza muerta] y *Portrait de Rembrandt* [Retrato de Rembrandt], palabras que se podrían interpretar como los títulos convencionales de pinturas perfectamente respetables para los burgueses asiduos visitantes de los museos[36]. Todos estos actos subversivos, junto con actuaciones escandalosas, como, por mencionar tan solo unas pocas, el Festival Manifiesto Presbita de Picabia del 27 de marzo de 1920 en el que Breton aparecía disfrazado de hombre anuncio con dos tablones cubiertos de frases impertinentes, o el Festival Dadá de Salle Gaveau, celebrado el 26 de mayo de ese mismo año, evento que fue interrumpido por un público que, enfurecido, terminó lanzándoles huevos y monedas a los agitadores dadaístas, tuvieron que dejar una importante huella en la psique de los surrealistas en ciernes[37]. Es más, les inculcaría una profunda conciencia del poder de la provocación con el absurdo como herramienta para generar la revolución; estrategia que Art et Liberté utilizó brillantemente mediante inusuales mecanismos de exposición visual y *performances* que convirtieron sus exposiciones individuales y colectivas, todas ellas celebradas entre 1938 y 1948, en plataformas de protesta que arrasaron en El Cairo de la época. No obstante, los surrealistas pronto considerarían que la versión dadaísta de la revolución no iba más allá de la satisfacción inmediata y solo buscaba el escándalo por el escándalo mismo.

En 1922, Breton publicaría un manifiesto titulado «Après Dada» [Después de Dadá] en el que declaraba: «Yo deploraba el carácter estereotipado que estaban asumiendo nuestros gestos, y escribí lo siguiente: "Después de todo, está en juego algo más que nuestra despreocupada existencia y nuestro buen humor en un momento dado. [...] Me parece que al sancionar una serie de actos 'dadaístas' completamente fútiles estamos poniendo en grave peligro [nuestro] intento de liberación"»[38]. Breton y otros surrealistas, como Philippe Soupault y Paul Eluard, habían llegado a la conclusión de que el dadaísmo, al haberse convertido en una especie de recetario de técnicas, ya no era capaz de generar el tipo de revolución que les parecía cada vez más necesaria[39]. Había llegado el momento de cambiar de estrategia. En 1924, Breton publicó *El manifiesto surrealista*, que alineaba claramente el surrealismo con las teorías psicológicas de Sigmund Freud acerca de los sueños y el subconsciente. El surrealismo comenzó siendo un movimiento estrictamente literario. Al depender de las técnicas freudianas de libre asociación, la literatura surrealista se nutrió de los espacios privados de la mente, dando lugar a formas e imágenes impredecibles. Los surrealistas creían que el proceso prolongado que da lugar a las obras de arte, bien sea un dibujo, una pintura o una escultura, era inherentemente opuesto a la espontaneidad desenfrenada de la expresión que podía conseguirse en la literatura, por lo que al principio fueron reacios a alinearse con las artes plásticas. No obstante, varios pintores como Max Ernst, André Masson y Joan Miró se unirían pronto al movimiento, dando lugar a una serie de técnicas nuevas, como el dibujo automático, el *frottage* y la calcomanía. Mediante el *dépaysement*, desplazamiento, fragmentaban objetos familiares y los representaban en contextos completamente distintos a los que les eran propios, lo que permitía una interpretación totalmente diferente. Los surrealistas también desarrollaron el cadáver exquisito, una técnica de escritura o dibujo colectivo mediante la cual se unen palabras o imágenes que cada participante añade a la contribución del anterior y en la que solo puede ver la última parte de la aportación previa. Varios integrantes de Art et Liberté emplearían algunas de esas técnicas en su obra pictórica y literaria.

En 1929, los surrealistas dejaron de publicar su principal revista, *La Révolution surréaliste* [La revolución surrealista, 1924-1929], y la sustituyeron por *Le Surréalisme au service de la révolution* [El surrealismo al servicio de la revolución, 1930-1933]. Pronto le seguiría el segundo manifiesto

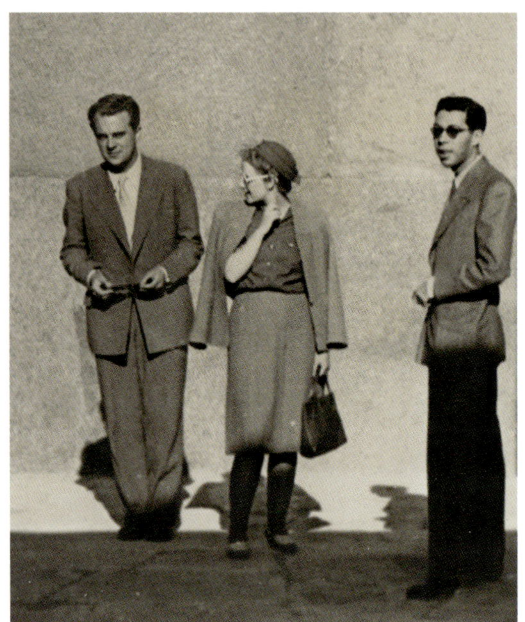

13

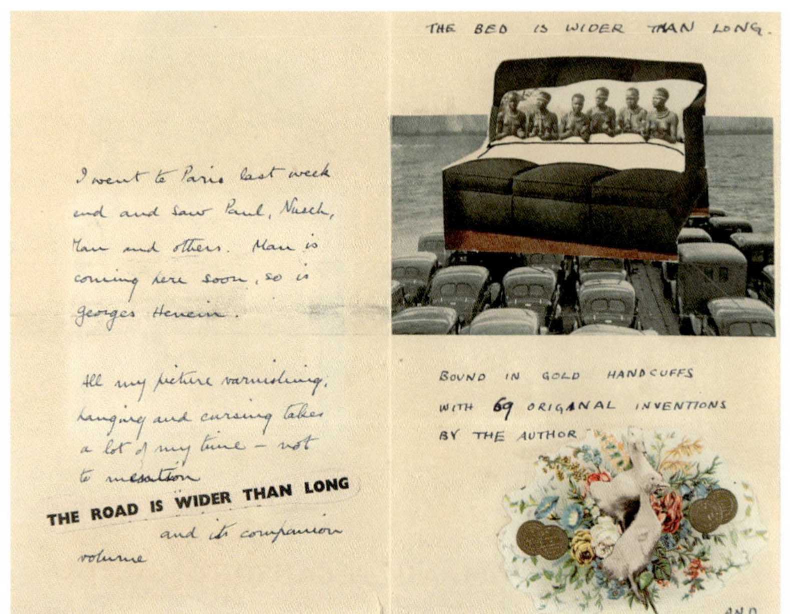

14

surrealista, publicado por Breton en 1930. El surrealismo estaba sufriendo una transformación política, que pasaba de mantener una postura en absoluto afiliada a ninguna ideología o partido político concreto a adoptar el marxismo[40]. El cambio se hizo patente cuando varias figuras clave del surrealismo se afiliaron al Partido Comunista Francés. El mismo Breton se había afiliado en 1927. Sin embargo, el respaldo de los surrealistas al comunismo estalinista no duraría mucho. Por un lado, el partido comunista nunca aceptó completamente a los surrealistas como miembros fiables, y los desestimó al considerarlos una pandilla de poetas y artistas veleidosos poco comprometidos. Los surrealistas, más interesados en la revolución como concepto que en la disciplina necesaria para lograrla, se ofendían y, en última instancia, se rebelaban contra cualquier forma de censura artística o literaria dictada por el partido. Ya a mediados de la década de 1930, los comunistas imponían el realismo socialista como la forma artística oficial que debían seguir los artistas simpatizantes. Para los surrealistas, se trataba simplemente de otro tipo de fascismo.

Más allá de sus posturas artísticas encontradas, los surrealistas y los estalinistas se hallarían en bandos opuestos respecto a los Procesos de Moscú a los que me he referido anteriormente. Iniciados por Stalin en 1936 y alargados hasta 1938, dichos procesos consistieron en juicios farsa que Stalin utilizó para purgar su gobierno de opositores, de entre los cuales cabe destacar a León Trotsky. El 3 de septiembre de 1936, como condena a estos actos abominables, doce surrealistas firmaron la declaración «La Vérité sur le procès de Moscou» [La verdad sobre los Procesos de Moscú]. Como vimos antes, Georges Henein fue uno de los firmantes, junto con Breton, Benjamin Péret e Yves Tanguy, por nombrar solo a unos cuantos. «La Vérité» supone una ruptura decisiva del surrealismo con el estalinismo, que da lugar a una nueva fase en la inestable trayectoria del movimiento. Dicha declaración ilustra la adhesión de los surrealistas al trotskismo a partir de mediados de la década de 1930, y culminaría con la visita de Breton a Trotsky en el verano de 1938, cuando este último se encontraba exiliado en México. El resultado fue la fundación de la FIARI y la publicación de su manifiesto el 25 de julio de 1938, «Pour un art révolutionnaire indépendant» [Por un arte revolucionario e independiente]. El manifiesto lo escribieron Trotsky y Breton a dos manos y fue suscrito por Breton y el influyente pintor mexicano Diego Rivera. El manifiesto de FIARI y *Clé*, su boletín político mensual, reflejaban los puntos en común del surrealismo y la doctrina trotskista durante los meses inmediatamente anteriores al estallido de la

Segunda Guerra Mundial. Ambos insistían en la completa libertad del arte y sostenían que ningún programa verdaderamente revolucionario podía dictar la forma y el contenido de las obras de arte, o imponer determinado estilo o escuela a los artistas. Estas mismas características liberadoras del surrealismo trotskista fueron precisamente las que hicieron que ese movimiento le resultara atractivo a Art et Liberté, amén de la amplia gama de artistas y colectivos artísticos que, en los albores de la Segunda Guerra Mundial, buscaban iniciar su propia revolución.

Hacia finales de la década de 1930, lo que había empezado como un brote del dadaísmo se había convertido en un movimiento verdaderamente internacional. La intersección creativa del surrealismo, que en su esencia venía definido por la ruptura y la metamorfosis, y un surtido heterogéneo de distintos centros artísticos y literarios, dio lugar a la creación de puntos de encuentro que fomentaban una interpretación y aplicación renovadas del surrealismo. Escritores y artistas de remotas ciudades de todo el mundo proponían una visión refundada del surrealismo a través del doble prisma de la innovación literaria y artística, y la acción política. En lo concerniente a Art et Liberté, el movimiento no era una entidad fija o estática. Por un lado, era un vacilante movimiento artístico integrado por diferentes escuelas cuyos estilos y métodos, todavía en desarrollo, no habían llegado a definirse de manera concluyente. Por otro, se trataba de un proyecto de revolución social que todavía no había alcanzado la solución de cómo expresar, de manera concreta, el papel tangible que el arte podía representar en la puesta en práctica de la revolución. La descripción del surrealismo de Ramses Younane en 1938 es quizá la mejor expresión de lo anterior: «Puesto que el surrealismo se encuentra todavía en fase experimental, no ha conseguido discernir sus capacidades y limitaciones, y constantemente duda en lo referente a sus métodos, puesto que a veces vira a la derecha y otras, a la izquierda. Avanza en una dirección, pero luego da marcha atrás, como un arqueólogo que no sabe bien del todo dónde están escondidos los tesoros o con qué tesoros le sorprenderá el vientre de la tierra»[41]. Es más, el surrealismo en 1938 era un movimiento en marcha que los integrantes de Art et Liberté se sentían con tanto derecho a renovar como cualquier otro grupo surrealista en cualquier parte del mundo.

En Japón, por ejemplo, ya desde 1925, habían aparecido traducciones de literatura surrealista francesa en antologías y revistas literarias japonesas. Se me ocurre, sin ir más lejos, el estudio de poesía francesa de Horiguchi Daigaku titulado *Gekka no ichigun* [Una multitud a medianoche], que incluía varias obras surrealistas de Soupault, Cocteau y Goll. En 1937, Tokio acogería la segunda exposición surrealista internacional, organizada por la revista de arte *Mizué* y celebrada en el Nippon Salon del 9 al 14 de junio[42]. También por esa época, se formaba en Santiago de Chile un grupo de escritores autodenominados surrealistas, integrado por Teófilo Cid, Enrique Gómez-Correa y Braulio Arenas en torno a la revista literaria *La Mandrágora*. El 12 de julio de 1938 fundarían oficialmente un grupo surrealista homónimo que, dentro de los ambientes predominantemente socialistas que prevalecían en el Chile de la época, adoptaría una posición decididamente antifascista[43]. De manera análoga, México formulaba su propia adhesión al surrealismo al tiempo que se distanciaba del mismo. Dos años después de la publicación del conocido manifiesto de la FIARI del 5 de julio de 1938, se celebraba en México la cuarta exposición surrealista internacional, inaugurada el 17 de enero de 1940 en la Galería de Arte. Dicha exposición provocaría un acalorado debate en torno a la compleja convergencia del arte, la identidad nacional y la acción política frente a la propaganda política[44]. Otro ejemplo significativo de la proliferación internacional del surrealismo es su apropiación por parte del movimiento de la Negritud en Martinica, entonces colonia francesa, que vio en el surrealismo un argumento opuesto a la hegemonía de los ideales coloniales europeos. Apropiándose de la práctica revolucionaria surrealista, la revista más influyente de la Negritud, *Tropiques*, que vio la luz en 1941, incluía la obra de Lucie Thésée, Aimé y Suzanne Césaire, Aristide Maugée y René Ménil, entre muchos otros[45].

Cuando se considera en el contexto de los numerosos ejemplos contemporáneos de apropiación del surrealismo, aunque dentro de marcos temporales, geopolíticos y culturales heterogéneos, el grupo Art et Liberté asume una notable posición dentro de la fluida red de centros intelectuales de importancia. Los mismos funcionaban en tándem, tanto formal como orgánicamente; tenían tal alcance geográfico que se multiplicaban gracias al desplazamiento de escritores, artistas y todo tipo de agentes culturales que se vieron abocados al exilio, o se convirtieron en refugiados que huían de los peligros de la Segunda Guerra Mundial. El Cairo no sería una excepción.

EL CAIRO EN LOS ALBORES DE LA SEGUNDA GUERRA MUNDIAL

Si bien El Cairo no sufrió bombardeos aéreos, sí que era una ciudad en guerra. Según el artículo VII del tratado anglo-egipcio de 1936, en el caso de que el Reino Unido entrara en guerra, Egipto estaría obligado a poner sus recursos nacionales, junto con toda su infraestructura, al servicio del Imperio[46]. A pesar de concederle mayor autonomía a la nación en ciertos campos y, de ese modo, allanar el camino para un mayor autogobierno, muchos consideraron que el acuerdo de 1936 favorecía los intereses británicos y obstaculizaba la soberanía nacional. Egipto era un «protectorado solapado»[47] en el que la última palabra a menudo la tenía el cónsul general británico. Así quedó patente cuando, en lo que se llegaría a llamar el «incidente del 4 de febrero de 1941», tropas británicas ocuparon los alrededores del palacio Abdin, la residencia real, y obligaron al rey Farouk a respaldar a Mustafa el-Nahhas Pasha para el puesto de primer ministro de Egipto. Obligado a elegir entre dar su consentimiento o la humillante alternativa de abdicar el trono, al rey no le quedó otra elección que aceptar. Como señaló sir Miles Lampson, luego lord Killearn, el embajador británico que había ingeniado la trama: «esta muestra de fuerza funcionó sin incidencia alguna»[48].

Tal demostración de poder ya había empezado a manifestarse en las calles de El Cairo desde los primeros meses de la guerra cuando el Reino Unido, tomándole la palabra al citado tratado anglo-egipcio, empezó a desplegar las tropas del Imperio en territorio egipcio. En el espacio de un año, el millón y medio de habitantes de El Cairo vería cómo aumentaba el número de soldados de la Commonwealth, de 35 000 en la primavera de 1940 a la apabullante cifra de 140 000 hacia finales de 1941[49]. Tanto tropas como tanques pululaban por las calles de la ciudad. Con la guerra llegaron hombres, y los hombres requerían diversión. La popularidad de los cines alcanzó su punto álgido. Algunos incluso organizaban pases especiales para los soldados establecidos en El Cairo (fig. 15). Los cientos de miles de soldados que llegarían de cada rincón del planeta buscaban varios tipos de entretenimiento, y cuando las películas no se lo daban, lo buscaban entre los brazos de prostitutas. La imagen de la prostituta, expresada mediante el motivo de la figura femenina deforme, se convertiría en uno de los temas más recurrentes en la obra de varios escritores y pintores de Art et Liberté.

Junto con los militares llegó un importante número de personal administrativo y una considerable variedad de súbditos británicos en tránsito o llegados en busca de asilo de zonas cercanas en guerra, como Grecia o los Balcanes que, o bien sufrían intensos bombardeos o habían caído en manos del enemigo. El Cairo estaba abarrotado de gente. Tal y como dice Morris, quien habla de este tema en su libro *Farewell the Trumpets: An Imperial Retreat* [Adiós a las trompetas: una retirada imperial]: «Se veían faldas escocesas y turbantes y feces, sombreros de fieltro y pantalones *jodhpur*. Había colonos keniatas y muleros indios, y operadores de tanque australianos, y artilleros ingleses, y pilotos neozelandeses e ingenieros sudafricanos. Había oficiales del Estado Mayor con pinta de estudiantes recién salidos de Oxford, y fanfarrones de regreso de misiones secretas en los Balcanes y bulliciosos soldados de caballería oriundos de ranchos ovejeros y de playas de aguas espumosas»[50]. Pero no eran los únicos.

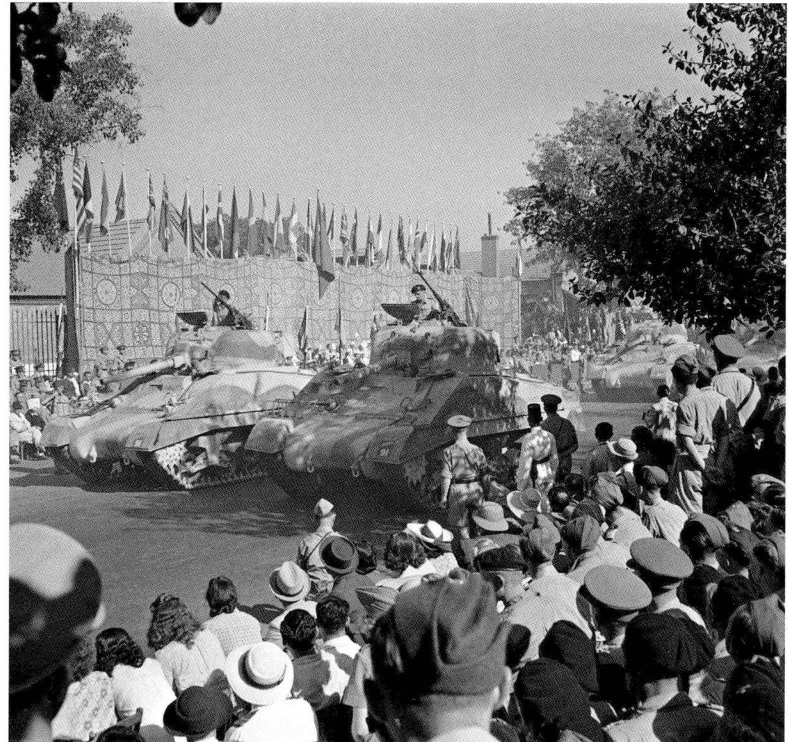 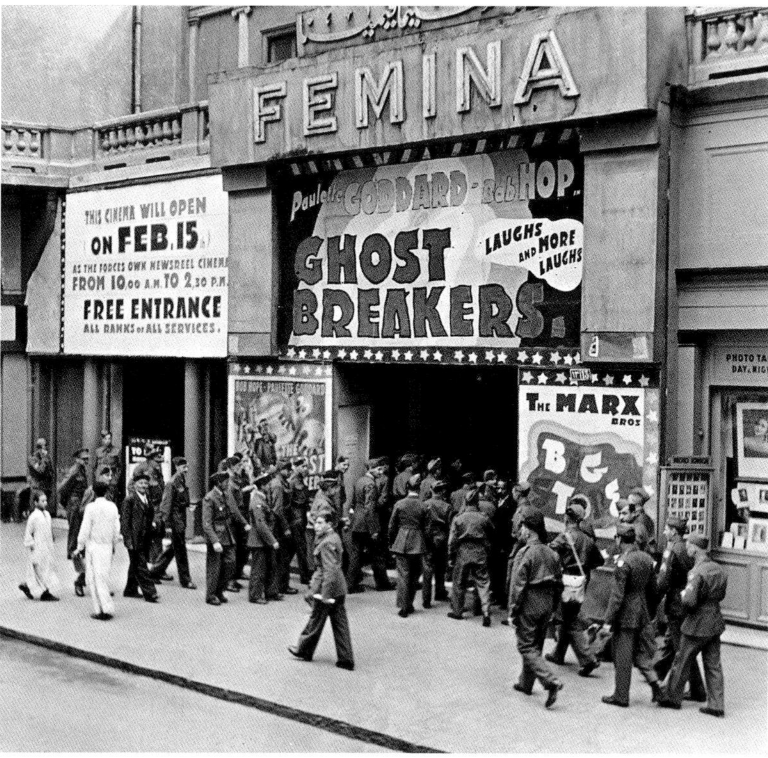

LA FORMACIÓN DE REDES INTERNACIONALES DE ESCRITORES Y ARTISTAS DESPLAZADOS

La guerra había traído a El Cairo a un variopinto número de escritores y artistas. Algunos eran refugiados, como los escritores Lawrence Durrell y Olivia Manning, quienes a mediados de la primavera de 1941, cuando las tropas nazis marchaban sobre Atenas, huyeron en barco de Grecia a Alejandría. A Durrell se le asignaría un puesto en la oficina de prensa del consulado británico en El Cairo. Allí conocería a Bernard Spencer, que también había sido evacuado de Atenas hacía tres meses. Junto con Robin Fedden, un catedrático de literatura inglesa en la Universidad de El Cairo, fundaría la revista literaria *Personal Landscape* [Paisaje personal][51], en cuyas páginas, en 1945, la escritora y pintora Amy Nimr, artista y mecenas del grupo Art et Liberté, publicaría una reseña literaria del poeta greco-alejandrino Constantino Cavafis. Nimr era una consumada pintora que había estudiado en la Slade en Londres a finales de la década de 1920. Cuando Art et Liberté irrumpió en la escena artística cairota, ya se había consagrado, tanto local como internacionalmente, con varias exposiciones individuales en varias galerías de renombre en París y Londres, y con una prolífica trayectoria como pintora, que evidenciaba, además del surrealismo, un estilo heterogéneo (figs. 17 y 18)[52]. Además de exponer con Art et Liberté, Nimr representó un papel esencial en sus fases formativas y dotó al grupo de un salón cultural en su casa de Zamalek, además de darles a conocer las tendencias intelectuales que surgían del círculo de Henry Miller en la Villa Seurat de París[53]. Nimr tenía su estudio en el 101 bis de Tombe Issoire, en el callejón de enormes edificios modernistas de Villa Seurat que, para aquel entonces, se había convertido en lugar de cita para artistas y escritores de vanguardia[54]. Allí pintaría algunos de sus cuadros surrealistas más notables[55].

Otro refugiado, un británico que había estado viviendo en Riga, era el graduado en Cambridge Lawrence Lovett-Turner. También trabajaba en el consulado británico, y había huido junto con su mujer, la pintora letona Natalija Tile (fig. 19)[56]. Nata, como la llamaban sus amigos, que también había expuesto en solitario, participaría en la quinta exposición independiente del grupo Art et Liberté del 30 de mayo al 9 de junio de 1945. Tan solo unas semanas antes, Lovett-Turner había expuesto, con gran éxito de crítica, en Nobilis, una librería en el centro de El Cairo y punto de reunión esencial para muchos miembros y simpatizantes de Art et Liberté. La exposición fue particularmente bien recibida debido a una serie de retratos y autorretratos dobles titulados *Self Realization* [Autorrealización], que fueron aclamados como «un juego de color de profunda intención y actitud expresiva»[57]. La exposición duró una semana, del 7 al 14 de abril, y coincidió con otra exposición individual de uno de los miembros más destacados del grupo, Ramses Younane, en el Lycée du Caire, lugar en el que se celebraron la tercera y cuarta exposición conjunta de Art et Liberté. La exposición de 1945 de Nata fue una de las muchas que seguirían organizándose hasta que la artista y su marido se mudaron a Bagdad en 1951[58]. Allí expondría su obra con regularidad junto con figuras pioneras del arte moderno en Iraq, como Jewad Salim, Hafidh al-Drubi, Ismail Fattah y Faïk Hassan[59].

Otro extranjero que llegó a El Cairo como soldado británico y que participaría en la quinta exposición de Art et Liberté fue Robert Medley, un pintor inglés que había colaborado en la Exposición Internacional Surrealista de Londres en 1936. Antes de llegar a Egipto, Medley fue miembro activo del círculo surrealista de Londres e íntimo amigo de Roland Penrose quien, junto con Mesens, era uno de los principales componentes de ese grupo. El diario de Penrose de 1930 a 1940 revela que los dos se veían con frecuencia. Medley, más allá de sus vínculos artísticos con los surrealistas ingleses, también colaboraba activamente en la organización de varios tipos de actividades surrealistas, como lo evidencia, por ejemplo, un reportaje publicado en el primer número de *The London Bulletin*, de abril de 1938, en el que podemos leer que «En la tarde del miércoles 26 de marzo, Mr. Robert Medley y la luna llena oficiaron un debate entre realistas y surrealistas»[60]. Es más, antes de la guerra, Medley había sido profesor del pintor Rateb Seddik, uno de los miembros de Art et Liberté, en el Chelsea College of Arts[61]. Como tantos otros artistas —Anthony Gross, Edward Bawden y Edward Ardizzone, por nombrar unos pocos—, Medley llegó a El Cairo con el aluvión de tropas británicas y de la Commonwealth establecidas en Egipto y a lo largo de la costa norteafricana[62].

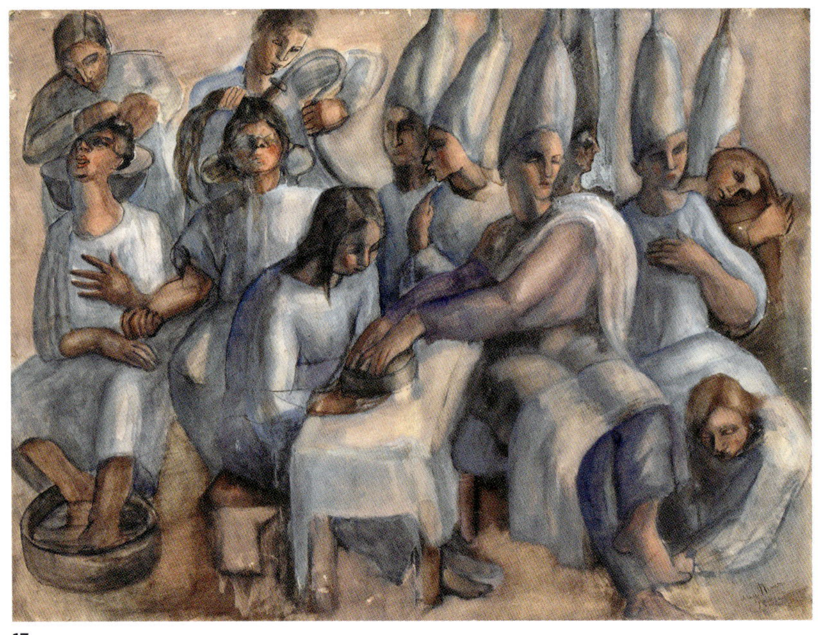

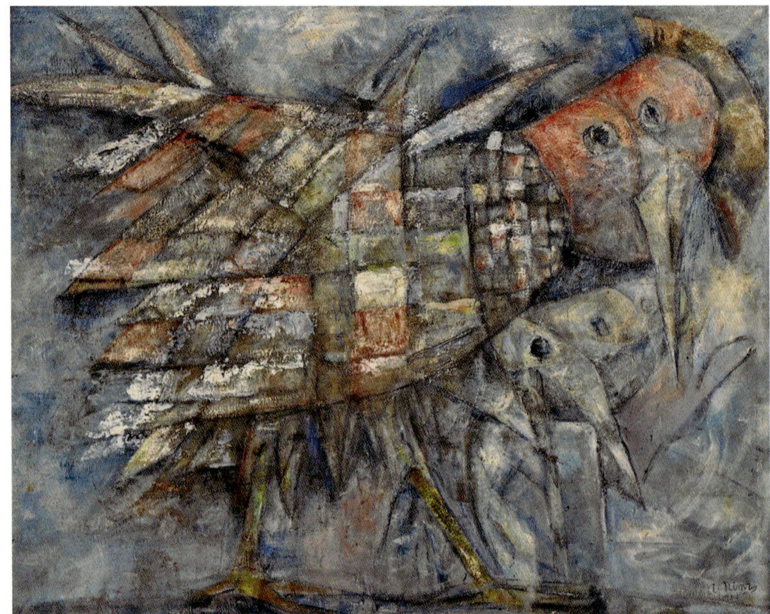

17

18

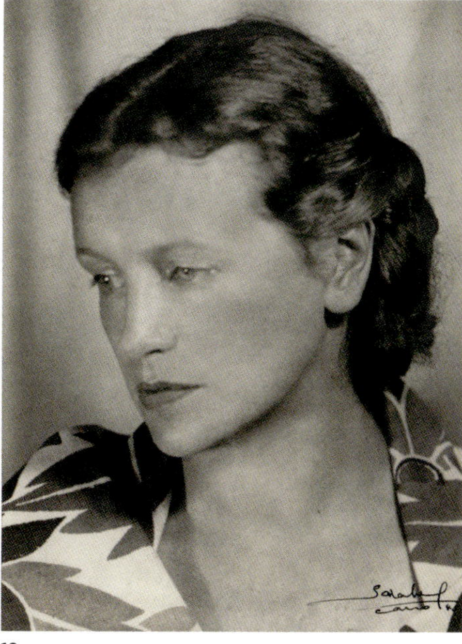

19

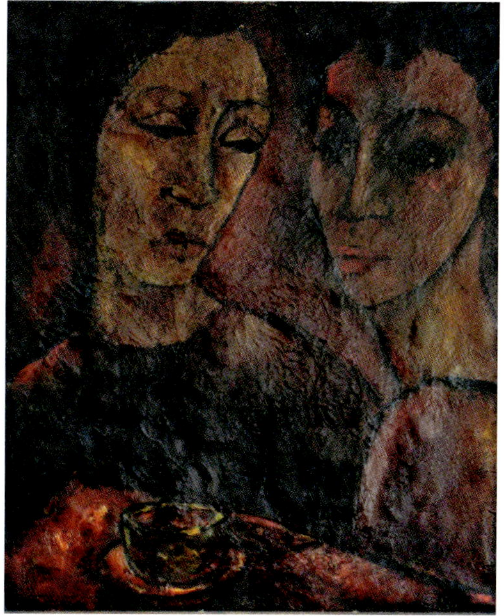

20

Durante la Segunda Guerra Mundial, El Cairo constituyó un refugio relativamente seguro para un variopinto grupo de activistas políticos, que iban desde anarquistas antifascistas a intelectuales judíos huidos de la creciente esfera de influencia nazi. Entre ellos se encontraba Angelo de Riz, profesor de arte en el Lycée du Caire. Ardiente antifascista, De Riz había abandonado Italia a mediados de la década de 1930[63]. Una vez consolidado como integrante habitual de la escena de las galerías de arte en El Cairo, había «allanado el camino para los surrealistas en Egipto»[64], y fue uno de los primeros artistas en firmar el manifiesto de Art et Liberté en 1938. Continuaría exponiendo con ellos durante toda la guerra. Tan importante era De Riz para Art et Liberté que, cuando el miembro fundador Kamel el-Telmisany se embarcó en una serie de artículos titulados «L'Art en Égypte» [El arte en Egipto] que aparecieron en la revista afiliada al grupo *Don Quichotte*, le dedicó uno de ellos a De Riz[65].

También estaba Étienne Sved, un fotógrafo y diseñador gráfico judío-húngaro que, gracias a su amistad con el escritor e intelectual Georges Henein, trabajó como fotógrafo en el periódico francés *Le Progrès Égyptien* [El progreso egipcio][66]. En 1945, cuando Sved diseñó una serie de carteles para anunciar una marca local de cigarrillos llamada Setos, Henein era el director de Gianaclis, la empresa dueña de la misma. Durante sus años en El Cairo, además de su fotografía, Sved creó una serie de caricaturas antinazis que volvieron a publicarse muchos años después en un volumen titulado *Adolf ou à quand le crépuscule des odieux?* [Adolf o ¿para cuándo el crepúsculo de los odiosos?]. También ilustraría después *Maalesh*[67], de Cocteau, una revista inspirada por la visita del artista francés a Egipto en 1949.

Todas las personas mencionadas anteriormente sirven de ejemplo de uno de los pocos beneficios colaterales de una guerra que, por lo demás, fue devastadora. No obstante, la creación de estas redes y centros de intelectuales desplazados coincidió con otro fenómeno menos favorable que tomaba creciente impulso y cuyas nocivas repercusiones habrían de ser un importante detonante para la formación de Art et Liberté.

EL AUGE DEL SENTIMIENTO FASCISTA LOCAL

Desde mediados de la década de 1930 en adelante, Egipto estaba experimentando un aumento del sentimiento totalitarista a nivel local, como demuestra el creciente debate acerca de las virtudes del fascismo frente a la democracia de la época. Hojeando los diarios y semanarios egipcios de aquellos años, se empieza a atisbar la polémica acerca de las ventajas y desventajas de las ideologías nazi y fascista. El debate asume una dimensión mucho más violenta durante los meses anteriores al estallido de la Segunda Guerra Mundial. Dicha violencia vino motivada tanto por la considerable inestabilidad local como por los acontecimientos que se desarrollaban en Europa al mismo tiempo.

En Egipto, la población, tanto la clase trabajadora como la clase media, estaba descontenta con las condiciones políticas y sociales. En el curso de cuatro inestables años, de 1935 a 1939, los egipcios vieron cómo se sucedían cinco primeros ministros. Todos ellos procedían de uno de los dos principales partidos rivales de aquella época: el progresista al-Wafd [La Delegación], fundado en 1919 y considerado por la mayoría como el partido que más sintonizaba con el sentimiento nacionalista del egipcio medio, y el más conservador y controlado por la monarquía al-Ittihad [La Unión], fundado por el rey Fouad en 1925 para controlar el parlamento, considerado anti-democrático por muchos[68]. La enemistad entre los dos partidos significaba que tan pronto se formaba un nuevo gobierno, este se disponía a echar por tierra los logros del gobierno anterior. Los muchos egipcios que contemplaban esta partida de ajedrez política empezaban a cuestionar la viabilidad del sistema. El crucial auge de Italia y Alemania, vistas como naciones emergentes con las que lidiar, y las estrategias propagandísticas que reprimían la disidencia y no mostraban más que la adulación eufórica de las masas, animó a aquellos que buscaban un modelo de gobierno alternativo a considerar la adopción local del ideario fascista y nazi como posible solución. «hal tanjah al-dicatatoriyyah 'indana?» [¿Podría la dictadura tener éxito entre nosotros?], se preguntaba un periodista en las páginas de *al-Hilal* en febrero de 1939.

En el mes de marzo del mismo año, un escritor llamado Ali Adham publicó un extenso análisis de la filosofía del fascismo en *al-Muqtataf*, en el que resumía sus causas y aplicaciones, protago-nistas intelectuales, y la polémica manera en la que lo percibían tanto sus simpatizantes como sus oponentes[69]. Unos cuantos meses después, en junio, *al-Majallah al-Jadidah* publicó un artículo de nueve páginas titulado «al-imbratoriyyah al-almaniyyah al-naziyyah» [El imperio nazi-alemán][70]. La misma revista había publicado, ya en junio de 1936, un largo artículo traducido del inglés ti-tulado «Adolf Hitler y el gobierno alemán»[71]. Merece la pena tener en cuenta que su autor era James Vincent Murphy, un profesor de inglés que, hasta su salida de Berlín en 1938 tras caer en desgracia ante los nacionalsocialistas, realizó la única traducción del *Mein Kampf* de Hitler auto-rizada por el Partido Nazi[72]. Como era de esperar, el artículo escogido por los editores de la revista tenía un tono bastante positivo. En una traducción de un artículo italiano que también apareció en las páginas de *al-Majallah al-Jadidah,* el 1 de febrero de 1936, con el titular «al-fashiyyah kama yaraha du'atuha» [El fascismo visto por sus defensores], el autor afirma:

> Merece la pena mencionar que Mussolini, mediante su recreación de Italia, se ha posicionado entre los grandes en los que el mundo había puesto su punto de mira, y se ha convertido en un ejemplo del liderazgo deseado por tantos para lograr el progreso de sus respectivas patrias. Gracias a sus esfuerzos, Italia está a la cabeza de las grandes naciones a las que el mundo contempla con gran respeto[73].

Para muchos, el fascismo, y lo que este podía ofrecer en la esfera política local, no debía desesti-marse, al menos por el momento. Basta con decir que el debate estaba candente y que no se había llegado a ninguna conclusión. Art et Liberté estaba igualmente involucrado en esta polémica pública y continuó editando varios panfletos y artículos antifascistas durante la guerra (figs. 21 y 22).

Más allá de las páginas de las revistas y periódicos que circulaban por el país, este debate ideo-lógico se manifestaba simultáneamente con gran sentimiento en las calles de Egipto. Desde hacía

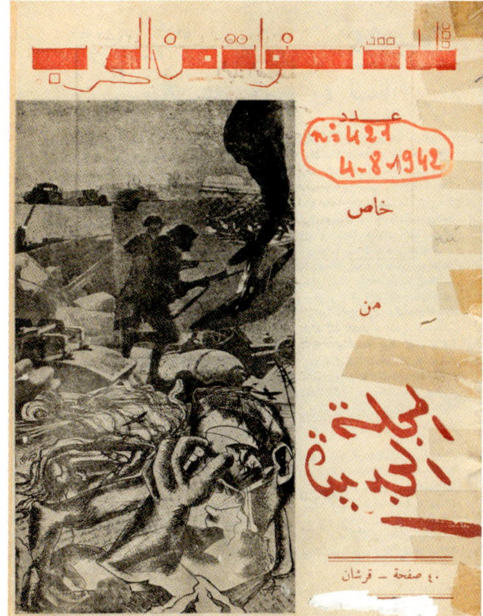

21

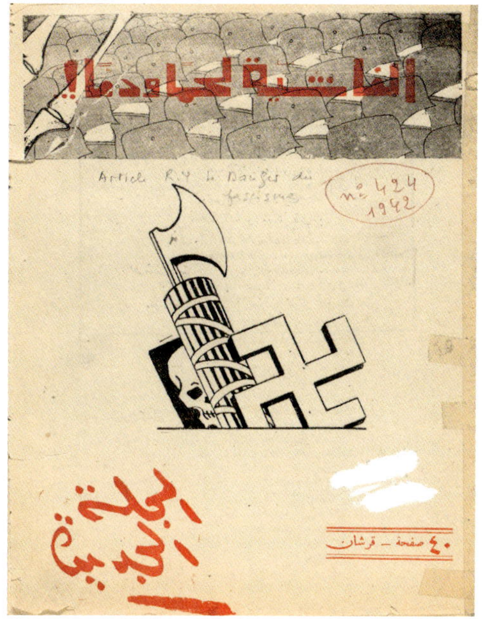

22

varios años, las fotografías de desfiles militares, que mostraban con orgullo los despliegues y el poder militar de la Alemania nazi y la Italia fascista, se habían convertido en un ingrediente básico de la prensa local. Se trataba del equivalente visual de los debates ideológicos expresados en el tipo de artículo del que ya hemos hablado. Por muy llamativas que fueran estas imágenes, se había estado produciendo un tipo diferente de movilización en el ámbito nacional que continuaría hasta finales de la década de 1930, una movilización de la que el grupo Art et Liberté fue testigo directo. El 10 de enero de 1936, un grupo de mil jóvenes uniformados desfiló por el centro de El Cairo declarando su lealtad al rey y a su partido[74]. Se trataba de al-qumsan al-zarqa' [Camisas Azules], una organización paramilitar perteneciente al Wafd (fig. 23). Tras haber sido la principal organización política de Egipto durante dos décadas, el Wafd había tratado de lidiar con la desafección hacia sus líderes, especialmente entre los jóvenes. Dicha desafección se debía, en parte, al poco afortunado tratado anglo-egipcio que el Wafd, que ostentaba en aquel momento el poder, subscribió oficialmente como representante del pueblo egipcio. Los Camisas Azules se convertirían, aunque solo temporalmente, en un remedio efectivo para reavivar la menguante popularidad del partido. Conocidos por el color de sus camisas, dichas unidades de cuasisoldados tomarían las calles, se infiltrarían en manifestaciones y, si fuera necesario, cometerían actos de violencia pública para acallar el auge del sentimiento anti-Wafd. En el verano de 1936, circulaban informaciones que cifraban el número de Camisas Azules en hasta veinte mil[75]. No obstante, la movilización de estudiantes de secundaria y universitarios para cambiar la corriente política no era exclusiva del Wafd.

Los Hermanos Musulmanes también disponían de patrullas ambulantes, organizadas según una complicada jerarquía y muy centradas en la actividad atlética y el entrenamiento físico[76]. Hasta la comunidad italiana en Egipto, principalmente afincada en Alejandría y El Cairo, tenía su propia versión de los Camisas Negras de Mussolini que patrullaban por los barrios en los que residían. Misr al-Fatat [Joven Egipto], otro importante movimiento de derechas, disponía de sus propios al-qumsan al-khadra' [Camisas Verdes]. Ahmad Hussein, que fundó esa organización en 1933, era conocido como simpatizante profascista y pronazi. En 1936, Hussein y una delegación de Camisas Verdes participó en el Reichsparteitag, el mitin anual nazi, un acontecimiento propagandístico de masas[77]. Los Camisas Verdes de Misr al-Fatat, archienemigos de los Camisas Azules del Wafd, estaban inspirados en las Juventudes Hitlerianas. Los enfrentamientos violentos entre ambos eran bastante habituales. No obstante, ambas organizaciones eran aficionadas a los

21
Al-Majallah al-Jadidah,
n.° 421, 4 de agosto de 1942
Diario impreso
Centre Pompidou París, MNAM-CCI,
bibliothèque Kandinsky, Ramses Younane archive

22
Al-Majallah al-Jadidah,
n.° 424, 15 de agosto de 1942
Diario impreso
Centre Pompidou París, MNAM-CCI,
bibliothèque Kandinsky, Ramses Younane archive

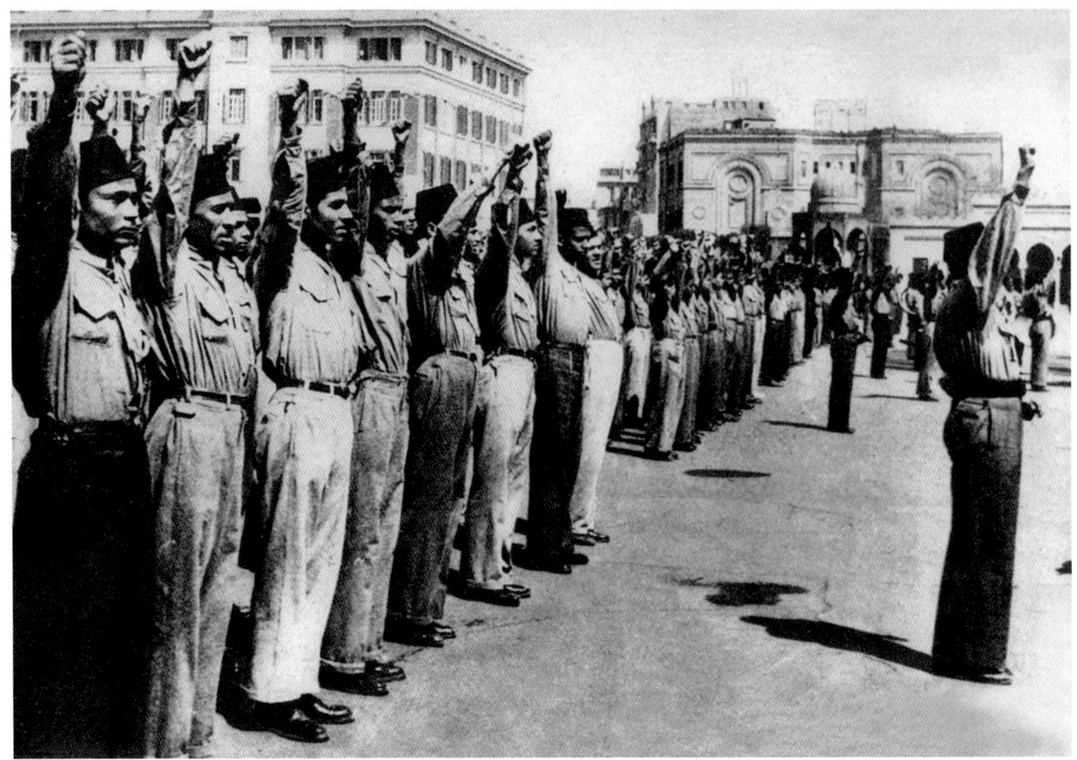

23

saludos fascistas, los uniformes de estilo militar y los desfiles con antorchas. Para los Camisas Azules, por ejemplo, «se requerían varias insignias, y el saludo consistía en poner el puño derecho sobre el corazón para a continuación ponerlo en alto (supuestamente con vigor)»[78].

El sentimiento de libertad de Art et Liberté se agudizó debido a la realidad de una cruenta guerra y fue expresado con la toma de conciencia del auge del fascismo y de las ideologías totalitarias en Egipto. Surgidos con la Segunda Guerra Mundial como trasfondo, Art et Liberté habría de rechazar el fascismo, que además de tener atenazada a Europa, había ido en ascenso en Egipto ya desde principios de la década de 1930 y empezaba a sentirse como una amenaza palpable en el ámbito nacional. El 22 de diciembre de 1938 anunciaron su fundación en un manifiesto bilingüe en árabe y en francés titulado «yahya al-fann al-munhatt / Vive l'Art Dégénéré» [Viva el arte degenerado]. Una primera interpretación del manifiesto invita a enmarcarlo dentro de la reacción en contra de la cruzada nazi y fascista contra las vanguardias en Europa. También podemos leerlo como el eco del manifiesto del 25 de julio de 1938 de la FIARI. Aunque no van completamente desencaminadas, estas lecturas no son suficientes. Las ideologías que tacharon los movimientos de vanguardia de «arte degenerado» estaban también activas en Egipto, y se manifestaban, aunque en diferentes condiciones, mediante un control autoritario de las artes por parte de asociaciones vinculadas al estado por un lado y, por otro, a la intransigente sección de los futuristas en Egipto, fuertemente ligada al partido fascista. En mayo de 1939, Art et Liberté, después de una conferencia de Marinetti, el padre del futurismo, en El Cairo, daría a conocer su total rechazo a cualquier conexión entre el fascismo, el nacionalismo y el arte. Marinetti, nacido en Alejandría, había llegado a El Cairo como delegado del gobierno fascista italiano. Para entonces, Mussolini ya le había nombrado miembro de la Reale Accademia d'Italia, afín al régimen. La visita de Marinetti a la ciudad unos pocos meses antes del estallido de la Segunda Guerra Mundial coincidió con el hervidero de sentimiento fascista local, y constituye uno de los acontecimientos más relevantes para entender el contexto en el que se sitúa el manifiesto de Art et Liberté y la fundación del grupo. La burla de Art et Liberté en la tarde del 9 de mayo de 1939 iba dirigida a la figura legendaria que había revolucionado el panorama artístico en Europa al publicar el Manifiesto futurista en 1909. Marinetti sería objeto de algunos de los ataques más insolentes

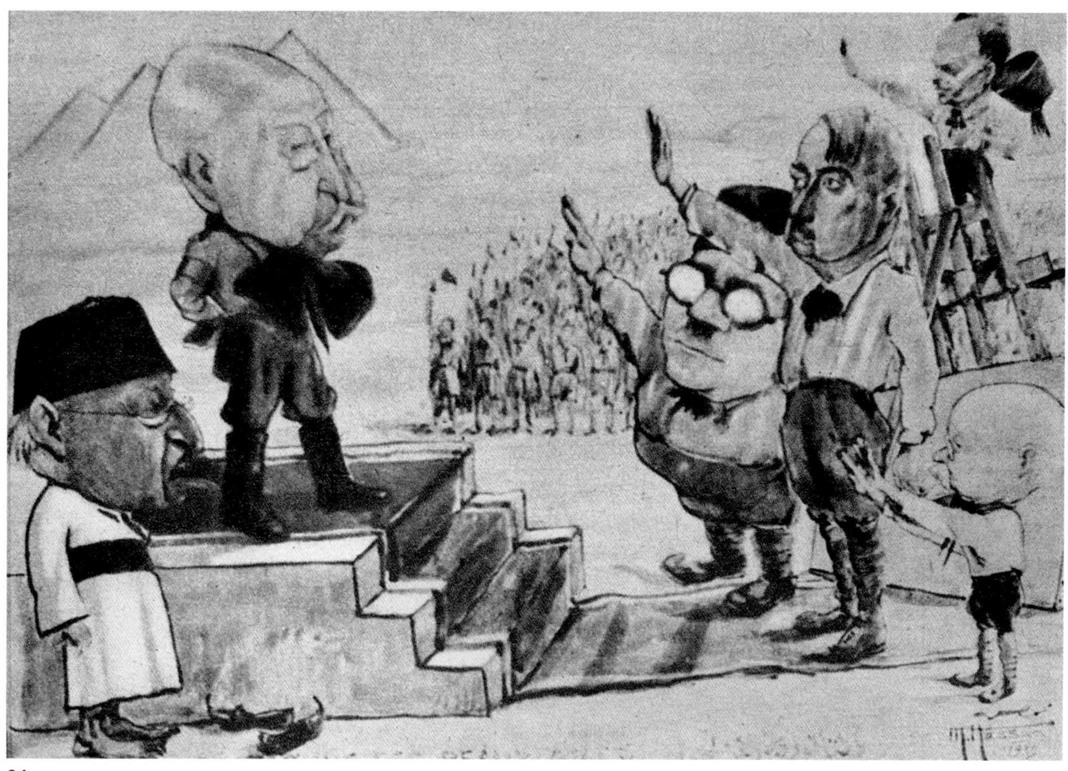

24

realizados hasta la fecha por parte de los futuros miembros de Art et Liberté, que convirtieron lo que había comenzado como una conferencia sobre poesía futurista en una escandalosa reyerta.

Al enmarcar Art et Liberté y su manifiesto de 1938 en este contexto local, empieza a atisbarse su visión de una versión renovada del surrealismo, no solo como forma de emancipación artística, sino también política. Lo que queda por descubrir es hasta qué punto había calado la ideología fascista en el tejido de las instituciones artísticas oficiales. Para arrojar luz sobre este asunto, centraremos nuestra atención en una pista inesperada que, a pesar de su autoproclamado humor, revela una brecha bastante más seria en la comunidad artística egipcia.

LA SOCIÉTÉ DES AMIS DE L'ART, O LA DICTADURA DE LAS ARTES

En los albores de la Segunda Guerra Mundial, las instituciones artísticas cairotas estaban en crisis. Varios artistas jóvenes se empezaban a agrupar en colectivos artísticos autónomos que buscaban existir más allá de los confines estilísticos académicos y las prácticas institucionales del *establishment* de las artes, especialmente la Société des amis de l'art [jam'iyyat muhibbee al-funoun al jameelah/Sociedad de amigos de las bellas artes].

La Société fue fundada por Fouad Abdel Malek, antiguo artista convertido en marchante y entendido en arte y muebles. Abdel Malek, tras regresar a su Egipto natal en 1919 al terminar su educación artística en la Academia de Bellas Artes de Múnich, abrió una sala de muestras que serviría a un tiempo de punto de venta de obras de arte y diseño, y de espacio expositivo. La llamó dar al-funoun wal sana'i'a [Casa de artes y oficios]. Sin entrar en detalle, se puede decir que la Société surgió de esa institución, y en ella tendría lugar la muy conservadora muestra anual del Salon du Caire. Diferentes documentos datan la fundación del Salon, además de la Société, entre 1919 y 1923[79].

En el número del 23 de marzo de 1939, el semanario ilustrado *al-Musawwar* [El ilustrado] publicó la reproducción de una pintura caricaturesca incluida en la muestra del Salon du Caire de ese año. La pintura en cuestión, *Dictature des Beaux Arts* [Dictadura de las bellas artes], era obra del pintor y escultor Mohammad Hassan (fig. 24). La figura central en la caricatura de Hassan es el magnate de las artes Mohammad Mahmoud Khalil. Khalil fue uno de los principales mecenas de la Société des amis de l'art, de la cual había sido uno de los fundadores, y que presidió de manera vitalicia hasta su deceso en 1953.

Khalil ejercía una gran influencia en el *establishment* artístico y era un ávido coleccionista de arte y escultura francesas del neoclasicismo, así como de arte de finales del siglo XIX en particular. El desprecio que Khalil profesaba por el arte egipcio moderno no era ningún secreto, y no dejaba de hacer escarnio público de la mayoría de artistas egipcios de la época y de expresar su predilección por el arte europeo[80]. Dicho desprecio queda patente en un artículo del número de mayo de 1935 de la revista cultural egipcia *Un Effort* acerca de la muestra del Salon de ese año. El autor anónimo habla de la imposibilidad de obtener el mecenazgo de Mahmoud Khalil para los artistas egipcios, cuya obra nunca se dignaría a colgar en su casa. A continuación explica irreverentemente a los lectores que si algo semejante llegara a suceder, Khalil would «se atornillaría el culo al suelo al ritmo del himno de Venezuela»[81]. El autor admitía abiertamente en el mismo artículo que había tomado prestada esa vulgar descripción de Khalil de entre una de las muchas insolencias proferidas contra el mismo por Georges Henein.
Hacia 1935, Henein se había convertido en un consumado *enfant terrible* entre los escritores de los círculos literarios locales. Y hacia la época en la que Hassan pintó su caricatura, la posición de Henein como adalid de la vanguardia en Egipto estaba bastante consolidada, situándole en el polo opuesto, no solo de Khalil, sino de todo el *establishment*. *En La Peinture moderne en Égypte* [La pintura moderna en Egipto], el influyente libro de Aimé Azar de 1961 sobre la historia del arte moderno en Egipto, este califica a Henein a mediados de la década de 1930 de «poeta y polemista, espíritu aventurero y curioso, que pronto reuniría a los miembros de la vanguardia»[82].

La referencia a Henein resalta la animadversión del mismo y de Art et Liberté hacia la Societé y hacia Khalil, que para ellos representaban el gusto trasnochado de la burguesía, que abogaba por estilos artísticos conservadores que ya no reflejaban la realidad de su tiempo. Se trata de un punto clave al que también aludían en la primera frase del manifiesto de 1938: «Es bien sabido que la sociedad actual rechaza cualquier innovación en el arte y la literatura que amenace el sistema cultural establecido […]»[83].

Khalil también era tristemente célebre por sus tendencias fascistas. Desde principios de la década de 1930 y hasta bien entrada la guerra, Khalil había manifestado abiertamente su admiración por Mussolini y el Partido Fascista. Asimismo, le invitaban con frecuencia a actos exclusivos en el Vichy Club, residencia oficial de diplomáticos y oficiales de alto rango del gobierno de Vichy en El Cairo. Tan franco era Khalil en lo concerniente a sus ideas políticas que, en 1942, sir Miles Lampson, el embajador británico en Egipto, lo comparaba con «una serpiente venenosa que hace propaganda por el enemigo y propaga el derrotismo». El recelo de Lampson respecto a la influencia de Khalil sobre la élite política egipcia era lo suficientemente serio como para que le pidiera al primer ministro del Wafd, Nahhas Pacha, que le pusiera bajo arresto domiciliario, petición a la que este último contestó con desdén con palabras que evidencian su gran desprecio por Khalil: «Khalil es senador y una criatura completamente inútil y, por lo tanto, no merece pena de prisión» [84].

El retrato que Hassan hace de Khalil es el de un dictador pontificando desde lo alto de un podio en un mitin masivo que recuerda a los desfiles militares fascistas[85]. Varias figuras del mundo del arte oficial le saludan con el brazo en alto al estilo nazi-fascista. La alineación de personalidades en la caricatura de Hassan revela la desdeñosa grieta que separaba a la Societé des amis de l'art, representada por su totalitario presidente Mohammad Mahmoud Khalil por un lado, y al *establishment* artístico[86]. La inclusión de las tres pirámides de Guiza al fondo de la caricatura nos recuerda que dicha pugna por el poder acontece en Egipto. De hecho, la cuestión de «lo egipcio» constituye el trasfondo de dicha fisura.

En un artículo publicado en el número de mayo de 1929 de *al-'Usūr* [Tiempo], una revista mensual de opinión política y crítica literaria, titulado «haqiqat al-nahdah al-fanniyyah al-masriyyah fi al-naht wal tasweer» [La verdad sobre el renacimiento artístico egipcio en escultura y pintura], el artista Zaki Sha'ban acusa a la Société de haber abandonado desde hacía mucho tiempo los intereses de aquellos por los que se había supuestamente fundado, al tiempo que decía trabajar al servicio de los artistas egipcios. Para corroborar esta crítica, Sha'ban cita el rechazo categórico de los artistas locales a la Société y la formación de colectivos autónomos propios, como al-rabitah al-masriyyah li al-fannaneen [La Liga Egipcia de Artistas]. Posteriormente, los historiadores del arte mencionan una Liga de Artistas Egipcios (rabitat al-fannaneen al-masriyyeen) y fechan su fundación unas veces en 1933 y otras, en 1936[87].

En el número de marzo de 1930 se publicó un segundo artículo en *al-'Usūr*, que adoptó un cariz más intimidatorio en forma de una petición titulada «taqrir 'an il-nahdah al-fanniyyah» [Informe sobre el resurgimiento artístico]. Este informe afirma que la Société des amis de l'art fue creada para «fomentar las bellas artes mediante la organización de exposiciones, conferencias y otros actos»[88]. No obstante, continúa el artículo, «en lugar de centrar su atención en Egipto, la sociedad se ponía completamente al servicio de Europa, y en lugar de contribuir a crear una relación solidaria con los artistas egipcios, favorecía a los extranjeros dándoles todo tipo de apoyo»[89]. El artículo concluía con un detallado orden del día dirigido al Departamento de Administración General de Bellas Artes, fundado en 1927, que proponía que el departamento relevara a la Société de la organización de la exposición anual. Además, se exigía, entre otras cosas, que fueran artistas egipcios los encargados de supervisar todos los asuntos culturales, de gestionar exposiciones y museos, y que las adquisiciones del museo de arte moderno se centraran principalmente en los artistas egipcios, aunque manteniendo una sección dedicada a la obra de artistas extranjeros. Esta cuasinacionalización de las artes exigida por varias figuras del arte local seguiría manifestándose durante la mayor parte de la década, y, en última instancia, representa un importante trasfondo para el manifiesto del 22 de diciembre de 1939 de Art et Liberté. La coalición de arte y nacionalismo que habría de derivar en el concepto de un arte «egipcio» auténtico sería una de las nociones a las que se opondría vehementemente y buscaría desmantelar Art et Liberté. De hecho, se trataba de una de las principales estipulaciones de su manifiesto de 1938: «El fanatismo racista, religioso o nacionalista con el que algunos individuos quieren alinear el destino del arte moderno es, a nuestro parecer, absurdo y ridículo»[90]. La separación del arte de las limitaciones de «lo egipcio», en particular, se convertiría en una de las principales batallas que habría de librar Art et Liberté.

LA FORMACIÓN DE COLECTIVOS ARTÍSTICOS INDEPENDIENTES

Hacia finales de la década de 1930, un sentimiento creciente de alienación, provocado por el favoritismo de la Société des amis de beaux arts, había llevado a varios artistas a formar sus propios grupos independientes. Sirva de ejemplo rabitat al-fannaneen al-masriyyeen [La Liga de Artistas Egipcios], un grupo de artistas que, al sentirse marginados por la Société, decidieron organizar sus propias exposiciones para promover la obra de artistas egipcios emergentes menos conocidos. No obstante, dicho colectivo habría de convertirse al poco tiempo en un instrumento demagógico para la convergencia de arte y nacionalidad, a diferencia de Art et Liberté, cuyos miembros se unieron gracias a su afinidad intelectual, más que a su nacionalidad.

Art et Liberté fue, con mucho, el más duradero de los grupos independientes de la época que vieron en las tácticas del ataque surrealista al esteticismo burgués y en su posición antifascista y su defensa de la libertad un reflejo, no solo de la realidad de su propio contexto y la naturaleza de su propia posición, sino también de las líneas de ataque que les parecían más apropiadas para desencadenar la radical transformación cultural y política que deseaban para su país. Dos de los líderes de Art et Liberté provenían de grupos artísticos independientes con los que estaban profundamente comprometidos. Disgustados por la hegemonía de las instituciones oficiales, y convencidos del valor de expresar y difundir una forma de arte relevante, diferente a los estilos academicistas que fomentaba la Société, ambos colectivos, a pesar de diferencias de expresión y aplicación, tenían en la educación del individuo uno de sus objetivos principales. Ramses Younane era miembro activo de un grupo llamado jama'at al-di'ayah al-fanniyyah (su nombre se puede traducir libremente como El grupo de defensa de las artes). Formado en torno al educador artístico Habib Gorgui, el grupo era bastante sólido y organizaba sus propias exposiciones, amén de editar sus propios libros hasta bien entrada la década de los cuarenta (fig. 25)[91]. Por ejemplo, el ya mencionado tratado de arte moderno de 1938 de Younane titulado *ghayat al-rassam al-'asri* [El propósito del pintor contemporáneo], en el que realiza una crítica del surrealismo, fue publicado por dicho grupo.

Kamel el-Telmisany fue miembro fundador de un grupo de artistas que se dieron a conocer como los Néo-Orientalistes / al-mustashriqoun al-judud [Los neoorientalistas]. El-Telmisany, uno de los primeros artistas que Henein descubriría a nivel local y al que se refiere en una carta dirigida a Breton ya en mayo de 1937[92], creía, junto con varios otros artistas pertenecientes al grupo de los Néo-Orientalistes, como Ali Kamel el-Dib, Kamal William el-Mallakh y Jean Moscatelli, «que sus ideas y sentimientos personales, de naturaleza oriental, pueden dar lugar a una auténtica forma de arte solo cuando se haya desarrollado una sensibilidad genuinamente oriental, libre de conceptos occidentales»[93]. A primera vista, estas líneas, sacadas del manifiesto del 1 de enero de 1937 de los Néo-Orientalistes, se pueden malinterpretar como una llamada a la creación de un arte nacional; nada más alejado de la verdad. El interés de El-Telmisany y sus correligionarios neoorientalistas en explotar la tradición artística nativa, a la que se refieren en este caso como oriental, para dar con un arte inspirado en la expresión vernácula era una respuesta a lo que ellos consideraban la imitación pasiva de estilos academicistas europeos, en especial del impresionismo y del realismo, por parte de casi todos los artistas consolidados de la generación anterior, que después de viajar para estudiar en Europa, por citar a El-Telmisany, «sentían cómo la inferioridad les corría por las venas hasta que empezaban a copiar las imágenes de los fuertes y poderosos... prisioneros de museos e iglesias, y de academias semejantes a iglesias, fácilmente se podían distinguir los rasgos de los santos y personajes pintados por Rafael, Miguel Ángel y demás [...] en las figuras dibujadas por sus serviles imitadores...»[94].

En un número especial de junio de 1939 de la revista de arte y arquitectura *al-Emara*, el autor escribe favorablemente acerca de los neoorientalistas describiendo su dogma principal como una forma de «literatura pintada... una tendencia moderna que se basa en gran medida en el refinamiento global de cada artista. [...] Cada artista, al velar por su personalidad individual y por el ambiente que le rodea, puede innovar su propio estilo personal de modo que uno, por ejemplo, puede inspirarse en el arte negro (tribal africano), y otro, en el del antiguo Egipto aprendiendo de su espíritu, líneas y simplicidad, mientras que un tercero puede estar influido por el arte persa, con sus distinguidos diseños y motivos. Eso no quiere decir que imiten formas de arte orientales, sino que las canalizan basándose en un profundo estudio y entendimiento de la espiritualidad que les es inherente. A su vez, esto les permite desenvolverse en un mundo de poderosa imaginación»[95]. Unos pocos años después, Ahmed Rassim, un influyente crítico de arte y futuro simpatizante de Art et Liberté, publicaría un artículo acerca de los neoorientalistas en el número 7-8 de 1945 de *al-'Imāra*. Para entonces, varios miembros del grupo, Kamel el-Telmisany y Kamal William el-Mallakh entre ellos, ya formaban parte de Art et Liberté. Rassim había escrito favorablemente acerca del grupo en sendos artículos anteriores, publicados en los diarios *al-Ahram y al-Balagh* el 17 de septiembre y el 15 de octubre de 1938 respectivamente, casi un año después de que se fundara el grupo de los neoorientalistas. En esos artículos, aclaraba en esencia lo que el término «oriental» realmente significaba para estos artistas «que se han echado a la espalda la tarea de empaparse de arte popular hasta la médula impulsándolo hacia una expresión cultural contemporánea»[96].

El término «popular» se empleó por primera vez en el verano de 1939 en el contexto de un acalorado debate entre los editores y colaboradores de *al-Risāla*, un semanario literario, científico y artístico, y tres miembros del grupo Art et Liberté: Anwar Kamel, Ramses Younane y el mismo El-Telmisany. La polémica la desencadenó un artículo publicado el 10 de julio de 1939 en *al-Risāla* que anunciaba la inminente disolución de un círculo de artistas egipcios llamado el Grupo de Arte Degenerado. En una controvertida defensa de la afinidad del surrealismo con el contexto egipcio, El-Telmisany resume algunos de los preceptos centrales, no solo de lo que significaba el arte popular, sino también de cómo Art et Liberté consideraba el surrealismo en sintonía con la tradición estética local. En su respuesta al crítico Aziz Ahmad Fahmi, El-Telmisany escribe:

> ¿Nunca ha visto usted, muy señor mío, las muñecas de cuatro dedos típicas de las fiestas del santoral *('aroussit el-moulid el-halawah)*? ¿Acaso nunca se ha topado con las pequeñas marionetas de trapo? ¿Nunca ha escuchado las historias de *Oum el-shou'our, el-shater Hassan* y otras fábulas del folklore literario local? Todo eso, muy señor mío, es surrealismo…
> ¿Acaso nunca ha visitado el museo egipcio? Gran parte del arte faraónico que allí se expone es surrealismo.
> ¿Nunca ha estado en el museo copto? Gran parte del arte copto es surrealista. No estamos imitando escuelas extranjeras, sino que estamos creando un arte que ha surgido del curtido suelo de nuestra tierra y que ha corrido por nuestras venas desde los días en los que vivíamos con total libertad de pensamiento hasta este mismo momento.
> […]
> La palabra «surrealismo» no es más que la expresión moderna de lo que siempre se ha llamado libre imaginación: libertad de expresión, libertad de estilo. Oriente, desde el principio de los tiempos, ha sido la morada de todo lo anterior[97].

La premisa intelectual sobre la que los neoorientalistas, e igualmente Art et Liberté, basaron su posición revela una reconciliación de lo local y lo global, lo familiar y lo foráneo hasta tal punto que dichas categorías se tornan casi marginales. El surrealismo, una vez ampliadas su definición, geografía, forma, aplicación e incluso su temporalidad, se convierte en la manifestación de un proceso de expresión en curso tan pertinente en París como en El Cairo, un proceso que podía darse con tanta legitimidad en una pintura de Magritte como en una marioneta de artesanía local.

Baste decir que Art et Liberté irrumpieron en la escena artística cairota en una época en la que se deseaba cada vez más una plataforma alternativa. Radicalizados por los acontecimientos de la Segunda Guerra Mundial y desilusionados con el antiguo régimen cultural asociado a ella, Art et Liberté evitaron la retórica nacionalista, los nexos con las escuelas academicistas y el conservador gusto burgués, y se aunaron en torno a conceptos y estilos que reflejaban las corrientes

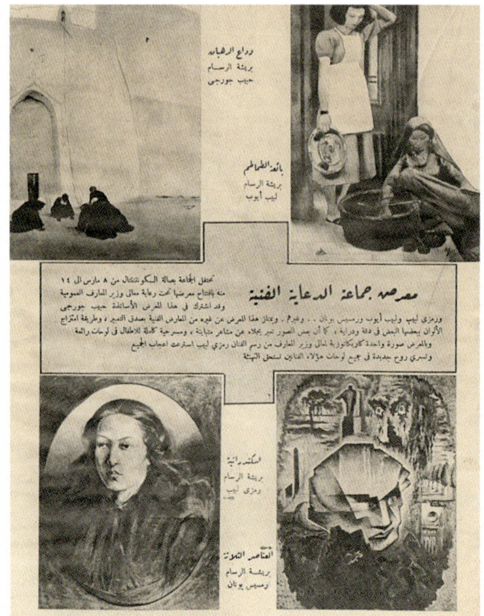

25

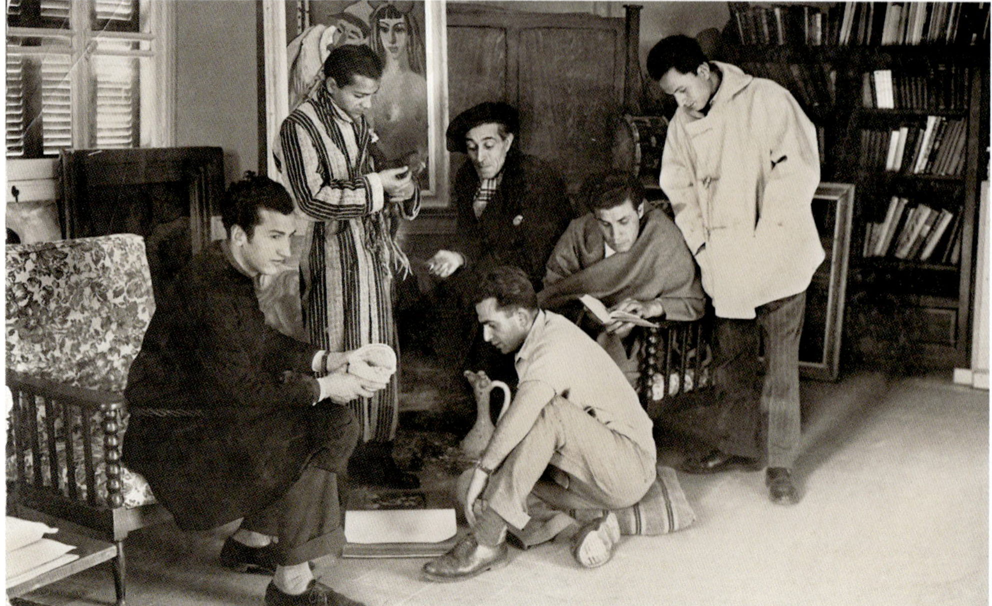

26

más recientes de la vanguardia, el surrealismo para ser más exactos, además de los turbulentos tiempos que les tocó vivir. Art et Liberté estaban encontrando rápidamente una forma de aplicar su prestigio artístico e intelectual que, aunque reflejaba su carácter internacional, se nutría, no obstante, de su contexto artístico, político y social. Mediante su boletín, que llevaba el mismo nombre que el grupo, y sus dos revistas, *Don Quichotte* y *al-Tatawwur*, publicados todos ellos en 1939-1940, las varias obras de poesía y prosa que editaron en sus dos editoriales, Éditions Masses y La Part du Sable, y los numerosos actos y exposiciones de arte independiente que organizaron (incluidas las cinco exposiciones conjuntas clave celebradas entre 1940 y 1945), Art et Liberté dotó a una generación de artistas desilusionados de una plataforma heterogénea para la reforma política y cultural. Durante la mayor parte de una década (1938-1948), no cejó en su empeño de provocar una revolución contra las rancias estructuras políticas y culturales del estado que había establecido la conservadora sociedad burguesa. No obstante, si todo lo bueno se acaba algún día, así sucedió también con Art et Liberté.

Durante la segunda mitad de la década de 1940, se dieron factores que contribuirían al siguiente, y podría decirse, último capítulo en la trayectoria de Art et Liberté. En un irónico giro del destino, esa época estuvo plagada de asuntos y preocupaciones que no diferían en absoluto de los que habían propiciado la formación del grupo. Es cierto que la guerra había terminado, pero con su fin surgió una multitud de problemas que exigían apremiantemente una actuación rauda y decisiva. Una vez más, se trataba de la repercusión de un nacionalismo cada vez más militante a nivel local y la intensificación de una crisis en la orientación del surrealismo a nivel internacional. Hacia 1948, la discrepancia entre Art et Liberté y, en particular, los surrealistas agrupados en torno a la figura de Breton y su visión del movimiento y de cómo aplicarlo habían sufrido una brecha insondable, hasta tal punto que se produjo una ruptura irrevocable. Henein escribió una carta formal a André Breton, fechada el 26 de julio de 1948, en la que declaraba su retirada del movimiento surrealista: «Escribo estas líneas sin humor, y sin rencor…», empezaba la carta[98]. A nivel local, a pesar de su oposición y violencia, ni el terreno ni las herramientas necesarias para que las semillas plantadas por Art et Liberté florecieran estaban disponibles. Esto no quiere decir que el grupo desapareciera sin dejar rastro, todo lo contrario; su impacto se haría sentir en la obra de muchos de los principales artistas de la siguiente generación. Lo importante, no obstante, es que Art et Liberté no consideraba a esos jóvenes artistas que insinuaban, o incluso declaraban abiertamente, ser sus herederos, legítimos sucesores de aquello en lo que creían. Dichos artistas, entre ellos Samir Rafi', Kamal Youssef e Ibrahim Massouda por nombrar a unos pocos, que en ocasiones habían expuesto junto con Art et Liberté, crearon en 1946 con otros artistas, como Abdel Hadi el-Gazzar, Mahmoud Khalil y Salem el-Habachi, el colectivo al que bautizaron con el nombre de Grupo de Arte Contemporáneo (fig. 26)[99]. Varios protagonistas de Art et Liberté albergaban serias dudas sobre su talento e ideas políticas. En una carta de Henein a Younane, el primero llegaría a acusarles de «pretender» ser la continuación de Art et Liberté, al tiempo que en su búsqueda de un «arte egipcio» se habían convertido en realidad en el altavoz deplorable de los «nuevos fascistas de uniforme», refiriéndose con ese apelativo a Abdel Nasser y al Movimiento de Oficiales Libres que llevaron a cabo la revolución de 1952[100]. Con varios miembros fundadores en prisión o exiliados, decepcionados con una generación de jóvenes con la que tenían una relación cada vez más tensa, y una sucesión de rupturas ideológicas con un movimiento surrealista que se esforzaba en seguir siendo relevante en el mundo de posguerra, simplemente había demasiados factores que ponían en peligro la existencia de Art et Liberté.

No obstante, al mismo tiempo que se interrumpía un legado, surgían otros al forjar cada miembro fundador su propio camino artístico y literario. Los hermanos El-Telmisany se convertirían en reputados cineastas y Kamel se mudó al Líbano, donde residió hasta casi el final de su vida[101]. Hassan, el menor, seguiría pintando, pero la verdadera fama le llegó de la mano del cine documental (fig. 27)[102]. Ramses Younane y Fouad Kamel pasarían a pintar arte abstracto casi exclusivamente. En la década de 1960, fieles a su costumbre, representarían un papel clave junto con Rateb Seddik para que se aprobara la legislación gubernamental para el pago de honorarios a artistas profesionales que les permitiera dedicarse a su obra a jornada completa[103]. Inji Efflatoun, que empezó su carrera artística como alumna de El-Telmisany y expuso por primera vez con Art et Liberté en 1942, se embarcaría en una vida dedicada al feminismo y al activismo social, y terminaría pasando varios años en prisión, donde desarrollaría un estilo pictórico único inspirado en la luz que se filtraba por los barrotes de su celda (fig. 28)[104]. El que fue su musa, Albert Cossery, se mudó a París en 1945, donde residió hasta su muerte en 2008 en el anodino hotel La Louisiane, ubicado en la *rue* de Seine en Saint-Germain-des Prés[105]. Después de la revolución de 1952 y de la confiscación de sus bienes y propiedades por parte del gobierno de Abdel Nasser, varios artistas que provenían de familias más adineradas, como Laurent Marcel Salinas y Amy Nimr, se marcharon del país y se afincaron en distintas ciudades[106]. Algunos seguirían produciendo arte, otros lo abandonarían del todo en busca de una forma de ganarse la vida más fiable. Henein y su esposa Boula no se marcharon de Egipto hasta 1960. Los dos primeros años de su exilio involuntario los pasaron en Grecia y Marruecos, seguidos de cuatro años en Roma, de 1962 a 1966, año en el que se mudarían a París, donde residirían hasta la muerte de Georges en 1973 y la de Boula en 1984[107]. Tan solo unas pocas horas antes de morir, Henein pronunciaría sus últimas palabras en presencia de su mujer: «Los elefantitos mueren solos», una conmovedora declaración que bien podría considerarse una descripción de su común destino y del de la mayoría de los miembros de Art et Liberté[108].

POR QUÉ ART ET LIBERTÉ

La contemporaneidad de Art et Liberté refleja una progresión temporal en virtud de la cual lo particular, es decir, la evolución local del estilo en una ubicación por lo común considerada marginal y carente de originalidad, iba en tándem con lo universal, y a veces lo transcendía, aunque se le otorgara a este último la importancia de ser el gran centro de innovación. Me referiré a dicho fenómeno como múltiples temporalidades. La relevancia de las contribuciones de Art et Liberté, tanto en relación con su contexto inmediato como con sus homólogos internacionales,

implica la convergencia de múltiples velocidades temporales, y, por lo tanto, de múltiples historias
del arte, lo que supone una sincronización con el ritmo del tiempo a lo largo de la cual evolu-
cionaron tanto las contribuciones locales como las globales. En ese sentido, como habría de
sostener Keith Moxey muchos años después en su tratado sobre distintas nociones de modernidades múltiples, Art et Liberté constituye un ejemplo de cómo puede producirse la reconstrucción
de un canon alternativo sin forzar a la historia del arte desde lo marginal a su desarrollo en
tándem con la del centro dominante[109].

Con todo lo anterior en mente, mientras exploramos el ejemplo de modernidad de Art et Liberté,
les invito, en primer lugar, a considerar un paradigma que funciona más allá de la perspectiva
del orientalismo de Edward Said y, en segundo lugar, a dejar que Art et Liberté nos haga cues-
tionarnos las ideas preconcebidas que tenemos acerca del surrealismo.

INTERNACIONALISMO FRENTE A ORIENTALISMO

Al pretender instigar una ruptura con las restricciones nacionales, Art et Liberté concibió un
terreno artístico que transcendía las rígidas categorías regionalistas con las que se clasificaba y
juzgaba a los artistas, una esfera de creatividad motivada por consideraciones de naturaleza
artística más que nacionalista. Al aprovecharse de la llegada de artistas y escritores extranjeros
a Egipto en el transcurso de la Segunda Guerra Mundial, y mediante la puesta en marcha de una
tupida red de núcleos fluidos esparcidos por un gran número de ciudades de todo el orbe, se
embarcaron en su proyecto artístico y político con la conciencia de que la libertad proviene de
las ideas, mientras que la afiliación geográfica y nacional solo puede conducir a la muerte de la
libre evolución del individuo.

Años después de la disolución del grupo, Ramses Younane declararía: «Aunque se trataba en
esencia de un colectivo surrealista, "Art et Liberté" incorporó con agrado otras tendencias artísticas. También contribuyó a conectar a los artistas egipcios con el mundo contemporáneo.
[…] Por lo tanto, no se trata de una invasión cultural, sino más bien de una respuesta cultural
expresada en la ruptura con las limitaciones de la tradición nacional para formar parte del patrimonio internacional»[110]. La idea de respuesta cultural que propone Ramses Younane puede
considerarse una de las principales contribuciones de Art et Liberté a que se produjera un cambio
en el discurso acerca del arte y el regionalismo. Romper con los límites nacionales para participar
en una red internacional contemporánea de artistas fue, en cierto sentido, el *modus operandi* que
apuntalaba todas las actividades de Art et Liberté. Junto a Younane, ya desde 1939, El-Telmisany
ya había hablado de lo importante que era para los artistas en Egipto «estar en sintonía con el
mundo y no quedarse atrás mientras el resto continúa su marcha hacia delante»[111]. En ese mismo
artículo, escrito en defensa de Art et Liberté y su asociación con el surrealismo, El-Telmisany
demostraba un entendimiento verdaderamente global del movimiento surrealista, no solo mediante las referencias a algunos de sus miembros más destacados e importantes, como André
Breton, Roland Penrose, Herbert Read, Max Ernst, Henry Moore, Salvador Dalí, Paul Klee,
Giorgio de Chirico, y Paul Delvaux, sino también mediante la mención de algunos de los lugares
donde el surrealismo echó raíces en países tan lejanos de Egipto como México, Estados Unidos
y Bélgica. El-Telmisany demostraba igualmente conocer las principales revistas surrealistas,
Minotaure, *Clé* y *Surrealism*, de Herbert Read, y *The London Bulletin*. Todas ellas habrían de
publicar artículos y noticias sobre Art et Liberté en un momento u otro.

La insistencia del grupo en el internacionalismo del arte supone la creencia en un proceso en
curso de transmisión cultural, de apropiación y negociación que permite la polinización cruzada

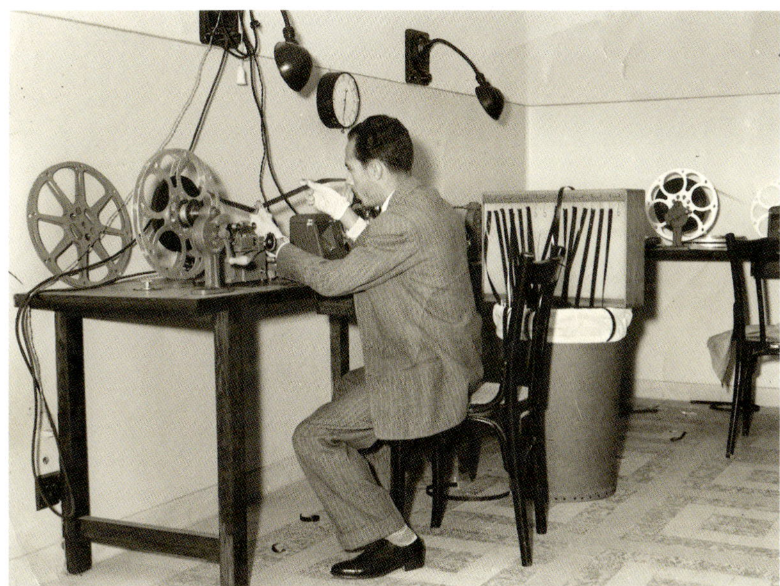

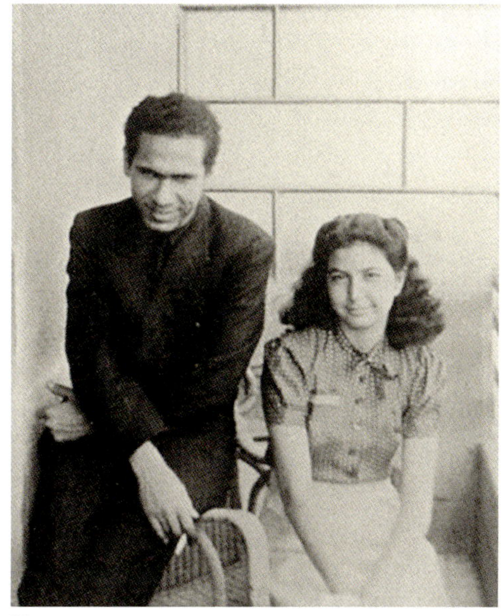

de ideas y prácticas que otorguen a los artistas posibilidades de crecimiento y creación que superen las consecuencias de un muy disputado nacionalismo. En un artículo publicado el 15 de septiembre de 1943 en las páginas de la revista política y cultural *al-Majallah al-Jadidah*, en la época en la que Ramses Younane estaba al frente de su editorial, Fouad Kamel escribió una sentida defensa del arte moderno que ilustra el compromiso del grupo con el internacionalismo y su rechazo al nacionalismo. En ella escribe:

> El internacionalismo es una de las características más brillantes del arte moderno, puesto que todos los que contribuyeron a forjarlo —especialmente en lo tocante a la escuela de París— pertenecen a varias naciones y razas. Por lo tanto, cuando hacemos una lista de los pintores que se instalaron en París y se hicieron famosos, encontramos a Chagall, De Chirico, Ernst, […], Miró, Modigliani, […], Picasso, Soutine, y […], todos ellos nacidos fuera de Francia. […] Una vez que admitimos el hecho de que el arte moderno es el resultado de la participación de todas las naciones, no podemos sino admitir que el arte moderno es también un puro reflejo del deterioro general de las sociedades occidentales. […] El arte moderno solo puede evaluarse como respuesta contra ese deterioro y como manera de resistirlo. Por lo tanto, el surrealismo no es en realidad otra cosa más que la fuerte bofetada cargada con todos los significados racionales y literales que la revolución contra esas falsas tradiciones ha llegado a representar…[112].

El razonamiento de Kamel, en línea con el de El-Telmisany y el de Younane, revela además hasta qué punto la práctica de Art et Liberté se nutrió de una red de complejos nódulos contemporáneos, más que de las reduccionistas dicotomías integradas en su gran mayoría en el discurso sobre la nación y el patrimonio cultural. El ejemplo de Art et Liberté, por lo tanto, nos proporciona un paradigma alternativo para la construcción histórica del arte, o, para ser más precisos, reconstrucción, que transciende los límites de la linealidad geopolítica y las designaciones regionalistas empleadas para intentar escribir las historias de modernidades múltiples.

Lo que Art et Liberté exigía, y lo que me parece el paradigma adecuado para revisar su trayectoria e intentar entender lo particular de su posicionamiento, es la conciencia de que todo arte se nutre, de una manera u otra, de la transmisión cultural en curso. Cuando la historia del arte como disciplina se empeña en la singularidad o en el regionalismo, y las exposiciones de los museos, aunque sea simplemente por pragmatismo o popularidad, mantienen las clasificaciones

27
Hassan el-Telmisani
en la sala de edición, ca. 1950
Fotógrafo desconocido
Copia digital sobre papel
Archivo familiar El-Telmisany, El Cairo

28
Inji Efflatoun y Kamel el-Telmisany, ca. 1942
Fotógrafo desconocido
Copia digital sobre papel
Archivo familiar El-Telmisany, El Cairo

y las jerarquías heredadas, la obra de arte no puede ser otra cosa que una anomalía: un objeto sincrético al que la disciplina, que debe supuestamente revelar su heterogeneidad, irónicamente le niega la diversidad de sus atributos. Kitty Zijlmans ha propuesto una solución a este dilema mediante una estrategia para la historia del arte que denomina perspectiva intercultural. La parte en la que aborda el concepto de centro y periferia es especialmente relevante, puesto que refleja el pensamiento crítico de Art et Liberté acerca de estos asuntos: «El modelo centro/periferia se considera flexible. No hay un centro fijo, el centro se encuentra (o en la investigación histórica, se encontraba) donde se encuentra (se encontraba) la acción, contemplada desde la perspectiva del arte en cuestión. El centro/la periferia también puede aplicarse al canon. La perspectiva intercultural rechaza la idea de que existe un canon fijo; este no es estático ni en espacio ni en tiempo»[113].

Muchos años antes, hablando del grupo Art et Liberté en el transcurso de un debate acerca de los atributos del arte moderno, y adelantándose a la idea de interculturalismo de Zijlmans, Ramses Younane escribía:

> Podemos decir sin equivocarnos que el grupo Art et Liberté fue como una semilla de la que, directa o indirectamente, brotaron varias tendencias innovadoras entre nuestros artistas desde la última guerra. La ventaja de este movimiento no se limitaba a conectarnos con las fuentes de un arte que está vivo, en una época en la que nuestro vínculo con el arte europeo se limitaba a imágenes en decadencia, puesto que, al conectarnos con estas fuentes vivas, el surrealismo nos ha conducido al patrimonio cultural global, que es uno de los componentes fundamentales del arte moderno. De este modo, el surrealismo nos ha devuelto a nuestros orígenes, haciéndonos redescubrir nuestro patrimonio de leyendas populares e inspirando a nuestros artistas para que lo evocaran en su obra. […] Muchos dirán que el arte moderno no es más que uno de los muchos frutos del colonialismo; que el colonialismo, habiendo invadido el mundo con sus armas, también ha invadido las culturas del mundo, borrando sus tradiciones y arte. Sin embargo, no podemos sino darnos cuenta de que el arte europeo ya había sido influido por el arte oriental y africano mucho antes de que ningún artista oriental o africano fuese influido por el arte europeo. El arte moderno empezó, al menos en lo que se refiere a algunos de sus aspectos más importantes, como revolución contra el legado europeo representado por la tradición grecorromana y las normas renacentistas. Uno de los factores que contribuyeron a esa revolución, no hay duda al respecto, fue su interacción con el arte del Lejano Oriente, seguido del antiguo Oriente, el arte africano y el arte islámico… No se trata de una invasión cultural, sino de una profunda revolución cultural que se produce al salir del círculo de la tradición nacional para entrar en el perímetro del patrimonio global. A esto se refiere Malraux al hablar de su «museo imaginario». Un museo que no puede edificarse en ningún sitio, pero que se construye en la imaginación debido a las monografías de arte moderno que entre su cubierta y contracubierta pueden incluir las cuevas de Lascaux, con sus pinturas primitivas, el templo de Luxor, la cueva india de Ajanta, el Partenón, las pirámides mexicanas y la catedral de Chartres, por no hablar de las inagotables maravillas que se pueden encontrar en los museos de El Cairo, Roma, Florencia, París, Moscú, Pekín, Londres, Madrid y Nueva York[114].

Además de sugerir un prototipo de la «perspectiva intercultural» que Zijlmans propondría años después, la tesis de Younane alude a otros conceptos que serían articulados por una serie de historiadores y teóricos del arte al preguntarse: «¿Puede existir una historia del arte global?». Younane y el grupo Art et Liberté parecen haberse planteado esta pregunta anticipando cuestiones similares de historiadores posteriores como James Elkins, cuando se plantea: «¿Cuál es la forma, o cuáles son las formas, de la historia del arte en todo el mundo? ¿Se está convirtiendo en algo global, es decir, tiene una forma reconocible allí donde se practica? ¿Pueden los métodos, conceptos y objetivos de la historia del arte occidental ser válidos fuera de Europa y Norteamérica? Y de no ser así, ¿hay alternativas que puedan ser compatibles con las formas existentes de la historia del arte?»[115]. Estas cuestiones podrían contestarse, aunque retroactivamente, en el contexto de la temprana visión de Younane de una historia del arte que es capaz de transcender los límites geográficos y las genealogías de original e imitación para proporcionarnos un modelo de fluidez e intercambio perpetuos por el que un movimiento supuestamente europeo, como el surrealismo, haga que artistas en Egipto vuelvan a descubrir e imaginar la expresión local de la imaginería popular y, al mismo tiempo, el arte islámico o africano pueda equipar a surrealistas afincados en París, por poner tan solo un ejemplo, con el impulso creativo necesario para expresar una nueva estética que puedan poner al servicio de su propia revolución cultural.

El análisis comparativo de Younane no establece ningún juicio de valor y es capaz de ver distintas tradiciones artísticas en un plano de igualdad en un contexto de «germinación cruzada» y transferencia fluida. Más llamativa aún es la negativa de Younane a recurrir a la narración simplista en virtud de la cual, la mal llamada periferia, en este caso Egipto, es la víctima del centro, representado en su argumento por el colonialismo. Younane evita los papeles estáticos por los cuales el arte del colonizado puede legitimarse solo si se alinea con el nacionalismo, o emula el arte del colonizador. De este modo, Younane rechazaba, muchos años antes, lo que se convertiría en la principal propuesta tanto del orientalismo de Edward Said como del poscolonialismo que, en su afán de empoderar al «otro», podría decirse que han contribuido sin darse cuenta a la formación de su otredad. Por el contrario, Younane y sus correligionarios en Art et Liberté se esforzaron en forjar una idea de la historia del arte en la que los intercambios multilaterales son más importantes que la política de la identidad y las disputadas fronteras geográficas que suelen reflejar las luchas de poder vigentes (figs. 29 y 30).

Aunque el poscolonialismo, endeudado en gran medida con la lógica del orientalismo de Said, se ha empleado muy a menudo como postura intelectual contraria al supuesto canon eurocéntrico predominante, la valoración de las contribuciones y la posición de Art et Liberté en el canon surrealista pueden comprenderse mejor al adoptar otro enfoque; uno que no esté enmarcado en las polémicas del orientalismo. Aunque esa perspectiva teórica pueda parecer la más válida, me gustaría proponer que, en el caso del grupo Art et Liberté, quizá sea contraproducente. Como afirma Patricia Almarcegui: «El orientalismo nos fuerza a adoptar un pensamiento binario o, en otras palabras, a asumir que también existía el "occidentalismo". De este modo, Occidente se consideraba una entidad homogénea sin fisura alguna. Tampoco el "occidentalismo" era la respuesta adecuada al orientalismo. Como dice el antropólogo James Clifford, posiblemente uno de los críticos más lúcidos del orientalismo, Said creó una dicotomía y, por lo tanto, redujo a lo esencial lo que siempre había sido algo fluido: Oriente y Occidente»[116]. Los estudios de Clifford, Almarcegui y otros proyectos académicos recientes que buscan una nueva posición desde la que estudiar la modernidad más allá de la perspectiva del orientalismo de Said, me parecen un mejor enfoque para analizar el ejemplo de Art et Liberté, no solo por cómo se percibían a sí mismos, sino también por la manera en la que no podían percibir a un «otro» siendo el «otro», en este caso, sus homólogos surrealistas europeos[117]. Las ideas de Said constituyeron enfoques pioneros para la teoría literaria y cultural que se han transformado en la vasta disciplina que es el poscolonialismo. Este mismo se ha convertido en la materia favorita de los historiadores del arte que buscan una retórica expiatoria con la que absolver al «otro». Sin embargo, aunque Art et Liberté eran muy conscientes de dichas tendencias, nunca se consideraron a sí mismos víctimas de su hegemonía. Como afirma James Clifford, «más que considerar el arte tautológico de la identidad perdida y recuperada, nos ocuparíamos de espacios reales llenos de nudos relacionales que son

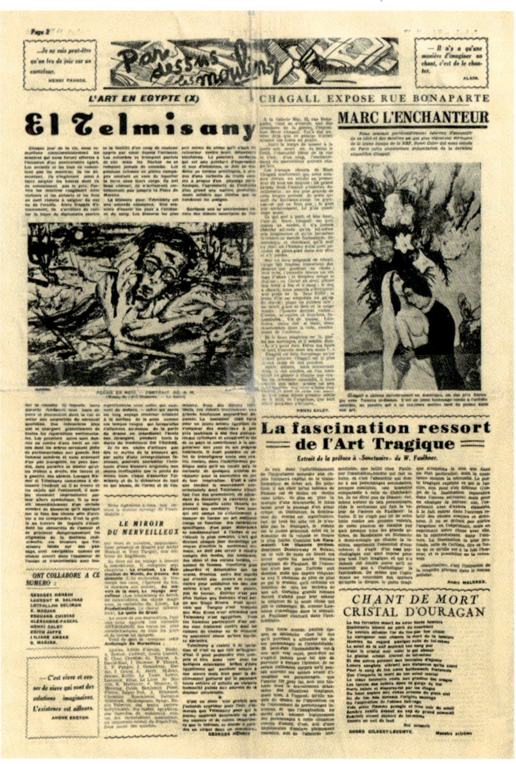

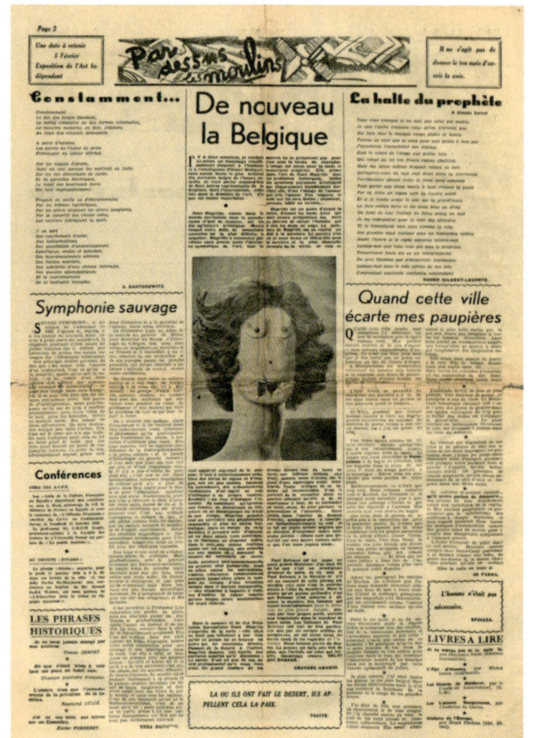

siempre difíciles de desatar y, en cualquier caso, no pueden reducirse a una confrontación entre el yo y el otro, el pasado y el presente»[118].

En el transcurso de una década dedicada a la creación artística, a su exhibición y su crítica, todo ello en el marco dialogístico que favorecía un internacionalismo proclive al conceptualismo más que al nacionalismo elaborado a nivel local, Art et Liberté, a todos los efectos, había creado el prototipo de varias posturas teóricas y filosóficas que no verían la luz hasta décadas después. Mediante su poliglotismo artístico y cultural fueron capaces de entrar en un proceso de negociación, hibridación y, en última instancia, metempsicosis que les impelió a desarrollar el tipo de maleabilidad y movilidad que se anticipan, por citar algunos ejemplos, a la «modernidad líquida»[119] de Zygmunt Bauman, la «criollización»[120] de Césaire, las «comunidades imaginadas»[121] de Anderson y la noción del artista «semionauta o radicante»[122] de Bourriaud. Así pues, al volver a contar su historia, es imprescindible no integrar a Art et Liberté ni dentro de una historia del arte «árabe» orquestada que refuerce la noción de periferia y otredad ni dentro de la dialéctica del orientalismo y el poscolonialismo. Contrariamente a sus objetivos absolutorios, estos últimos han enmarcado su materia de análisis en un sistema binario que corre el riesgo de reducirlos al papel de víctimas pasivas, mientas que Art et Liberté, al contrario, nos ofrece una oportuna lección acerca de cómo los artistas pueden participar en política sin politizar su obra, perteneciendo a un lugar y siendo relevantes para su tiempo, pero sin estar nunca a merced de su control geotemporal.

LA REVALUACIÓN DEL SURREALISMO Y SU CANON

El modo en el que el grupo Art et Liberté se definió a sí mismo, esencial para el discurso y la formulación de un nuevo capítulo en la trayectoria del surrealismo, nos ofrece un ejemplo de modernidad tardía que supone un reto para una de las metanarrativas más disputadas de la historia del arte: que la modernidad, en este caso representada por el movimiento surrealista,

29
Don Quichotte, semanario de actualidad a la venta los jueves,
n.º 17, 29 de marzo de 1940, p. 2
Semanario impreso
Bibliothèque de Documentation Internationale Contemporaine, Nanterre

30
Don Quichotte, semanario de actualidad a la venta los jueves,
n.º 6, 11 de enero de 1940, p. 2
Semanario impreso
Bibliothèque de Documentation Internationale Contemporaine, Nanterre

fue una invención occidental (francesa) que tuvo lugar en Europa (en París y, en menor medida, en Londres) para ser emulada décadas después por los no occidentales, pero con menor éxito, y en el caso que nos ocupa, en Egipto. Esta noción sigue enfatizando las muy contestadas correlaciones binarias de centro frente a periferia, metrópolis frente a colonias, Occidente frente a no Occidente.

Ninguna de las dicotomías antedichas se sostiene en lo que se refiere a Art et Liberté, ya que sus miembros se consideraban a sí mismos integrantes de un movimiento fluido, compuesto de redes internacionales, a través del cual su papel como instigador del cambio y como colaborador del mismo a nivel artístico e intelectual era tan válido y legítimo como el de cualquier otro colectivo surrealista en cualquier lugar del mundo. Ni siquiera se planteaban su nacionalidad y ubicación geográfica. No obstante, puede decirse que el momento en el que Art et Liberté irrumpió en la escena surrealista, estas últimas fueron sus mayores desventajas. Poco a poco surgía la nación estado moderna, en respuesta al pasado/presente colonial. Muchos artistas explotaban su patrimonio visual en busca de formas icónicas mediante las que comunicar su visión de la identidad nacional. En el ámbito local, el legado de estos artistas sería integrado por la fuerza en el proyecto nacionalista. En el extranjero, se verían enredados igualmente en un rígido sistema de clasificaciones jerárquicas elaboradas en torno a las reduccionistas etiquetas de la etnicidad y la geografía. No obstante, de manera opuesta, los artistas provenientes de los mal llamados centros de creación artística, aunque se inspiraran en los mismos objetos estéticos y fuentes visuales, eran elogiados como instigadores de la vanguardia. Nada Shabout lo considera una forma de «occidentalismo» cultural e insiste en que los problemáticos «yo» y «otro» no son privativos de Occidente, que las cuestiones en torno a la apropiación cultural fueron reflejo de una refundición consciente, global y teórica de la estética, y que «es el desequilibrio de poder lo que hace que nadie se cuestione hasta el momento la adopción y reformulaciones filosóficas de la estética islámica por parte de Matisse y Klee [y la del arte primitivo o tradicional mexicano por parte de los surrealistas], mientras que cuando se trata de artistas árabes, las comparaciones con sus homólogos europeos se consideran siempre necesarias [incluido el grupo Art et Liberté]»[123].

Al reflexionar sobre los problemas derivados del uso de la comparación como herramienta predominante para integrar obras de arte y artistas en las narraciones y jerarquías de la historia del arte, Mieke Bal ha escrito que «(la comparación) se convierte rápidamente en la base sobre la cual se emiten juicios (relativos) y establecen jerarquías, y nos impide ver realmente la obra. De hecho, el arte, por lo tanto, parece ser un campo en el que los juicios son obligatorios. En lugar de "simplemente mirar", tanto el espectador lego como el experto se sienten obligados a emitir dictámenes. […] Existen, no obstante, otros tipos de comparación, no fundamentados en la lógica del juicio basado en la oposición. La comparación puede ser una herramienta de análisis siempre y cuando uno de los términos no se considere normativo. […] Tan pronto como la comparación fomenta el juicio y uno de los términos se considera la norma, una de las obras se verá como inferior, y esto nos disuadirá de mirarla con atención porque ya "sabemos" que es menos valiosa, menos placentera, menos inteligente —en resumen, menos magistral (y, por ende, menos merecedora de formar parte del canon)»[124].

El perspicaz análisis de Bal de las desventajas de la comparación como punto de vista privilegiado desde el que emitir juicios es una buena alternativa incluso a la más honorable de las defensas polémicas que aspiran a rescatar al desamparado «otro» del efecto «marginalizante» del centro dominante. Los estudios realizados acerca de Art et Liberté, por muy buenas intenciones que hayan tenido, adolecen todos de la misma cortedad de miras. En todos los análisis acerca del surrealismo del grupo, ninguno se detiene a cuestionar el canon surrealista en su manifestación europea. La suposición subyacente que se ha mantenido hasta el presente, y por la que se mide la autenticidad del surrealismo de Art et Liberté, sigue siendo que el surrealismo tiene cierto aspecto, gira en torno a una serie de principios, se compromete con un proyecto político concreto, dispone de un canon auténtico y definitivo, y comienza y termina dentro de unas fechas determinadas y en lugares muy concretos. Es precisamente este tipo de conocimiento previo incontestado el que ya en 1951 llevaría al coleccionista y crítico de arte amateur Comte d'Arschot a la conclusión, un tanto esencialista, de que «en lo concerniente a las artes plásticas, el surrealismo no les ha abierto ninguna perspectiva nueva a los artistas egipcios. Aquellos que se han dejado seducir por esta escuela solo se han adherido a ella de manera superficial; su subconsciente tiene ciertas complejidades que el surrealismo no puede abordar de la misma manera en la que ha logrado hacerlo en Occidente. La verdad es que, entre los sentimientos orientales y los nuestros, existe una frontera que solo alguien con un profundo conocimiento de ambos puede cruzar con facilidad. Por lo tanto, para evitar caer en el error de ser imprecisos, no podemos aplicar la etiqueta de surrealismo a todas las formas de expresión que se adhieren a este movimiento de cerca o de lejos»[125].

Este tipo de pensamiento binario que considera a Oriente irreconciliable con Occidente y, por lo tanto, no puede entender ni reaccionar adecuadamente ante un movimiento que es ostensiblemente un producto cultural y geográfico de este último contradice la visión que Art et Liberté tenía de sí mismo, así como su conducta. Este limitado y limitador enfoque, según el cual al surrealismo, y en consecuencia a la historia del arte en general, no se le permite ser otra cosa que lo que establece el canon, está detrás de la versión de los hechos que irónicamente ha consolidado la noción de «centro» que Art et Liberté habría intentado cambiar. Dicho «compromiso con la tradición», por citar una vez más *Motivating History* [Motivar la historia], de Moxey[126], es un punto ciego en la historia del arte que sigue dificultando nuevas posibilidades de visión al considerar a Art et Liberté como meros imitadores del, por lo demás, monolítico movimiento europeo, mientras que, a lo largo de su existencia, Art et Liberté concibió el surrealismo como la expresión de un lenguaje artístico que respondía a las necesidades culturales y políticas de su tiempo, en constante evolución, vacilante en sus métodos, y muy lejos de ser rígido o haber alcanzado su forma definitiva[127]. Se sintieron capaces de expresar, con seguridad, una nueva dirección, junto con su correspondiente lenguaje visual y literario, para un movimiento que pasaba por una crisis de orientación. En lo que a ellos respecta, no se trataba de un asunto geográfico o étnico, sino de una acuciante necesidad de expresión artística y relevancia cultural.

Teniendo en cuenta lo anterior, en palabras tomadas del tratado acerca del arte chino de Craig Clunas, «ahí está el quid de la cuestión. Lejos de simplemente abogar por la inclusión en el canon de la historia del arte material hasta ahora ignorado o menospreciado, debemos desterrar la idea de que ya lo sabemos todo [acerca del surrealismo] […] si queremos aprender lo más mínimo acerca del mismo»[128]. En otras palabras, un entendimiento total de las contribuciones del grupo Art et Liberté solo puede producirse una vez que nos desembaracemos de nuestros conocimientos preconcebidos acerca de lo que hemos llegado a «conocer» como surrealismo y, por lo tanto, acerca de qué apariencia y expresión ha de tener. Solo entonces podremos entender del todo la relevancia de Art et Liberté, no solo en lo relativo a la evolución de la modernidad en Egipto, sino en lo tocante a la elaboración de una nueva definición del surrealismo, definición que contribuya a una visión inclusiva de la historia del arte, donde las particularidades de la periferia dejen de verse en relación de oposición con la autoridad de lo central y tal vez incluso hasta el punto de que desaparezcan tales oposiciones.

La reflexión de Art et Liberté acerca del surrealismo, así como su transformación y su aplicación, que simultaneaba el diálogo global con el interés por lo local, es muestra patente de los magníficos frutos cosechados gracias a las redes artísticas establecidas en las décadas de 1930 y 1940; redes que transcendieron las barreras y afiliaciones geográficas para incluir a una joven generación de escritores y artistas de todo el mundo, como los cairotas que aquí nos ocupan. Dentro de esta extensa y transcendental red, que alcanzó su punto álgido gracias a la diáspora de la Segunda Guerra Mundial, se pondría en contacto una nueva generación de surrealistas a nivel internacional. Se trataba de una generación que se esforzaba por cuestionar todo lo que el movimiento daba por hecho en búsqueda de relevancia y renovada acción política y artística. El ejemplo de Art et Liberté, por tanto, y la vinculación de sus actividades con una compleja red de puntos artísticos y literarios esparcidos por ciudades tan alejadas entre sí como El Cairo, Atenas, París, Londres, Nueva York y San Francisco —y en lo concerniente al surrealismo podemos fácilmente añadir Praga, Ciudad de México, Fort-de-France, Santiago de Chile y Tokio, por nombrar tan solo unas cuantas— cuestiona el enfoque regionalista aplicado al estudio de la modernidad, que demuestra que lo que impulsa los giros importantes en el curso de la historia es, en última instancia, el poder de las ideas para inspirar y conectar a las personas. ∎

NOTAS

1 Keith Moxey, «Motivating History», en *The Art Bulletin*, vol. 77, n.º 3, septiembre de 1995, p. 392.

2 Para profundizar en las teorías acerca de la interpretación en la historia del arte de Panofsky, véase Erwin Panofsky, «The History of Art as a Humanistic Discipline», en *The Meaning of the Humanities*, T. Greene (ed.), Princeton (NJ), Princeton University Press, 1940, pp. 89-118.

3 Kamal al-Mallakh y Rushdi Iskandar, *Thamanūn sana min al-fann*, El Cairo, General Egyptian Book Organization Press, 1991, p. 118.

4 Naïm Atiyyah, *al-'ayn la tazal 'ashiqah* [El ojo siempre apasionado], El Cairo, al-hay'ah al-'aammah li qusour al-thaqafah, 1998, p. 38.

5 Georges Henein, «Le IIIᵉ Salon de l'Art Indépendant», en *La Bourse Égyptienne*, n.º 121, 22 de mayo de 1942.

6 Georges Henein, *The First Exhibition of Independent Art*, catálogo de la exposición que se celebró en el Nile Club Talaat Harb Square (Midan Soliman Pasha en aquella época). El Cairo, Grupo Art et Liberté, 8-24 de febrero de 1940.

7 Lee Miller a Roland Penrose, El Cairo, 23-27 de enero de 1939, Lee Miller Archive at Farley Farm House, Chiddingly, Reino Unido.

8 Ramses Younane, *ghayat al-rassam al-'asri*, El Cairo, jama'aat al-di'aayah al-fanniyyah, 1938, p. 50.

9 Hay demasiadas fuentes para mencionarlas todas, pero a continuación se detallan algunas de las más citadas: Samir Gharib, *al-suriyāliyya fi miṣr*, El Cairo, General Egyptian Book Organization Press, 1998, p. 54; Don LaCoss, «Egyptian Surrealism and "Degenerate Art" in 1939», en *Arab Studies Journal* 18, n.º 1, primavera de 2010, pp. 78-117.

10 Georges Henein, *De L'irréalisme*, en *Un Effort*, El Cairo, 1935, citado en Sarane Alexandrian, *Georges Henein*, de la colección *Poètes d'aujourd'hui*, París, Seghers, 1981, pp. 11-12.

11 Georges Henein, *Le chant des violents* (junio de 1935), *Vive la Catalogne* y *Si on ne le prend pas* (diciembre de 1936), *Projet d'un monument international* (noviembre de 1937), de *Les Humbles* (Paris, septiembre-octubre de 1936).

12 Sarane Alexandrian, óp. cit., p. 67.

13 Ibíd., p. 17.

14 Georges Henein, *Lettres: Georges Henein – Henri Calet (Grandes Largeurs),* carta 14 (Association Henri Calet, otoño-invierno de 1981, pp. 26-27.

15 «Art et Liberté», en *Clé*, n.º 2, febrero de 1939, p. 12.

16 Georges Henein, «Franz Kafka: le Chateau», en *Clé*, n.º 2, febrero de 1939.

17 Georges Henein, «Marcel Jouhandeau: Chroniques Maritales», en *Clé*, n.º 1, enero de 1939, p. 2.

18 Para encontrar más información acerca de la galería surrealista del n.º 16 de la *rue* Jacques Callot, véase Nathalia Brodskaïa, *Surrealism*, Nueva York, Parkstone International, 2012, p. 123; para más información acerca de Mayo, véase Gérald Messadié et al., *Mayo*, París, Association Mayo/Evelyne Yeatman-Eiffel, 2012.

19 «Éxposition Mayo», en *La Semaine Égyptienne*, año 7, n.º 35-36, 30 de noviembre de 1933, portada.

20 Junto con De Boully, se menciona a Mayo como colaborador de la portada del número de primavera de 1929 de la revista *Le Grand Jeu* [El gran juego], que lleva el mismo nombre que el grupo. Boully incluye en su libro *Er l'Armenien*, París, Éditions Sagesse y Librairie Tschann, 1938, una dedicatoria firmada a Henein que dice: «À mon ami: Georges Henin avec la joie toujours renouvelée de le rencontrer par hazard (le plus heureux des hazards), bien cordialement, Monny de Boully – otherwise: Henein)» [A mi amigo Georges Henein, con la siempre renovada alegría de haberte encontrado por casualidad (la más feliz de las casualidades), cordialmente Monny de Boully – si no, Henein]. El libro se puede encontrar en la Bibliothèque Georges Henein en el Institut Français du Caire.

21 A continuación se detallan algunos ejemplos de textos ilustrados por Mayo para *La Semaine Égyptienne*: Ivo Barbitch, «Faiblesse», número de Navidad, año 8, n.º 1-2, 1934, p. 9; Édmond Jabès, «Quatrains», año 8, n.º 3-4, 15 de enero de 1934; Marietta Minotou, «Près du Puits», año 7, n.º 33-34, 18 de noviembre de 1933, p. 14; Costis Palamas, «Alexandre Papadiamandis», año 7, n.º 31-32, 31 de octubre de 1933, p. 5; Jeanne Arcache, «Sur une maison morte», año 7, n.º 29-30, 15 de octubre de 1933, p. 6. En lo referente a las ilustraciones en época de guerra de Mayo, véase Jacques Prévert et al., *Mayo*, París, Éditions Jacques Damase, 1978, pp. 42-81.

22 Ibíd., 9 de noviembre de 1937, 29 de diciembre de 1937, 9 de marzo de 1938.

23 Kamel el-Telmisany, «naḥwa fann hurr», en *al-Tatawwur*, pp. 38-40.

24 Lee Miller a Roland Penrose, Londres, 30 de enero de 1939, (carta inédita), Lee Miller Archive at Farley Farm House, Chiddingly, Reino Unido.

25 Ibíd., 23-27 de enero de 1939.

26 Ibíd., 9 de marzo de 1938.

27 Varias entradas de los diarios inéditos de Roland Penrose (1937-1939), (Ref. GMA A35/1/1/RPA200), Roland Penrose Archive at the Library of the National Gallery of Scotland en Edimburgo.

28 Lee Miller (El Cairo) a Roland Penrose (Londres), 6 de enero de 1939, (carta inédita) Lee Miller Archive at Farley Farm House, Chiddingly, Reino Unido.

29 «Activités De "Art et Liberté"», en *Art et Liberté*, n.º 2, mayo de 1939, p. 4.

30 Roland Penrose, «From Egypt», en *The London Bulletin*, n.º 13, Londres, The London Gallery, 15 de abril de 1939, p. 15.

31 Robert Motherwell, «Some Memories of Pre-Dada: Picabia and Duchamp», en *The Dada Painters and Poets*, Nueva York, Wittenborn, Schultz, Inc., 1951, p. 255.

32 André Breton, *Entretiens 1913–1952*, París, Gallimard, 1952, p. 52.

33 J. H. Matthews, *An Introduction to Surrealism*, Pensilvania, Pennsylvania State University Press, 1965, p. 20.

34 Para más información, véase Anna Katharina Schaffner, «Dissecting the Order of Signs: On the Textual Politics of Dada Poetics», en Elza Adamowicz y Eric Roberson, *Dada and Beyond*, vol. 1, *Dada Discourses*, Ámsterdam, Rodopi Brill Editions, 2011, pp. 37-50.

35 Para más información, véase Sarah Ganz Blyth, Edward D. Powers, *Looking at Dada*, Nueva York, Museum of Modern Art, 2011.

36 Para más información, véase George Baker, *The Artwork Caught by the Tail: Francis Picabia and Dada in Paris*, Cambridge (MA), MIT Press, 2007.

37 Para más información, véase Marius Hentea, *TaTa Dada: The Real Life and Celestial Adventures of Tristan Tzara*, Cambridge (MA), MIT Press Books, 2014, especialmente el capítulo seis: «Tours and Season», pp. 153-176.

38 André Breton, «Après Dada», en *Comœdia*, marzo de 1922, en Robert Motherwell, *The Dada Painters and Poets*, 2.ª ed., Cambridge y Londres, The Belknap Press of the Harvard University Press, 1989, p. 205.

39 Para más información, véase André Breton, *Les Pas Perdus*, París, Gallimard, 1924.

40 Para más información acerca del surrealismo y su relación con el comunismo, véase Helena Lewis, «Surrealists, Stalinists, and Trotskyists: Theories of Art and Revolution in France between the Wars», en *Art Journal*, vol. 52, n.º 1, Political Journals and Art, 1910-1940, primavera de 1993, pp. 61-68.

41 Ibíd., p. 51.

42 Para más información acerca del surrealismo en Japón, véase Miryam Sas, *Fault Lines: Cultural Memory and Japanese Surrealism*, Stanford, Stanford University press, 1999; Vera Linhartová, *Dada et Surréalisme au Japon*, París, Publications Orientalistes de France, 1987.

43 Para más información acerca de *La Mandrágora* y el surrealismo en América Latina, véase Melanie Nicholson, *Surrealism in Latin American Literature: Searching for Breton's Ghost*, Basingstoke, Reino Unido, Palgrave Macmillan, 2013.

44 Para más información acerca de las repercusiones del surrealismo en México, véase Luis M. Castañeda, «Surrealism and National Identity in Mexico: Changing Perceptions, 1940-1968», en *Journal of Surrealism and the Americas*, vol. 3, n.º 1-2, 2009, pp. 9-29.

45 Para más información acerca del surrealismo y el movimiento de la Negritud, véase Michel Hausser, *Pour une poétique de la negritude*, vols. 1 y 2, París, Silex, 1988; Michael Richardson y Krzysztof Fijalkowski (ed.), *Refusal of the Shadow: Surrealism and the Caribbean*, Londres y Nueva York, Verso Books, 1996.

46 Para más información, véase Laila Morsy, «The Military Clauses of The Anglo-Egyptian Treaty of Friendship and Alliance, 1936», en *International Journal of Middle East Studies* 16, n.º 1, marzo de 1984, pp. 67-97.

47 Peter Mansfield, *The British in Egypt*, Nueva York, Holt, Rinehart and Winston, 1972, pp. 58-59.

48 Trefor E. Evans (ed.), *The Killearn Diaries 1934-46*, Londres, Sidgwick and Jackson, 1972, p. 215.

49 Informes médicos trimestrales de la zona de El Cairo, julio de 1941-diciembre de 1946. WO 222/1337, British National Archives.

50 James Morris, *Farewell the Trumpets: An Imperial Retreat*, Nueva York, Helen and Kurt Wolff Books, 1980, p. 419.

51 Para más información, véase Roger Bowen, *Many Histories Deep: The Personal Landscape Poets in Egypt, 1940-45*, Cranbury (NJ), Associated University Presses, 1995.

52 De madre francesa, Amy tenía fuertes lazos con Francia. A la temprana edad de diecisiete años había expuesto dos cuadros, *Passion* [Pasión] y *Séance du Café* [Sesión de café] en el Salón de otoño de 1925. Tras estudiar en Londres en la Slade School of Fine Art desde 1926 hasta 1929, frecuentó el estudio de Walter Sickert. Durante la década de 1930, Amy expuso en varias galerías parisinas, como la Galerie Vignon y Bernheim Jeune. Su primer encuentro personal con la joven generación de surrealistas británicos tendría lugar en 1930 cuando Lucy Wertheim la invitó a participar en una exposición conjunta en su flamante galería, situada en los n.º 3-5 de los Burlington Gardens en Mayfair. La exposición incluiría a varios jóvenes ingleses que constituirían el núcleo del importante aunque efímero Twenties Group. Amy, que en aquella época tenía veintitrés años, vería sus cuadros expuestos junto a obras de Barbara Hepworth y Robert Medley. Este último acabaría destinado en El Cairo como artista de guerra y participaría en la quinta exposición de Art et Liberté en 1945. Por esa misma época, Amy también expuso en la Warren Gallery de Londres. La dueña de dicha galería, Dorothy Warren Trotter, fue una de las más audaces marchantes de su época y organizó la primera exposición en solitario de Henry Moore en 1928; expuso los explícitos cuadros de D. H. Lawrence, cuyo contenido abiertamente sexual causó gran escándalo al inaugurarse la exposición el 14 de junio de 1929, y también expuso la obra de las artistas y pareja sentimental Dorothy Hepworth y Patricia Preece, que habían estudiado en la Slade con Nimr. La información biográfica acerca de Amy Nimr procede de dos fuentes: Jean Moscatelli, «Chez Amy Nimr», en *La Semaine Egyptienne*, año 11, n.º 3-4, febrero de 1937, pp. 3-4; Aimé Azar y Philippe d'Arschot, *Femmes Peintres d'Égypte*, El Cairo, Imprimerie Française, 1953, p. 64. Doña Soraya Antonios, sobrina de Amy Nimr, me proporcionó información adicional en encuentros mantenidos el 6 de febrero de 2015 en Nicosia, Chipre, y el 17 y 18 de octubre de 2015 en Gadencourt, Francia. Otras fuentes incluyen Morik Brin, André de Laumois, *Peintres et sculpteurs de l'Égypte contemporaine*, El Cairo, Les Amis de la culture française en Égypte, 1935, p. 26; Alan Wilkinson (ed.), *Henry Moore: Writings and Conversations*, Oakland (CA), University of California Press, 2002, p. 59; James T. Boulton (ed.), *The Cambridge Edition of the Works of D. H. Lawrence: Late Essays and Articles*, vol. 2, Cambridge (MA), Cambridge University Press, 2004, p. 182; Claude J. Summers (ed.), «Hepworth, Dorothy and Patricia Preece», en *The Queer Encyclopedia of the Visual Arts*, San Francisco, Cleis Press, 2004, pp. 168-169.

53 Situada en el n.º 101 de la *rue* de la Tombe-Issoire en el distrito 14 de París, Villa Seurat era un tranquilo callejón sin salida que, durante las décadas de 1920 y 1930, sirvió de refugio para muchos artistas y escritores de vanguardia, como Chaïm Soutine, Salvador Dalí, Henry Miller y Anaïs Nin. Para más información, véase Douglas Stone, *Henry Miller and the Villa Seurat Circle*, Irvine, University of California Press, 1973.

54 Amy Nimr (París) a Paul Vanderborght (Bruselas), 6 de julio de 1934, ref. ML 07738/0005/007, Paul Vanderborght Archives, Archives et Musée de la Littérature, Bibliothèque Royale, Bruselas.

55 En la descripción de su visita al taller de Nimr en Villa Seurat, subida en lo alto de una escalera de madera combada, sabemos por Marie Cavadia que Nimr se encontraba en su fase surrealista más apurada: «Y, finalmente, dos pequeñas pinturas misteriosas, que representaban una estampida de prisioneros en un atmósfera onírica, serían las últimas obras de Amy Nimr. Aquellos caballos que habían llegado al final de su vida parando en los confines de la muerte relinchan en nuestras almas parar abrir las compuertas de la magia. Aquí el surrealismo es intencionado, premeditado y alcanzado». Para más información, véase Marie Cavadia, «Une Exposition d'Amy Nimr», en *La Semaine Égyptienne*, n.º 3-4, 11 de febrero de 1937, p. 16.

56 Mandy Prowse (nieta de Natalija Lovett-Turner), durante una conversación con el autor, Londres, 9 de julio de 2015.

57 H. Soulon, «Nata Lovett-Turner», en *La Semaine Égyptienne* 19, n.º 9-10, abril de 1945, p. 26; Eric de Nemes, «Nata Lovett-Turner's Paintings», en *The Sphinx*, 14 de abril de 1945.

58 Una de las muchas otras exposiciones de los Lovett-Turner sobre las que informó la prensa local se celebró en el Cairo British Institute del 14 al 20 de marzo de 1948, y la cubrieron críticos de renombre, como Ahmad Rassim, Étienne Meriel y André Raymond, e importantes periódicos y revistas, como *The Egyptian Mail*, *Le Progrès Égyptien*, *La Semaine Égyptienne y al-Balagh*. Esta información la confirmó Mandy Prowse en el transcurso de una entrevista durante la cual pude consultar dichos recortes de prensa.

59 Alan Neame y Jabra Ibrahim Jabra, *The Baghdad Exhibition of Painting and Sculpture*, 1956, Bagdad, The Trading and Printing CO. LTD, 1956 [cat. exp.]; *The Baghdad Exhibition of Painting and Sculpture*, Bagdad, The Trading and Printing CO. LTD, 1957) [cat. exp.]; *Iraq and Britain: Sixth Annual Exhibition of Paintings*, Bagdad, The British Institute Club, 14 al 24 de mayo de 1957 [cat. exp.].

60 «Discussion Between Realists and Surrealists», en *The London Bulletin*, n.º 1, abril de 1938, p. 20.

61 Muhammad Rateb Seddik, *Tajribāt fi al-fann wa al-ḥayat*, parte 1, El Cairo, Al-hay'a al-maṣriyyah al-'ammah lil kitab, 1989, p. 14.

62 Para más información, véase Brian Foss, *War Paint: Art, War, State and Identity in Britain, 1939-1945*, Londres, The Paul Mellon Centre for Studies in British Art, 2007. Se incluyeron obras de Edward Bawden y Edward Ardizzone en la exposición de arte británico contemporáneo organizada por el British Council en El Cairo en 1945. Más información en la parte II, capítulo 3 de este estudio.

63 Disponemos de muy poca información biográfica acerca de Angelo de Riz. En la novela de Gerald Messadié 25, *Rue Soliman Pacha*, París, Jean-Claude Lattès, 2001, p. 216, aparece retratado como el pintor surrealista local que pinta un fresco en la casa de Louis Hanafi, otro personaje de la misma obra inspirado en Georges Henein. Para más información, véase Aimé Azar, *La peinture moderne en Égypte*, El Cairo, Les Éditions Nouvelles, 1961, p. 340.

64 Íd.

65 Kamel el-Telmisany, «L'Art en Égypte V: Angelo de Riz», en *Don Quichotte* 10, 8 de febrero de 1940, p. 1.

66 Maria Golia, *Photography and Egypt*, Chicago, University of Chicago Press, 2010, pp. 146-47. Esta información fue verificada por los conservadores del Musée Nicéphore Nièpce en Chalon-sur-Saône, Francia.

67 Jean Cocteau (texto) y Étienne Sved (fotografías), *Maalesh: Voyages en Égypte*, Marsella, Le Bec en l'air, 2008.

68 Para más información, véase Selma Botman, *Egypt from Independence to Revolution, 1919–1952*, Syracuse (NY), Syracuse University Press, 1991.

69 Ali Adham, «Falsafat al-fāshiyya», en *al-Muqtataf*, n.º 3, 1 de marzo de 1939, pp. 290-294.

70 Ahmad Khaki, «Al-imbratūriyya al-almāniyya al-nāziyya», en *al-Majallah al-Jadidah*, n.º 6, 1 de junio de 1939, pp. 33-41.

71 James Murphy, «Adolf Hitler wa-l-hukūma al-almānniya», en *al-Majallah al-Jadidah*, n.º 6, 1 de junio de 1936, pp. 19-32.

72 Para más información acerca de este asunto y de la polémica surgida en torno a esta traducción, véase Michael Ford, *Mein Kampf: A Translation Controversy*, Elite Minds Inc., 2009.

73 Ghali Ameen, «Al-fāshiyya kama yaraha du'ātuhā», en *al-Majallah Al-Jadidah*, n.º 2, 1 de febrero de 1936, p. 45.

74 *Al-Ahram*, 11 de enero de 1936, p. 10.

75 *The Manchester Guardian*, 21 de julio de 1936, p. 12 y *Times*, 18 de agosto de 1936, p. 19.

76 Para más información, véase Richard Paul Mitchell, *The Society of the Muslim Brothers*, Oxford, Oxford University Press, 1993, pp. 199-202.

77 Bernd Philipp Schröder, *Deutschland und der Mittlere Osten im zweiten Weltkrieg*, Göttingen, Musterschmidt, 1975, p. 58.

78 James P. Jankowski, «The Egyptian Blue Shirts and the Egyptian Wafd, 1935-1938», en *Middle Eastern Studies* 6, n.º 1, enero de 1970, p. 82.

79 En su *tareekh al-harakh al-fanniyyah fi Misr ila 'aam 1945* [Historia del movimiento artístico en Egipto hasta 1945], Mohammad Sidqi el-Gabakhangui proporciona una cronología que considera a la Société como la lógica sucesora de la Egyptian Association of Fine Arts, fundada dos años antes, en 1921. Al-Mallakh e Iskandar disienten de esta versión en su *khamsoun sanah min al-fann* [Cincuenta años de arte]. Insinúan que Fouad Abdel Malek atribuyó falsamente la exposición que organizó en la primavera de 1921, bajo el auspicio de su Casa de artes y oficios, como cuarta en una serie de exposiciones anuales celebrada por primera vez en 1918 a petición de varios artistas egipcios, que fundarían posteriormente la Egyptian Association of Fine Arts en 1919. Al insistir en que dicha institución se fundó como respuesta a la petición de 1918 de que se celebrara una exposición anual de artistas egipcios, los autores sostienen que Abdel Malek buscó corroborar la existencia de la Société ya en 1919. Para más información, véase Mohammad Sidqi el-Gabakhangui, *Tarīkh al-haraka al-fanniyya fi misr ila 'ām 1945*, El Cairo, The General Egyptian Authority for the Book, 1986, pp. 38-44; Kamal al-Mallakh y Rushdi Iskandar, *Khamsūn sana min al-fann*, El Cairo, Dar al-ma'ārif, 1962, pp. 108-110.

80 Mohamed Salmawy y Mustafa el-Razzaz, *Mohammad Mahmoud Khalil*, El Cairo, Ministry of Culture, 1995, p. 32.

81 «Choses à dire. A propos du XVème Salon», en *Un Effort*, n.º 54, mayo de 1935, p. 7, citado por Francesca Rondinelli, «Continuité et rupture dans Un Effort, Revue culturelle et intellectuelle de l'entre-deux-guerres» (ponencia presentada en el Centre d'Études Alexandrines, Alejandría, 4 de junio de 2011), p. 20.

82 Aimé Azar, óp. cit., p. 52.

83 Se trata de mi propia traducción y no la que se encuentra en el habitualmente citado *Black, Brown & Beige* [Negro, marrón y beis], editado por Franklin Rosemont en el que la palabra «actual», expresada en el Manifiesto con el término *al-hali* en árabe y *actuelle* en francés, están mal traducidas como «moderno». Este error ha convertido esta expresión en una declaración abierta, que elimina de este modo su urgencia espacial y temporal inmediata. Así, en el inglés original: «It is well known that modern society looks with aversion […]», en Franklin Rosemont y Robin D. G. Kelley (eds.), *Black, Brow & Beige*, Austin, University of Texas Press, 2009, p. 148.

84 Varias fuentes confirman esta versión de los hechos: *Aujourd'hui l'Égypte*, 1995, n.º 27-29, El Cairo, General Information Organization, p. 66; Mohamed Salmawy y Mustafa el-Razzaz, óp. cit., p. 13; Samir Raafat, «The House of Mohammed Mahmoud Khalil and How It Became a National Museum», en *The Egyptian Mail*, 6 de mayo de 1995.

85 Merece la pena decir en este punto que la caricatura es mencionada brevemente en el significativo y extenso libro de Patrick Kane, *The Politics of Art in Modern Egypt*. Kane cita el *khamsoun sanah min al-fann* [Cincuenta años de arte] de Al-Mallakh e Iskandar como fuente de la caricatura, según una reproducción de la edición de 1962. No hace mención, no obstante, a la revista original en la que apareció la caricatura en el número del 23 de marzo de 1939 de *al-Musawwar*. Para más información, véase Patrick Kane, *The Politics of Art in Modern Egypt: Aesthetics, Ideology and Nation Building*, Londres, I.B. Taurus, 2012, p. 45.

86 Debajo de Khalil, a la derecha, podemos reconocer en el papel de sirviente a la figura de Kamel el-Mawardi, secretario del Departamento de Administración General de Bellas Artes. El consejo que presidía Khalil se fundó en principio para asesorar al Departamento de Administración General, que de las dos instituciones era la que tenía autoridad ministerial oficial. El retrato que hace Hassan del secretario general del departamento en el papel de sirviente de Khalil revela quién llevaba la batuta en realidad. Para insistir en la autoridad incontestada de Khalil, Hassan incluye a Georges Raymond, el entonces director del Departamento de la Administración General de Bellas Artes del Ministerio, y lo representa saludando a Khalil con el brazo en alto al estilo nazi. El-Mawardi, quien en principio debía estar a las órdenes de Raymond, aparece enfrentado al mismo, apostado servilmente al lado de Khalil. Hassan, quien sucedería a Raymond como director del Departamento de Administración General, se retrata a sí mismo al lado de Raymond haciendo el mismo gesto. A su lado, podemos identificar al pintor francés Pierre Beppi Martin, que había fijado su residencia en Egipto ya en 1890 y daba clase en la Escuela de Bellas Artes, fundada en 1908 bajo el patronazgo del príncipe Youssef Kamal, en la que había ocupado varios puestos administrativos. Tras ellos, en posición elevada en un lateral, se encuentra el pintor Ahmad Youssef, quien en aquella época era el decano de la Escuela de Arte Aplicada, cofundada en 1919 por Hassan como Escuela de Artes Decorativas.

87 Mustafa al-Razzaz, *Al-fann al-masri al-hadīth – al-qarn al-'ishrīn*, El Cairo, The Fine Arts Sector, Egyptian Ministry of Culture, 2007, p. 40; Al-Mallakh e Iskandar atribuyen su fundación en 1936 y hablan de tres exposiciones importantes que se celebraron en el Ministerio de Comercio. Entre los participantes se encontraba Mohammad Hassan, el creador de la caricatura, y Ahmad Youssef, a quien Hassan retrató como aliado en dicha pintura. La Liga también celebró exposiciones de otros colectivos, como *Jamā'at al-di'āya al-fanniyya* [El grupo de defensa de las artes], fundado en 1938 por Habib Gorgui y del que fue miembro activo Ramses Younane, grupo que publicó su *Ghāyat al-rassām al-'asri* en 1938; Kamal al-Mallakh y Rushdi Iskandar, *Thamanūn sana min al-fann*, óp. cit., pp. 93-95, 103, 113, 143-145.

88 «Taqrīr 'an il-nahda al-fanniyya», en *al-'Usūr*, n.º 31-32, 1 de marzo de 1930, p. 395.

89 Íd.

90 Se trata de mi propia traducción. La traducción que suelen citar los críticos anglófonos se encuentra en Franklin Rosemont y Robin D. G. Kelley (eds.), óp. cit., p. 148.

91 Para más información, véase «Ma'raḍ jamā'at al-di'āya al-fanniyya», en *al-Radio al-Masry*, año 4, n.º 208, 11 de marzo de 1939, p. 17; Mohammad Youssef Hammam, «Ma'raḍ al-ustadh Habib Gorgui», en *al-Thaqafah*, n.º 337, 12 de junio de 1945, pp. 21-22; Mohammad Youssef Hammam, «Ma'raḍ al-ustadh Habib Gorgui», en *al-Thaqafah*, n.º 388, 4 de julio de 1946, pp. 16-17; Ellen Michaeleson, «Al-fannan al-thā'ir Habib Gorgui», en Ahmad Maher al-Ziftawi, *al-Majallah*, n.º 87, 1 de marzo de 1964, pp. 61-63.

92 Georges Henein (El Cairo) a André Breton (París), ref. BRT.L.948, Breton Archives, La Bibliothèque Littéraire Jacques Doucet, París.

93 Extracto del manifiesto de los neoorientalistas del 1 de enero de 1937 citado en Daniel Lançon, «Le Caire (1934-1941): le défi des avant-gardes européennes pour les écrivains égyptiens et pour Georges Henein en particulier», en Edith Kunz y Thomas Hunkeler eds., *Les Métropoles des avant-gardes*, Berna, Peter Lang Publishers, 2009, p. 164.

94 Kamel el-Telmisany, «Nahw fann ḥurr», en *al-Tatawwur* 1, enero de 1940, p. 34.

95 «Ila al-fann al-hadīth», en *al-'Imāra* 4, n.º 7-8, julio de 1939, pp. 377-378. El artículo incluye una reproducción de tres dibujos de Kamal el-Mallakh, una pintura de Ali Kamel el-Dib y el grabado *La guerra*, de Kamel el-Telmisany.

96 Ahmed Rassim, «Al-fannānūn al-misriyyūn fi tariqihim ila fann maṣri», en *al-Ahram*, año 64, n.º 19402, 17 de septiembre de 1938, p. 2; Ahmed Rassim, «Jamā'at al-sharqiyyūn al-judud», en *al-Balagh*, 15 de octubre de 1938, p. 7.

97 Kamel el-Telmisany, «Ḥawl al-fann al-munḥatt», en *al-Risāla*, n.º 321, 28 de agosto de 1939, pp. 1702-1703.

98 Georges Henein (El Cairo) a André Breton (París), 26 de julio de 1948 (carta inédita), ref. BRT.L.962 1/3, Georges Breton Archives, La Bibliothèque Littéraire Jacques Doucet, París.

99 A diferencia de la versión predominante que fecha la fundación del Grupo de Arte Contemporáneo en 1946 bajo el liderazgo de Hussein Youssef Amin, educador de arte y artista que expuso con Art et Liberté, Samir Rafi' mantuvo que él fundó el grupo ya en 1940 junto con Chafik Rizk. Para más información, véase Abd el-Razek 'Oukashah, *Dhikrayāt wa a'amāl Samir Rafi'*, El Cairo, General Egyptian Book Organization Press, 2012, p. 14.

100 Georges Henein (El Cairo) a Ramses Younane (París), 10 de diciembre de 1953, (carta inédita), Georges Henein Archive, Farhi Collection, París.

101 Según entrevista a Tarek el-Telmisany, sobrino de Kamel el-Telmisany, realizada por el autor el 14 de febrero de 2015 en El Cairo.

102 Para más información, véase Moukhtar al-Suwaifi, *Hassan el-Telmisany: Fannan Hafatha 'ala sharaf al-kamera*, El Cairo, Dar al-Ghadd, 1987.

103 Para más información, véase Muhammad Rateb Seddik, *tajribati fi al-fann wa al-hayat*, parte 1, El Cairo, al-hay'a al-masriyyah al-'ammah lil kitab, 1989; Rateb Seddik, Fouad Kamel y Ramses Younane, *tafarrogh al-fannan: mas'alah mulihhah*, El Cairo, rabitat al-fannaneen, 7 de mayo de 1963. Se trata de un folleto de cuatro páginas que se difundió para resaltar la importancia de los estipendios para los artistas: consultado el 29 de marzo de 2012 en Alejandría, The Esmat Dawastashy archive, Alejandría.

104 Para más información, véanse las cartas de Inji Efflatoun a su hermana Polly, en la que describe en varias ocasiones la influencia que su estancia en la cárcel tuvo en su estilo pictórico, citadas en Inji Efflatoun y Saïd Khayyal (eds.), *Muthakkarat Inji Efflatoun* [Memorias de Inji Efflatoun], El Cairo, dar al-thaqafah al-jadeedah, 2014, pp. 233-247.

105 Para más información, véase Michel Mitrani, *Conversation avec Albert Cossery*, París, Gallimard, 1995.

106 Respecto a Salinas: entrevista con Doña Karen leShufy y Don J. R. LeShufy, herederos de Marcel Salinas, el 22 de junio de 2012 y 9 de septiembre de 2013 en Nueva York y París, respectivamente. Respecto a Nimr: entrevista con Doña Soraya Antonius, sobrina de Amy Nimr, el 18 de octubre de 2015 en Gadencourt, Francia.

107 Entrevista con Bertho Farhi, amigo íntimo de Georges y Boula Henein y colaborador de Art et Liberté, el 10 de mayo de 2012 en París.

108 Basado en declaraciones de Boula Henein en una entrevista con Abdel Kader el-Janabi en *The Nile of Surrealism: Surrealist activities in Egypt, 1936-1952*, París, Arabie-sur-Seine, mayo de 1991, p. 14. Esta ponencia se presentó por primera vez el 26 de septiembre en un congreso titulado *The Triumph of Pessimism*, celebrado en la University of British Columbia, Vancouver.

109 Para más información, véase Keith Moxey, *Is Modernity Multiple?* [en línea] <http://www.columbia.edu/cu/arthistory/courses/Multiple-Modernities/moxey-essay.html>.

110 Ramses Younane, *Dirāsāt fi al-fann* [Estudios sobre arte], introducción de Louis Awad (ed.), El Cairo, Dār al-kātib al-'arabi li-l-tiba'ah wa-l-nashr, 1969, pp. 276-280.

111 El-Telmisany, «Ḥawl al-fann al-munḥatt», óp. cit., p. 1702.

112 Fouad Kamel, «Maṣīr al-fann al-hadīth ba'da inhiyār faransa», en *al-Majallah al-Jadidah*, n.º 434, 15 de septiembre de 1943, pp. 19-21.

113 Kitty Zijlmans, «An Intercultural Perspective in Art History: beyond Othering and Appropriation», en James Elkins (ed.), *Is Art History Global?*, Nueva York y Londres, Routledge, 2007, p. 296.

114 Ramses Younane, «Al-ḥaraka al-fanniyya bayn al-maḥaliyya wal 'ālamiyya», en *al-fikr al-mu'aṣir*, n.º 17, 1 de julio de 1966, pp. 48-49.

115 James Elkins, óp. cit., p. 3.

116 Patricia Almarcegui, «Orientalism and Post-Orientalism. Ten Years without Edward Said», en *Observatory of Euro-Mediterranean Policies*, 2014 [en línea] <http://www.iemed.org/observatori/arees-danalisi/arxius-adjunts/qm20/Orientalism%20and%20Post-Orientalism%20Ten%20Years%20without%20Edward%20Said%20Patricia%20Almarcegui.pdf/view>.

117 Para ahondar en la teoría «Post-Saidiana», véase Gyan Prakash, «Writing Post-Orientalist Histories of the Third World: Perspectives from Indian Historiography», en *Comparative Studies in Society and History* 32, n.º 2, abril de 1990, pp. 383-408; Joshua Muravchik, «Enough Said: The False Scholarship of Edward Said», en *World Affairs*, marzo/abril de 2013, [en línea] <http://www.worldaffairsjournal.org/article/enough-said-false-scholarship-edward-said>; Ella Shohat, «The "Postcolonial" in Translation: Reading Saïd in Hebrew», en *Journal of Palestine Studies* 33, n.º 3, primavera de 2004, pp. 55-75; John D. Rogers, «Post-Orientalism and the Interpretation of Premodern and Modern Political Identities; The Case of Sri Lanka», en *The Journal of Asian Studies* 53, n.º 1, febrero de 1994, pp. 10-23.

118 Francois Pouillon, «150 Years of Algerian Painting: Relevance for Understanding the Postcolonial Situation», en *French Politics, Culture and Society* 20, n.º 2, 2002, p. 141.

119 Zygmunt Bauman, *Liquid Life*, Cambridge, Polity, 2005.

120 Petrine Archer-Straw, Jean Bernabe, Robert Chaudenson e Isaac Julien, *Créolité and Creolization: Documenta11_Platform3*, Ostfildern, Hatje Cantz, 2003.

121 Benedict Anderson, *Imagined Communities: reflections on the Origin and Spread of Nationalism*, Londres y Nueva York, Verso, 2006.

122 Nicolas Bourriaud, *The Radicant*, Berlín y Nueva York, Lukas and Sternberg, 2009.

123 Nada Shabout, «The Challenge of Arab Modern Art», en *The Future of Tradition – The Tradition of Future*, Chris Dercon, Leon Krempel y Avinoam Shalem (eds.), Múnich, Prestel Publishing Ltd, 2010, pp. 45-46.

124 Mieke Bal, «Grounds of Comparison», en *The Artemisia Files: Artemisia Gentileschi for Feminists and Other Thinking People*, Mieke Bal (ed.), Chicago y Londres, 2005, pp. 128-129.

125 Comte d'Arschot, *Peintres et sculpteurs de l'Égypte contemporaine*, Bruselas, Éditions des Arts Plastiques, 1951, pp. 19-20.

126 Keith Moxey, *Motivating History*, óp. cit., p. 392.

127 Ramses Younane, *Ghāyat al-rassām al-'aṣri*, El Cairo, Jamā'at al-di'āya al-fanniyyah, 1938, pp. 50-51.

128 Craig Clunas, «The Art of Global Comparison», *Writing the History of the Global: Challenges for the 21st century*, Maxine Berg (ed.), Oxford, Oxford University Press, 2013, p. 174.

«LA REVOLUCIÓN PERMANENTE»

A finales de los años treinta, cuando Art et Liberté ya había irrumpido en los ambientes artísticos cairotas, el proyecto nacionalista imperante se apropió conscientemente del pasado mediante la promulgación de una historia unificada que giraba en torno al legado del arte faraónico. De acuerdo con el rechazo del surrealismo al uso propagandístico del arte, Art et Liberté se rebeló contra la fusión de arte y sentimiento nacionalista, puesto que, por citar las palabras de Kamel el-Telmisany, «no hay mayor delito en el mundo del arte que un artista que limita su obra a un territorio específico».

Art et Liberté también se oponía a la idea del arte por el arte, por la cual la pintura se había convertido en una plataforma en la que reciclar las mismas alegorías pictóricas y metáforas literarias que no suponían en absoluto un desafío para el mundo. Según el grupo, las dos instituciones responsables de la difusión de este rancio academicismo y conservadurismo burgués eran la Escuela de Bellas Artes de El Cairo y la Société des Amis de l'Art. De la primera, fundada por el príncipe Youssef Kamal en 1908, saldrían algunos de los artistas egipcios más valorados en aquella época. Por su parte, la Société, que se fundó hacia 1923, organizaba anualmente el Salon du Caire. No debe sorprendernos, pues, que Art et Liberté dedicara algunas de sus líneas más polémicas a los artistas pertenecientes a estas instituciones, esos «serviles imitadores», que eran piezas esenciales del canon local que el colectivo surrealista intentaría reorganizar, si no eliminar completamente.

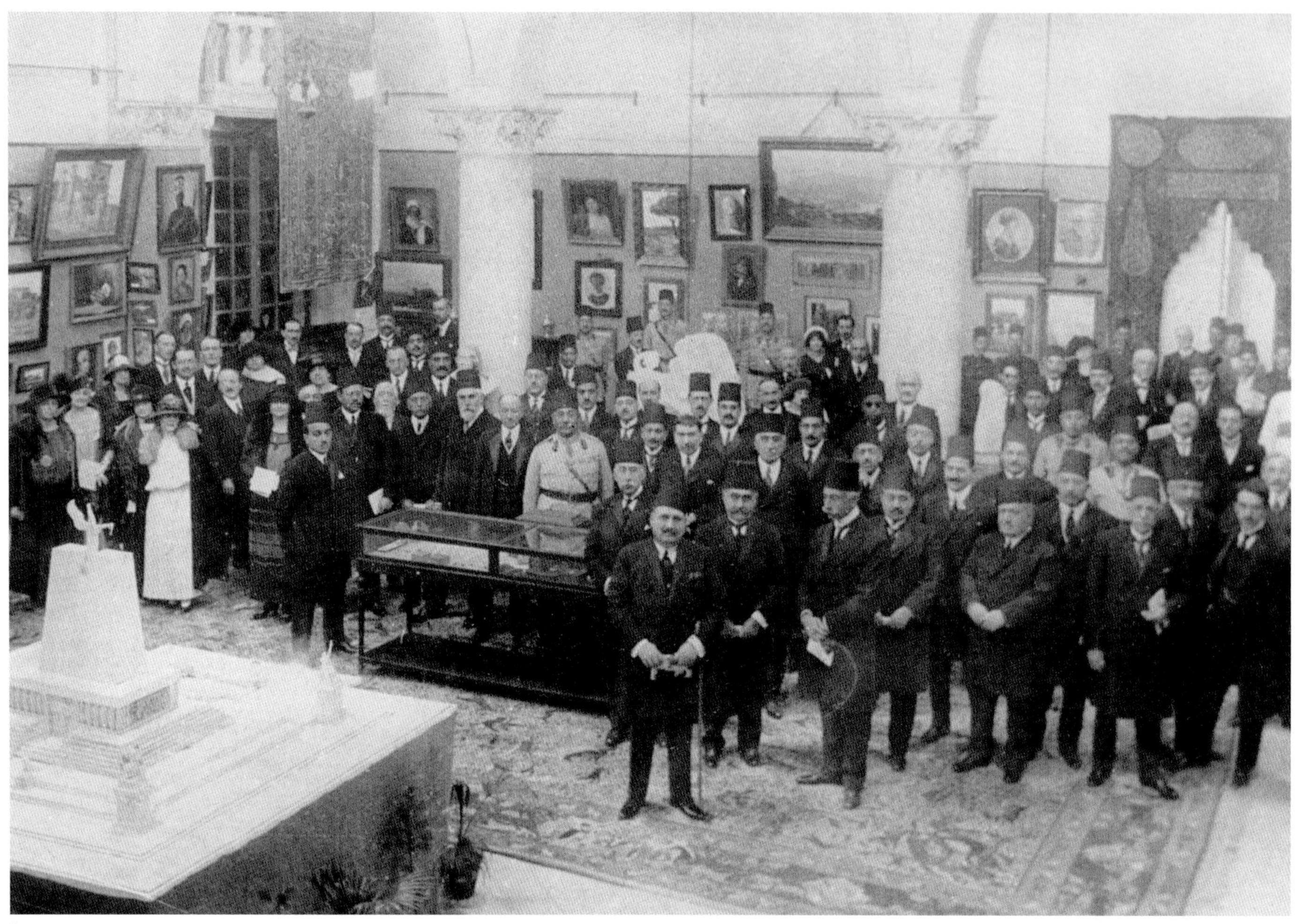

1

«La semana pasada, su majestad el rey inauguró
la exposición egipcia anual de la sociedad de bellas artes [...].
La última planta está dedicada a las pinturas al óleo y al pastel;
casi todas las naciones tienen su propia galería, siendo
la egipcia la mayor de todas».

«Exhibition review of the annual Salon du Caire», en *al-Musawwar*, 20 de diciembre de 1927

1
Inauguración del Salon du Caire
Société des Amis de l'art, 1927
Fotógrafo desconocido
Gelatina de plata sobre papel
Cortesía Estate of Chafik Charobim, El Cairo

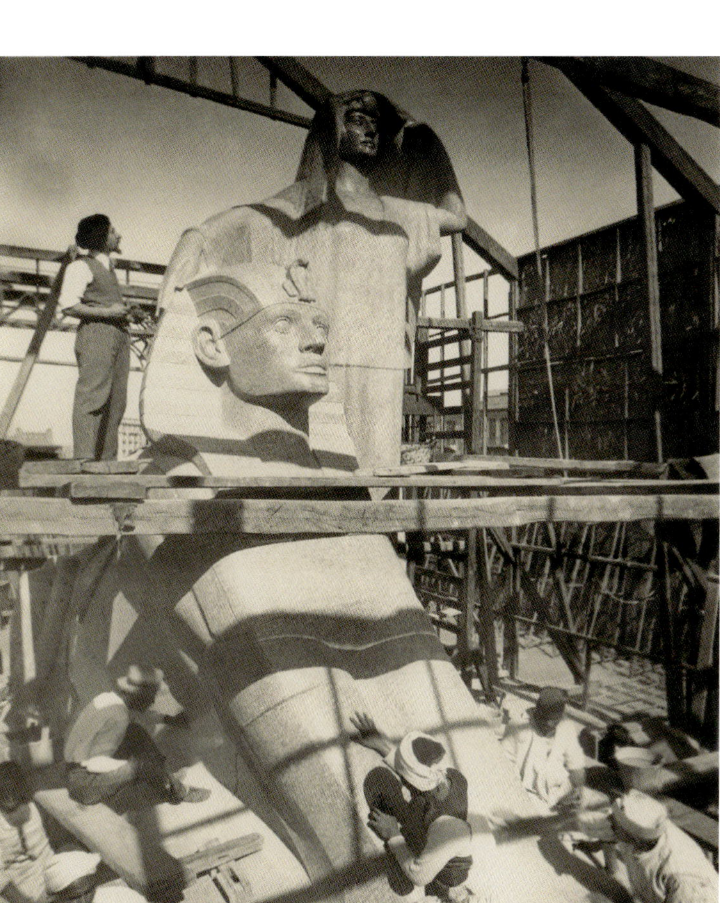

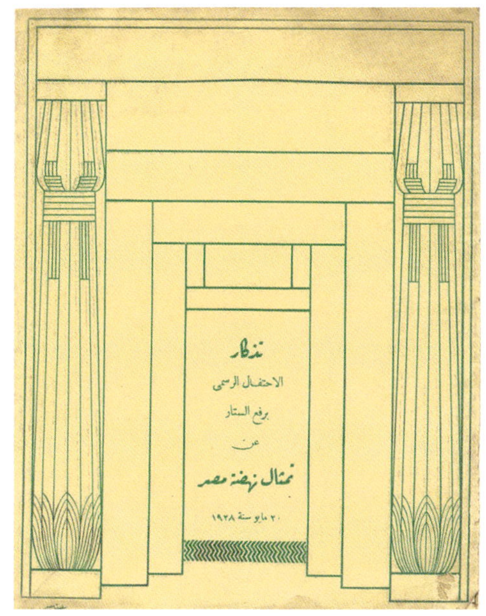

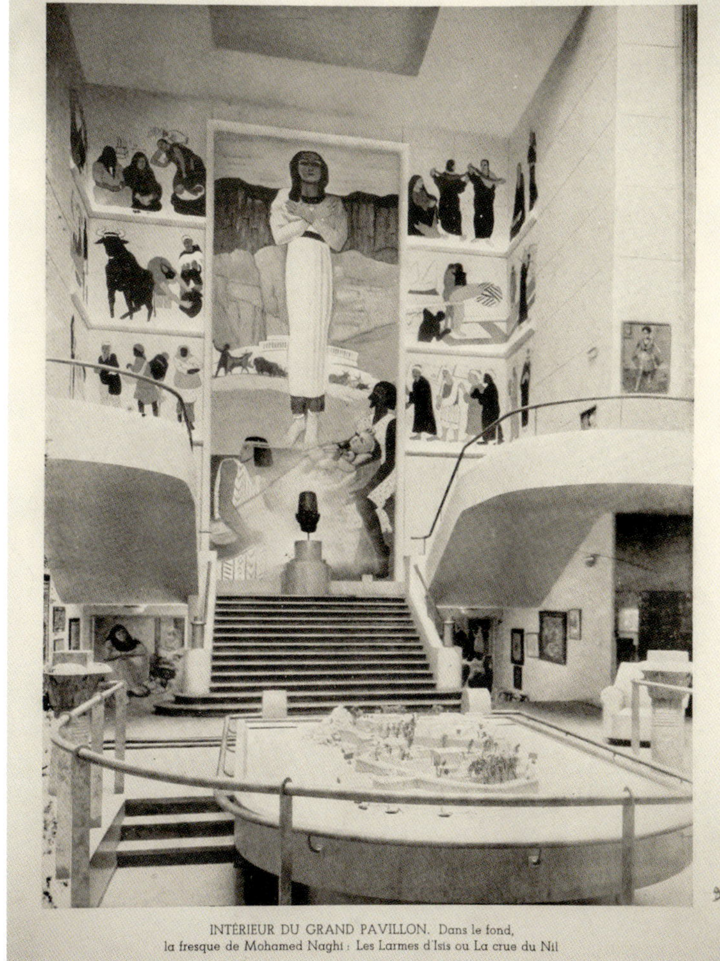

2

Mahmoud Moukhtar durante las obras
de construcción de su escultura
El despertar de Egipto, ca. 1928
Fotógrafo desconocido
Copia en gelatina de plata
Archivo Emad Badr el-Din Mahmoud Abu Ghazi,
El Cairo

3

Invitación a la inauguración
de la escultura pública
de Mahmoud Moukhtar, *El despertar
de Egipto*, 20 de mayo de 1928
Cartón
Archivo Emad el-Din Mahmoud Abu Ghazi,
El Cairo

4

Vista del vestíbulo principal
del pabellón egipcio
Fotógrafo desconocido
Imagen tomada del catálogo
del pabellón en la Exposición Internacional
de París de 1937
Colección Issmat Dawastashy, Alejandría

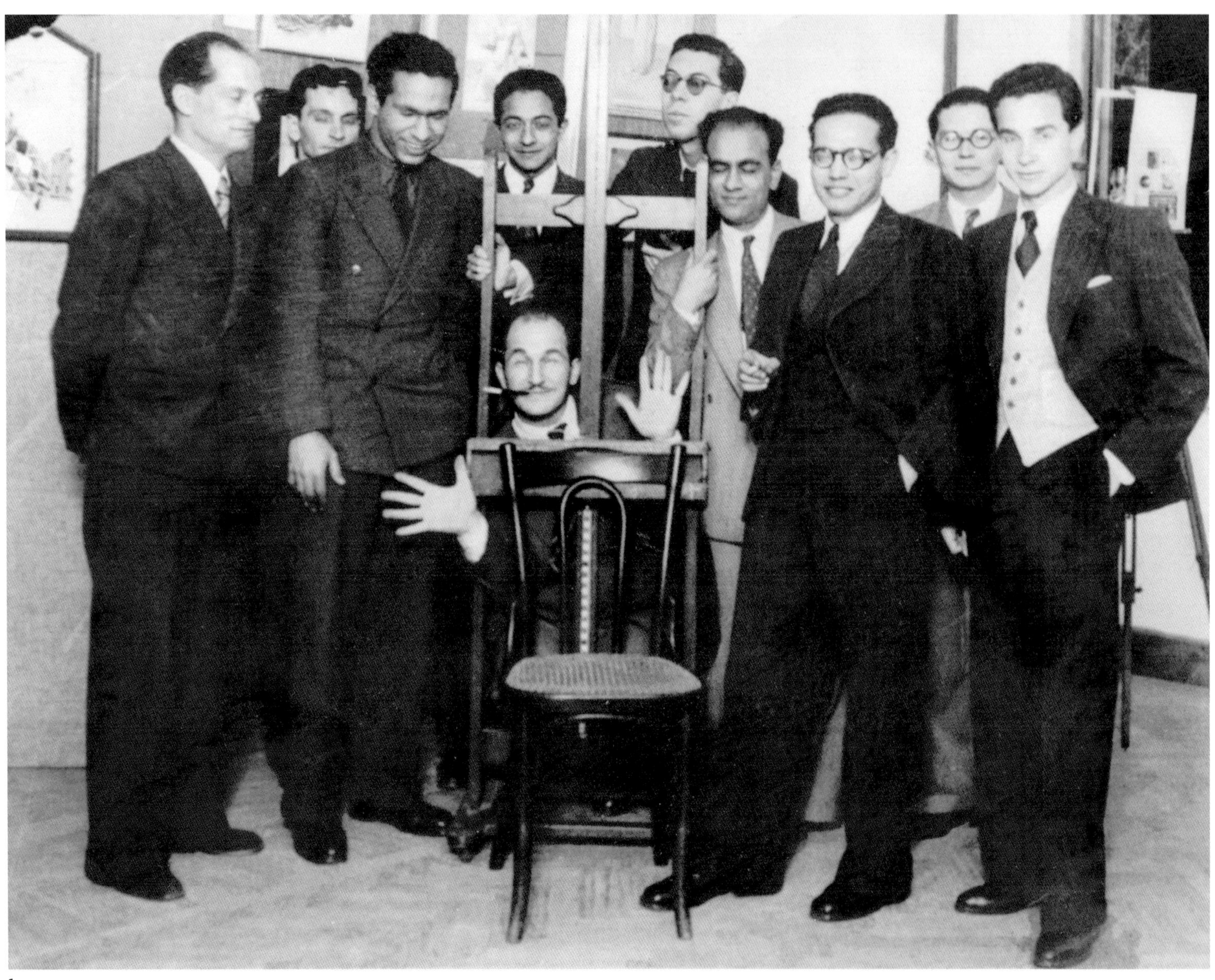

1

«Urge declarar que la publicidad de un zapatero estadounidense cualquiera resulta infinitamente más emocionante que la mejor de las telas expuestas en el Salón anual de El Cairo… Esos desdichados nunca llegarán a comprender que pintar es también una forma de pensar, de amar, de odiar, de pelear, de vivir».

Art et Liberté, *Segunda Exposición de Arte Independiente,* 1941

1
Miembros del grupo Art et Liberté durante
la exposición colectiva del grupo en 1941
Delante (de izquierda a derecha):
Jean Moscatelli, Kamel el-Telmisany, Angelo
de Riz, Ramses Younane, Fouad Kamel.
Detrás (de izquierda a derecha):
Albert Cossery, sin identificar, Georges
Henein, Maurice Fahmy, Raoul Curiel.
Fotógrafo desconocido
Copia de época, gelatina de plata
Colección Sylvie y Sonia Younan, París

TOPALIAN
KAMEL
foumil
RATIB SADDIK
Amy nimr
telmisani
angelo deriz
Hassia
ANGELOPOULO
ABU KHALIL LUTFI
IDABEU DE NEMES
EAN COSTA beressi
ERIC DE NEMES
BEN BEHMAN
SAAD EL KHADEM
MAHMOUD SAID
ONSI
KHOREMI
AIDACHEHADE
GENEVIEVE MOROND GEORGES SIR A TABET
RAMSES YOUNANE E. BAROUKH
INJI EFLATOUN

2

3

4

2
Invitación a la Tercera Exposición
de Arte Independiente
del grupo Art et Liberté, 1942
Cartulina doblada
Colección Farhi-Henein, Neuilly-sur-Seine

3
Visitantes y miembros de Art et Liberté
en la Segunda Exposición
de Arte Independiente
Fotógrafo desconocido
Le Progrès égyptien, 17 de marzo de 1941, p. 6

4
RAMSES YOUNANE
Sin título, 1942
Óleo sobre lienzo
50 x 73 cm
Colección particular

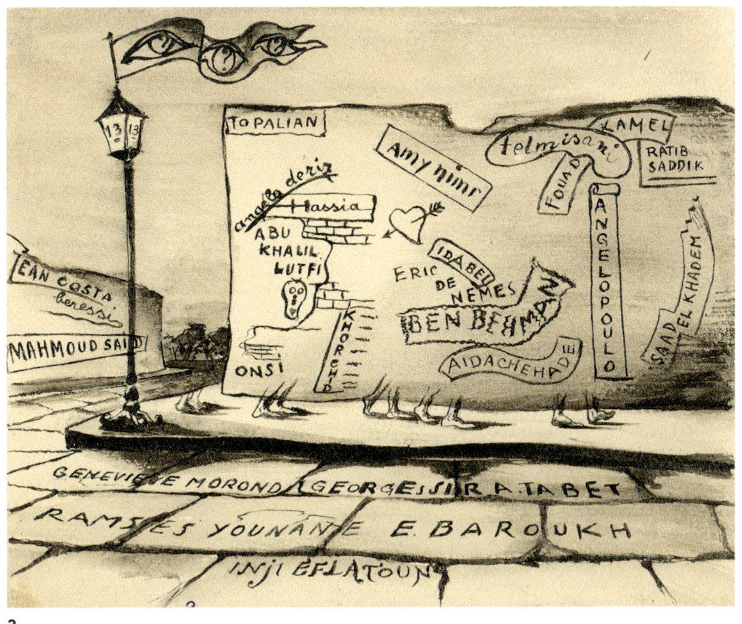

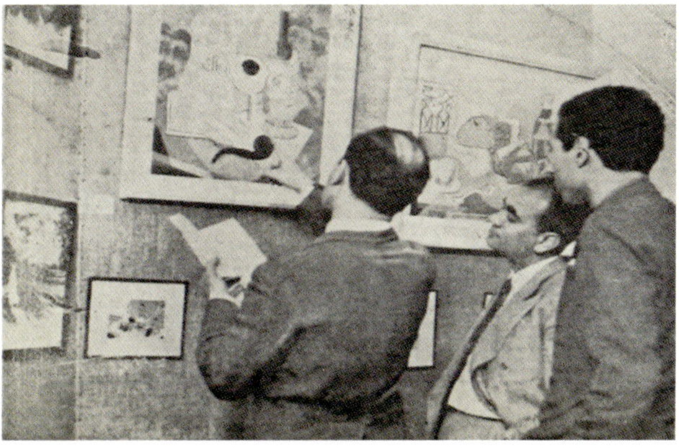

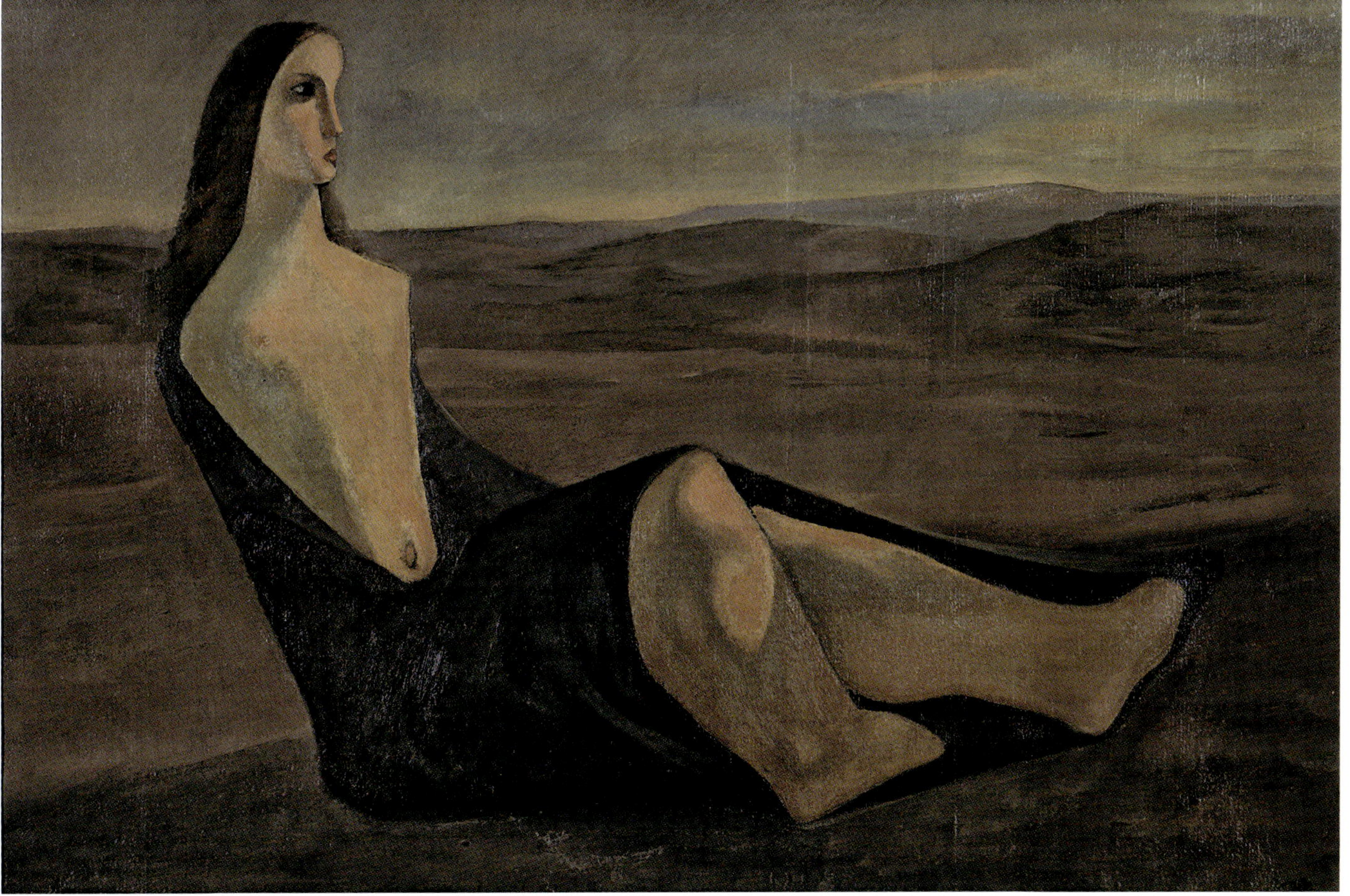

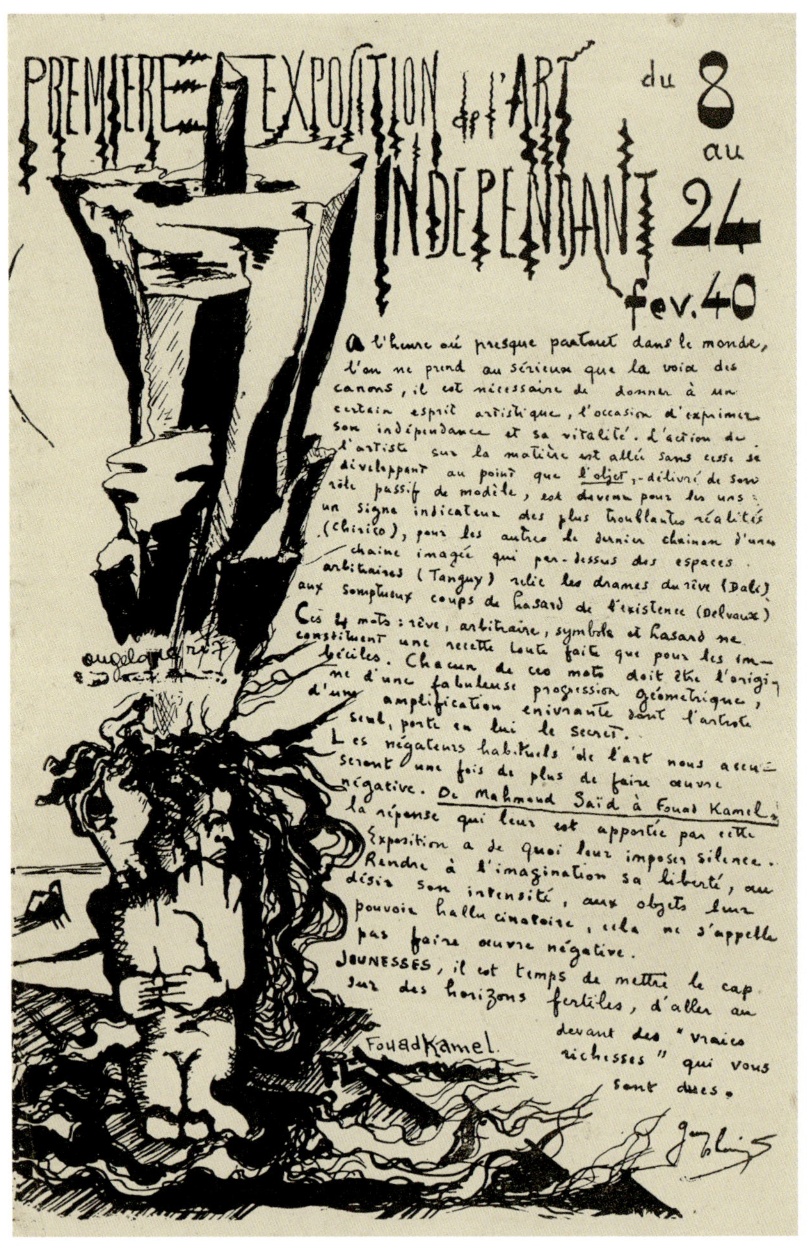

1

Contracubierta del catálogo
de la Primera Exposición de Arte
Independiente de Art et Liberté, 1940
Papel impreso
Centre Pompidou París, MNAM-CCI,
bibliothèque Kandinsky
Donación de Sylvie Younan, 2015

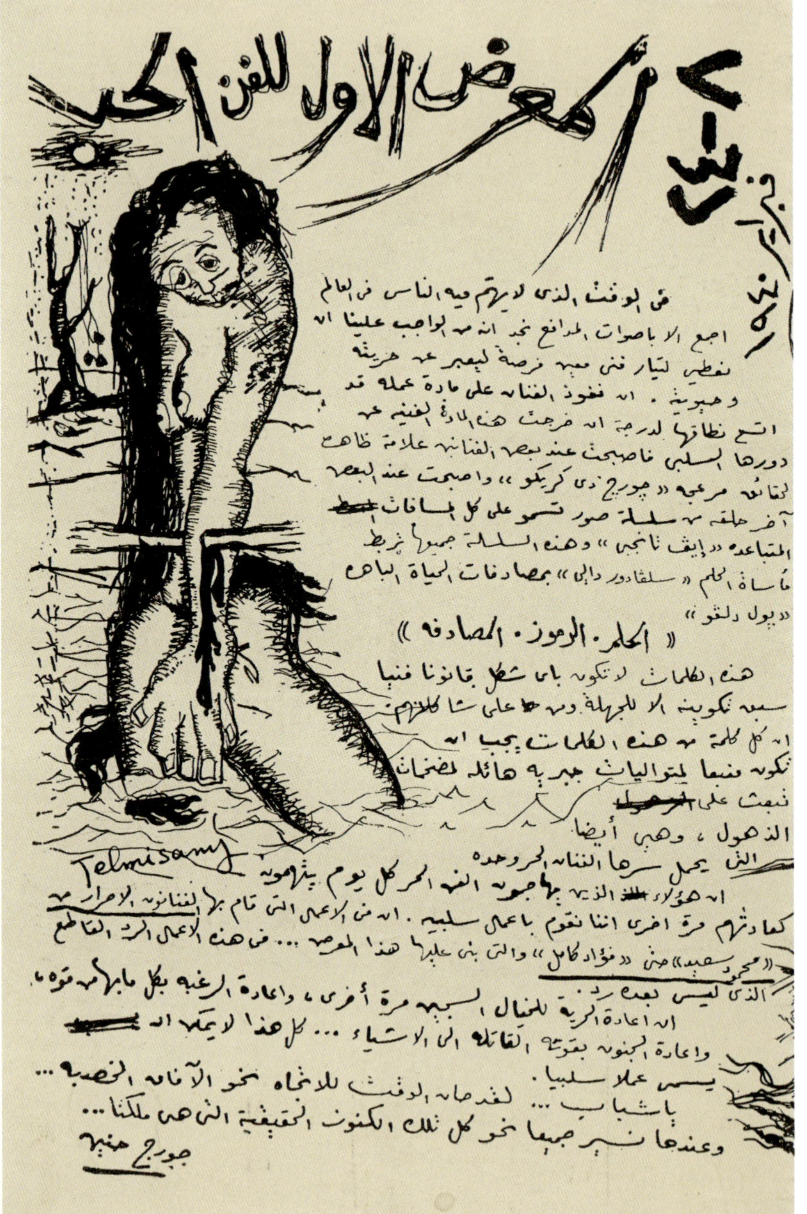

2

Cubierta del catálogo de la Primera
Exposición de Art et Liberté, 1940
Papel impreso
Centre Pompidou París, MNAM-CCI,
bibliothèque Kandinsky
Donación de Sylvie Younan, 2015

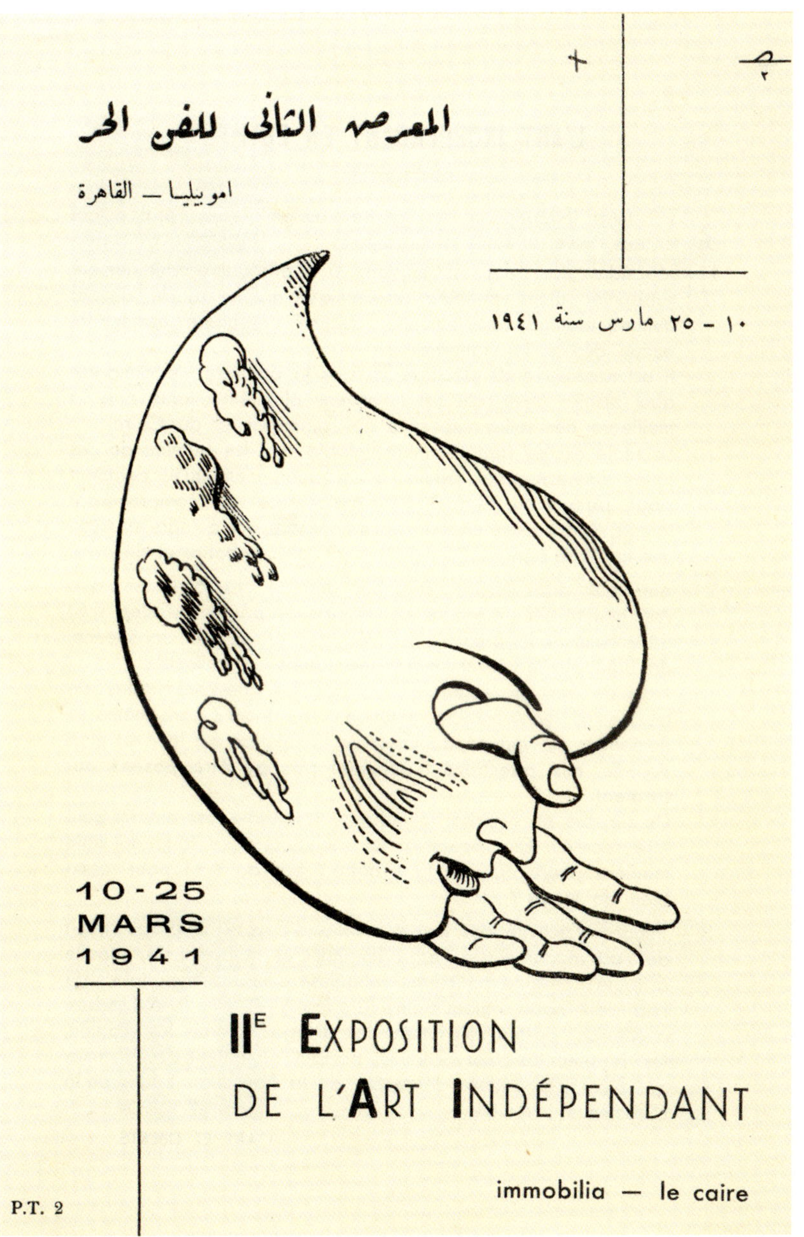

الفن الحر فى مصر

لكى يقوم الفن الحر برسالته فى مصر لا بد له من هذه الاسس الثلاث :

اولا ــ الرد على تلك الموجة من التصوير الكلاسيكى المحافظ الذى لا يخجل من سوء مستواه المضمحل ، ولا من جماله البشع ، ولا من تعريته تلك الطبقة من نسائه المحترمات . اننا نرى من واجبنا هنا التصريح بان أقل « اعلان جزم » امريكانى يؤثر فى الناس اكثر مما تؤثر فيهم كل صور « صالون القاهرة السنوى » .

ان العذر الوحيد لمنتجى هذه الصور من الفنانين هو انهم لارسمونها المجرد تمضية اوقات فراغهم . لن يفهم هؤلاء التعساء ، وليس لهم اى نصيب من الفهم ليدركوا ان التصوير ما هو الاطريق للتفكير وللحب وللبغض وللكفاح وللعيش .

ثانيا ــ اثارة التعجب فى اذهان الجماهير ... ذلك التعجب الذى يقولون ان لا داعى له لانه كثيرا ما يكون مقدمة لانارة الوعى النفسى ولبعض الانقلابات الفردية والاجماعية .

ان اكثرية الناس حتى الآن تسلم بان مسائل زمنهم الحيوية تحل بطريقة ما بدون ان يبدوا اى دهشة لذلك . هل لم يكن فى الامكان ان تعرض طريقة الحل هذه بصورة اخرى غير التى عرضت بها ؟

بين مفاجأة وأخرى يمكن بسهولة احياء غريزة التعجب الصبيانية التى لا حد لها . ومثال ذلك :

ــ ليه الدنيا معمولة كده ؟ ومين اللى عملها كده ؟

ثالثا ــ ربط نشاط شباب الفنانين فى مصر بتلك الدائرة الكهربائية الواسعة التى يتكون منها الفن الحديث... ذلك الفن العاطفى العاصف الذى لا يخضعه أى أمر مهما كانت صيغته الرسمية أو الدينية أو التجارية... ذلك الفن الذى نحس بنبضاته القوية فى نيويورك ولندن والمكسيك حيث يكافح فنانون امثال : « ديجو ريفيرا » و « ولفجنج بالن » و « ايف تانجى » و « هنرى مور » . فى كل مكان من العالم يكافح رجال لايتطرق اليأس الى قلوبهم لتحرير التفكير الانسانى تحريرا مطلقا . « الفن والحرية »

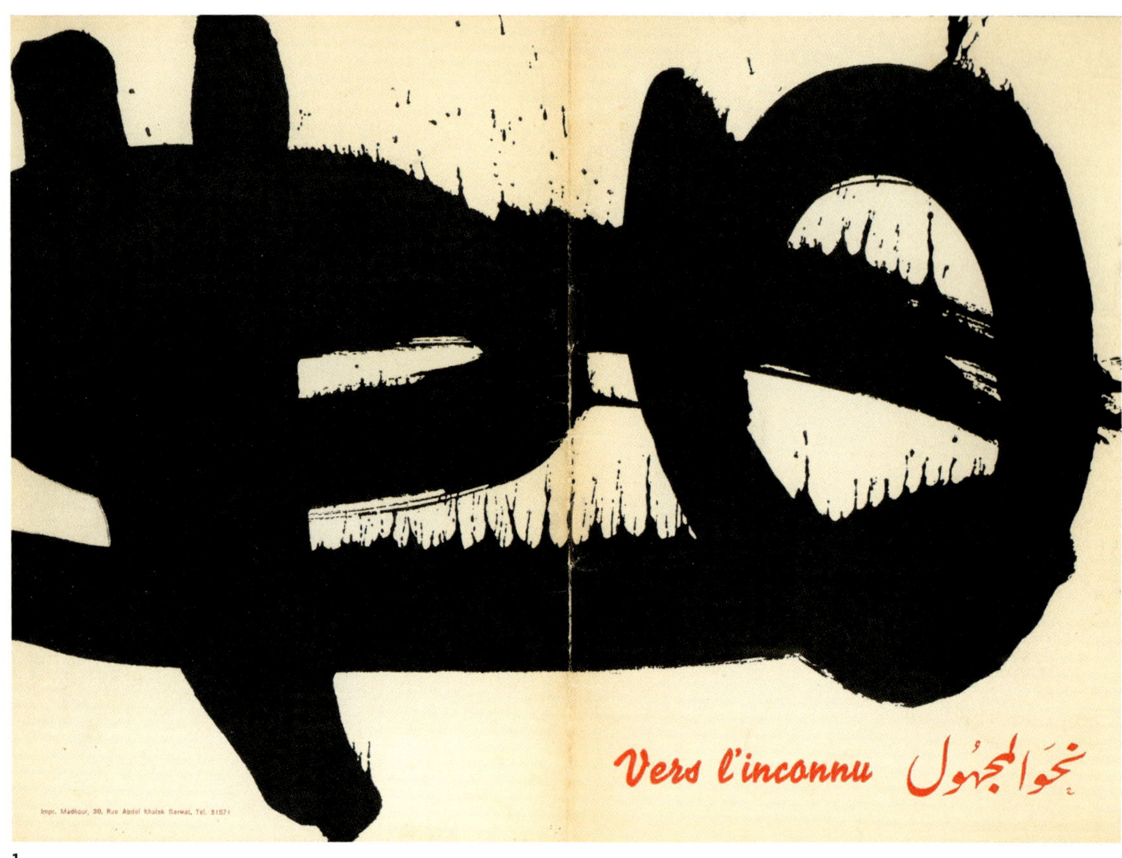

1

1
Vers l'inconnu [Hacia lo desconocido], 1950
Edición rústica
Colección Henein-Farhi, Neuilly-sur-Seine

2
RAMSES YOUNANE
La Perversité de la pensée
[La perversión del pensamiento]
Reproducido en *La Part du Sable*,
vol. 1, 1947
Diario impreso
Centre Pompidou París, MNAM-CCI,
bibliothèque Kandinsky

3
HASSAN EL-TELMISANI
Ilustración para el poema de
Claude Serbanne, *Au Marquis de Sade*
[Al Marqués de Sade], en *La Part du Sable*,
vol. 1, 1947
Diario impreso
Centre Pompidou París, MNAM-CCI,
bibliothèque Kandinsky

4, 5
JO FARNA
*Proyecto de monumento para conmemorar
a los que no están muertos*

WADID SIRRY
Sin título

Reproducciones fotográficas en
La Séance continue, catálogo de la Quinta
Exposición de Arte Independiente, 1945
Centre Pompidou París, MNAM-CCI,
bibliothèque Kandinsky

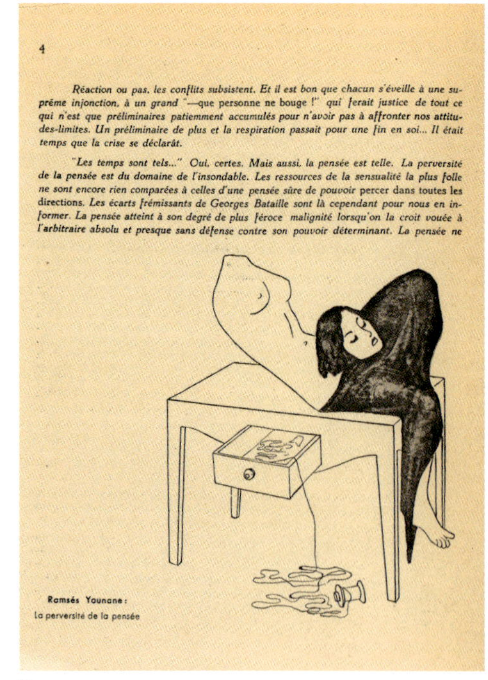

4

Réaction ou pas, les conflits subsistent. Et il est bon que chacun s'éveille à une suprême injonction, à un grand "—que personne ne bouge !" qui ferait justice de tout ce qui n'est que préliminaires patiemment accumulés pour n'avoir pas à affronter nos attitudes-limites. Un préliminaire de plus et la respiration passait pour une fin en soi... Il était temps que la crise se déclarât.

"Les temps sont tels..." Oui, certes. Mais aussi, la pensée est telle. La perversité de la pensée est du domaine de l'insondable. Les ressources de la sensualité la plus folle ne sont encore rien comparées à celles d'une pensée sûre de pouvoir percer dans toutes les directions. Les écarts frémissants de Georges Bataille sont là cependant pour nous informer. La pensée atteint à son degré de plus féroce malignité lorsqu'on la croit vouée à l'arbitraire absolu et presque sans défense contre son pouvoir déterminant. La pensée ne

Ramsés Younane:
La perversité de la pensée

2

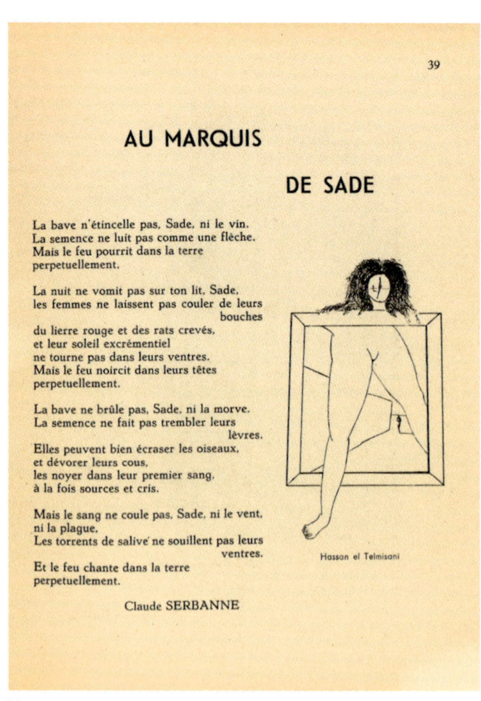

39

AU MARQUIS

DE SADE

La bave n'étincelle pas, Sade, ni le vin.
La semence ne luit pas comme une flèche.
Mais le feu pourrit dans la terre
perpetuellement.

La nuit ne vomit pas sur ton lit, Sade,
les femmes ne laissent pas couler de leurs
bouches
du lierre rouge et des rats crevés,
et leur soleil excrémentiel
ne tourne pas dans leurs ventres.
Mais le feu noircit dans leurs têtes
perpetuellement.

La bave ne brûle pas, Sade, ni la morve.
La semence ne fait pas trembler leurs
lèvres.
Elles peuvent bien écraser les oiseaux,
et dévorer leurs cous,
les noyer dans leur premier sang,
à la fois sources et cris.

Mais le sang ne coule pas, Sade, ni le vent,
ni la plague,
Les torrents de salive ne souillent pas leurs
ventres.
Et le feu chante dans la terre
perpetuellement.

Claude SERBANNE

Hassan el Telmisani

3

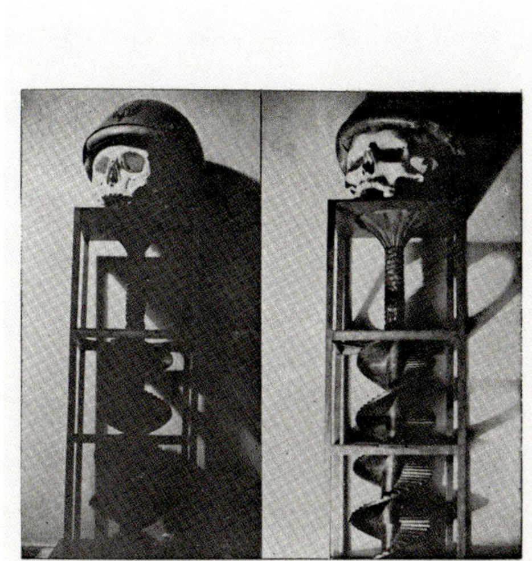

4

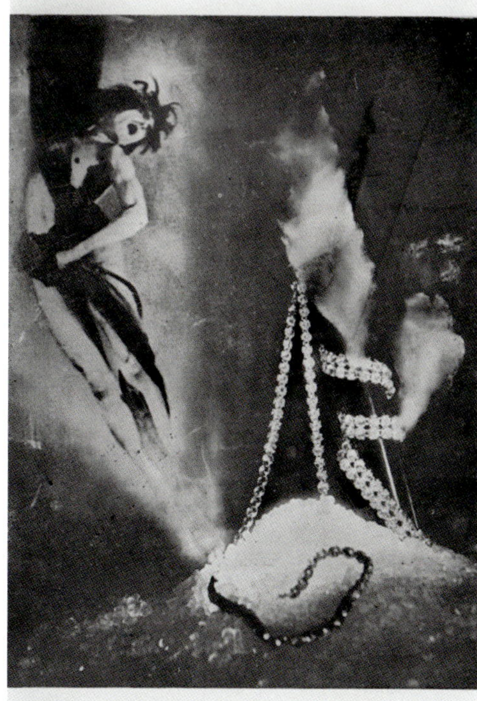

5

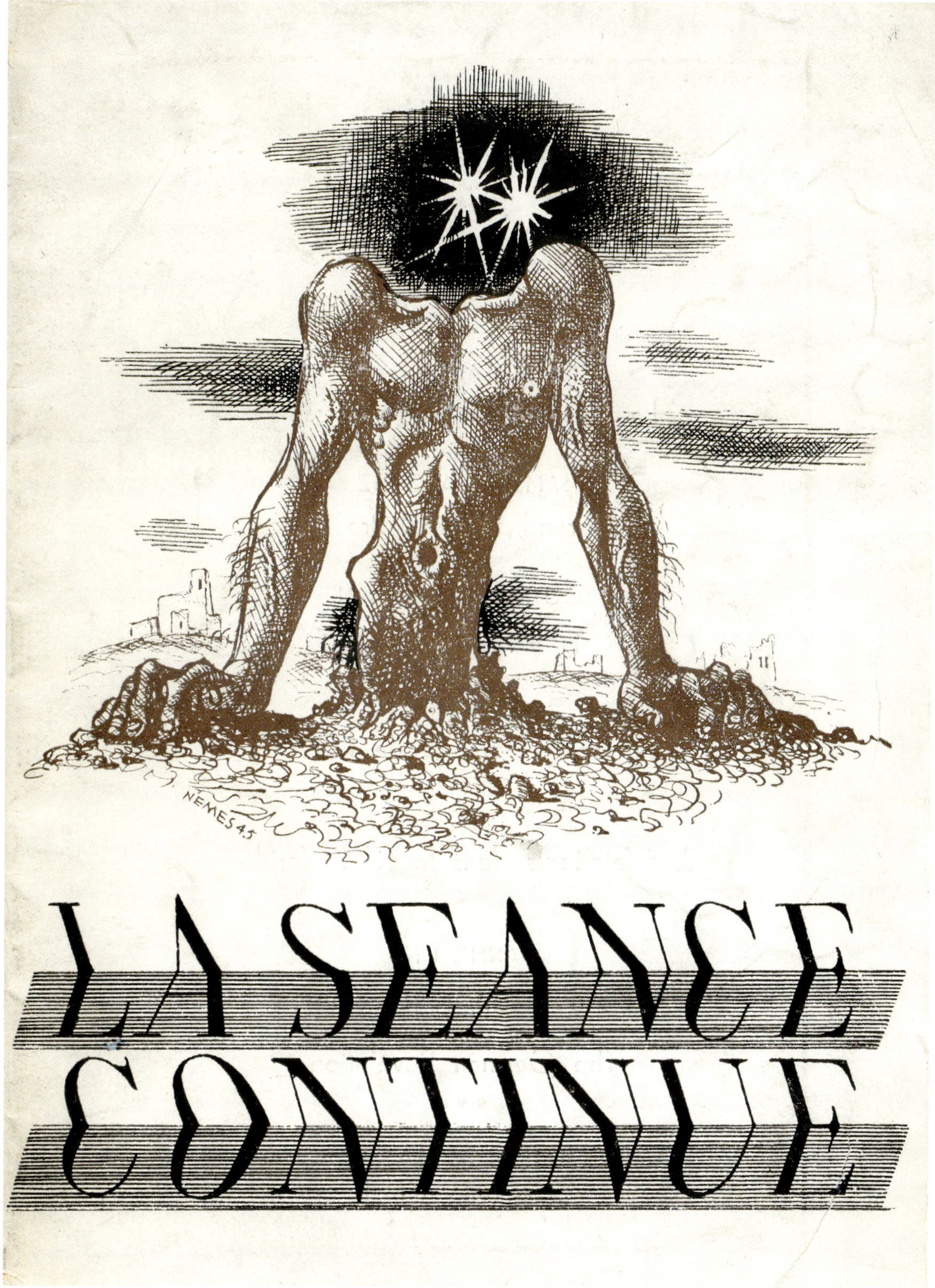

6

La Séance continue, 1945
Catálogo de la Quinta Exposición
de Arte Independiente
Centre Pompidou París, MNAM-CCI,
bibliothèque Kandinsky, Destribats Archives,
patrimonio nacional francés adquirido gracias al
patrocinio del grupo Lagardère, 2005

6

«LA VOZ DE LOS CAÑONES»

Catálogo de la primera exposición de Art et Liberté, 1940

El grupo Art et Liberté apareció en la escena cultural cairota a principios de la Segunda Guerra Mundial. El profundo compromiso con el devenir de la contienda, la destrucción que causó y la pobreza que provocó son temas recurrentes que se manifiestan en todo el espectro de la producción visual y literaria del grupo. En la obra de artistas como Laurent Marcel Salinas y Hassan el-Telmisani aparecen los temas del apocalipsis y escenas de combate y destrucción, respectivamente. Las representaciones surrealistas de campos de batalla y símbolos de muerte, como los que se aprecian en las obras de Mayo, evocan el estado de ansiedad de los albores de la guerra. Algunos artistas, como Amy Nimr, que perdió a su hijo de ocho años en una explosión, crearon desazonadoras imágenes de muerte inspiradas en sus propias tragedias.

El ansia de libertad del colectivo aumentó con el auge de la ideología fascista, que además de tener atenazada a Europa, había ido creciendo en Egipto desde principios de la década de 1930. Fue su posicionamiento antifascista el que, en última instancia, provocó la formación del grupo. Esta aversión al fascismo se manifestó en marzo de 1937 en un enfrentamiento con la sección local de futuristas profascistas. Fundada en 1920 por el abogado y poeta italo-egipcio Nelson Morpurgo, la sección futurista egipcia tenía fuertes vínculos con el fundador del movimiento, Filippo T. Marinetti. Nacido en Alejandría en el seno de una familia de inmigrantes italianos, Marinetti mantuvo estrechos lazos con su lugar de nacimiento a lo largo de su vida. En 1929, dio una serie de conferencias sobre *parole in libertà* en El Cairo y Alejandría. La visita de Marinetti al país como delegado del estado fascista apareció en la portada de *Maalesh*, un semanario satírico local, que lo representó haciendo aspavientos mientras Mussolini planeaba sobre él. El 24 de marzo de 1938, durante una segunda visita y en el transcurso de una conferencia sobre *la poesia motorizzata* en la capital, varios intelectuales antifascistas, como Georges Henein, Georges Santini y Jean Moscatelli, irrumpieron en la misma y causaron un gran revuelo. Posteriormente publicaron varios artículos en los que atacaban a Marinetti y al futurismo. El 22 de diciembre de 1938 publicaron su manifiesto «Vive l'Art Dégénéré» [Viva el arte degenerado], que daría lugar al grupo Art et Liberté.

LA VOZ DE LOS CAÑONES

*«Cuando casi en todas partes del mundo lo único
que se toma en serio es la voz de los cañones,
es necesario conceder a cierto espíritu artístico
la oportunidad de expresar su independencia
y vitalidad».*

Georges Henein, *Primera Exposición de Arte Independiente,* 1940

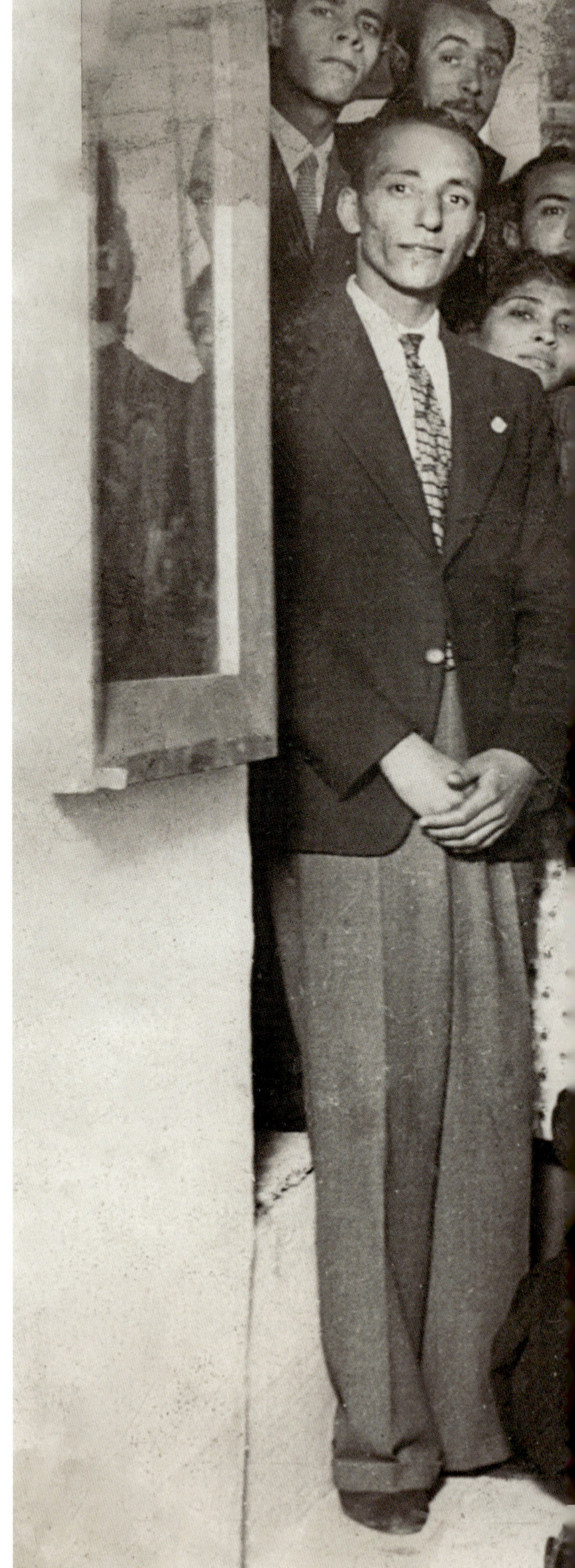

Miembros y simpatizantes de Art et Liberté
en la Maison des artistes, Darb el-Labbana,
Citadel, ca. 1945
Fotógrafo desconocido
Copia de época, gelatina de plata
Colección Christophe Bouleau, Ginebra

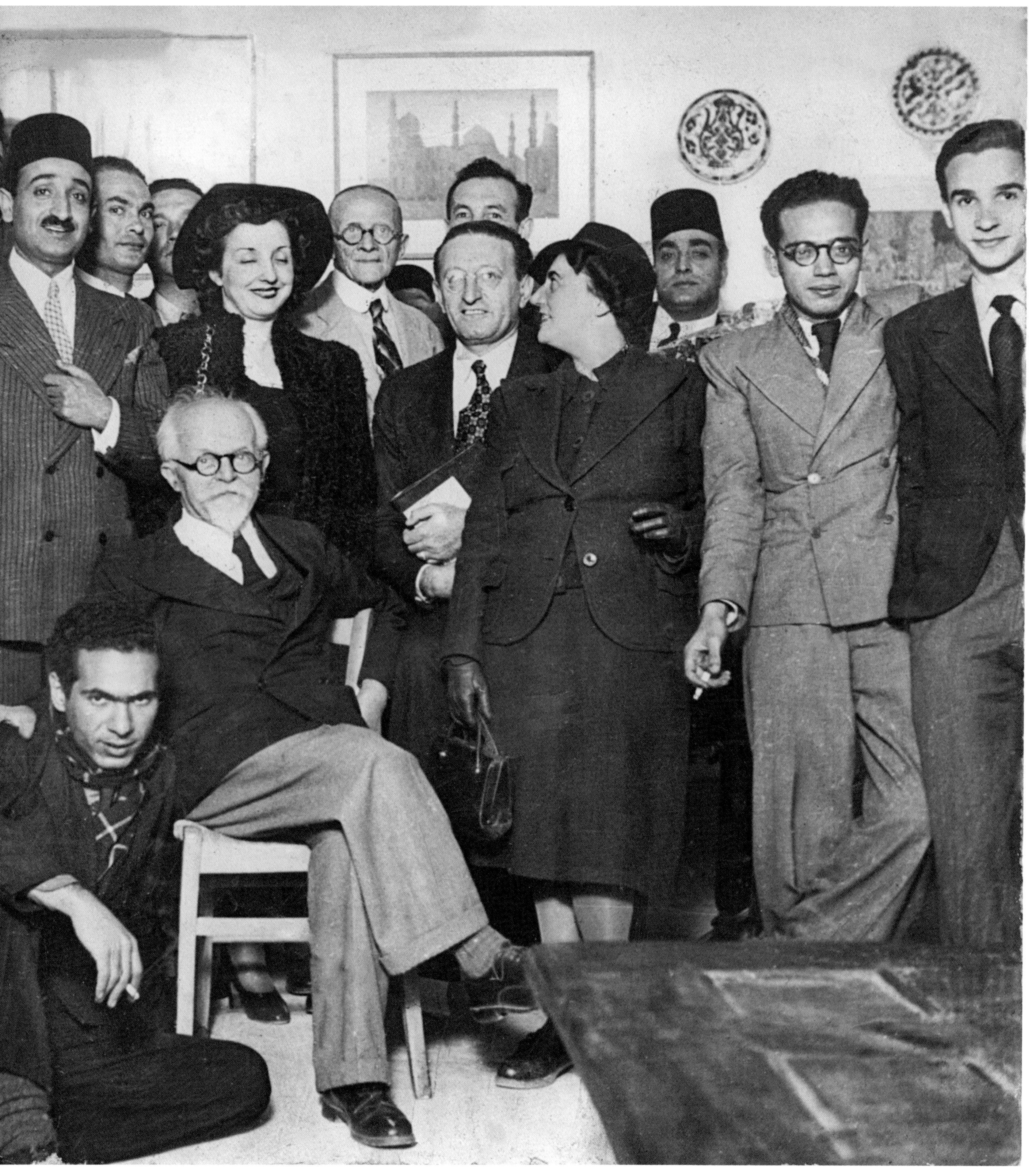

VIVE L'ART DEGENERE

On sait avec quelle hostilité la société actuelle regarde toute création littéraire ou artistique menaçant plus ou moins directement les disciplines intellectuelles et les valeurs morales du maintien desquelles dépendent pour une large part sa propre durée, — sa survie.

Cette hostilité se manifeste aujourd'hui dans les pays totalitaires, — dans l'Allemagne hitlérienne en particulier, par la plus abjecte agression contre un art que des brutes galonnées promues au rang d'arbitres omniscients, qualifient de "dégénéré".

Depuis Cézanne jusqu'à Picasso (et sur le plan littéraire depuis Henri Heine jusqu'à Thomas Mann) tout ce que le génie artistique contemporain a donné de meilleur, tout ce que l'artiste moderne a créé de plus libre et de plus humainement valable est insulté, piétiné, proscrit.

Nous tenons pour absurdes et justiciables du plus parfait mépris les préjugés religieux, racistes et nationalistes à la tyrannie desquels certains individus ivres de leur toute-puissance provisoire prétendent asservir le destin de l'œuvre d'art.

Nous refusons de voir dans ces mythes régressifs autre chose que de véritables camps de concentration de la pensée.

L'Art, — en tant qu'échange spirituel et affectif permanent auquel participe l'entière humanité, ne peut plus connaitre d'aussi arbitraires limites.

Dans Vienne livrée aux barbares, on lacère les toiles de Renoir, on brûle les ouvrages de Freud sur les places publiques. Les plus brillantes réussites des grands artistes allemands tels que Max Ernst, Paul Klee, Kokoschka, George Grosz, Kandinsky, Karl Hofer (Prix Carnegie 1938) sont mises à l'index et doivent céder la place à la platitude et à l'ineptie de l'art national-socialiste.

A Rome une commission dite de "bonification littéraire" vient d'achever sa mal. propre besogne en concluant à la nécessité de retirer de la circulation "tout ce qui est anti-italien, anti-raciste, immoral et dépressif".

Intellectuels, écrivains, artistes ! Relevons ensemble le défi. Cet art dégénéré, nous en sommes absolument solidaires. En lui résident toutes les chances de l'avenir. Travaillons à sa victoire sur le nouveau Moyen-Age qui se lève en plein cœur de l'Occident.

Ont signé le présent manifeste les artistes, écrivains, journalistes et avocats dont les noms suivent:

A. ANGELOPOULO, Armand ANTEBI, Abd-el-Khalek el AZZOUNI, Zakaria el AZZOUNI (membre du Conseil de l'Ordre du Barreau d'Alexandrie), Marcelle BIAGINI, Albert COSSERY, Henri DUMANI, Ahmed FAHMY, Annette FEDIDA, L. GALANTI, Samy HANOKA, HASSIA, Georges HENEIN, Albert ISRAEL, Germaine ISRAEL, Anouar KAMEL, Fouad KAMEL, Edouard LEVY, MALANOS, Alexandra METCHCOUEVSKA, Marcel NADA, Fatma NIMET-RACHID, Mohammed NOUR, A. POLITIS, Edouard POLLACK, Angelo de RIZ, A. REVAUX Sami RIAD, Mohammed SEIF-el-DINE, Hassan SOBHY, Laurent SALINAS, Emile SIMON, SCALET, TELMISANY, Nadave SILBER, Kamal WILLIAM, Ibrahim WASSILY.

Le Caire, le 22 Décembre 1938.

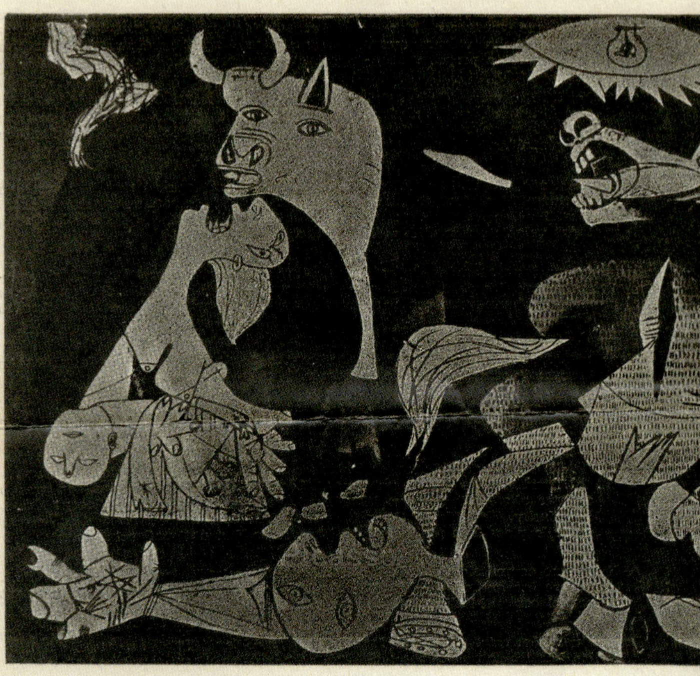

Par le présent manifeste se trouve constitué le groupe "ART et LIBERTE"
Tous détails ultérieurs seront communiqués par voie de presse.—

Manifiesto «Vive L'art Dégénéré»
[Viva el arte degenerado], 1938
Impreso sobre papel
Scottish National Gallery of Modern Art Archive, Edimburgo

VIVA EL ARTE DEGENERADO
Es bien conocida la hostilidad con que contempla la sociedad actual cualquier creación literaria o artística que amenace, de forma más o menos directa, las disciplinas intelectuales y los valores morales de los que depende, en gran medida, su propia continuidad, su supervivencia.
Esa hostilidad se manifiesta hoy en los países totalitarios, y particularmente en la Alemania hitleriana, mediante la más abyecta agresión contra un arte que unos brutos condecorados y elevados al rango de árbitros omniscientes califican de «degenerado».
Las creaciones más libres y humanamente válidas del artista moderno —lo mejor que ha dado el genio artístico contemporáneo desde Cézanne hasta Picasso (y en el plano

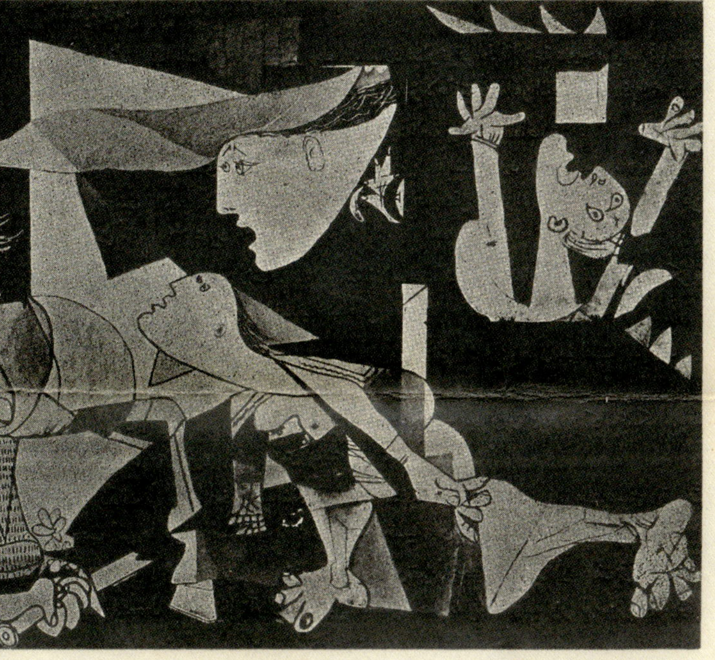

GRMA A35/1/1/RPA 200/1/1

يحيــــا الفن المنحط

من المعروف أن المجتمع الحاضر ينظر بعين الاشمئزاز الى كل خلق جديد فى الفن أو فى الأدب طالما يهدد النظم الثقافية التى تثبت قدم المجتمع سواء أكان من ناحية التفكير أم من ناحية المعنى .

ويظهر هذا الشعور بالاشمئزاز جليا فى البلاد الاوتوقراطية النزعة ، وخصوصا فى المانيا حيث يتجسم التعدى الشنيع ضد الفن الحر الذى دعاه هؤلاء الغشم :ــ الفن المنحط l'art dégénéré فمن « سيزان » الى « بيكاسو » وكل ما انتجته العبقرية الفنيه المعاصرة . . . . . هذا الانتاج الكثير الحرية والقوى الشعور بالانسانية ، قد قوبل بالشتائم وديس بالاقدام . ونحن نعتقد أن التعصب للدين أو الجنس أو الوطن الذى يريد بعض الافراد أن يخضع له مصير الفن الحديث ما هو الا مجرد هزء وسخرية .

نحن لا نرى فى هذه الاساطير الرجعية إلا سجونا للفكر . ان الفن بصفته مبادلة فكرية وعاطفية دائمة تشترك فيها الانسانية جمعاء لن يقبل مثل هذه الحدود المصطنعة .

فى فينا المتروكة الآن للهمج ، يمزقون صور « رنوار » ويحرقون مؤلفات « فرويد » فى الميادين العامة . إن المع منتجات كبار الفنانين الألمان أمثال « ماكس أرنست » و « بول كلى » و « كارل هوفر » و « كوكوشكا » و « جورج جروس » و « كاندنسكى » قد صودرت وأحل محلها الفن النازى العديم القيمة .

كذلك فى روما أخيراً قد شكلت لجنة « لتنظيف » الأدب !!. وقدقامت بمهمتها وقررت سحب كل ما هو « ضد القومية » و « ضد الجنسية » وكذلك كل ما يدعو الى التشاؤم .

يارجال الأدب ويارجال الفن . لنقف معا ونقبل التحدى . يجب أن نقف فى صف هذا « الفن المنحط » ففيه كل آمال المستقبل . لنعمل لنصرته ضد « العصور الوسطى الجديدة » التى يحاولون بعثها فى قلب أوربا مرة أخرى .

وقدوقع الفنانون والكتاب والصحافيون والمحامون على هذا البيان وأسماؤهم كايلى :ــ

ابراهيم واسيلى ــ احمد فهمى ــ ادوار بولاك ــ ادوار ليفى ــ ارمان انتبى ــ البير اسرائيل ــ البير قصيري ــ التلمسانى ــ الكسندرا ميتشكوفسكا ــ اميل سيمون ــ انجلو بولو ــ انجلو دريز ــ انور كامل ــ انيت فديدا ــ ا . بوليتس ــ ل . جالتى ــ جرمين اسرائيل ــ جورج حنين ــ حسن صبحي ــ ا . رافو ــ زكريا العزونى « عضو نقابة المحامين » ــ سامى رياض ــ سامى هانوكا ــ سكاليت ــ عبدالخالق العزونى ــ فاطمه نعمت راشد ــ فؤاد كامل ــ كمال وليم ــ لوران سالينس ــ مارسل ياجيني ــ مارسل ندا ــ مالانوس ــ محمد سيف الدين ــ محمد نور ــ نداف سيلبر ــ هاسيا ــ هنرى دومانى

القاهرة فى ٢٢ ديسمبر سنة ١٩٣٨

---

literario, desde Heinrich Heine hasta Thomas Mann)— están proscritas y son objeto de insultos y vilipendios.
Consideramos absurdos y merecedores del mayor desprecio los prejuicios religiosos, racistas y nacionalistas que pretenden someter el destino de la obra de arte a la tiranía de algunos individuos, ofuscados por su omnipotencia efímera.
Consideramos que esos mitos regresivos son auténticos campos de concentración del pensamiento.
El arte, como intercambio espiritual y afectivo permanente del que participa toda la humanidad, ya no puede conocer límites tan arbitrarios.
En la Viena entregada a los bárbaros, se rasgan los lienzos de Renoir y se queman las obras de Freud en las plazas públicas. Se condenan los logros más brillantes de artistas alemanes como Max Ernst, Paul Klee, Kokoschka, George Grosz, Kandinsky, Karl Hofer (Premio Carnegie 1938), que dan paso en su lugar a la banalidad y la ineptitud del arte nacionalsocialista.
En Roma, la comisión de «mejora literaria» ha concluido su indecente labor mediante el establecimiento de la necesidad de retirar de la circulación «todo lo que es antitaliano, antirracista, inmoral y deprimente».
¡Intelectuales, escritores, artistas! Asumamos juntos este desafío. Todos somos absolutamente solidarios con este arte degenerado. En él residen todas las oportunidades del porvenir. Luchemos por su victoria sobre la nueva Edad Media que se cierne sobre el corazón de Occidente.
Firman el presente manifiesto los artistas, escritores, periodistas y abogados que se mencionan a continuación:
A. Angelopoulo, Armand Antebi, Abd-el-Khalek el Azzouni, Zakaria el Azzouni (miembro del Consejo del Colegio de Abogados de Alejandría), Marcelle Biagini, Albert Cossery, Henri Dumani, Ahmed Fahmy, Annette Fedida, L. Galati, Samy Hanoka, Hassia, Georges Henein, Albert Israel, Germaine Israel, Anonar Kamel, Fouad Kamel, Edouard Levy, Malanos, Alexandra Metchcouevska, Marcel Nada, Fatma Nimet-Rachid, Mohammed Nour, A. Politis, Edouard Pollack, Angelo de Riz, A. Revaux, Sami Riad, Mohammed Seif-el-Dine, Hassan Sobhy, Laurent Salinas, Emile Simon, Scalet, Telmisany, Nadave Silber, Kamal William, Ibrahim Wassily.
El Cairo, 22 de diciembre de 1938.

القمصان الزرقاء المصرية
تجوب شوارع القاهرة

في يوم ١٥ مارس احتفلت فرق الشباب الوفدية « أصحاب القمصان الزرقاء » بعيد الاستقلال احتفالا رياضياً نظامياً لم يسبق له مثيـل ، فقد اشتركت فيه بعض فرق القاهرة وفرق عـديدة من المنصورة وطنطا وبلقاس وبنها والجيزة والمنيا والاقصر ومنفلوط وغيرها من مدن القطر ، وكانت هذه الفرق تتوافد في صباح ذلك اليوم التـاريخي الى معسكرها العام بجوار بيت الامة حتى اذا ما بلغ عدد اعضائهـا بضع مئات واكتمل عقـدها ، نظمت صفوفها بنظام بديع ، ثم سارت في خطوة رياضية وعرض رائع يتقدمهـا موكب من الدراجات مخترقة الشوارع في نظام عسكري حتى وصلت الى ساحة السراي الملكية العامرة ، وهنا صدحت موسيقاها بالسلام الملكي وهتف (البقية الى اليسار)

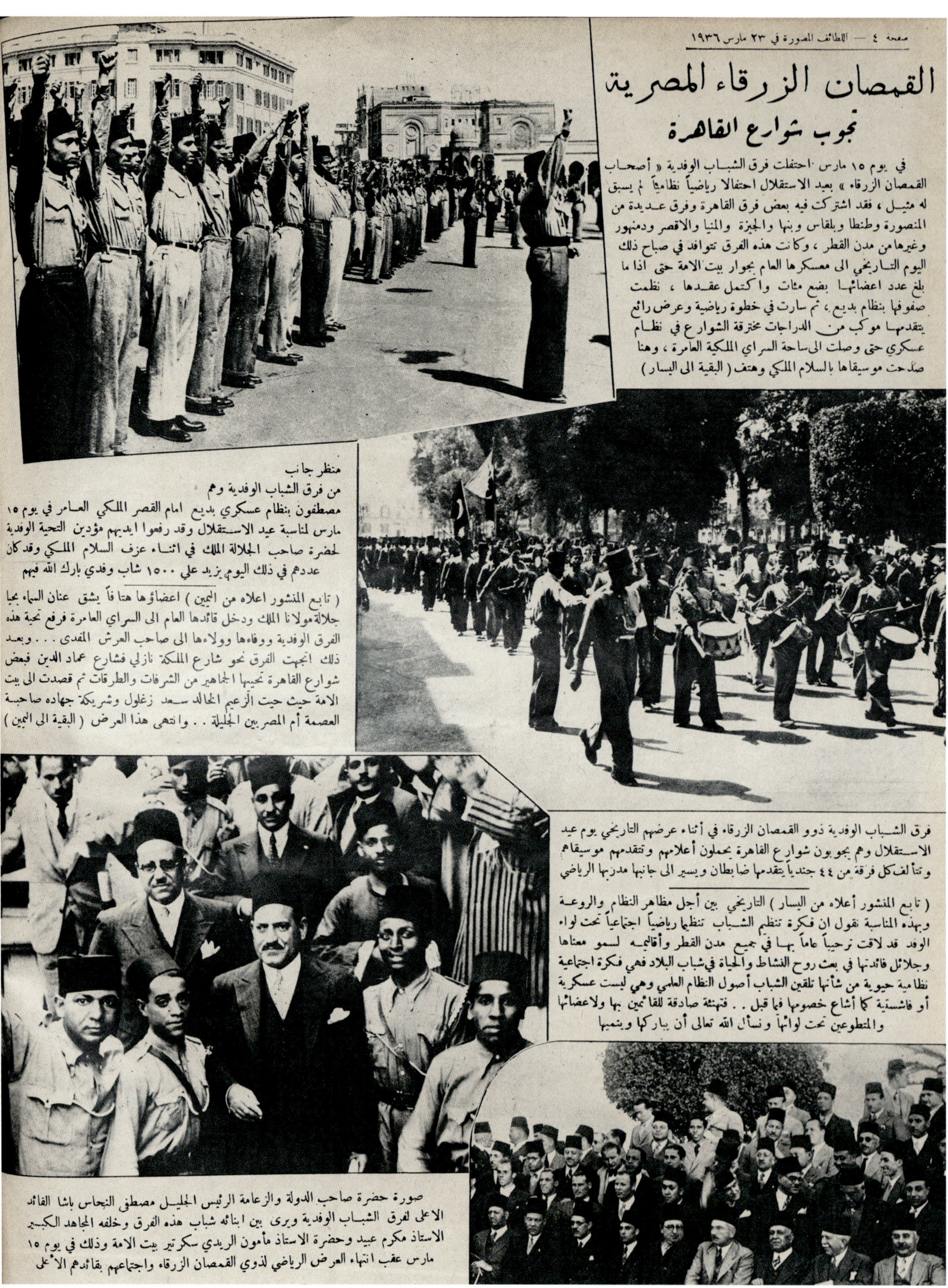

منظر جانب من فرق الشباب الوفدية وهم مصطفون بنظام عسكري بديع امام القصر الملكي العامر في يوم ١٥ مارس لمناسبة عيد الاستقلال وقد رفعوا ايديهم مؤدين التحية الوفدية لحضرة صاحب الجلالة الملك في اثناء عزف السلام الملكي وقد كان عددهم في ذلك اليوم يزيد على ١٥٠٠ شاب وفدي بارك الله فيهم

(تابع المنشور اعلاه من اليمين) اعضاؤها هتافاً شق عنان السماء بحيا جلالة مولانا الملك ودخل قائدها العام الى السراي العامرة فرفع تحية هذه الفرق الوفدية ووفائها وولاءها الى صاحب العرش المفدى . . . وبعد ذلك اتجهت الفرق نحو شارع الملكة نازلي فشارع عماد الدين فبعض شوارع القاهرة تحييها الجماهير من الشرفات والطرقات ثم قصدت الى بيت الامة حيث حيث الزعيم الخالد سعد زغلول وشريكة جهاده الى صاحبة العصمة أم المصريين الجليلة . . وانتهى هذا العرض (البقية الى اليمين)

فرق الشباب الوفدية ذوو القمصان الزرقاء في أثناء عرضهم التاريخي يوم عيد الاستقلال وهم يجوبون شوارع القاهرة يحملون أعلامهم وتتقدمهم موسيقاهم وتتألف كل فرقة من ٤٤ جندياً يتقدمها ضابطان ويسير الى جانبها مدربها الرياضي

(تابع المنشور أعلاه من اليسار) التاريخي بين أجل مظاهر النظام والروعـة وبهذه المناسبة نقول ان فكرة تنظيم الشباب تنظيما رياضيا اجتماعياً تحت لواء الوفد قد لاقت ترحيباً عاماً بها في جميع مدن القطر وأقاليه لسمو معناها وجلائل فائدتها في بعث روح النشاط والحياة في شباب البلاد فهي فكرة اجتماعية نظامية حيوية من شأنها تلقين الشباب أصول النظام العلمي وهي ليست عسكرية أو فاشستية كما أشاع خصومها فيما قبل . . فتهنئة صادقة للقائمين بها ولاعضائها والمتطوعين تحت لوائها ونسأل الله تعالى أن يباركها وينميها

صورة حضرة صاحب الدولة والزعامة الرئيس الجليل مصطفى النحاس باشا القائد الاعلى لفرق الشباب الوفدية ويرى بين ابنائه شباب هذه الفرق وخلفه المجاهد الكبـير الاستاذ مكرم عبيد وحضرة الاستاذ مأمون الريدي سكرتير بيت الامة وذلك في يوم ١٥ مارس عقب انتهاء العرض الرياضي لذوي القمصان الزرقاء واجتماعهم بقائدهم الأعلى

Georges Henein, *Bilan du mouvement surréaliste*
[Balance del movimiento surrealista], 1937

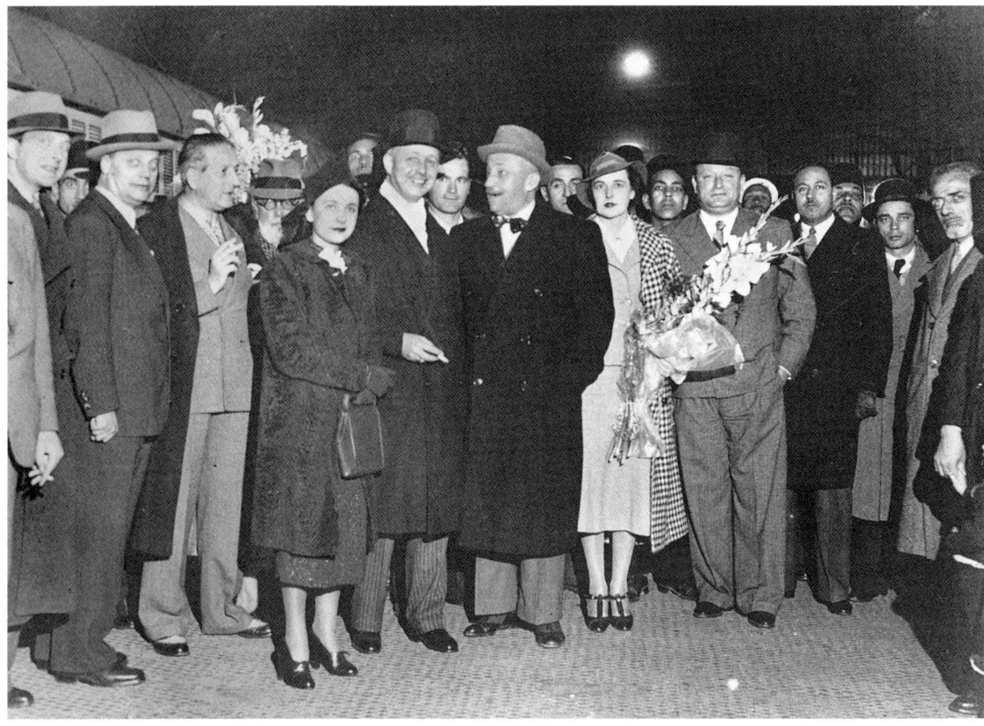

2

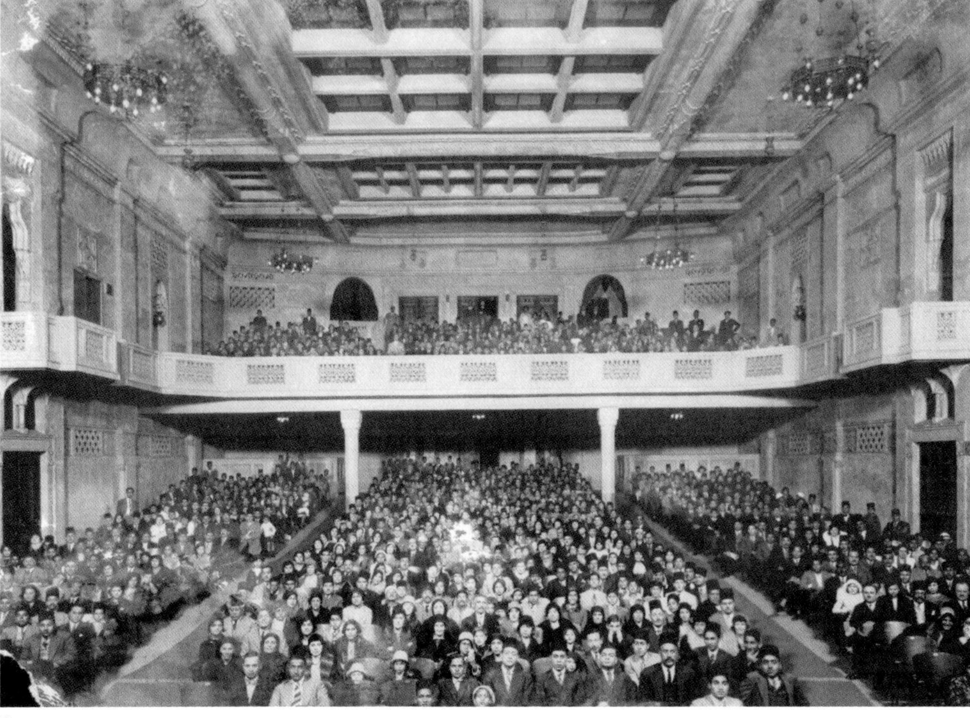

1
Los Camisas Azules deambulan
por las calles de El Cairo, en *al-Lata'if
al-Musawwara*, 23 de marzo de 1936, p. 4
Recorte de periódico
Archivos al-Lata'if al-Musawwara, El Cairo

2
Filippo Tommaso Marinetti
y Benedetta Cappa Marinetti, 1938
Copia de época, gelatina de plata
Filippo Tommaso Marinetti Papers, Beinecke
Rare Book and Manuscript Library,
Yale University, New Haven

3
Vista de los asistentes a un congreso
celebrado en el Ewart Hall, American
University in Cairo, década de 1930
Fotógrafo desconocido
Copia de época, gelatina de plata
Colección Rare Books and Special Collections
Library, American University, El Cairo

3

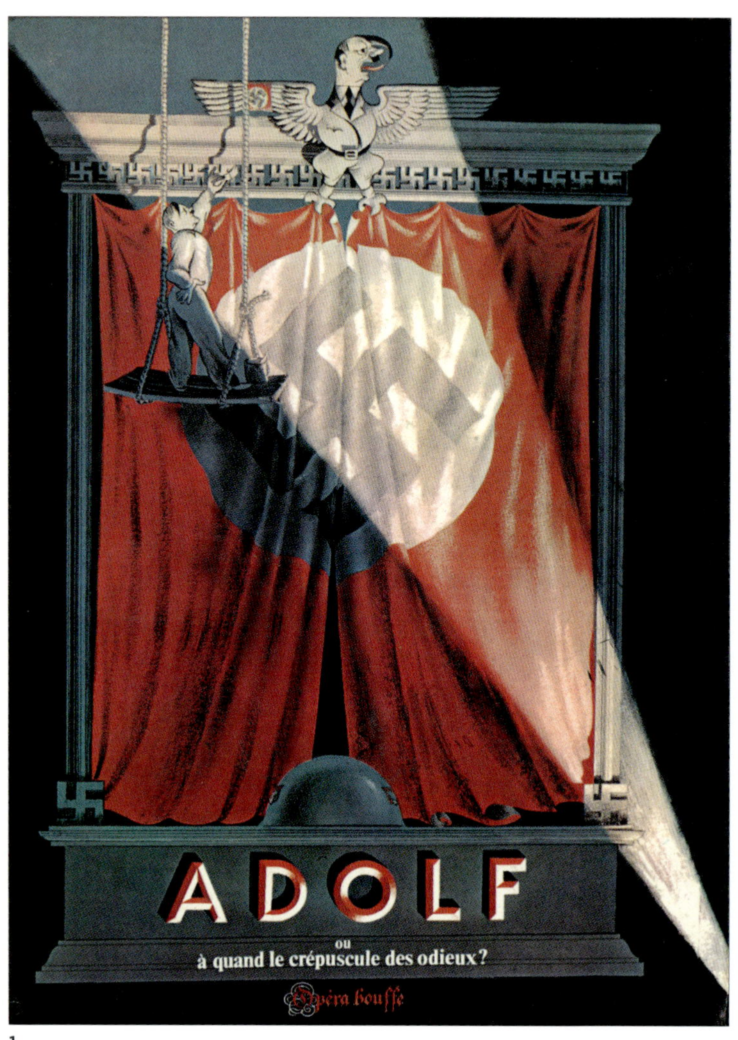

1

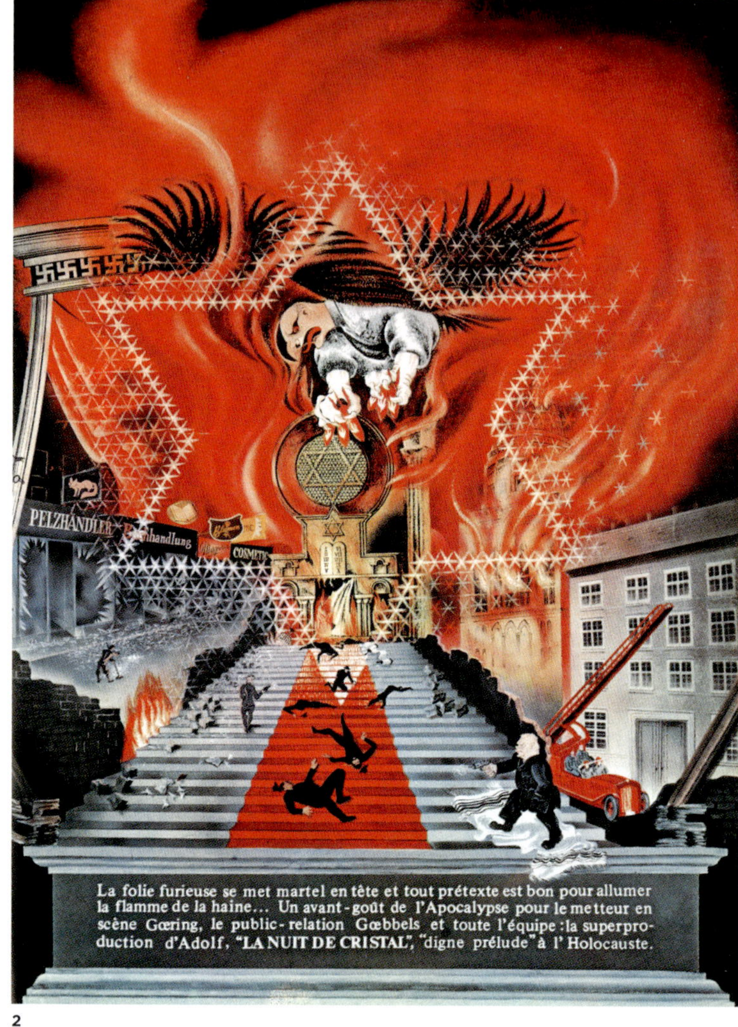

2

1

ÉTIENNE SVED
*Adolf ou à quand le crépuscule
des odieux?* [Adolf o ¿para cuándo
el crepúsculo de los odiosos?], 1980
Ilustración de cubierta, reeditada
en 1980 por Nesle/Sved Publishing
Colección particular, París

2

ÉTIENNE SVED
*Adolf ou à quand le crépuscule
des odieux?* [Adolf o ¿para cuándo
el crepúsculo de los odiosos?], 1980
p. 43, reeditada en 1980
por Nesle/Sved Publishing
Colección particular, París

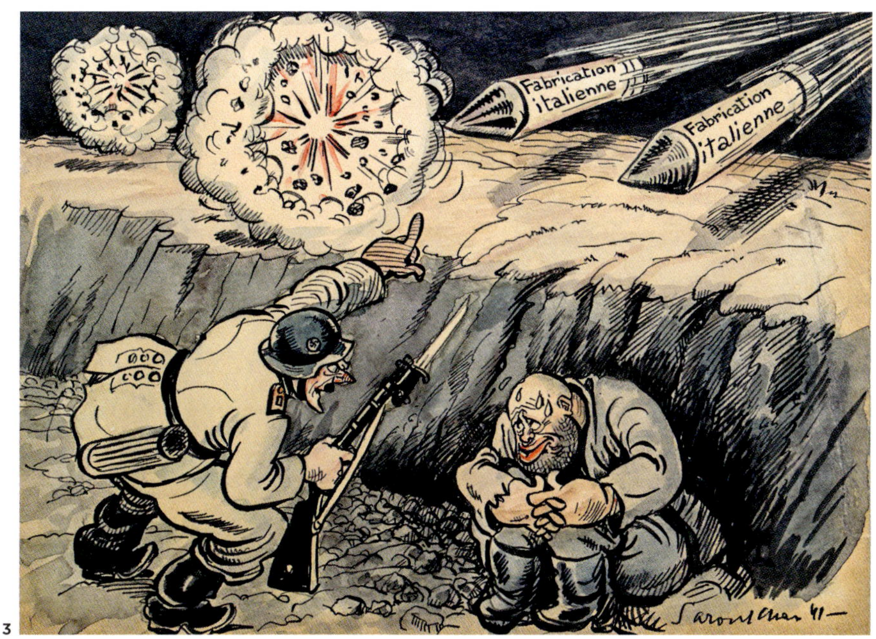

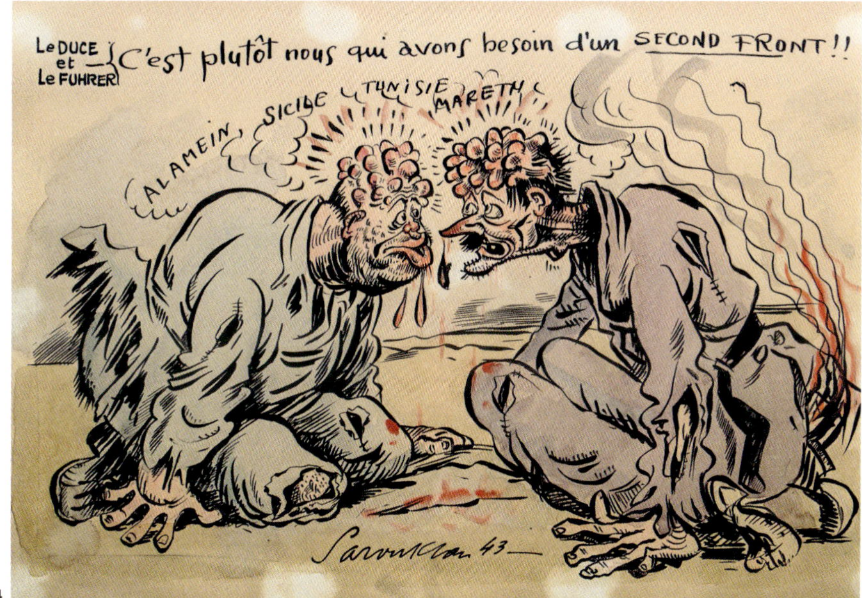

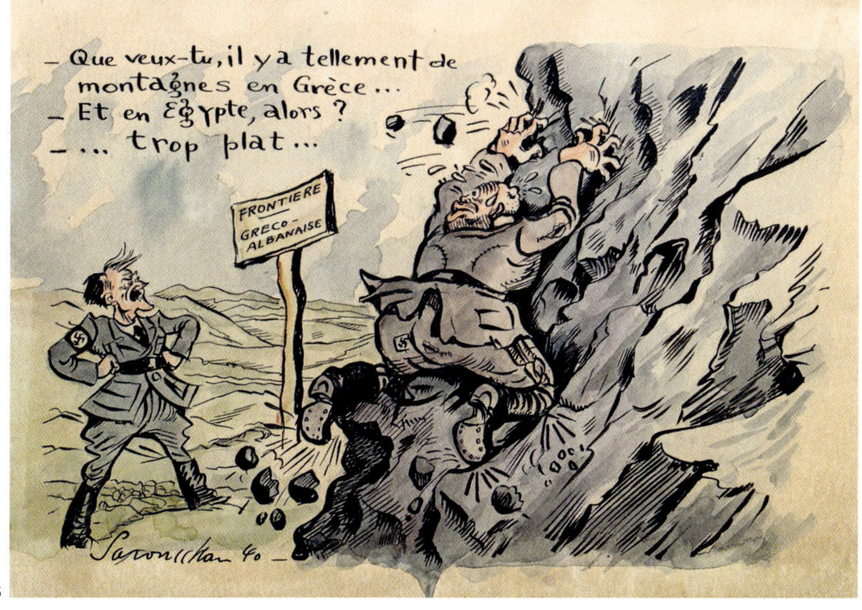

3

SAROUKHAN
Una colaboración útil, 1941
De la serie *Cette Guerre* [Esta guerra]
Acuarela y tinta sobre papel
22,3 x 30 cm
Al Masar Gallery for Contemporary Art, El Cairo

4

SAROUKHAN
El Duce y el Führer, 1943
De la serie *Cette Guerre* [Esta guerra]
Acuarela y tinta sobre papel
30 x 44,7 cm
Al Masar Gallery for Contemporary Art, El Cairo

5

SAROUKHAN
Frontera greco-albanesa, 1940
De la serie *Cette Guerre* [Esta guerra].
Acuarela y tinta sobre papel
29 x 43 cm
Al Masar Gallery for Contemporary Art, El Cairo

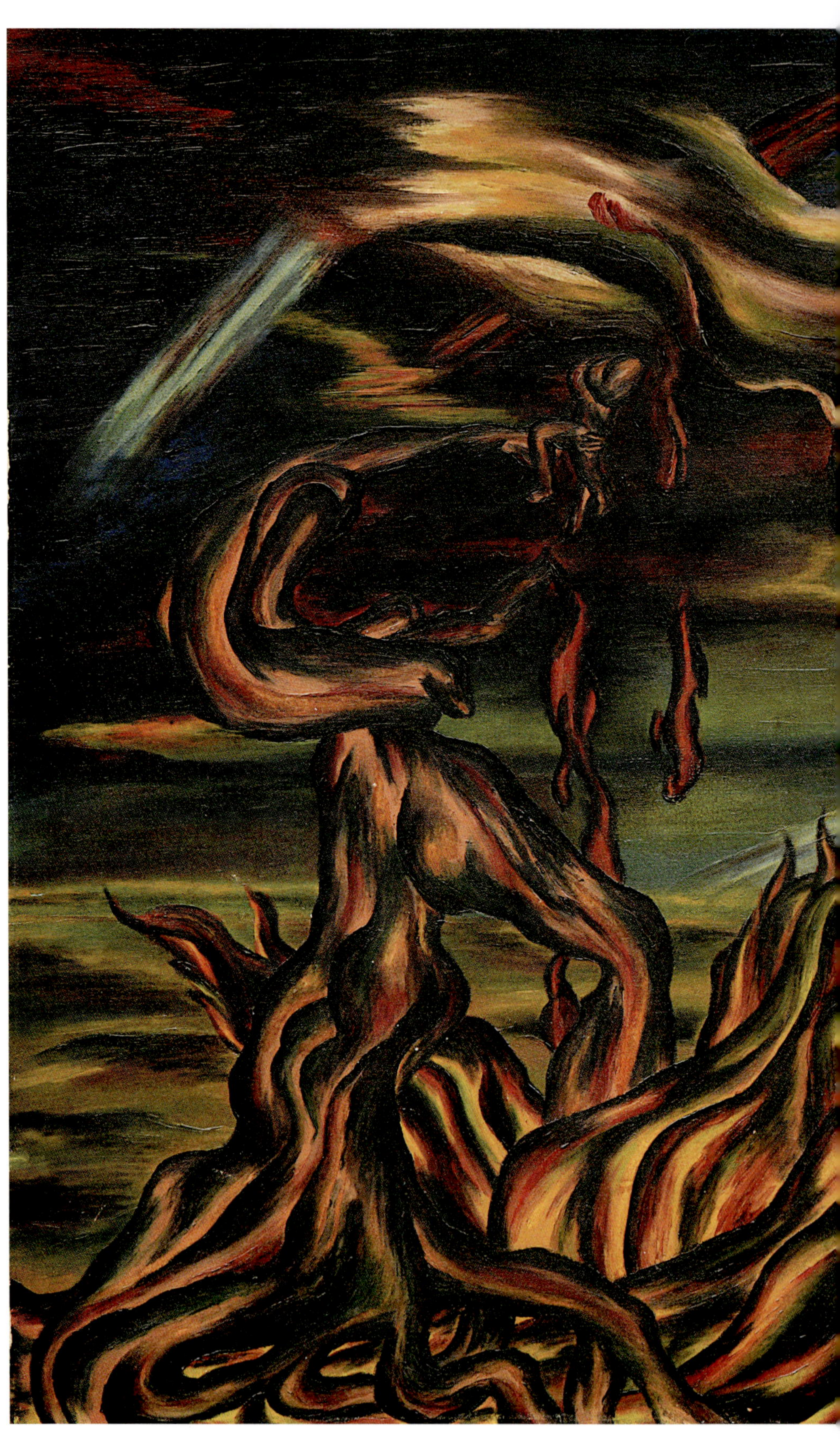

INJI EFFLATOUN
Niña y monstruo, 1942
Óleo sobre lienzo
80 x 130,5 cm
Colección particular

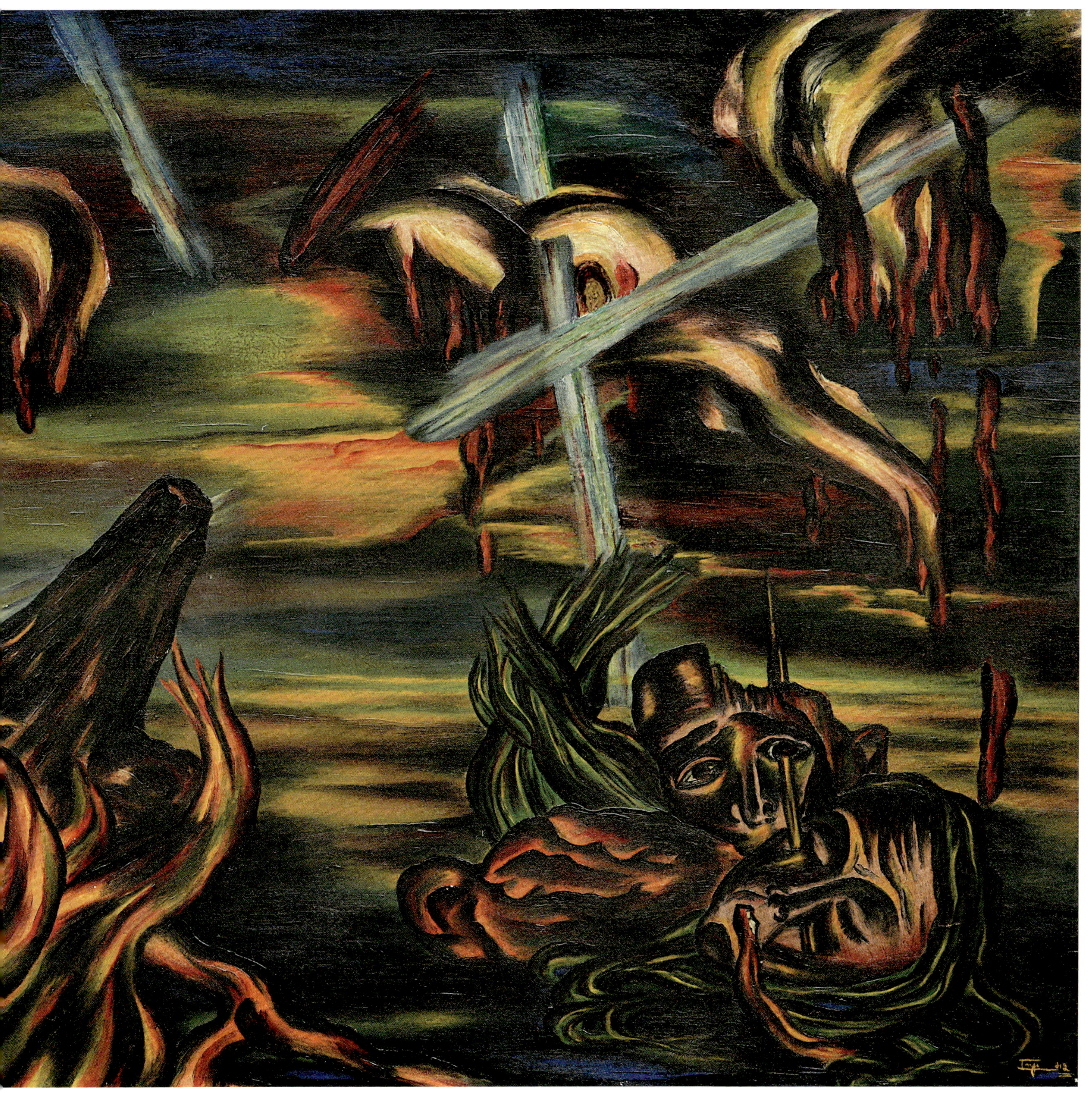

*«Por los pliegues de tu frente se filtran salvas de piedras
preciosas anunciadoras de orgías capitales reservadas
a esos grandes deseos paralelos…*

*Ya suena la hora exacta en la que el azar cierra
los paréntesis que nos había tendido, en la que
el desfallecimiento absoluto desenlaza a las parejas
constantes…».*

Georges Henien, *À contre-cloison*, 1939

INJI EFFLATOUN
Niña y monstruo, 1941
Óleo sobre lienzo
50 x 43 cm
Colección particular

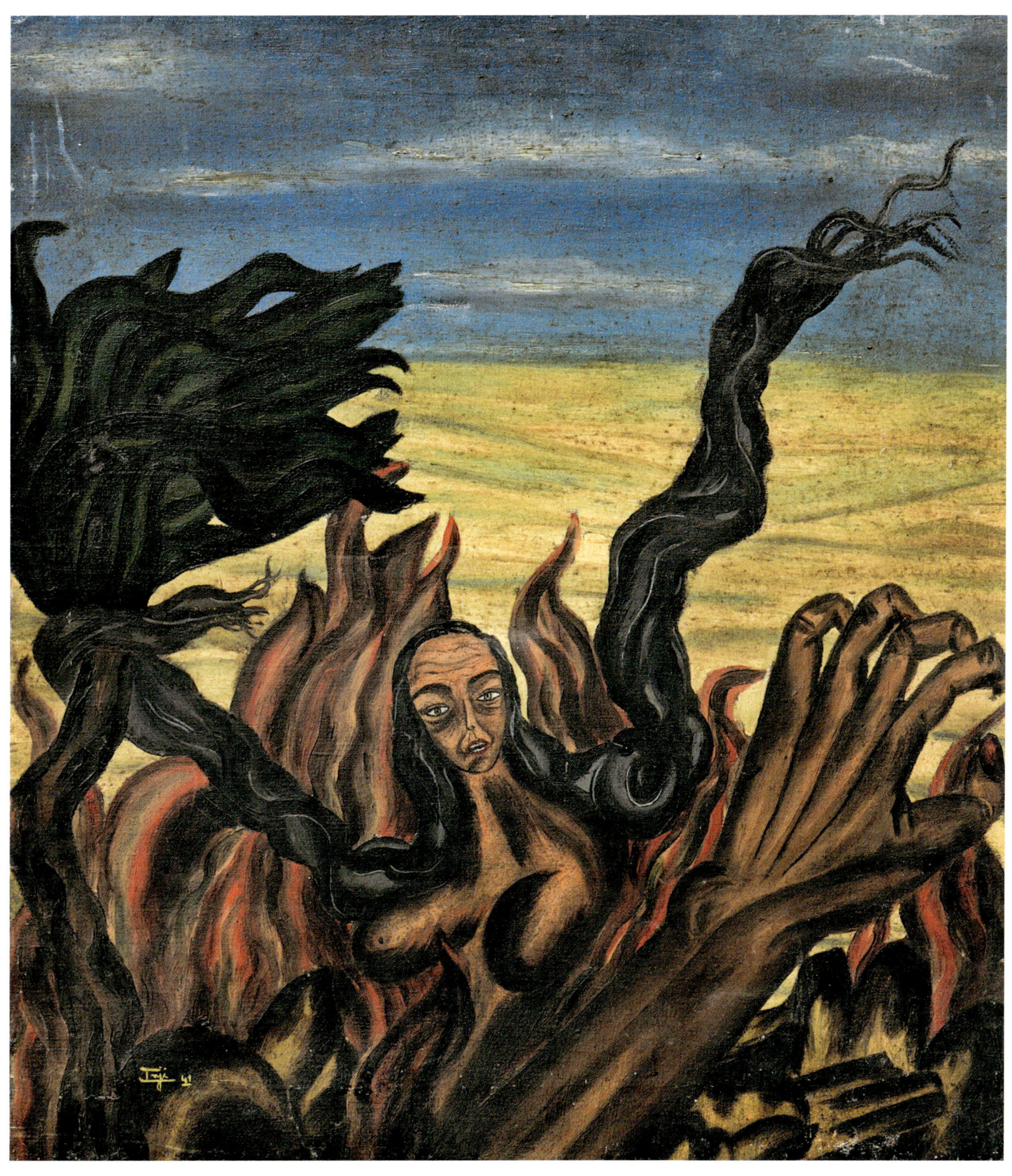

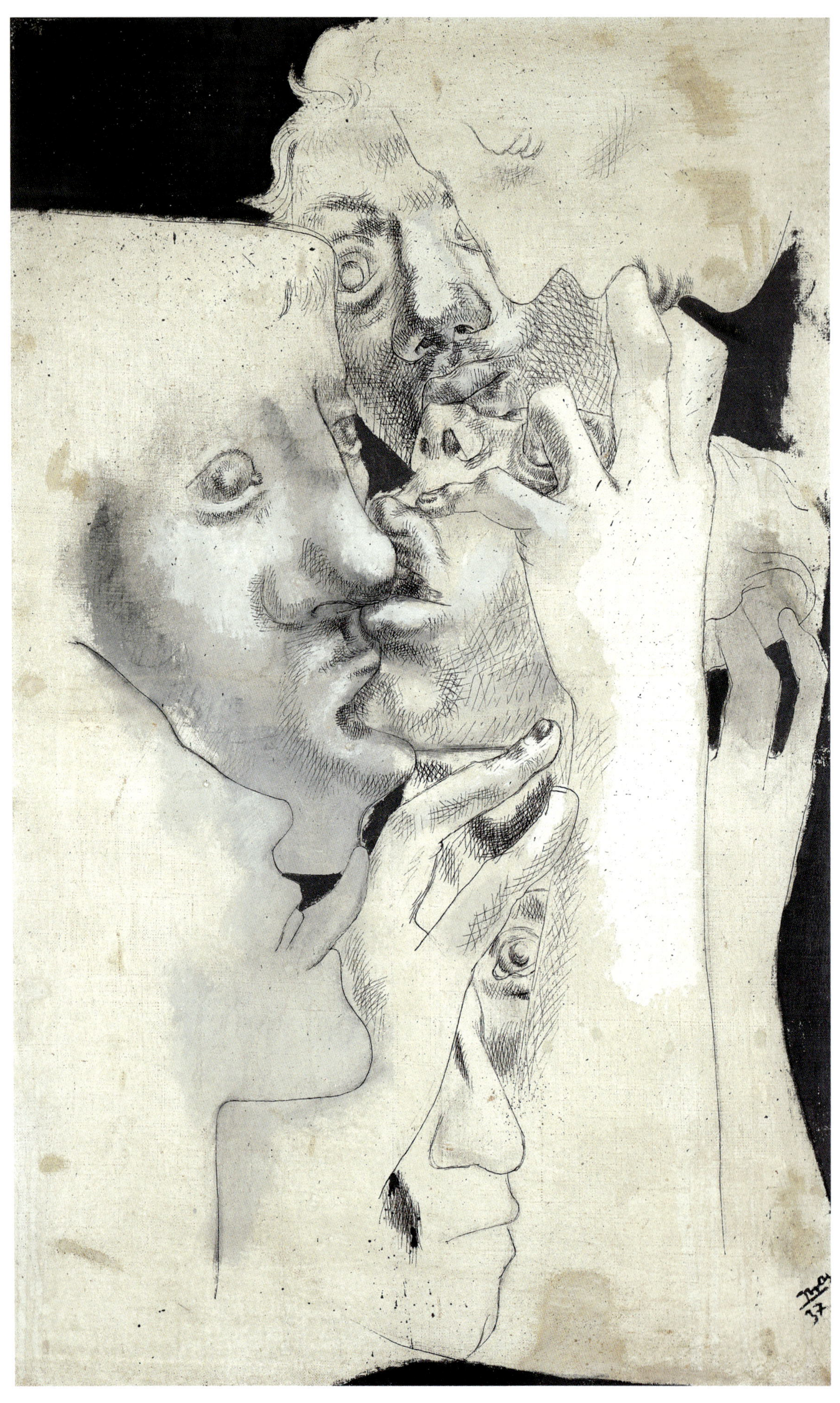

MAYO
Dessin Cruel [Dibujo cruel], 1937
Técnica mixta sobre lienzo
145 x 90 cm
Colección Yeatman-Eiffel, París

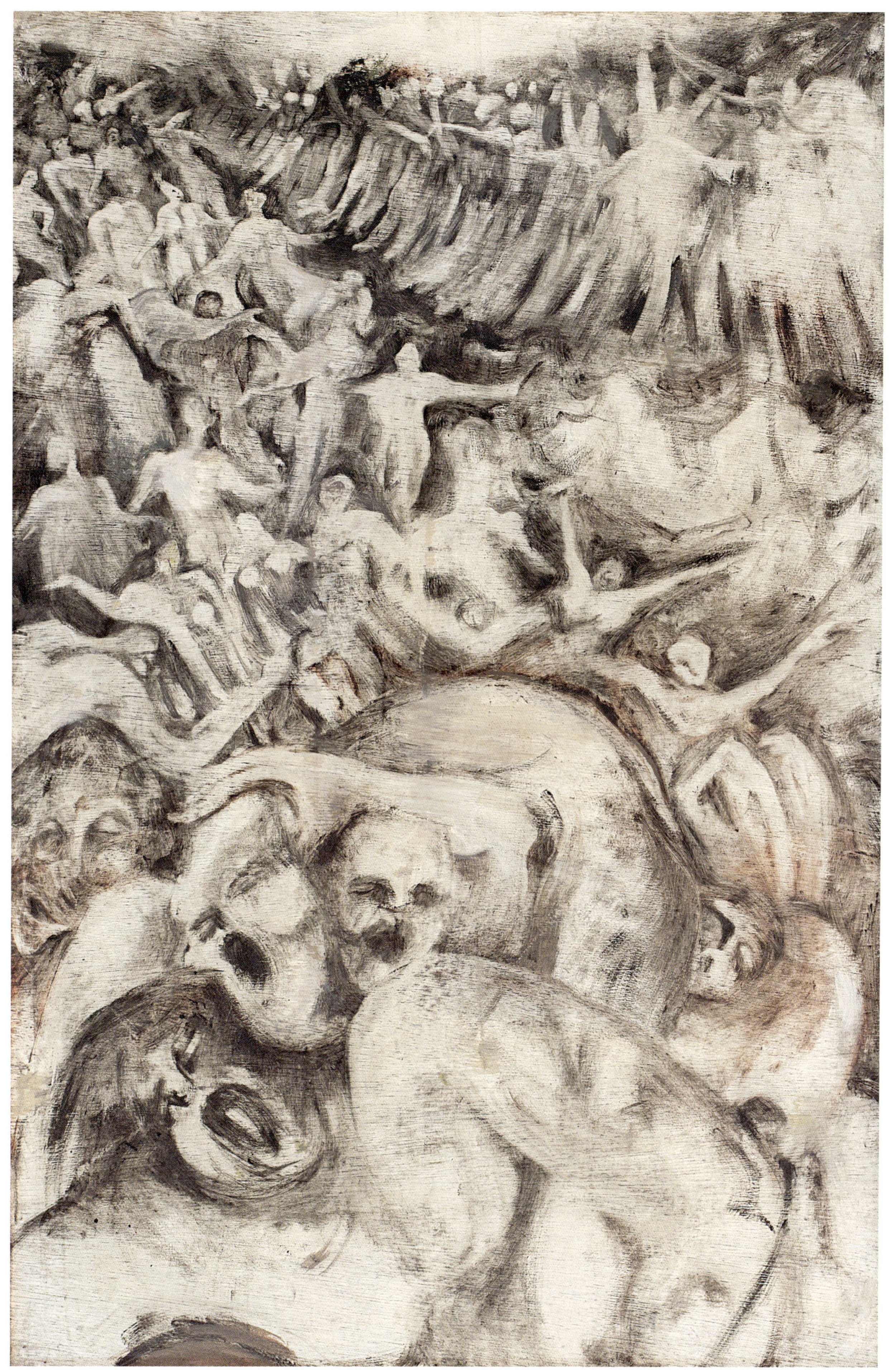

RATEB SEDDIK
Sin título, ca. 1940
Óleo sobre madera
120 x 79,5 cm
Rateb Seddik Museum, El Cairo

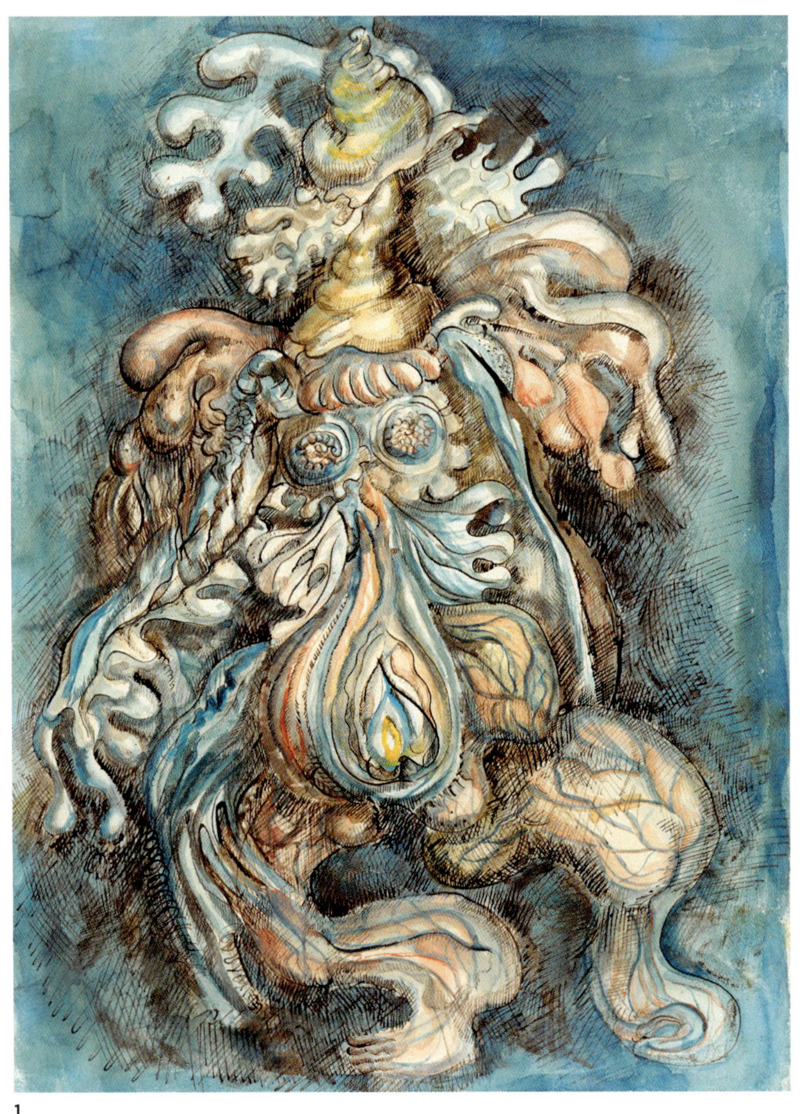

1

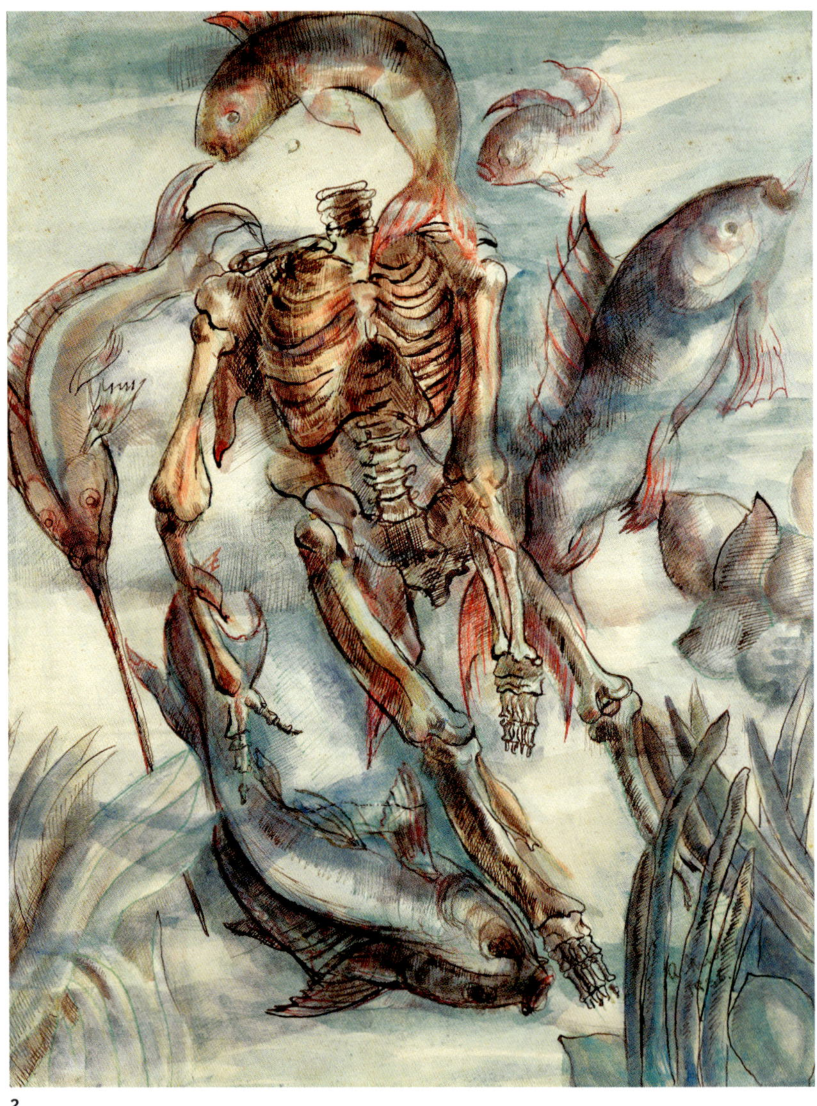

2

1

AMY NIMR

Sin título (Cadáver anatómico), ca. 1940
Gouache y tinta sobre papel
36,5 x 27,5 cm
Colección H. E. Sh. Hassan M. A. Al Thani, Doha

2

AMY NIMR

Sin título (Pez y esqueleto), 1936
Gouache y tinta sobre papel
41 x 31,5 cm
Colección H. E. Sh. Hassan M. A. Al Thani, Doha

3

AMY NIMR

Sin título (Esqueleto bajo el agua), 1943
Gouache sobre madera
54 x 45,5 cm
Colección H. E. Sh. Hassan M. A. Al Thani, Doha

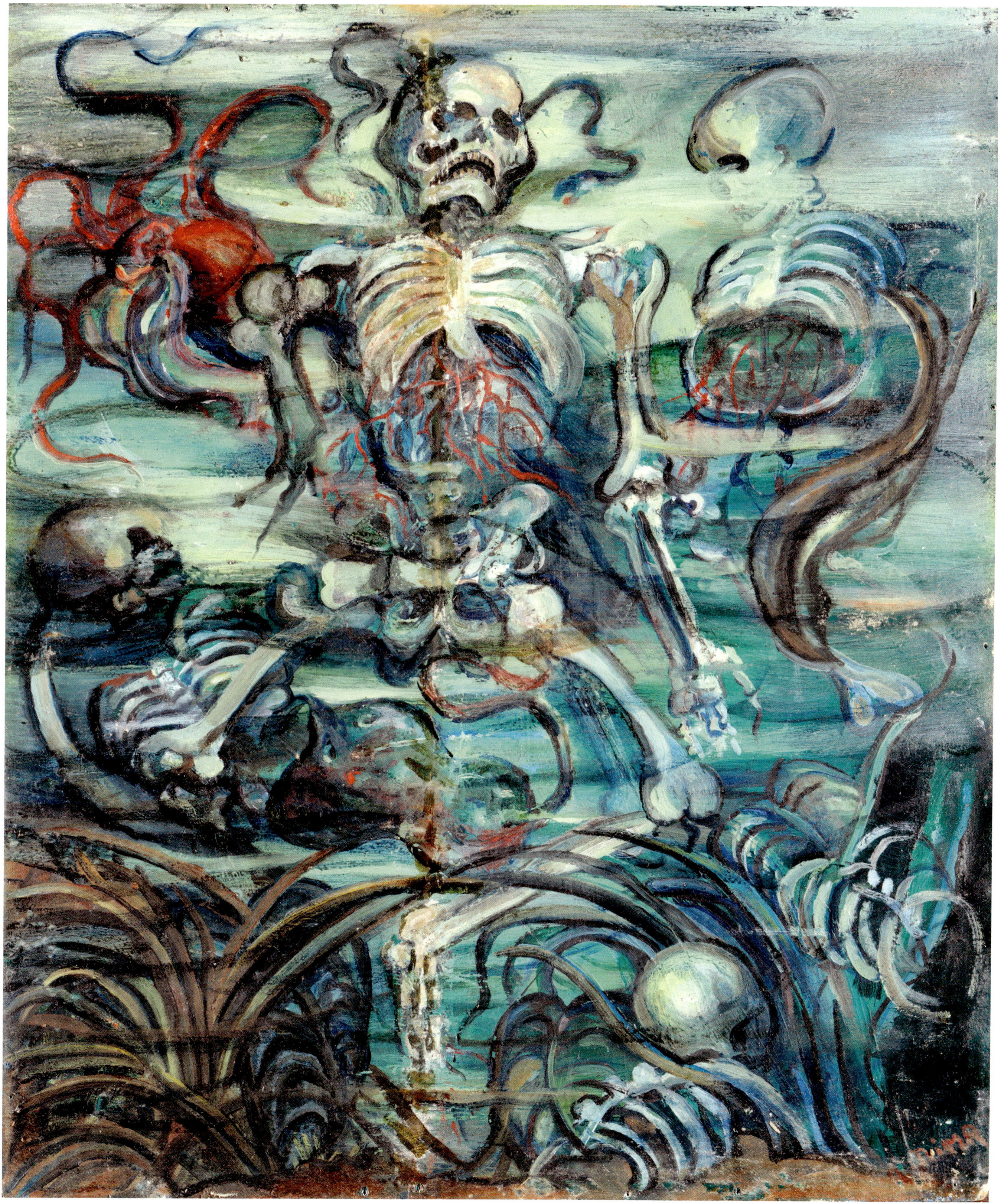

LA VOZ DE LOS CAÑONES

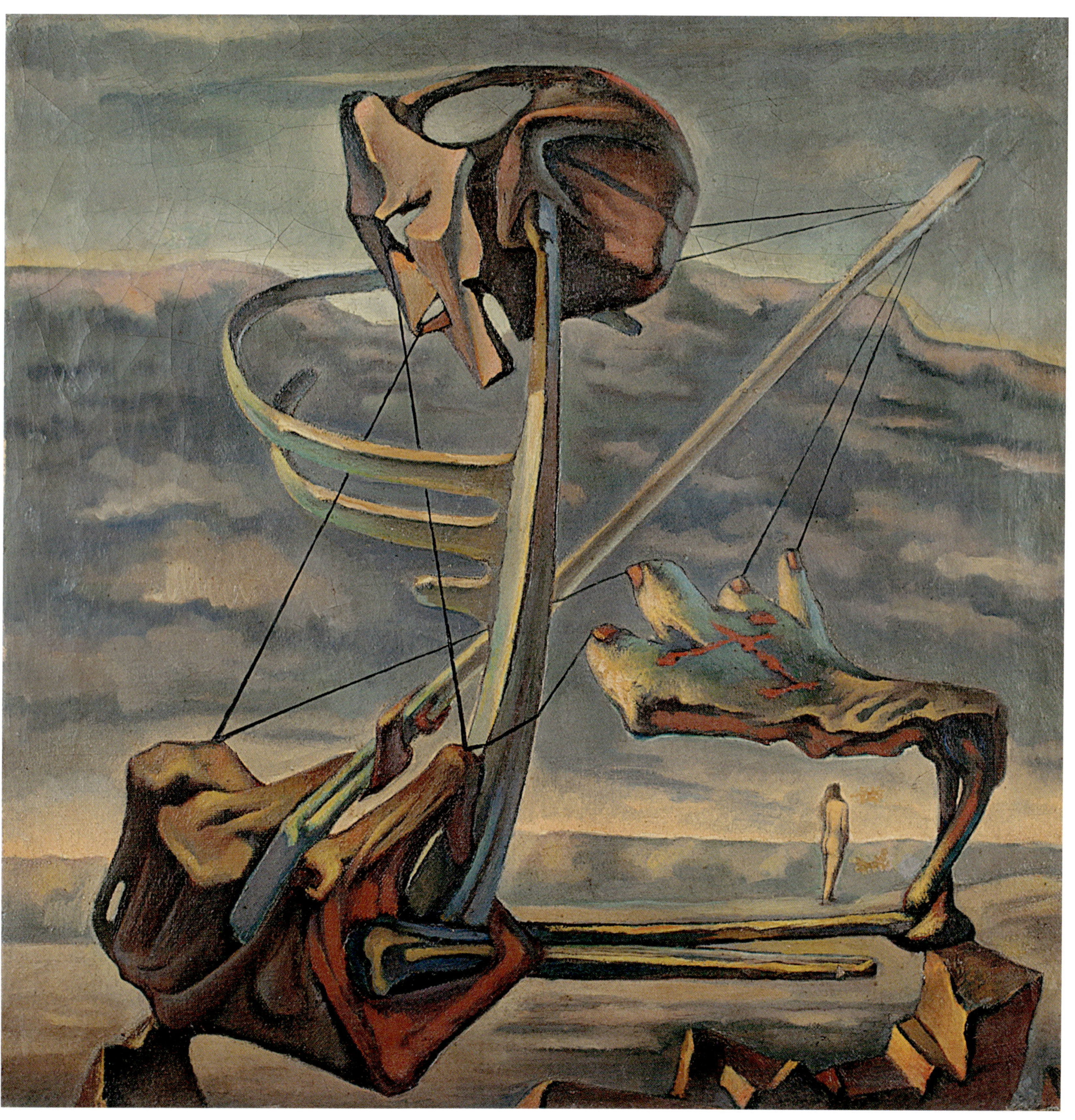

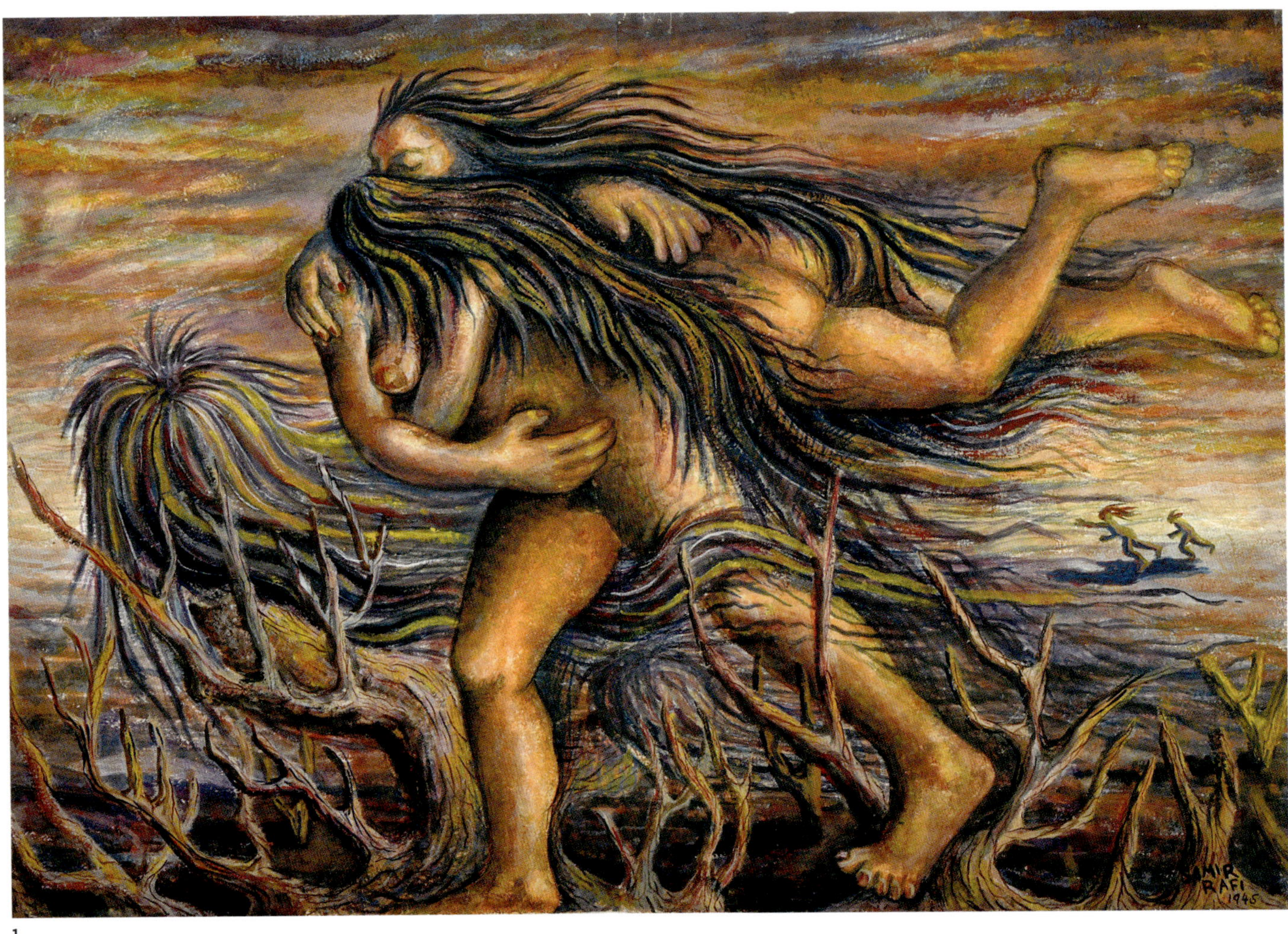

1

1
SAMIR RAFI'
Sin título, 1945
Acrílico sobre papel
69 x 99,8 cm
Colección particular

2
SAMIR RAFI'
Desnudos, 1945
Óleo sobre lienzo
177 x 163 cm
Colección H. E. Sh. Hassan M. A. Al Thani, Doha

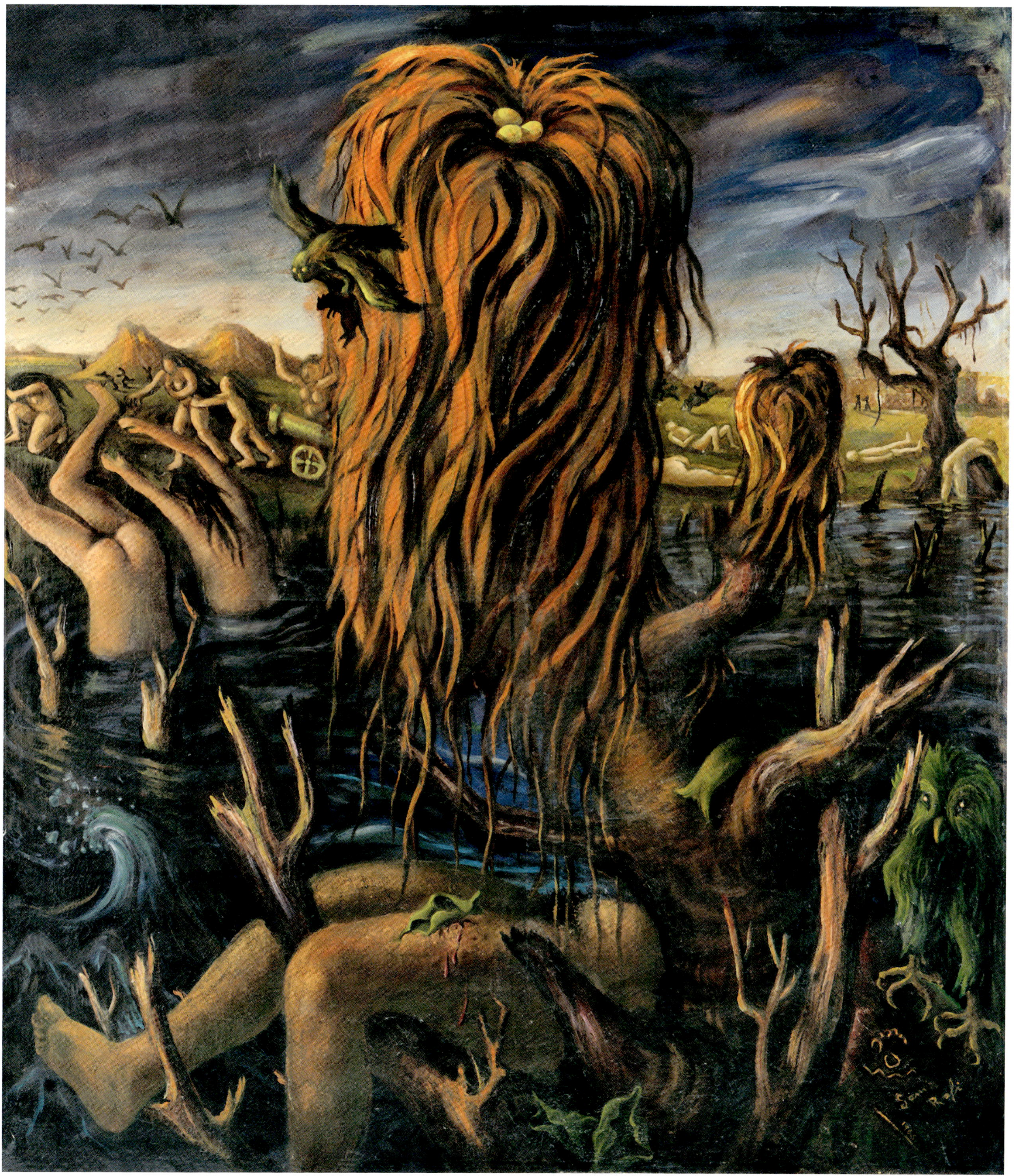

«CUERPOS FRAGMENTADOS»

Kamel el-Telmisany, *Don Quichotte*, n.º 12, febrero de 1940

En época de Art et Liberté, El Cairo era una ciudad marcada por una extrema desigualdad económica. La mayor parte de la riqueza estaba en manos de un pequeño porcentaje de terratenientes feudales y magnates de los negocios, mientras más de la mitad de la población, especialmente los jornaleros en el campo y los obreros en las ciudades, vivía en la miseria. Los miembros de Art et Liberté pensaban que esta injusta distribución de recursos se debía en gran medida a la burguesía, que impedía el desarrollo de las clases bajas. La revolución era, por tanto, una herramienta necesaria para acabar con la hegemonía de la mentalidad burguesa: económica, social y artística. Al fragmentar la figura humana, el colectivo empleó la revuelta surrealista contra la querencia de la burguesía por el simbolismo y el naturalismo. En esos estilos conservadores, los cuerpos, incluso los de los personajes más desdichados, se representaban de manera idealizada. Por el contrario, los integrantes de Art et Liberté pintaban figuras deformadas, desmembradas o distorsionadas para ilustrar de manera conmovedora las dolorosas injusticias económicas que asolaban la sociedad egipcia. El motivo del cuerpo fragmentado y demacrado, como lo denominaron, se convirtió en emblema de protesta social además de artística. En sus pinturas, que iban de lo minúsculo a lo monumental, Art et Liberté representó el cuerpo angustiado en escenarios violentos que, sin duda, tuvieron un mayor impacto debido al estallido de la Segunda Guerra Mundial y la consiguiente circulación de imágenes de soldados mutilados y escenas de guerra y destrucción.

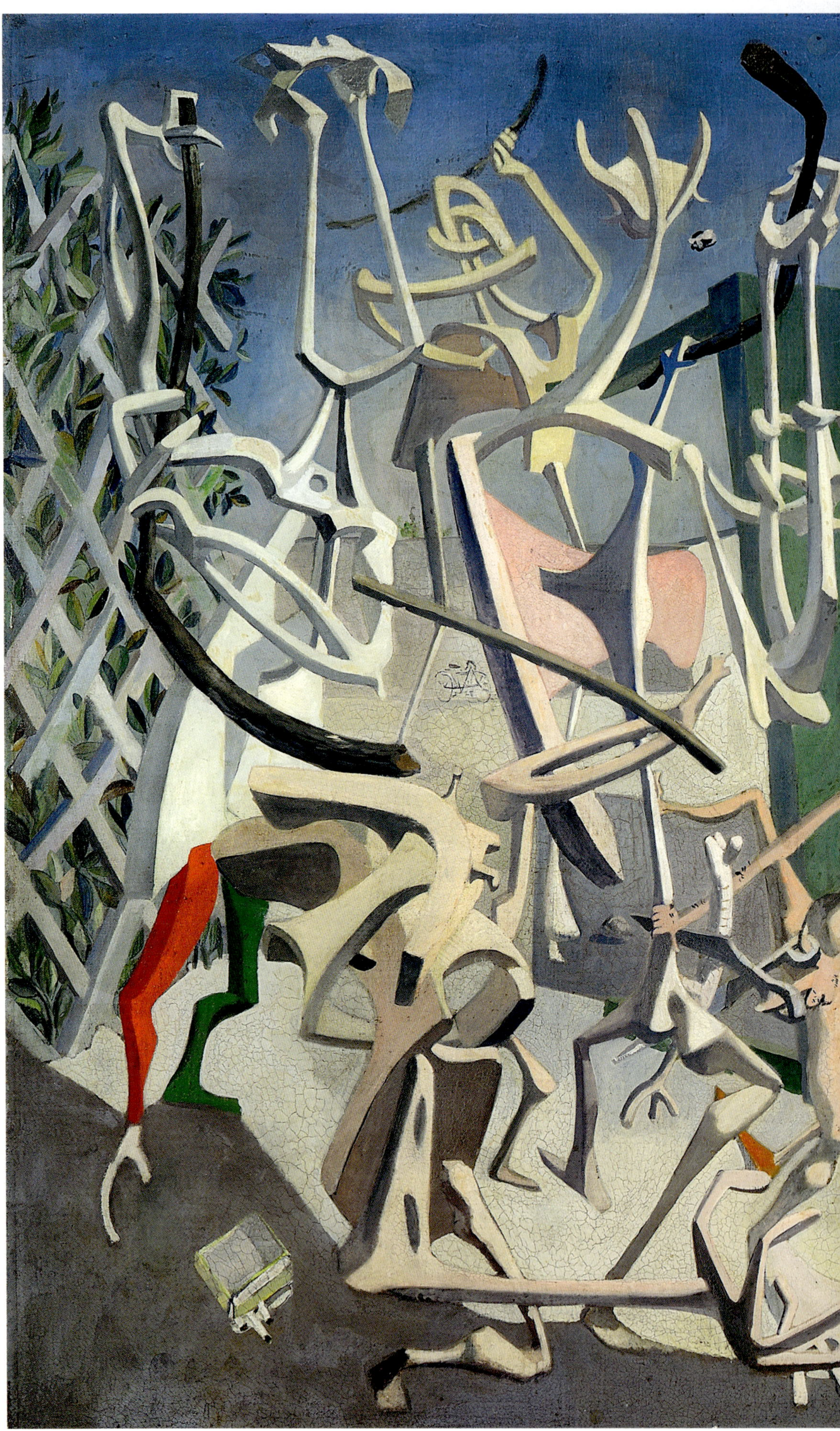

MAYO
Coups de Bâtons [Bastonazos], 1937
Óleo sobre lienzo
167 x 243 cm
Colección particular, Milán

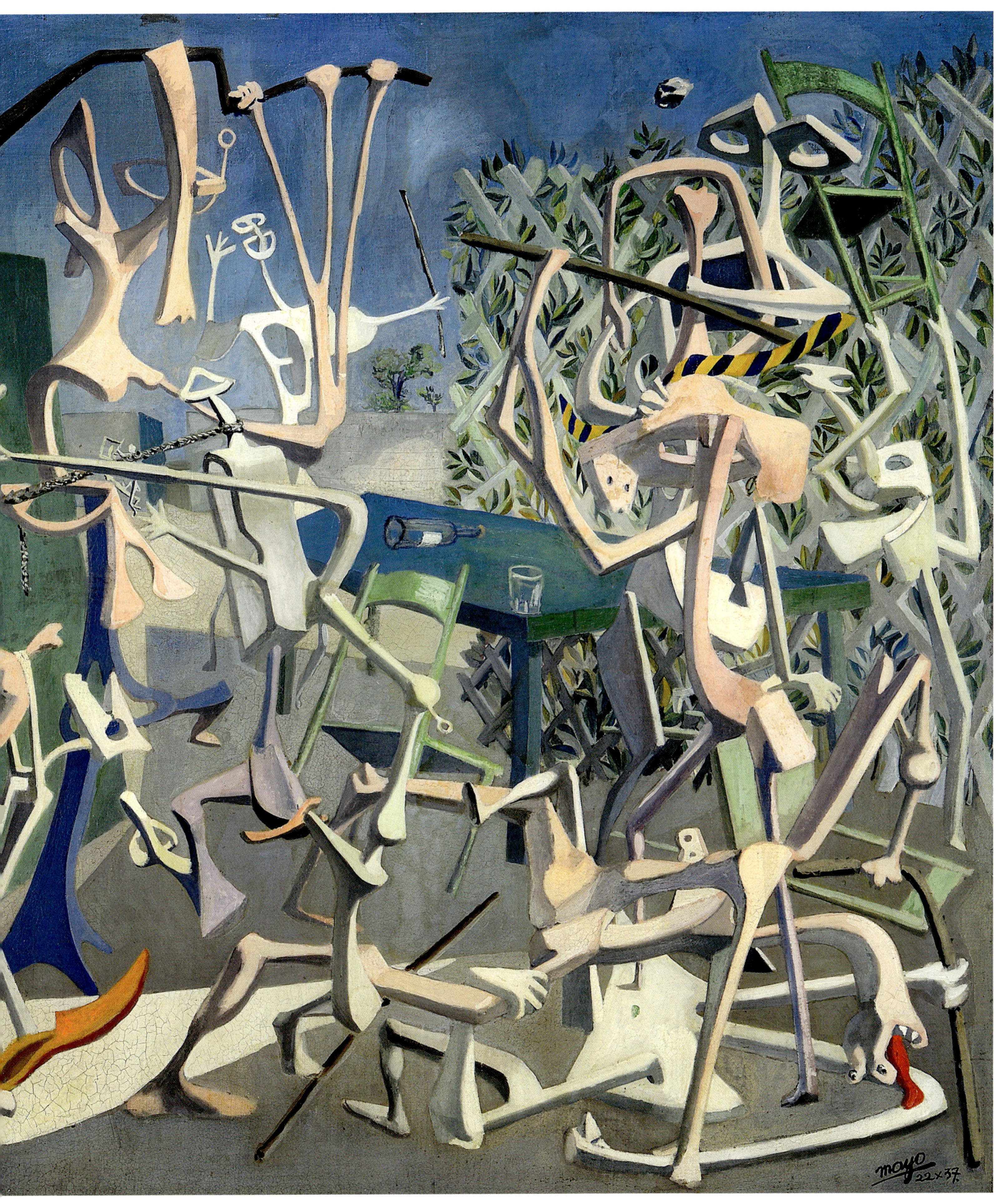
moyo
22 x 37

CUERPOS FRAGMENTADOS

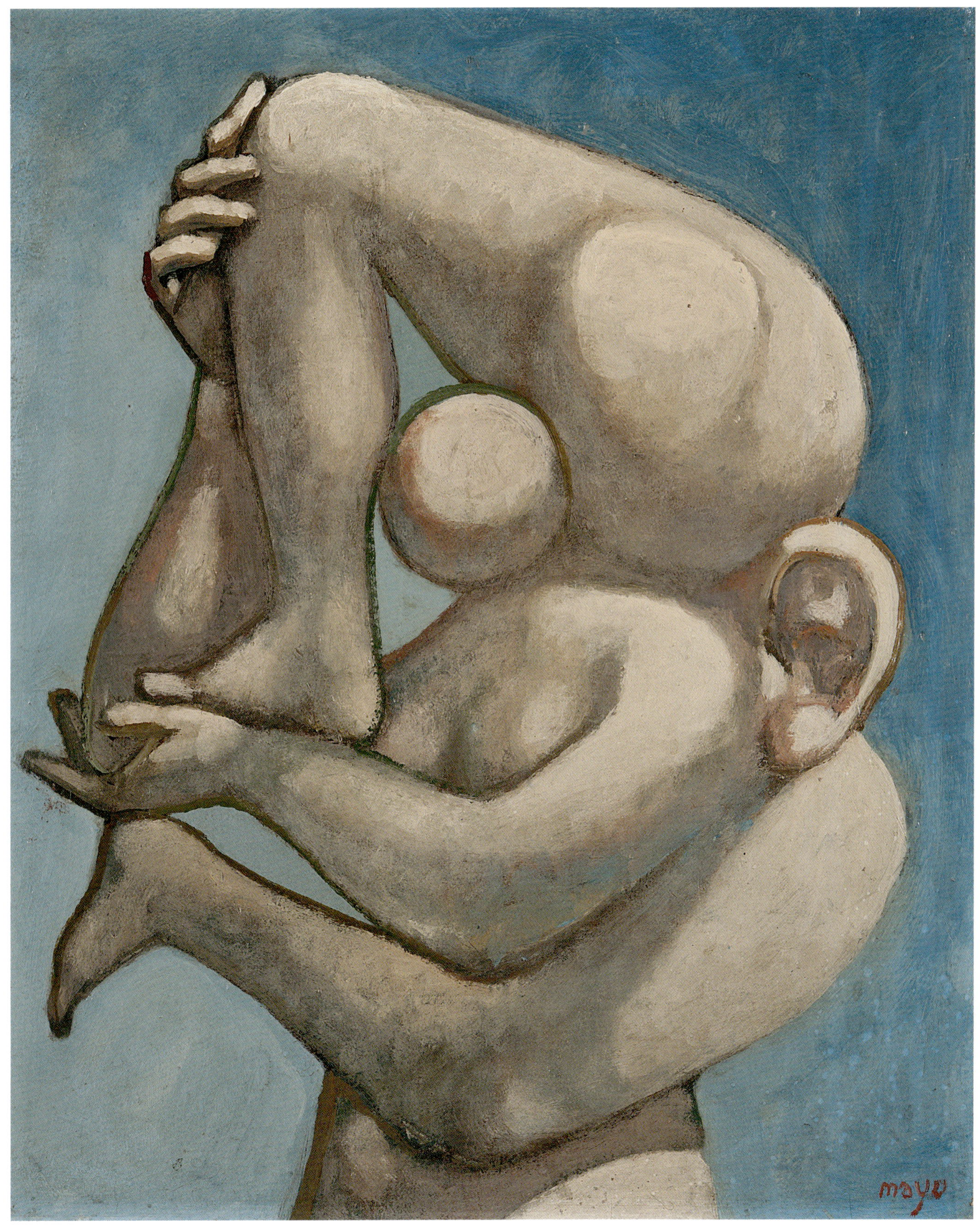

mayo

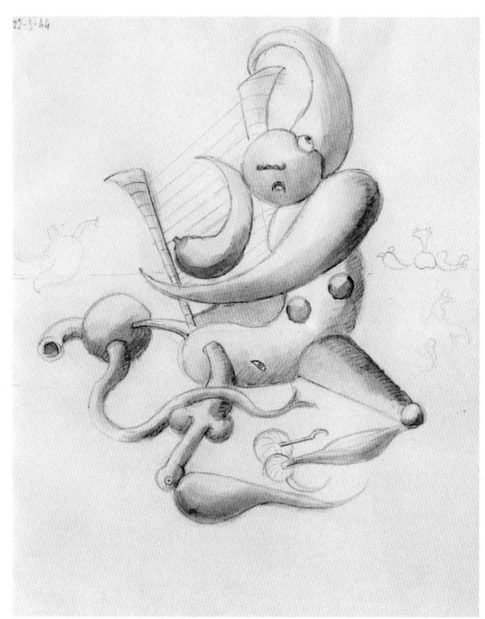

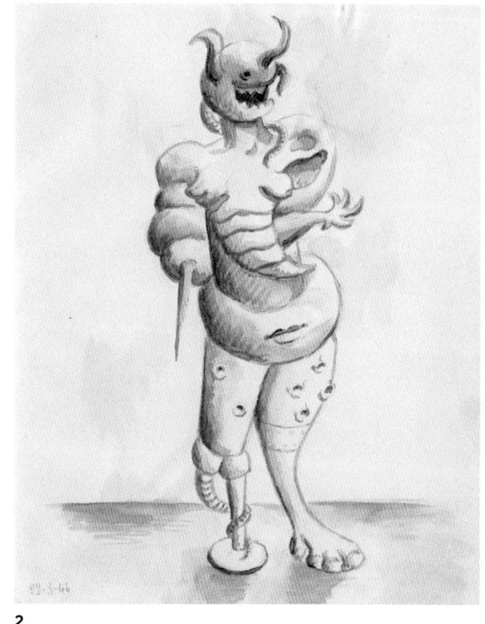

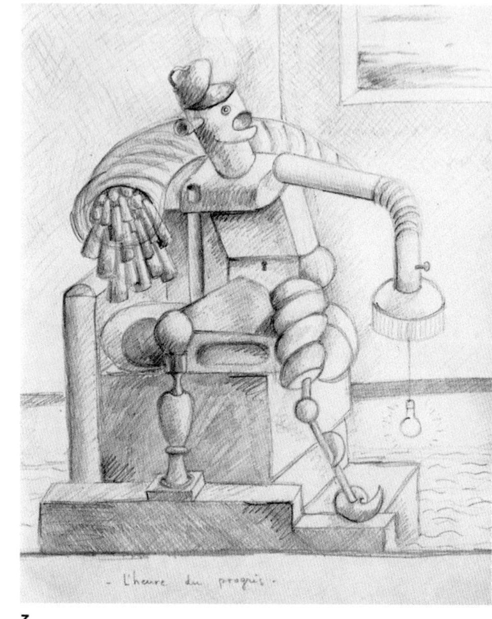

1

LAURENT MARCEL SALINAS
Jeunesse [Juventud], 1944
Carboncillo sobre papel
31 x 23 cm
Colección J. Robert LeShufy, Nueva York

2

LAURENT MARCEL SALINAS
L'Heure du progrès (fête)
[La hora del progreso (fiesta)], 1944
Carboncillo sobre papel
31 x 23 cm
Colección J. Robert LeShufy, Nueva York

3

LAURENT MARCEL SALINAS
L'Aviateur [El aviador], 1944
Carboncillo sobre papel
31 x 23 cm
Colección J. Robert LeShufy, Nueva York

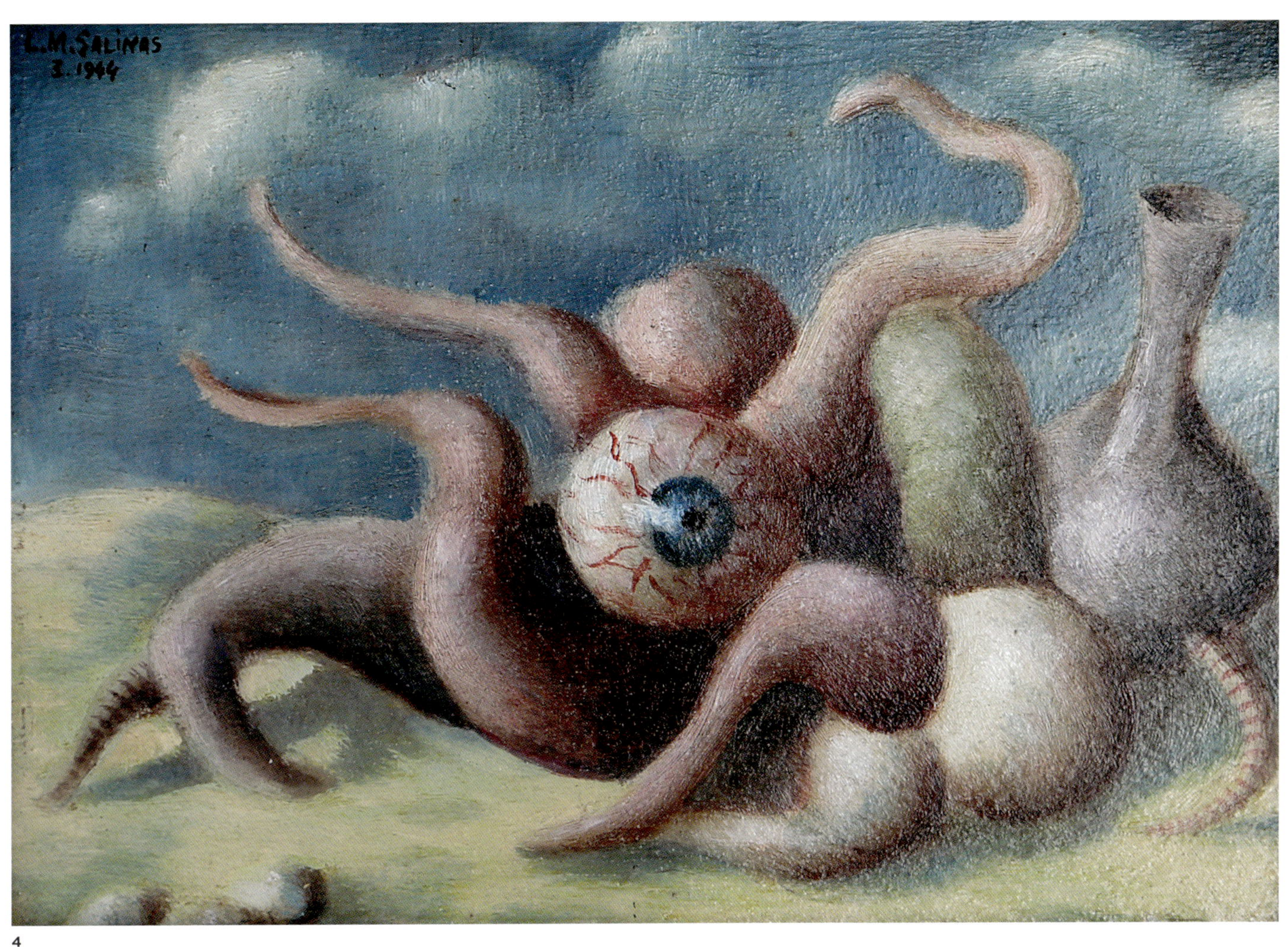

4

4

LAURENT MARCEL SALINAS
Naissance [Nacimiento], 1944
Óleo sobre cartón
16,5 x 22 cm
Herederos de Marcel Salinas

CUERPOS FRAGMENTADOS

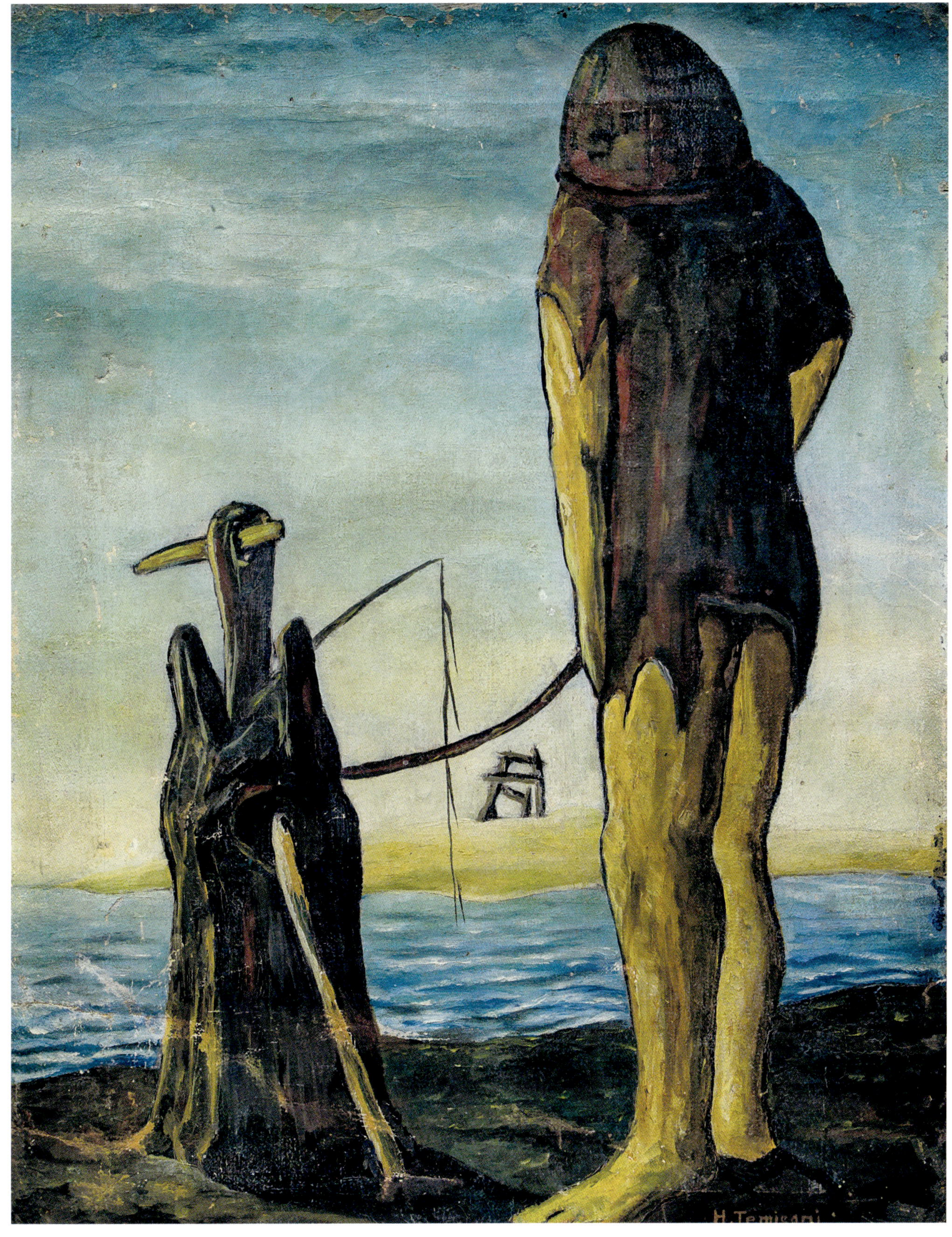

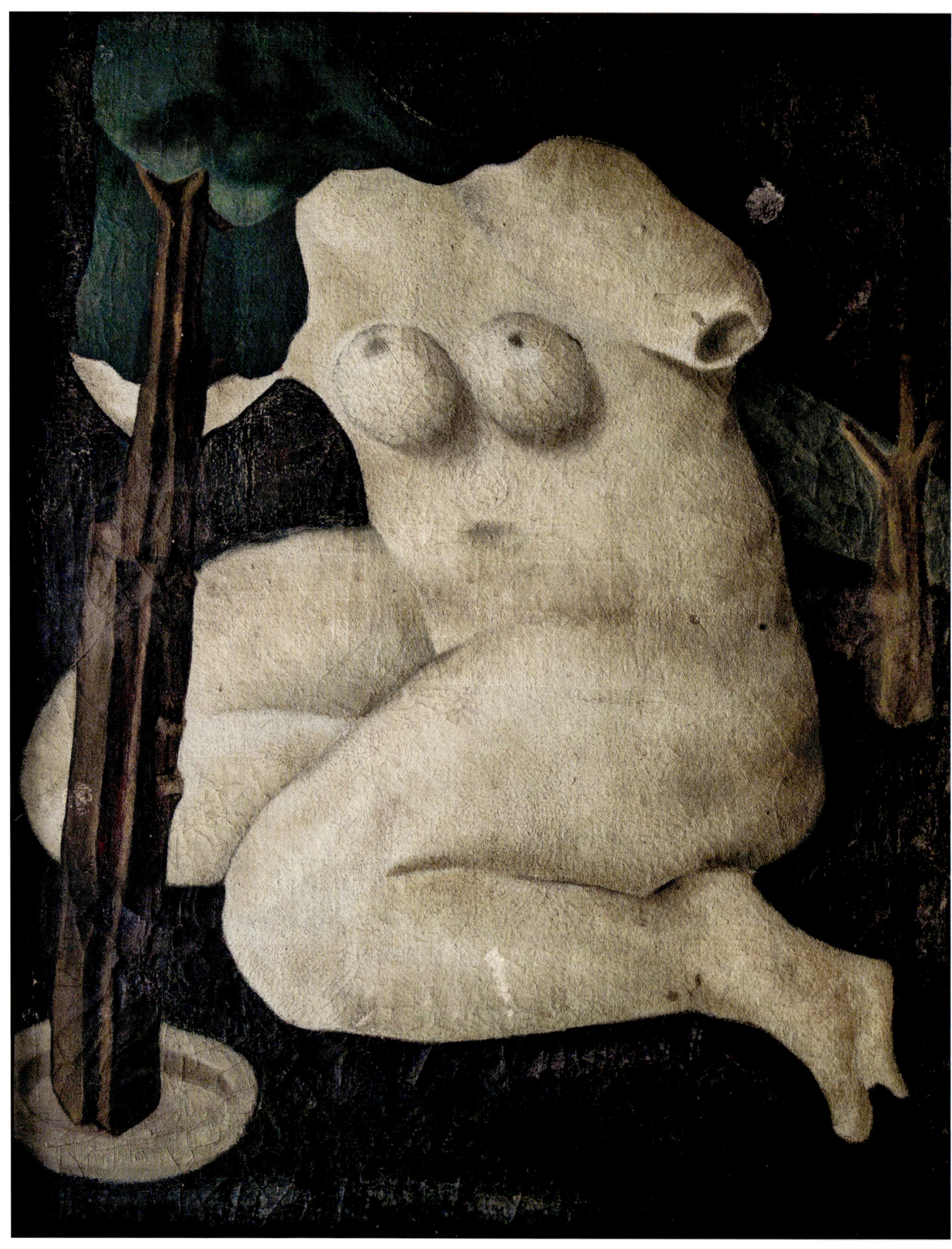

1, 2
HASSAN EL-TELMISANI
Sin título, ca. 1940
Óleo sobre lienzo,
recto y verso
50 x 39 cm
Familia El-Telmissany, El Cairo

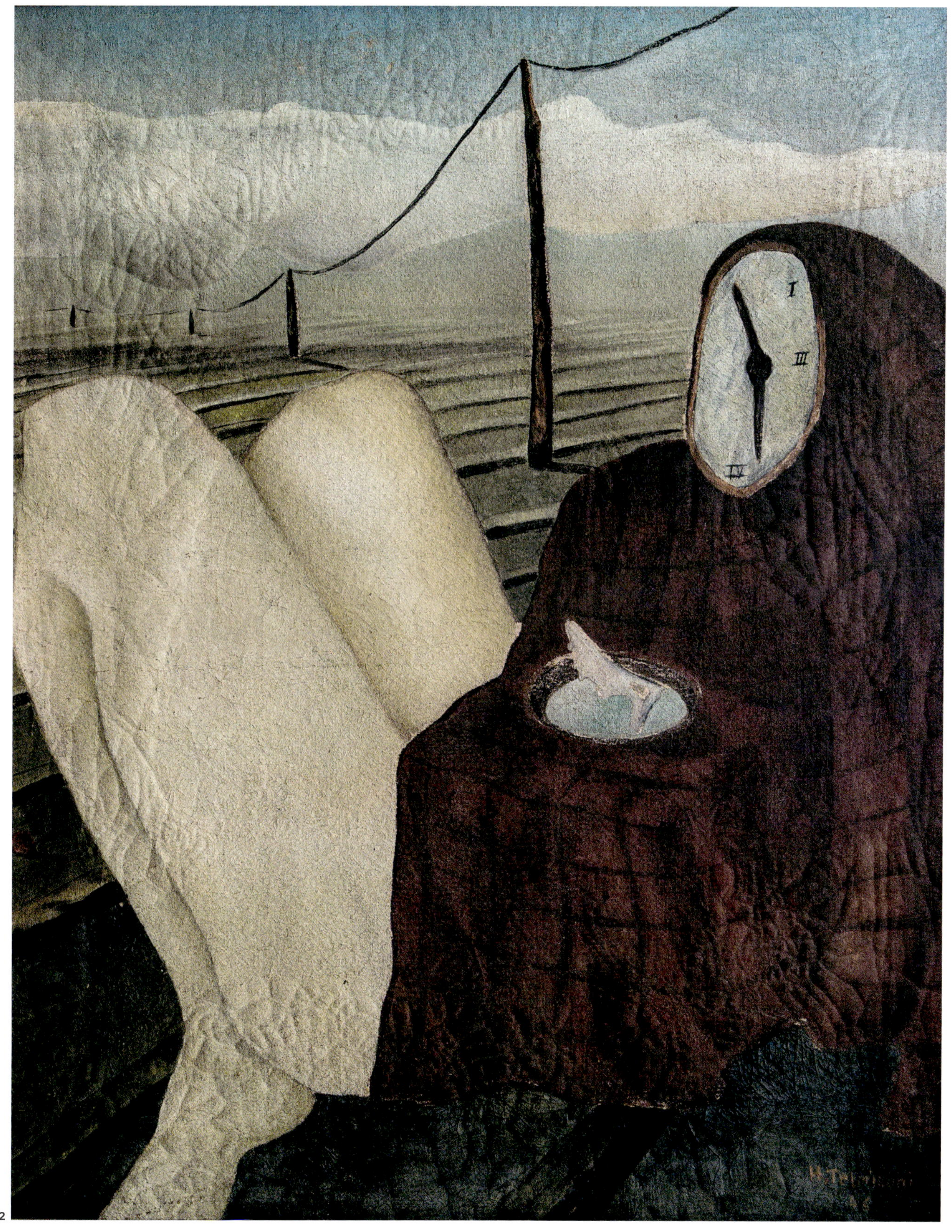

2

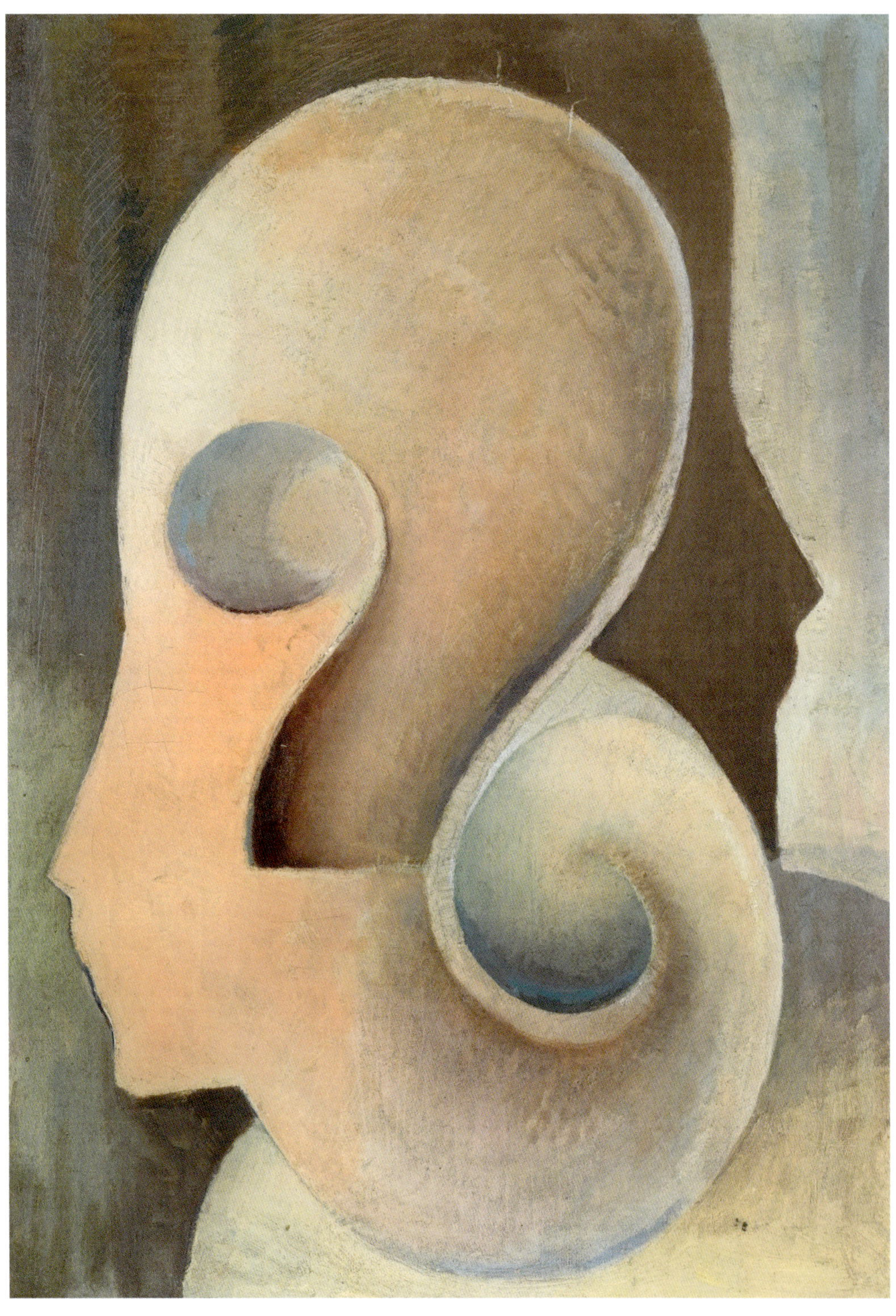

RAMSES YOUNANE
Retrato, 1933-1938
Óleo sobre lienzo
50 x 35 cm
Barjeel Art Foundation, Sharjah

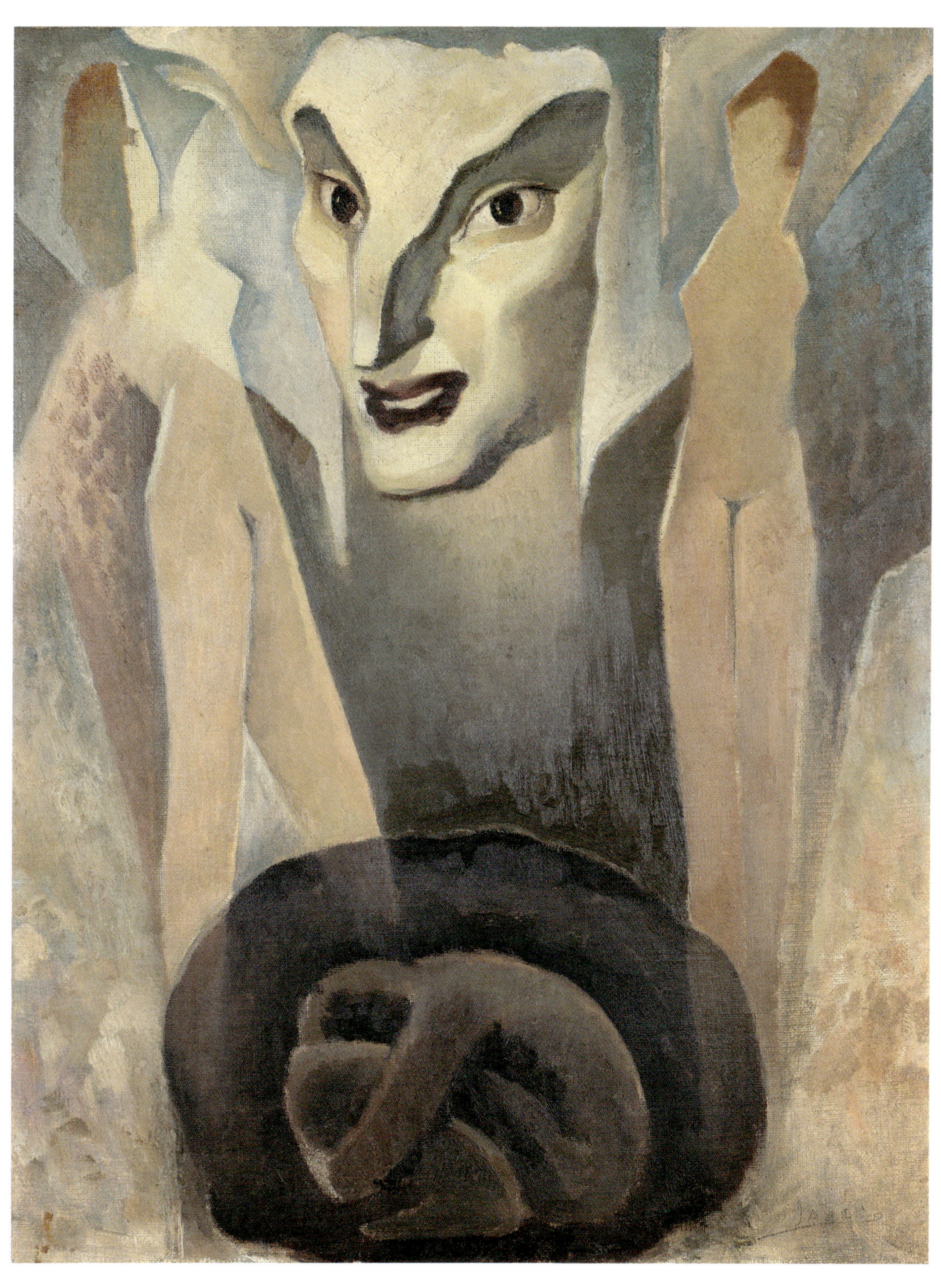

RAMSES YOUNANE
Sin título, ca. 1935
Óleo sobre lienzo
49 x 37 cm
Colección particular, París

KAMEL EL-TELMISANY
Desnudo con brazo, ca. 1940
Óleo sobre cartón
55 x 39 cm
Colección H. E. Sh. Hassan M. A. Al Thani, Doha

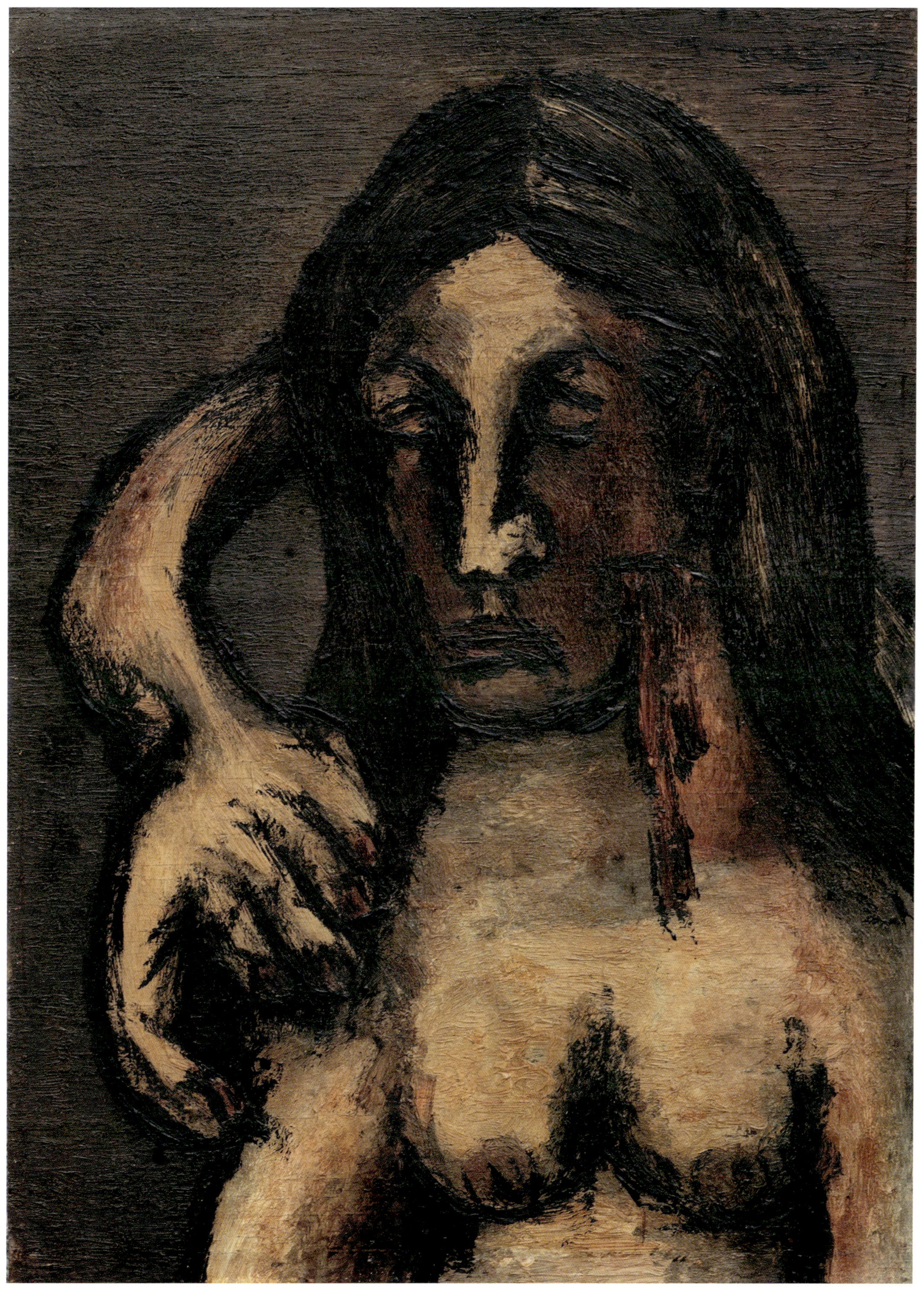

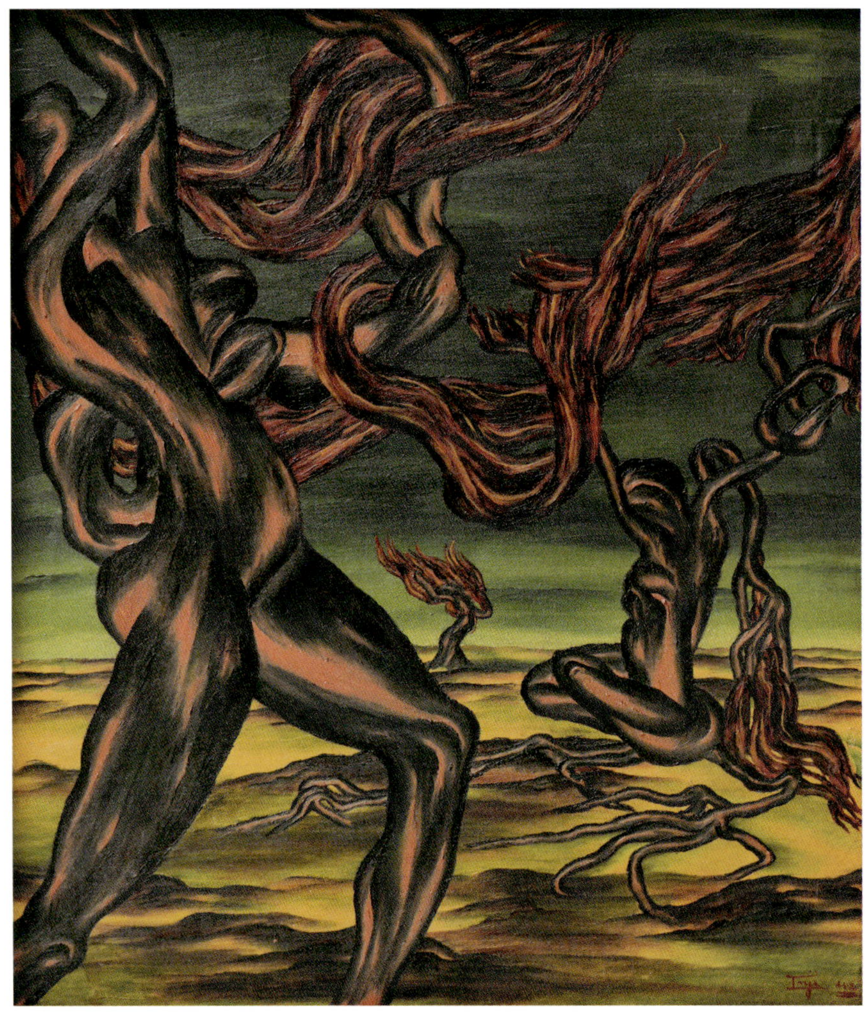

INJI EFFLATOUN
Composición surrealista, 1942
Óleo sobre lienzo
71 x 60,5 cm
Colección particular

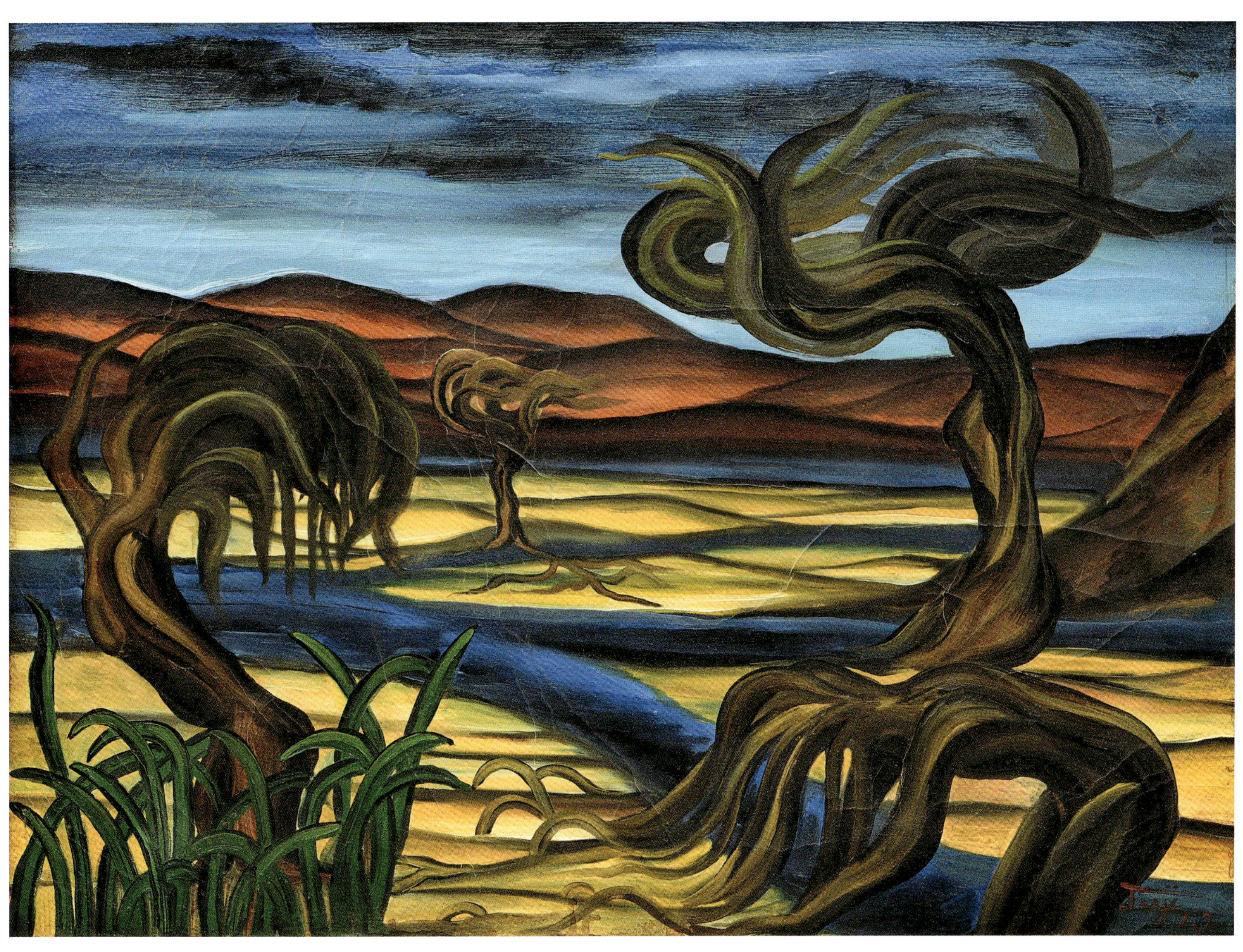

INJI EFFLATOUN
Sin título, 1942
Óleo sobre lienzo
60 x 80,2 cm
Colección H. E. Sh. Hassan M. A. Al Thani, Doha

Georges Henein, *Déraisons d'être* [Sinrazones de ser], 1938

En obras en prosa y poesía, en pinturas, fotografías e instalaciones, Art et Liberté consiguió captar las preocupaciones de una generación inquieta y a menudo sarcástica, obsesionada con la apabullante proximidad de la angustia y la muerte. Además de reflejar la guerra, la distorsión de la figura humana también evidencia el tratamiento del problema de la prostitución por parte de Art et Liberté. Durante los años de guerra, la pobreza en Egipto era tal que hasta las «esposas y hermanas», según le escribió Kamel el-Telmisany a Georges Henein en una carta en 1937, se veían obligadas a prostituirse en burdeles. Con la guerra llegaron miles de soldados de todos los rincones del mundo. La prostitución estaba en todas partes. La imagen de la prostituta, o «la mujer de la ciudad» como la llamó Georges Henein en su poema de 1937, *Saint Louis Blues*, expresada mediante el motivo de la figura femenina deformada, fue uno de los temas recurrentes en el arte y la literatura de varios miembros del grupo. Los cuadros de Younane de ese periodo están a menudo poblados de personajes femeninos mutilados, con frecuencia representados como figuras solitarias en paisajes surrealistas, unas veces llenos de espejos y otras de cadáveres y esqueletos. Las prostitutas de Kamel el-Telmisany están perforadas con clavos, y sus pechos y vientres adoptan los rasgos de caras en el interior de sus cuerpos retorcidos, mientras que las niñas de los cuadros de Inji Efflatoun son atacadas por monstruosos bosques de árboles antropomórficos.

Con su producción pictórica, Art et Liberté respondió a la gravedad de la situación abordando el problema de la prostitución de guerra en varios artículos de carácter reformista que se publicaron en *al-Tatawwur* [Evolución], su efímera revista de la que se editaron seis números entre enero y septiembre de 1940, antes de ser clausurada por la censura. El artículo «Al-bagha' mushkilah laha juthour» [La prostitución es un problema con raíces], publicado por Ramses Younane en el número de febrero, es un ejemplo de este tipo de escrito.

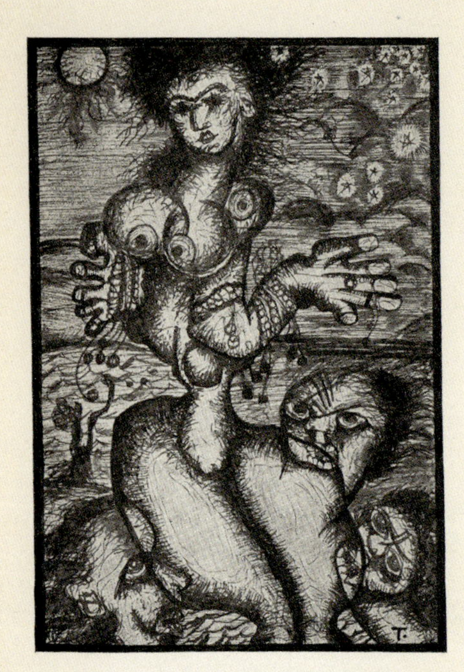

1

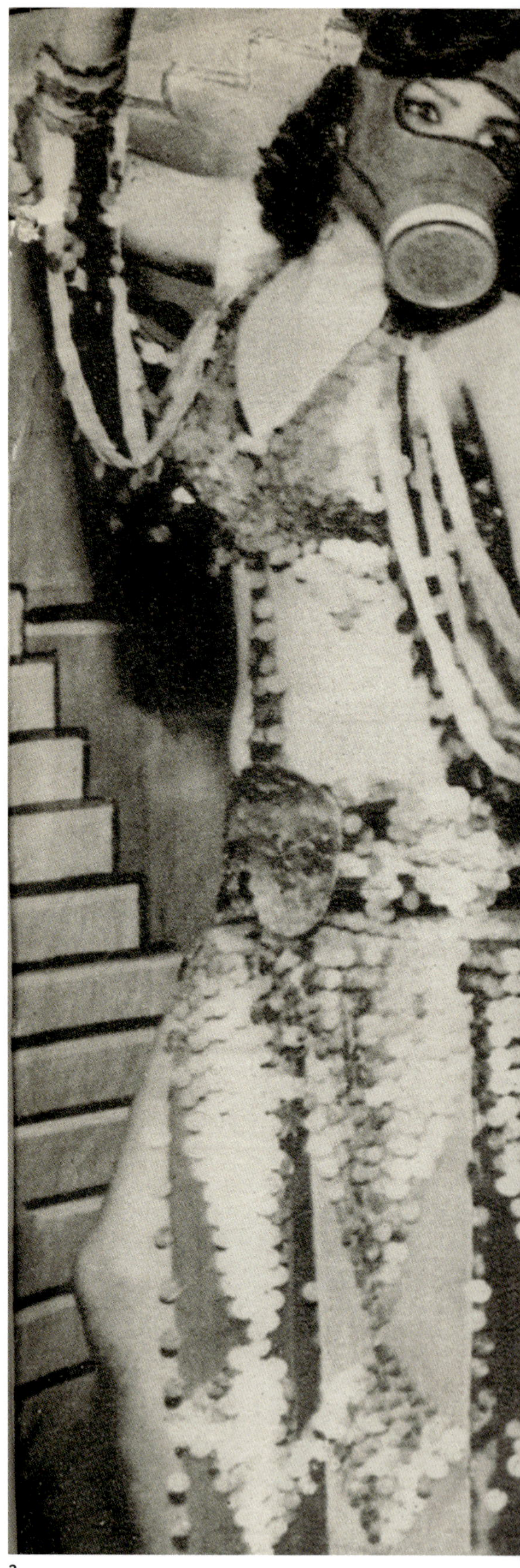

2

*«Los campesinos se detienen para mirar y uno de ellos murmulla:
me gustaría atravesarlo porque al otro lado seguramente exista
una mujer de la ciudad que amaré.*

[...]

*La voz de la mujer de la ciudad se filtra ahora por todo el horizonte,
cubriendo toda la llanura.*

Dice que siente unas violentas ganas de volver a ver su río.

*Quiere sobre todo contarle toda una serie de fabulosos secretos
que ni el pastor ni el farmacéutico conocen.*

Quiere relatarle la historia de los brazaletes que le abrasan los brazos.

*Y de los ardientes insomnios que le vacían los ojos y que
solo desaparecerán con la tentación de matar a ciertos amantes
incapaces de comprender nada que no sea su cuerpo».*

Georges Henein, «St. Louis Blues», *Déraisons d'être*, 1938

1
KAMEL EL-TELMISANY
Ilustración del poema «St. Louis Blues»
para el libro *Déraisons d'être,*
de Georges Henein, 1938
Edición rústica
Bibliothèque Sainte-Geneviève, París

2
Bailarinas del vientre con máscaras de gas
en un espectáculo de época de guerra
Fotógrafo desconocido
Al-Lata'if al-Musawwara, 18 de noviembre
de 1939, p. 24
Archivo al-Lata'if al-Musawwara, El Cairo

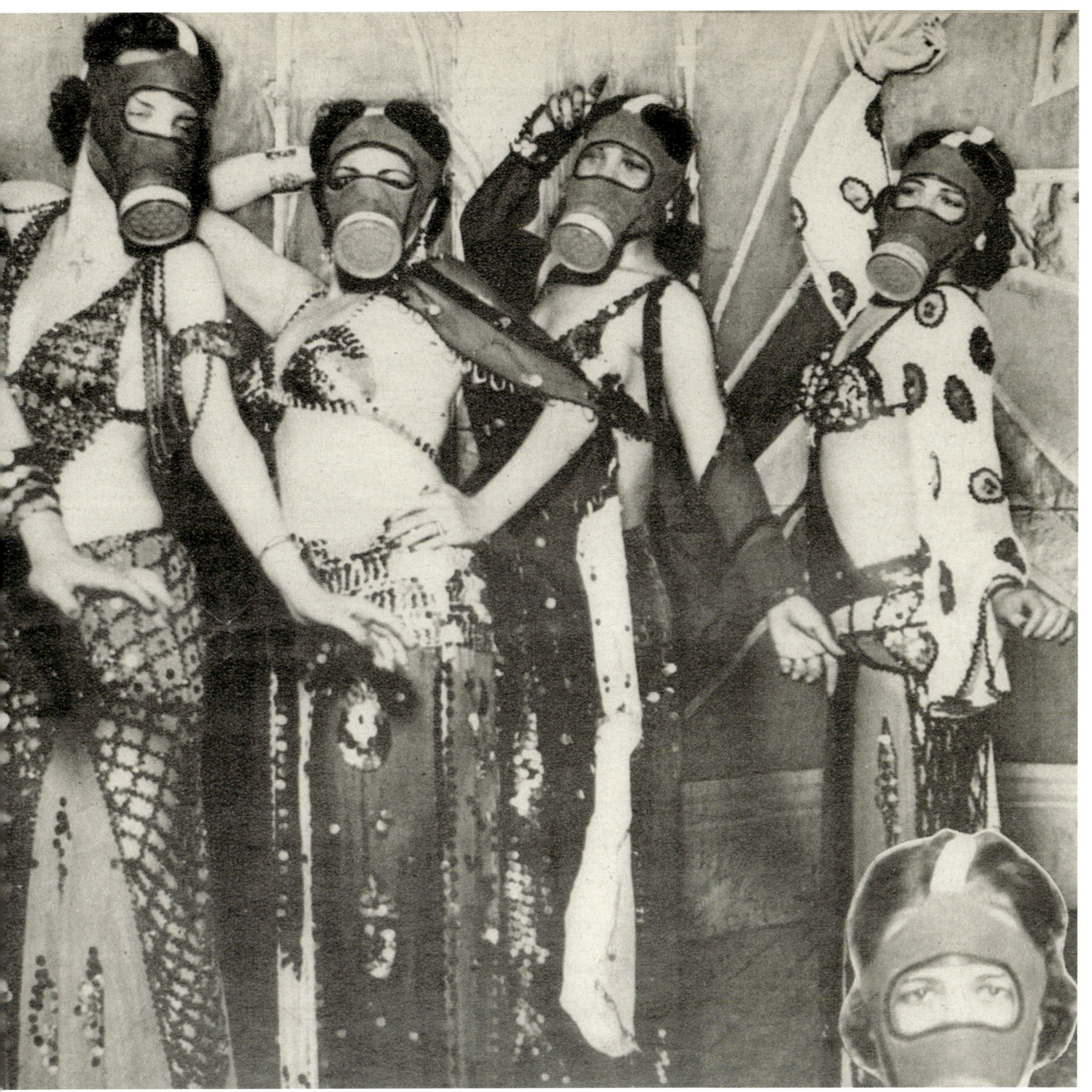

MAHMOUD SAÏD
La Femme aux boucles d'or
[La mujer de los rizos de oro], 1933
Óleo sobre lienzo
81,3 x 60 cm
Colección particular

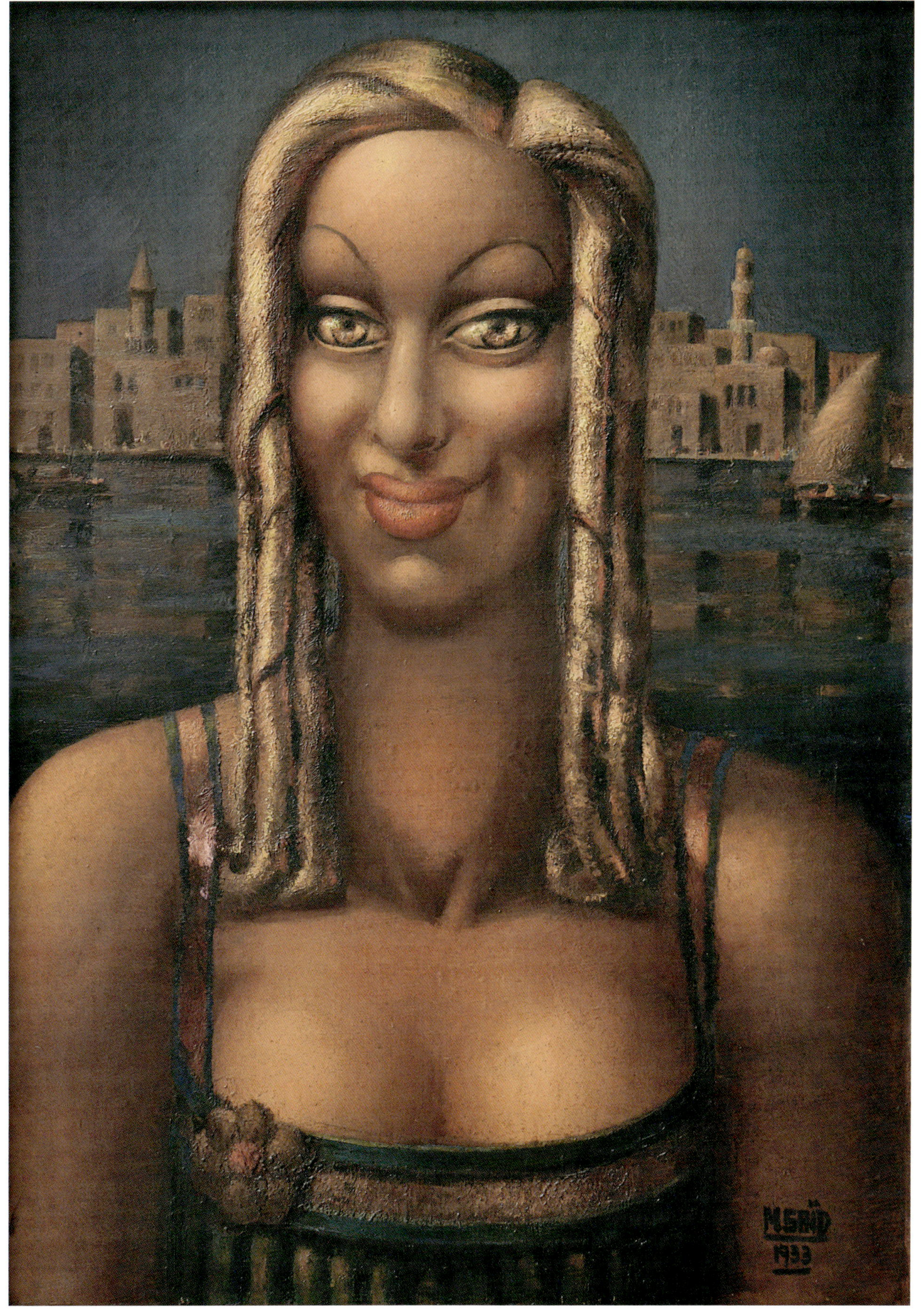

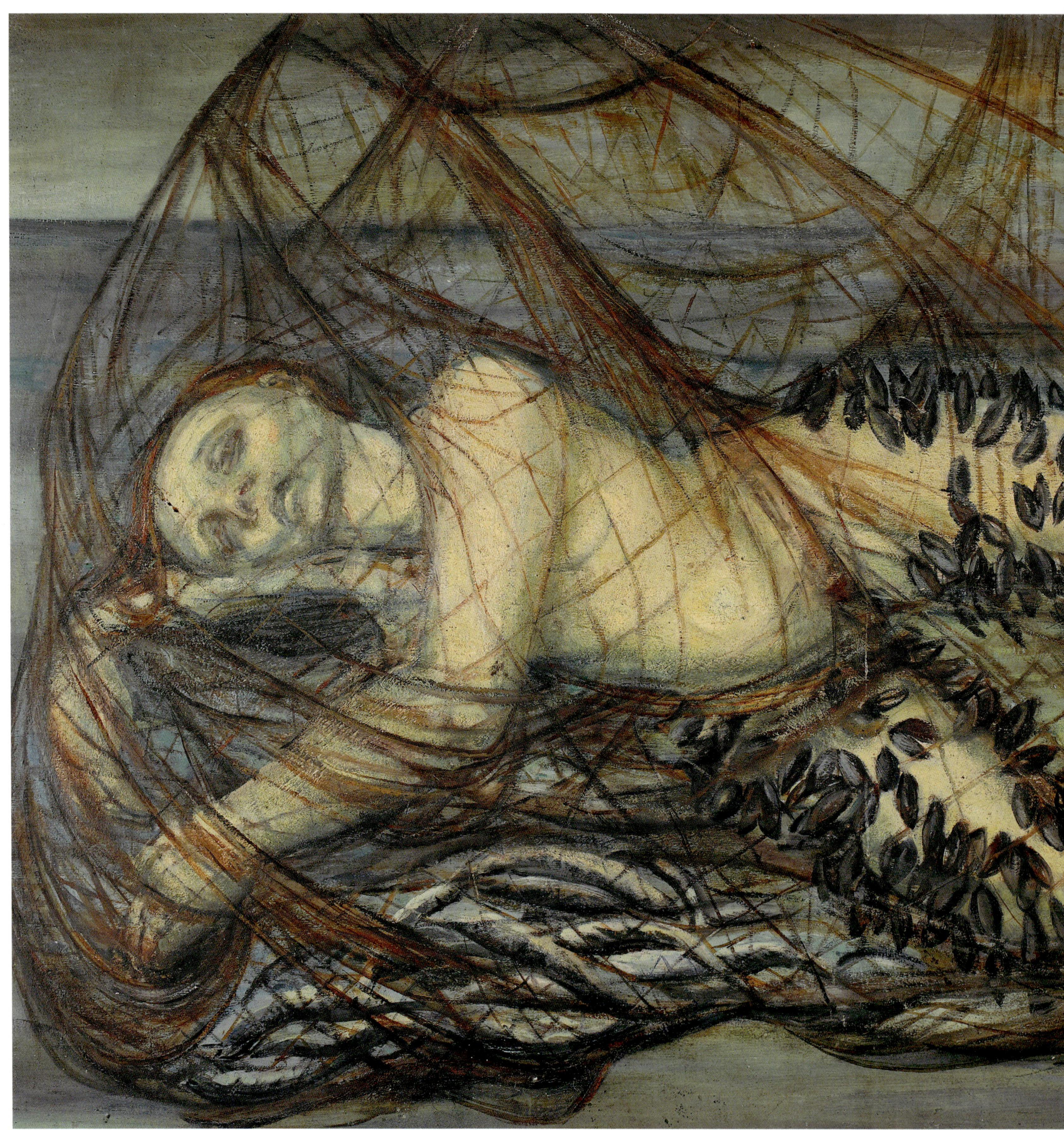

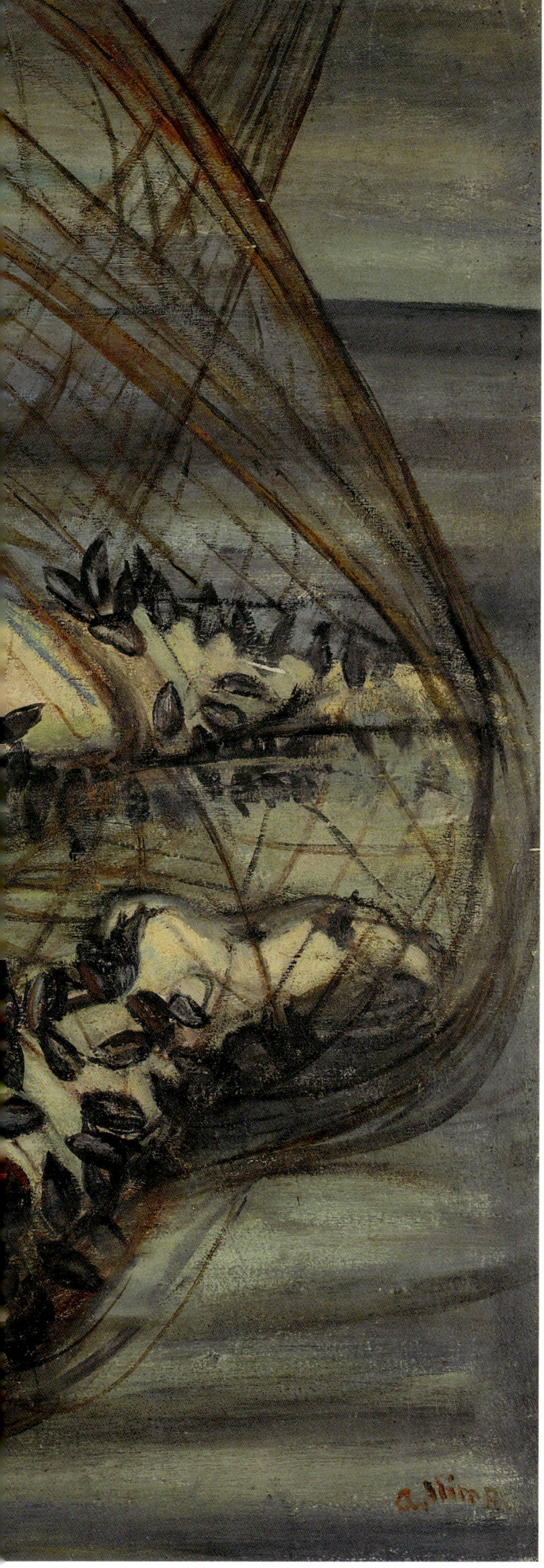

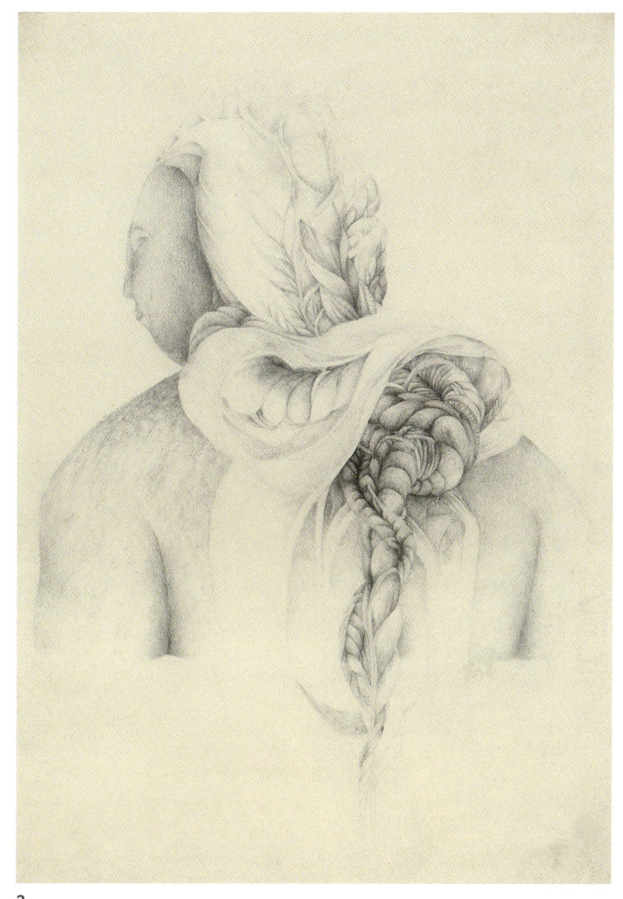

1
AMY NIMR
Sin título (Niña con red), ca. 1928
Óleo sobre lienzo
100 x 140 cm
Colección particular

2
RATEB SEDDIK
Cabeza vista de espaldas, ca. 1937
Lápiz sobre papel
73 x 55,5 cm
Rateb Seddik Museum, El Cairo

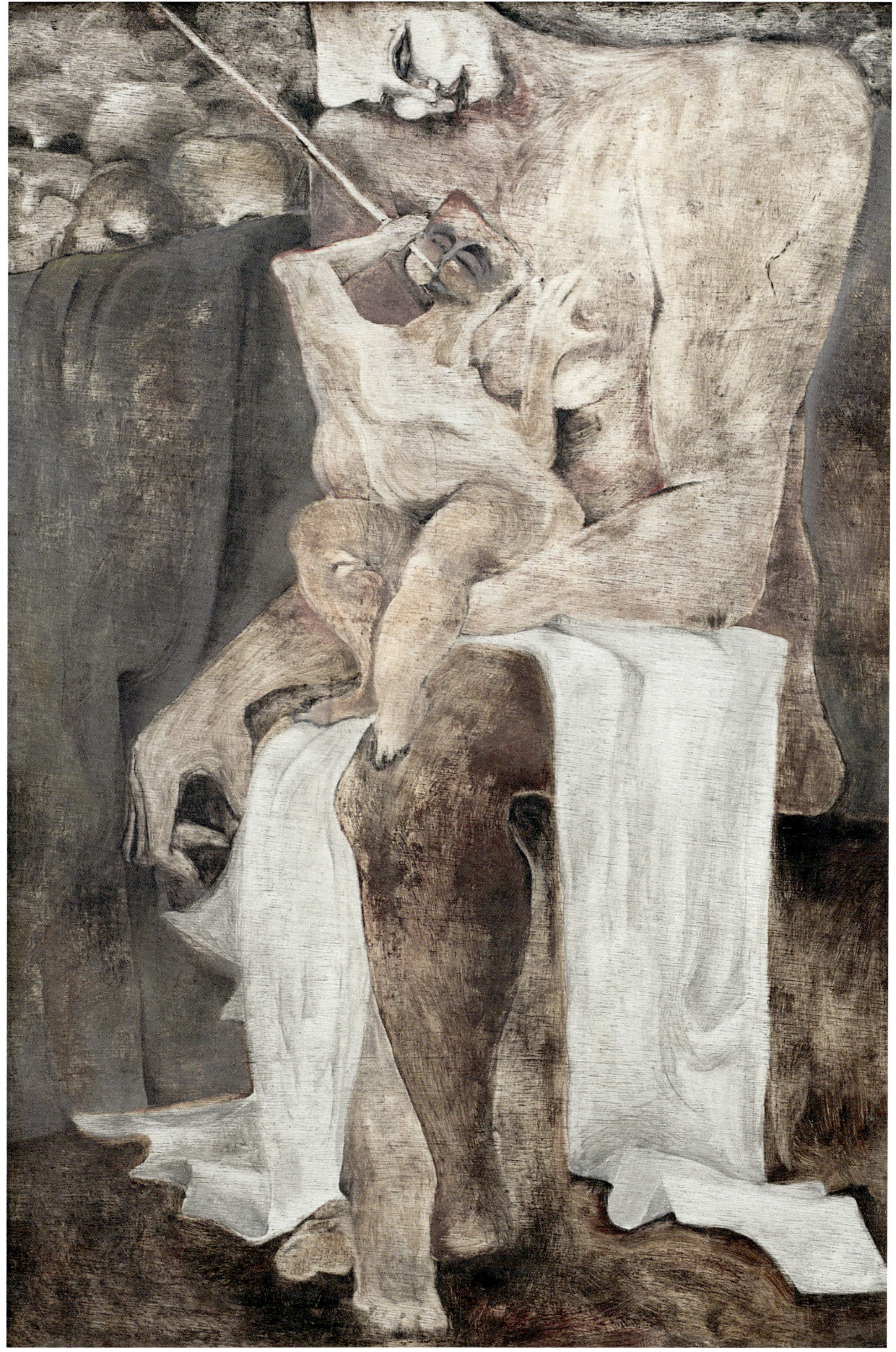

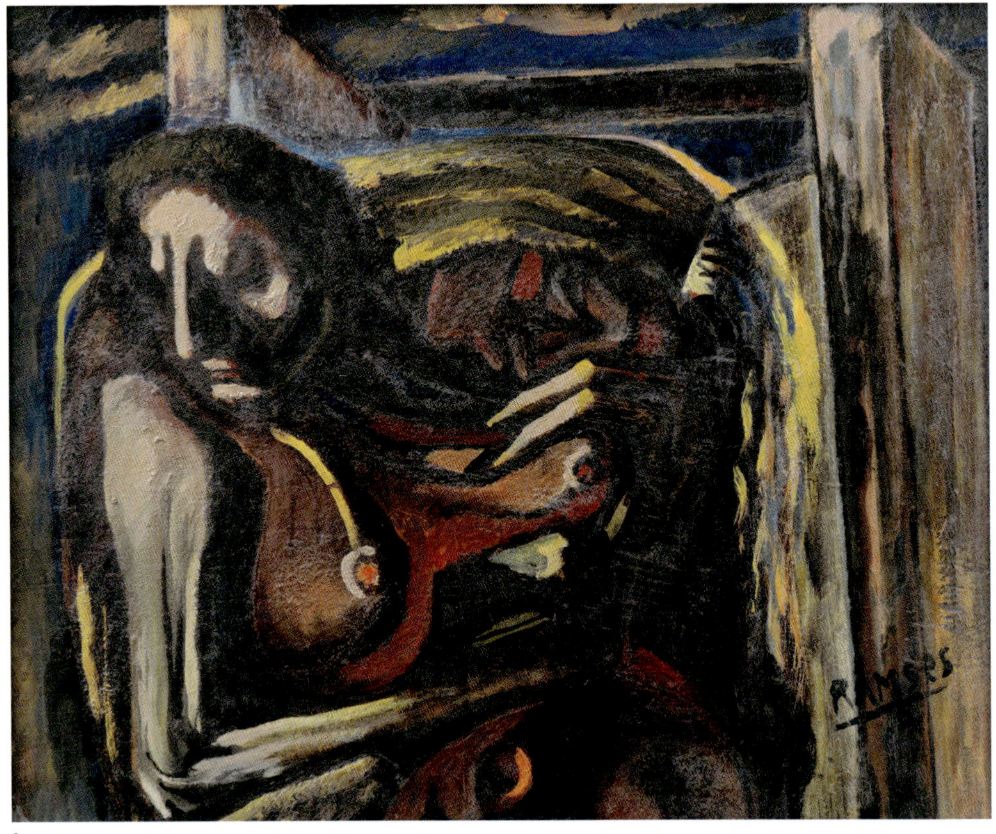

1

1
RAMSES YOUNANE
Sin título, ca. 1940
Óleo sobre tabla
42 x 50 cm
Colección particular

2
RAMSES YOUNANE
Sin título, 1943
Óleo sobre lienzo
60 x 85 cm
Institut du Monde Arabe, París

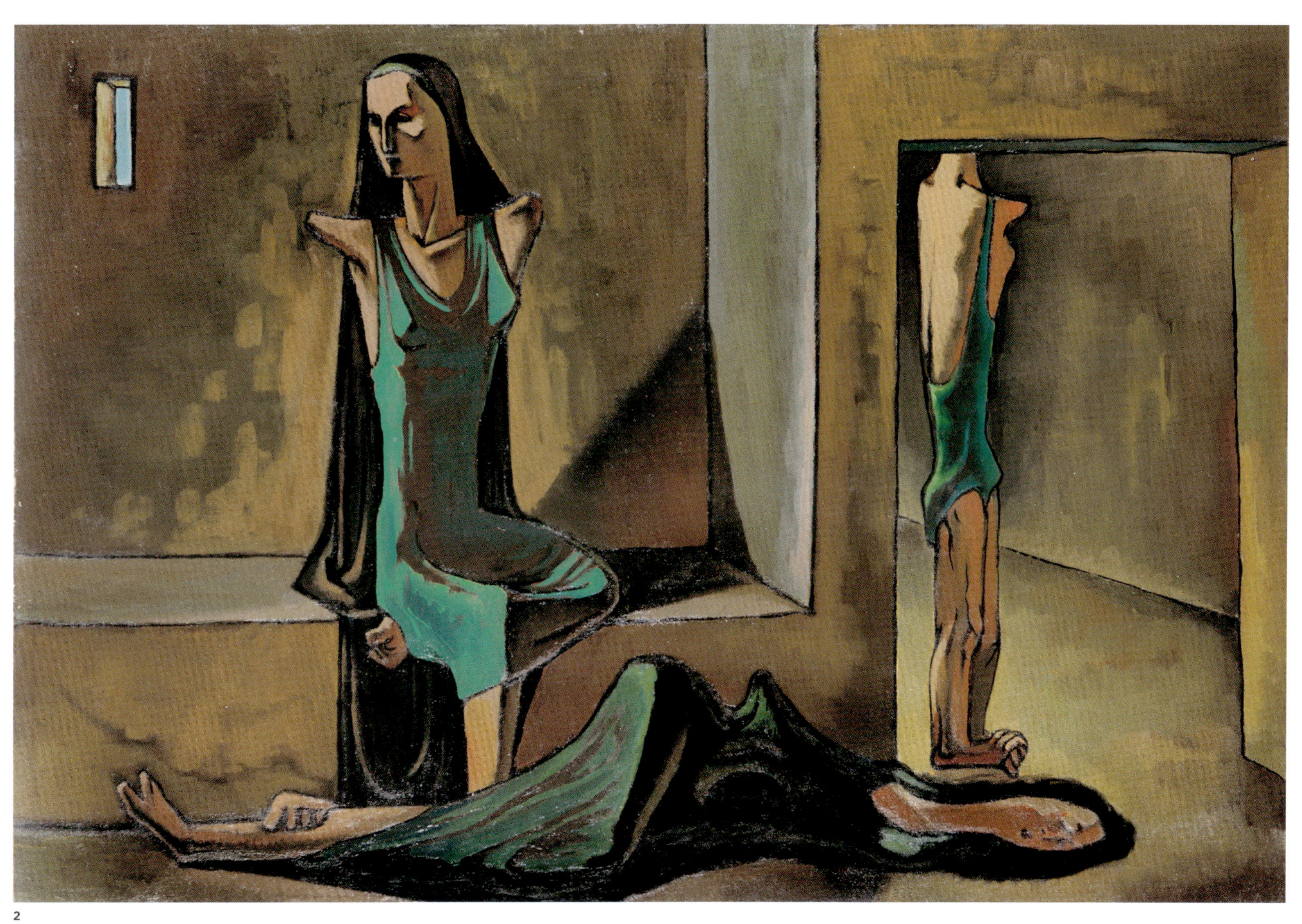

2

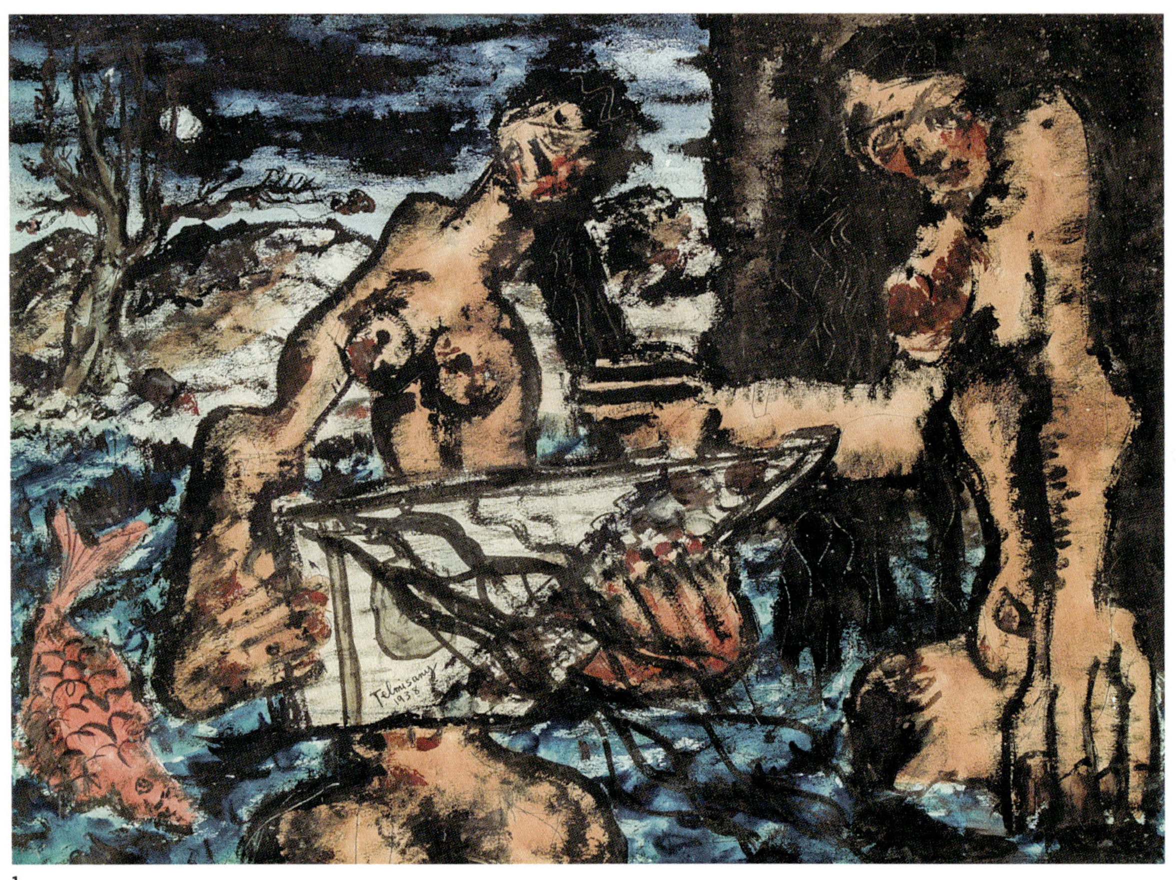

1

1
KAMEL EL-TELMISANY
Sin título, 1938
Gouache, carboncillo y cera sobre papel
39 x 52 cm
Colección Yasser Hashem, El Cairo

2
KAMEL EL-TELMISANY
Sin título (Blessure) [Herida], 1940
Gouache, carboncillo y cera sobre papel
75 x 50 cm
Familia El-Telmissany, El Cairo

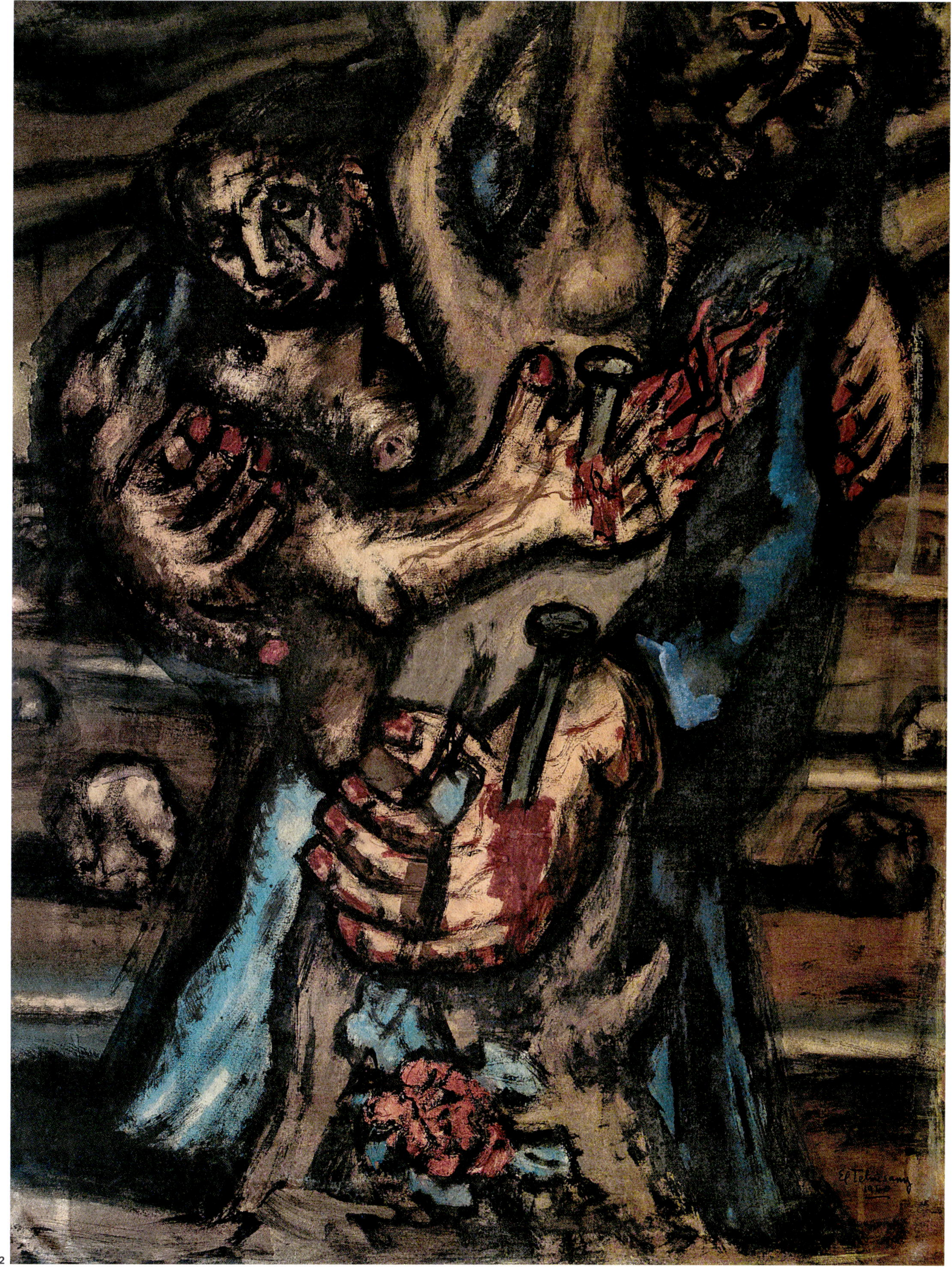

KAMEL EL-TELMISANY
Desnudo, 1941
Óleo sobre lienzo
67 x 47 cm
Colección Fatenn Mostafa Kanafani, El Cairo

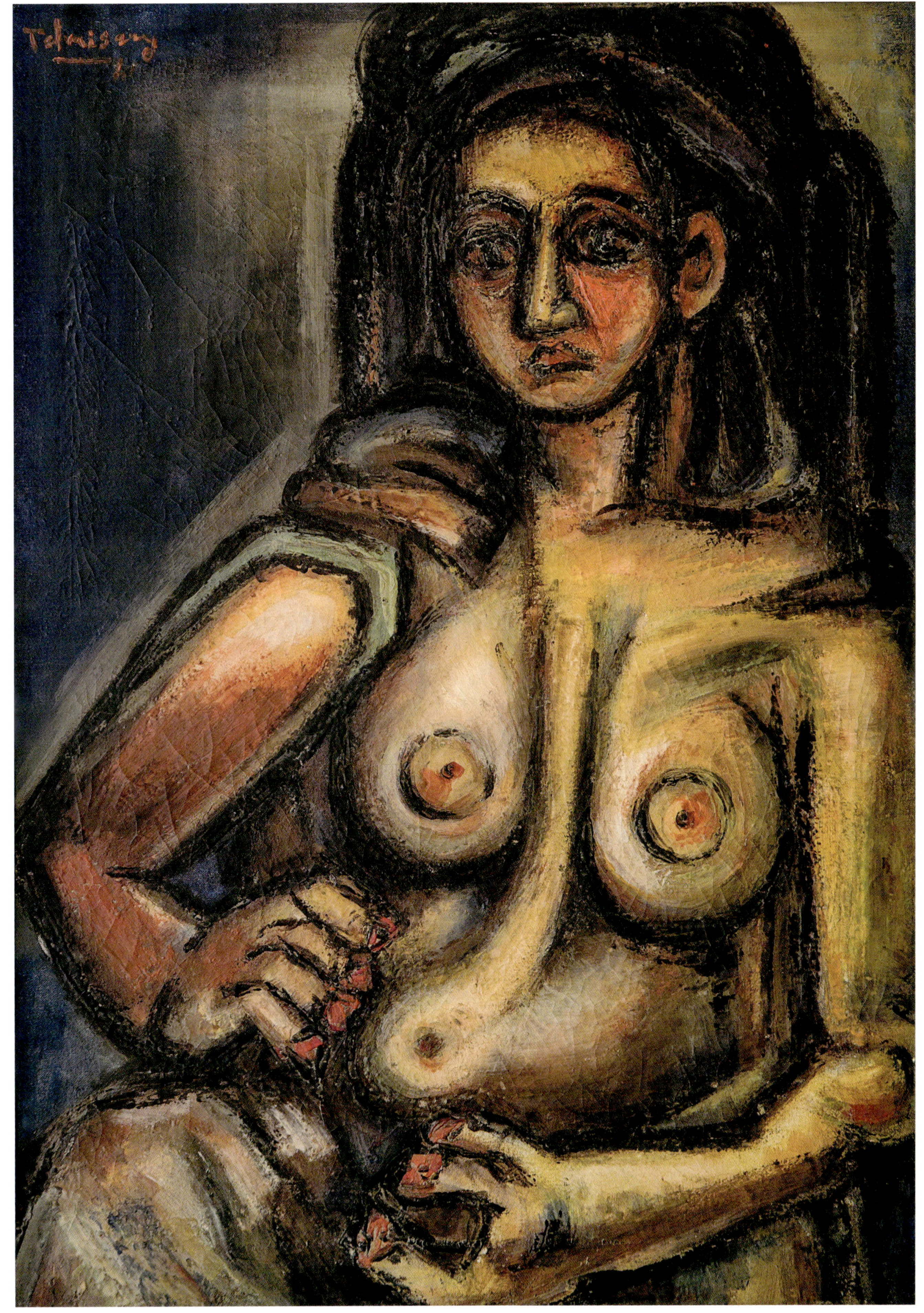

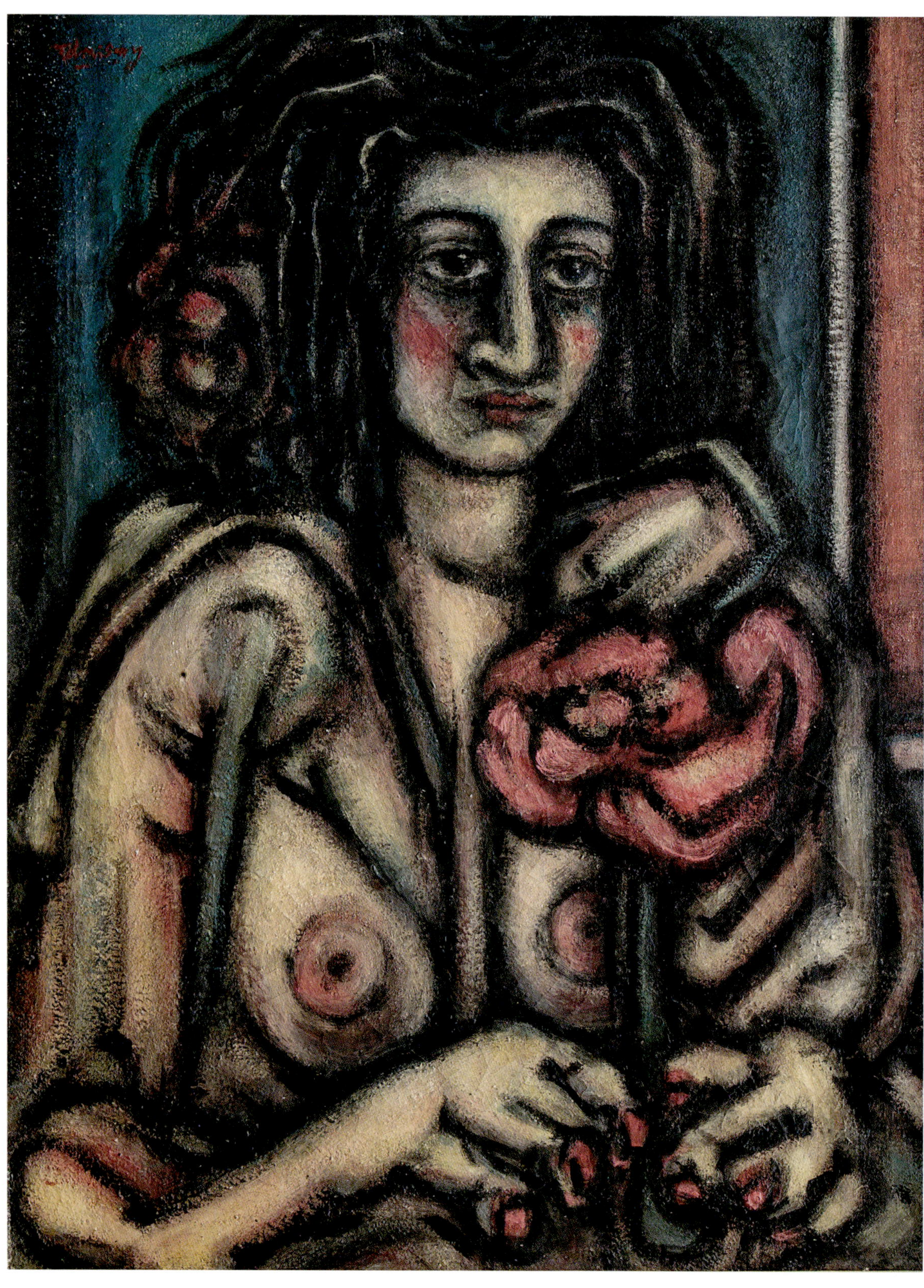

KAMEL EL-TELMISANY
Desnudo con rosa, ca. 1940
Óleo sobre lienzo
55,5 x 41 cm
Colección Yasser Hashem, El Cairo

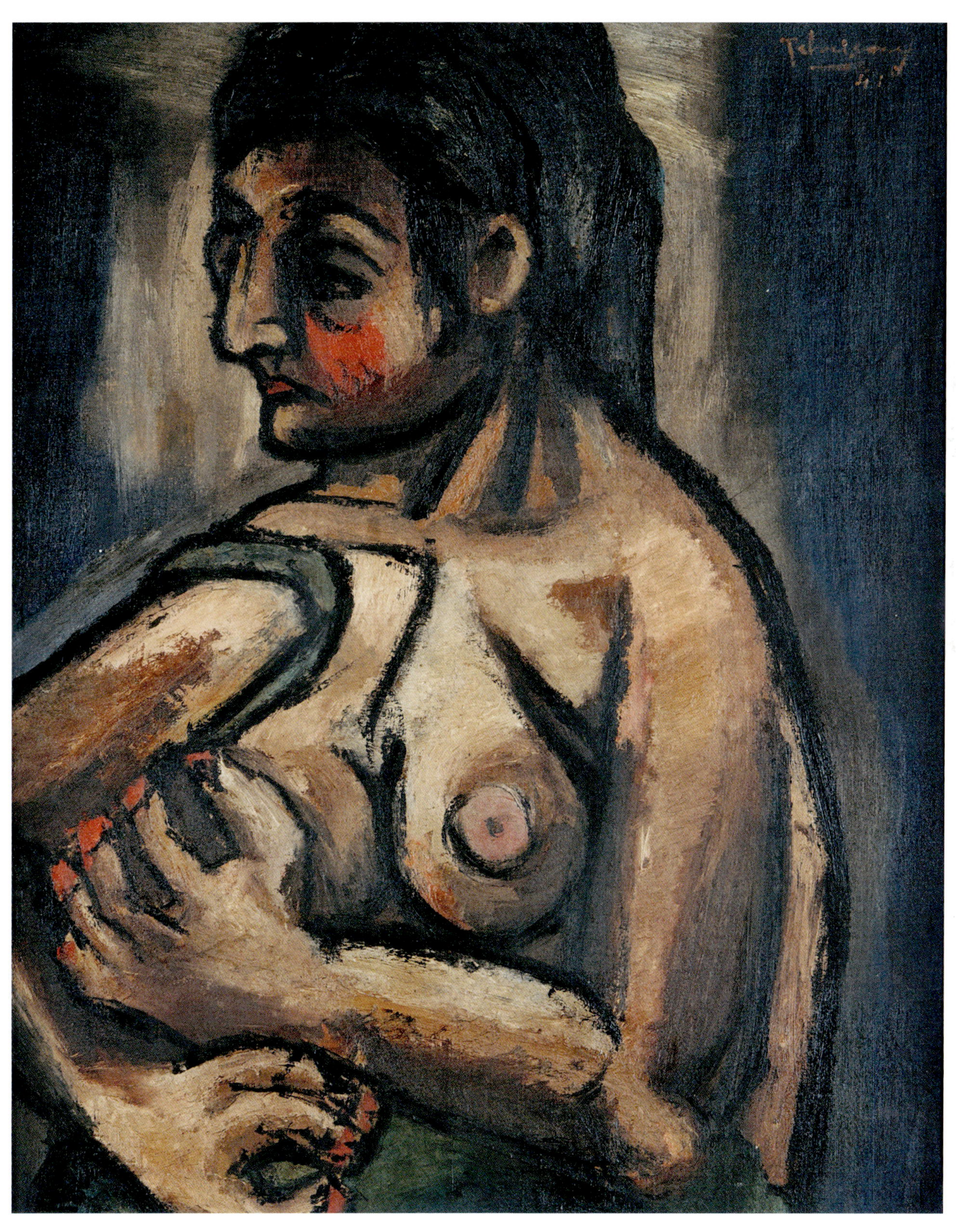

KAMEL EL-TELMISANY
Desnudo, 1941
Óleo sobre lienzo
64 x 49 cm
Barjeel Art Foundation, Sharjah

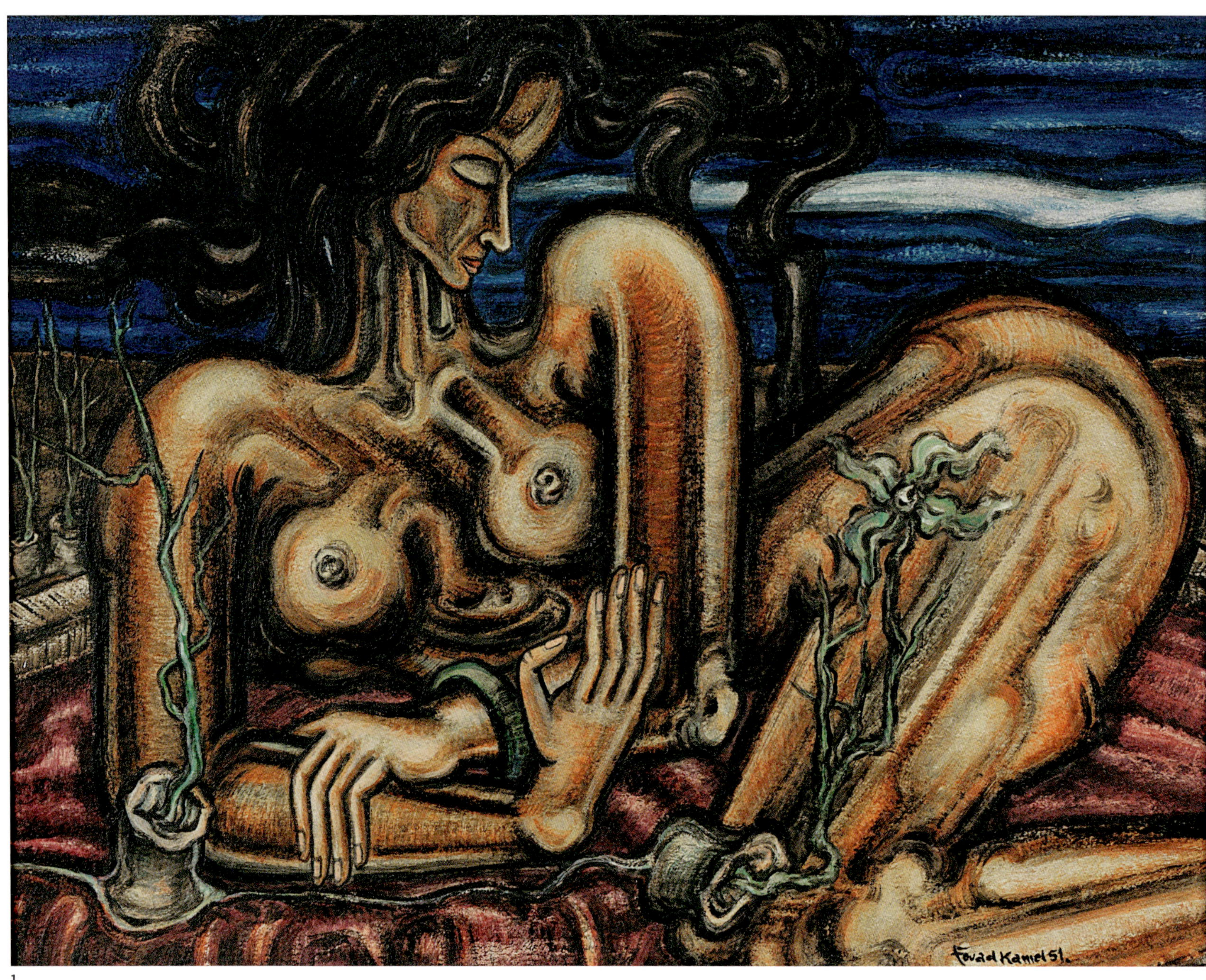

1

1
FOUAD KAMEL
Sin título, 1951
Óleo sobre cartón
47 x 67 cm
Colección Mai el-Dib, Alejandría

2
FOUAD KAMEL
Sin título, s. f.
Óleo sobre cartón
70,5 x 50 cm
Colección particular

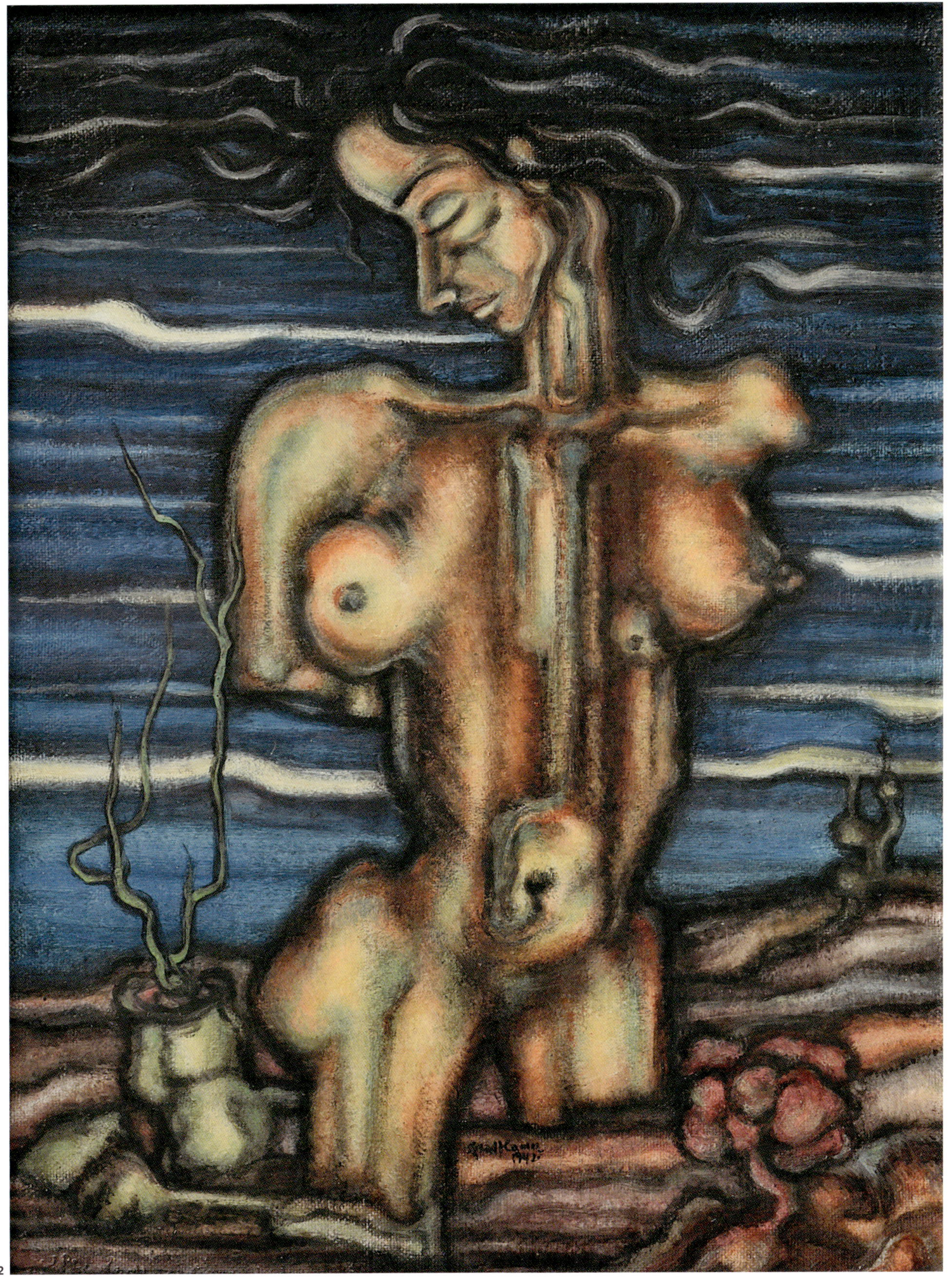

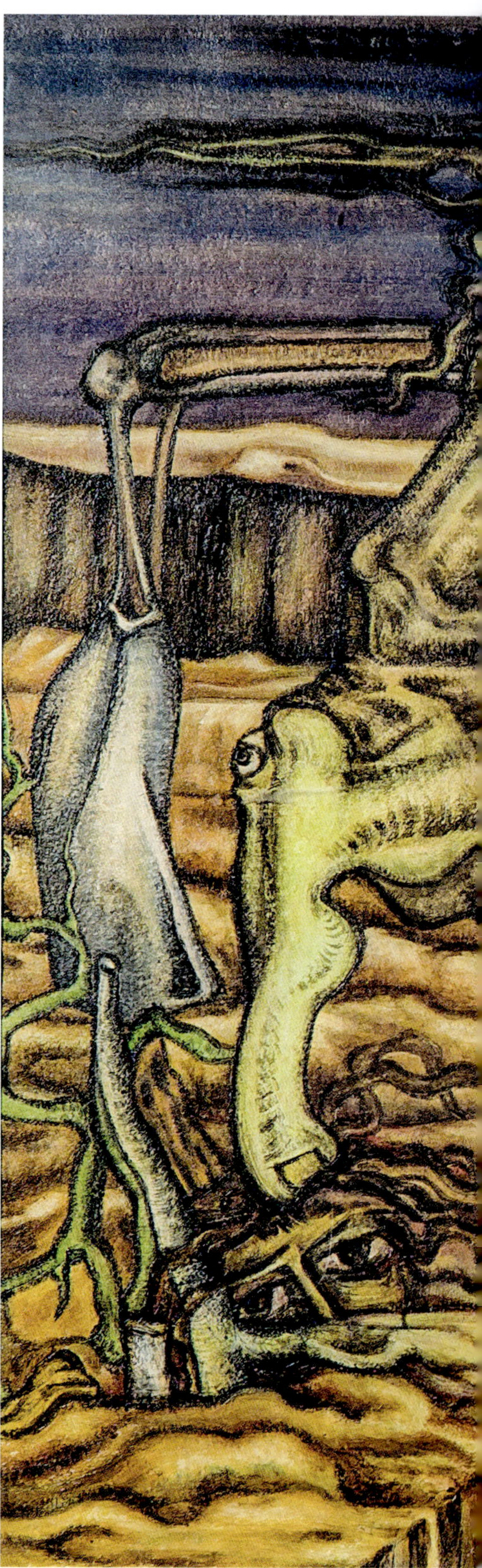

FOUAD KAMEL
Desnudo, 1950
Óleo sobre cartón
55,5 x 67 cm
Colección Fatenn Mostafa Kanafani, El Cairo

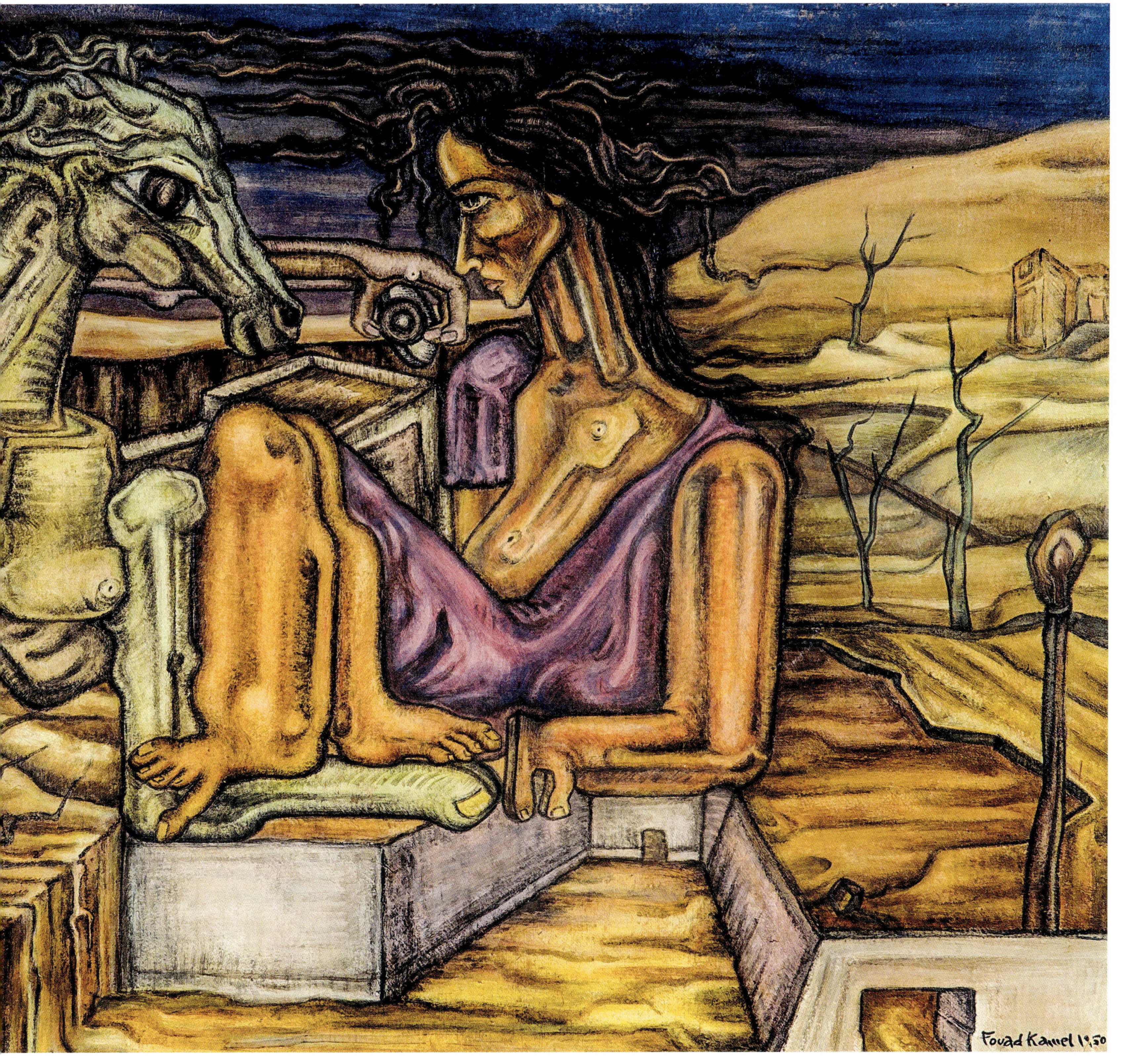
Fouad Kamel 1950

«REALISMO SUBJETIVO»

Ramses Younane, *The Objective of the Contemporary Artist* [El objetivo del artista contemporáneo], 1938

Los integrantes de Art et Liberté creían que el surrealismo, en esencia, era una llamada a la revolución social y moral, además de un movimiento artístico. Acuñaron un nuevo término para referirse a él: «realismo subjetivo». En un texto de 1938, el teórico y pintor Ramses Younane se refería al surrealismo como un movimiento en crisis, y lo dividía en dos grupos. El primero, ejemplificado en las yuxtaposiciones absurdas de Dalí y Magritte, lo consideraba excesivamente premeditado, sin dejar espacio para la imaginación desbocada. El segundo, que consistía en escritura y dibujo automáticos, le parecía demasiado autocomplaciente y en absoluto destinado al empoderamiento colectivo. Younane identificó la necesidad de un nuevo tipo de surrealismo, el realismo subjetivo, mediante el cual los artistas incorporaban deliberadamente símbolos reconocibles en obras impulsadas inicialmente por el subconsciente. Kamel el-Telmisany, otro teórico y artista de Art et Liberté, denominó este método «arte libre». Los integrantes del grupo usaban estos dos términos indistintamente en su búsqueda de un lenguaje visual diferenciado.

Aunque se inspiraron en inscripciones antiguas, talismanes mágicos, fábulas de animales y símbolos faraónicos y coptos para crear su propia versión del surrealismo, Art et Liberté siguió valiéndose del subconsciente. Además de organizar juegos surrealistas en los hogares de los miembros del colectivo, también celebraron sesiones de meditación sufí a las que llamaban *dhikr*. Estas se celebraban en sus talleres en el antiguo barrio de Mamluk, situado en la ciudadela de El Cairo, y duraban hasta altas horas de la madrugada. Para entrar en trance, los miembros del grupo daban vueltas sobre sí mismos mientras repetían frases cortas u oraciones. Se trataba del equivalente de los estados autoinducidos de «sueño lúcido» utilizados por otros surrealistas europeos para provocar la escritura y el dibujo automáticos. Esta nueva «mitología colectiva», como la llamó Younane, expresaba con completa lucidez la responsabilidad del artista dentro de su propia sociedad.

MAYO
El pájaro, 1937
Óleo sobre tabla
46 x 22 cm
Centro Cultural Europeo de Delfos, Grecia

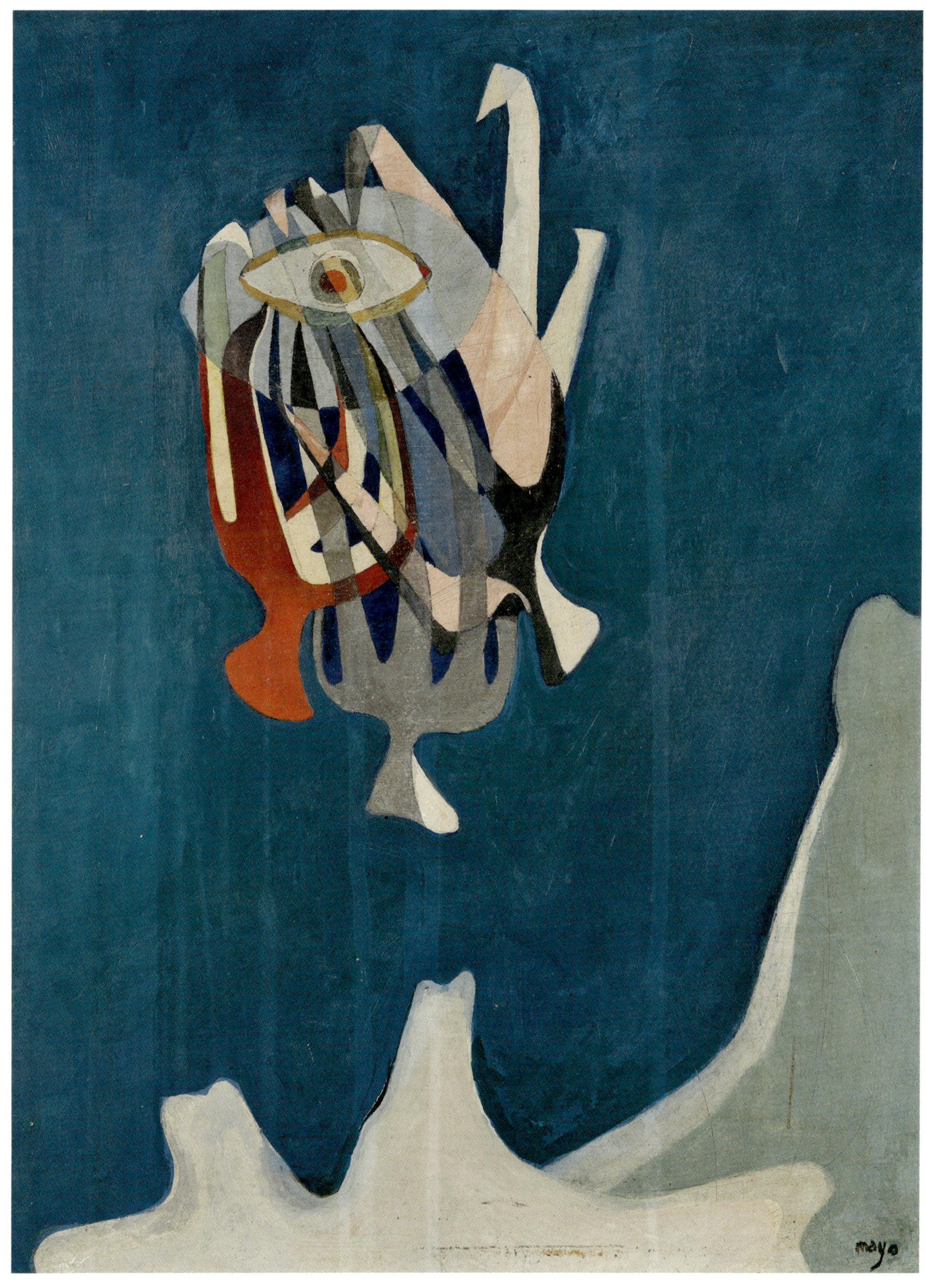

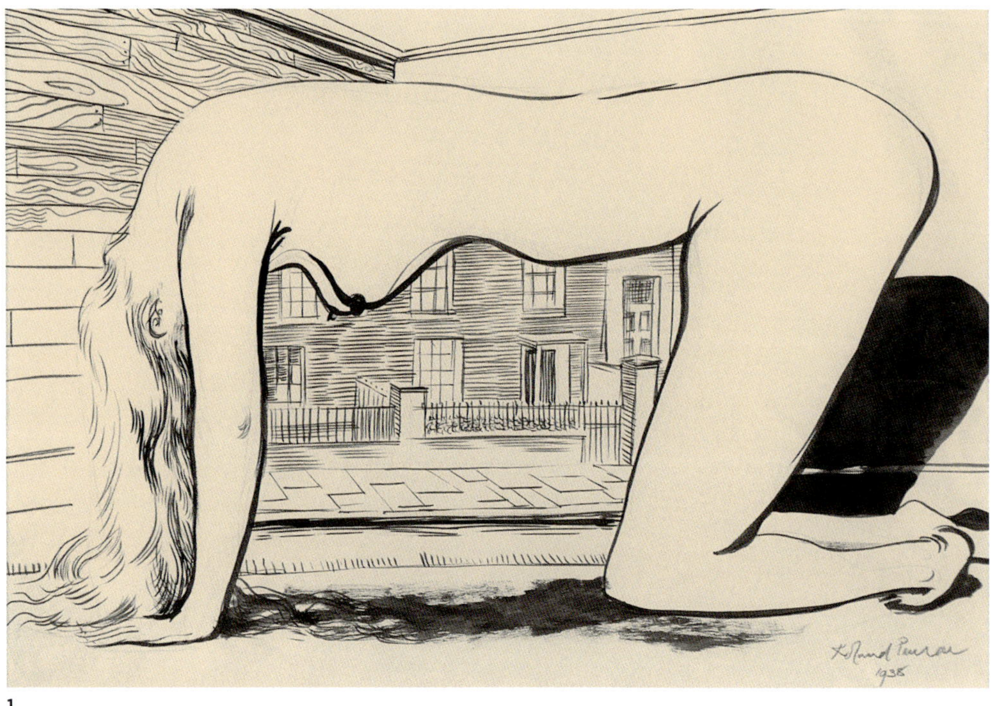

1

1
ROLAND PENROSE
Lee as Nut [Lee como Nut], 1938
Tinta sobre papel
24,3 x 35,3 cm
Roland Penrose Estate, Inglaterra

2
ROLAND PENROSE
Egypt [Egipto], 1939
Óleo sobre lienzo
62,3 x 74,4 cm
Roland Penrose Estate, Inglaterra

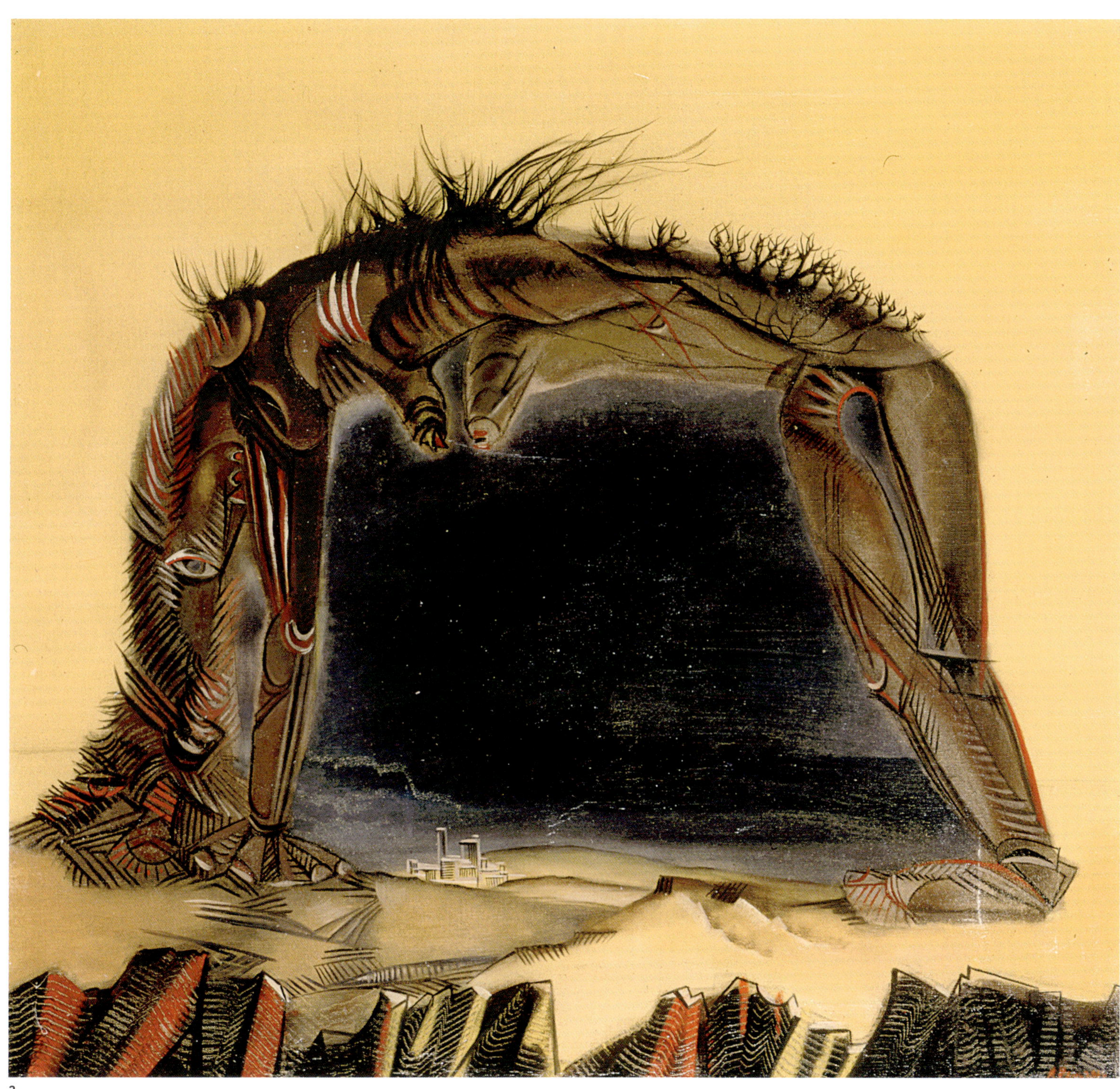

2

RAMSES YOUNANE
Sin título, 1939
Óleo sobre lienzo
46,5 x 35,5 cm
Colección H. E. Sh. Hassan M. A. Al Thani, Doha

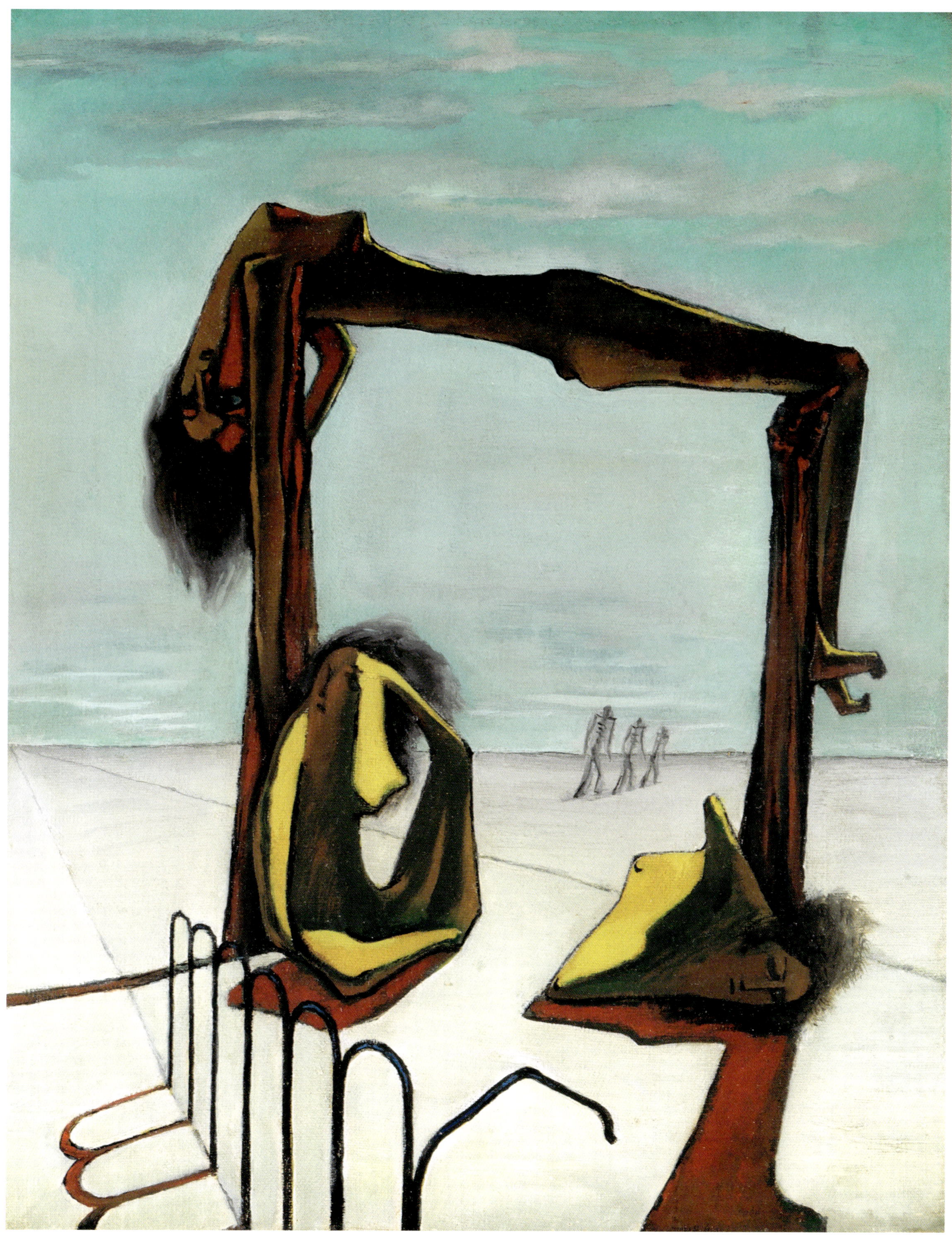

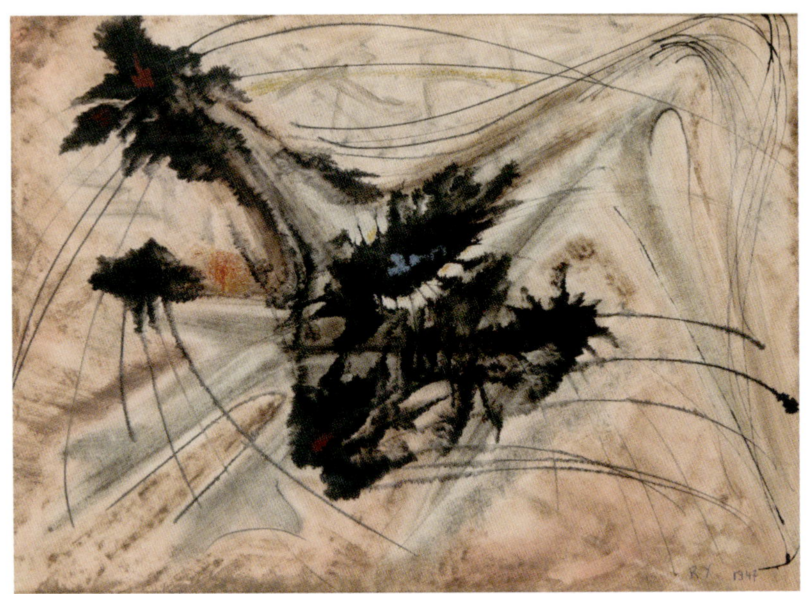

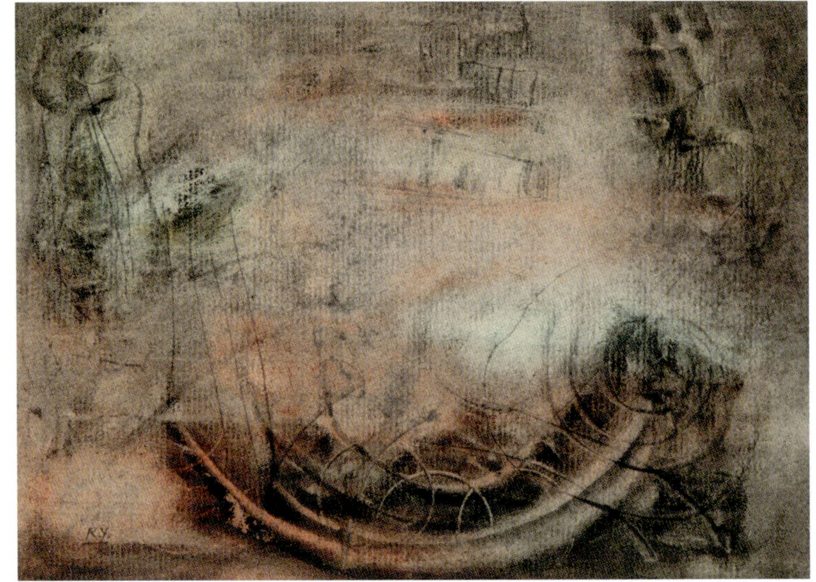

1

RAMSES YOUNANE
Sin título, 1947
Gouache sobre papel
25 x 35 cm
Colección Sylvie y Sonia Younan, París

2

RAMSES YOUNANE
Sin título, 1947
Gouache sobre papel
20 x 26 cm
Colección Sylvie y Sonia Younan, París

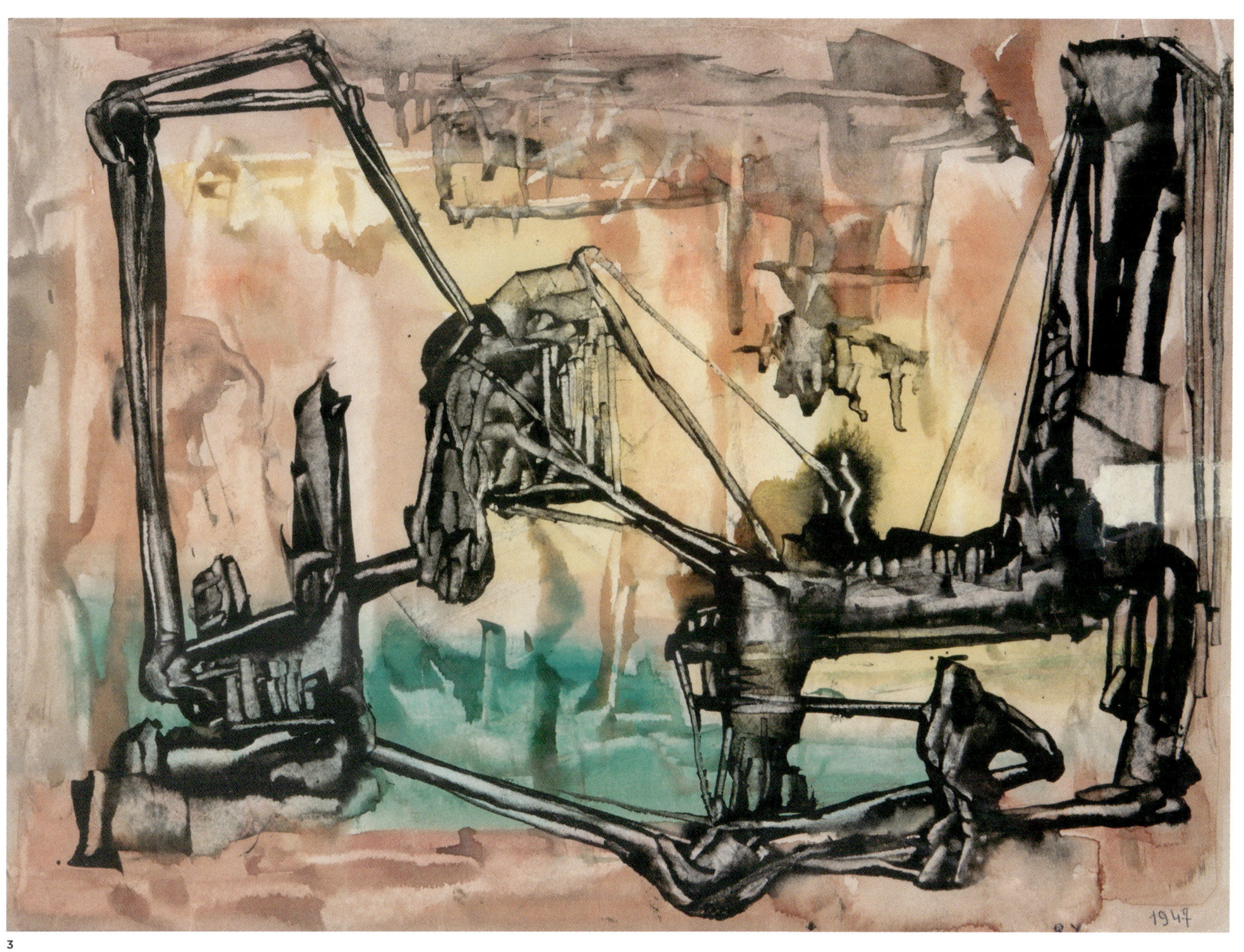

3
RAMSES YOUNANE
Sin título, 1947
Gouache sobre papel
25,5 x 34 cm
Colección Sylvie y Sonia Younan, París

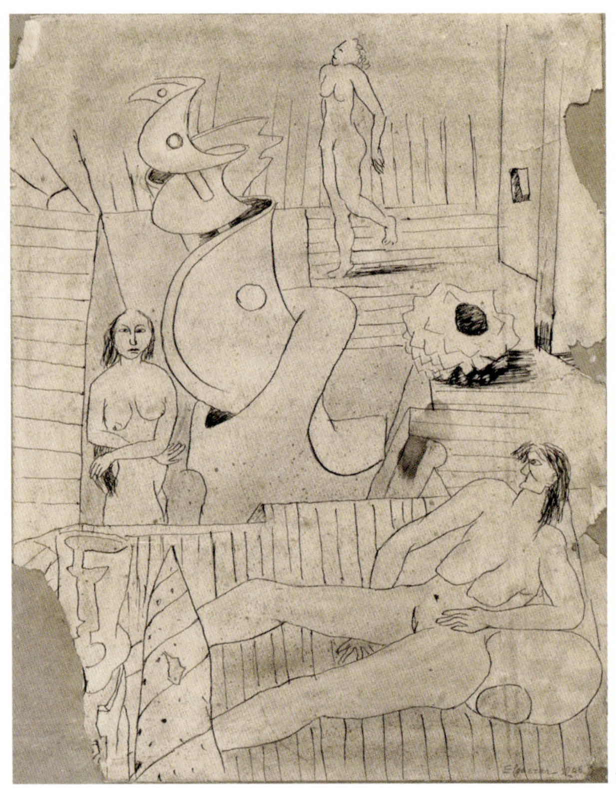

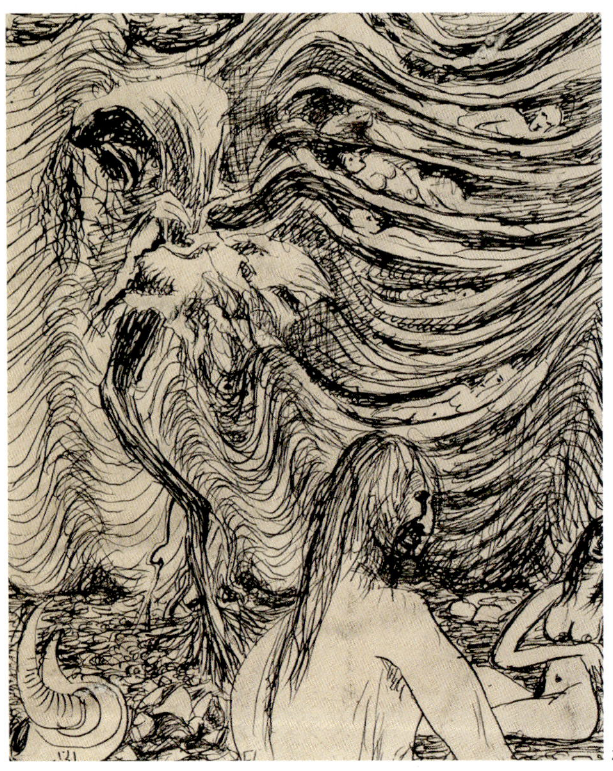

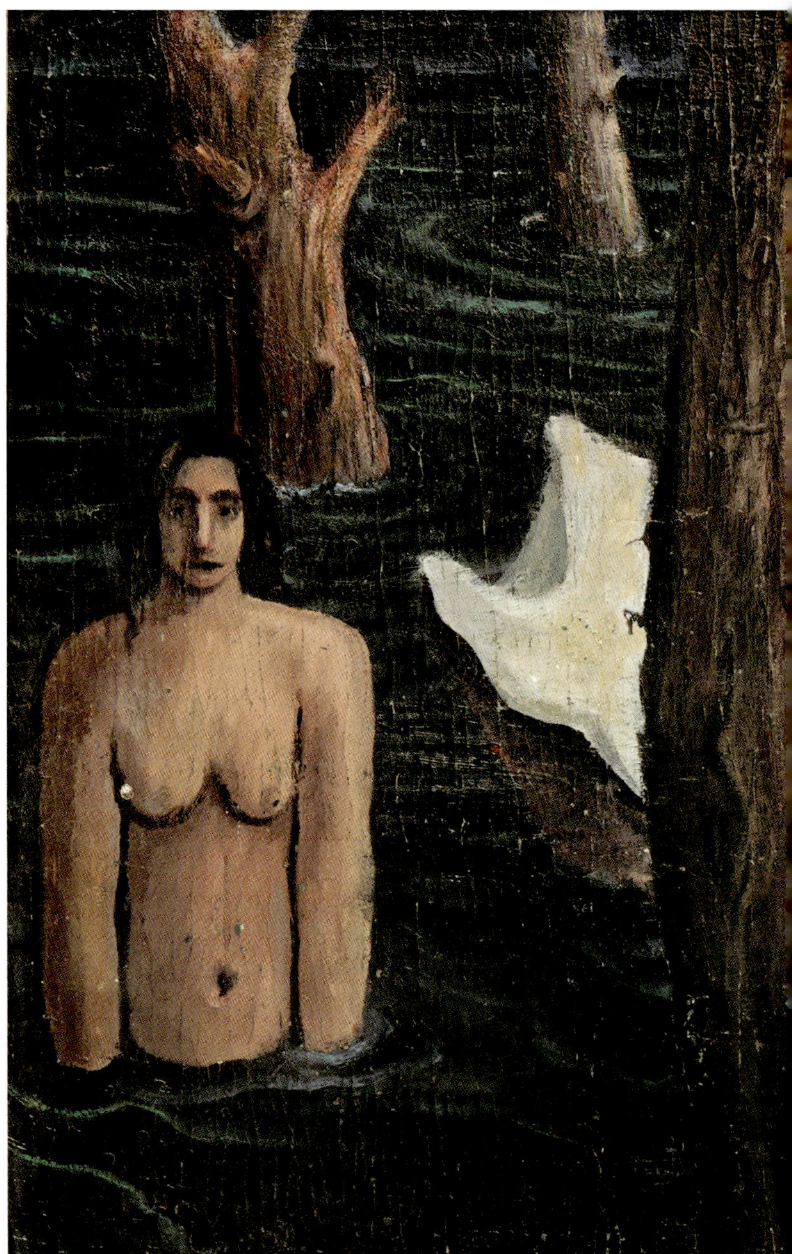

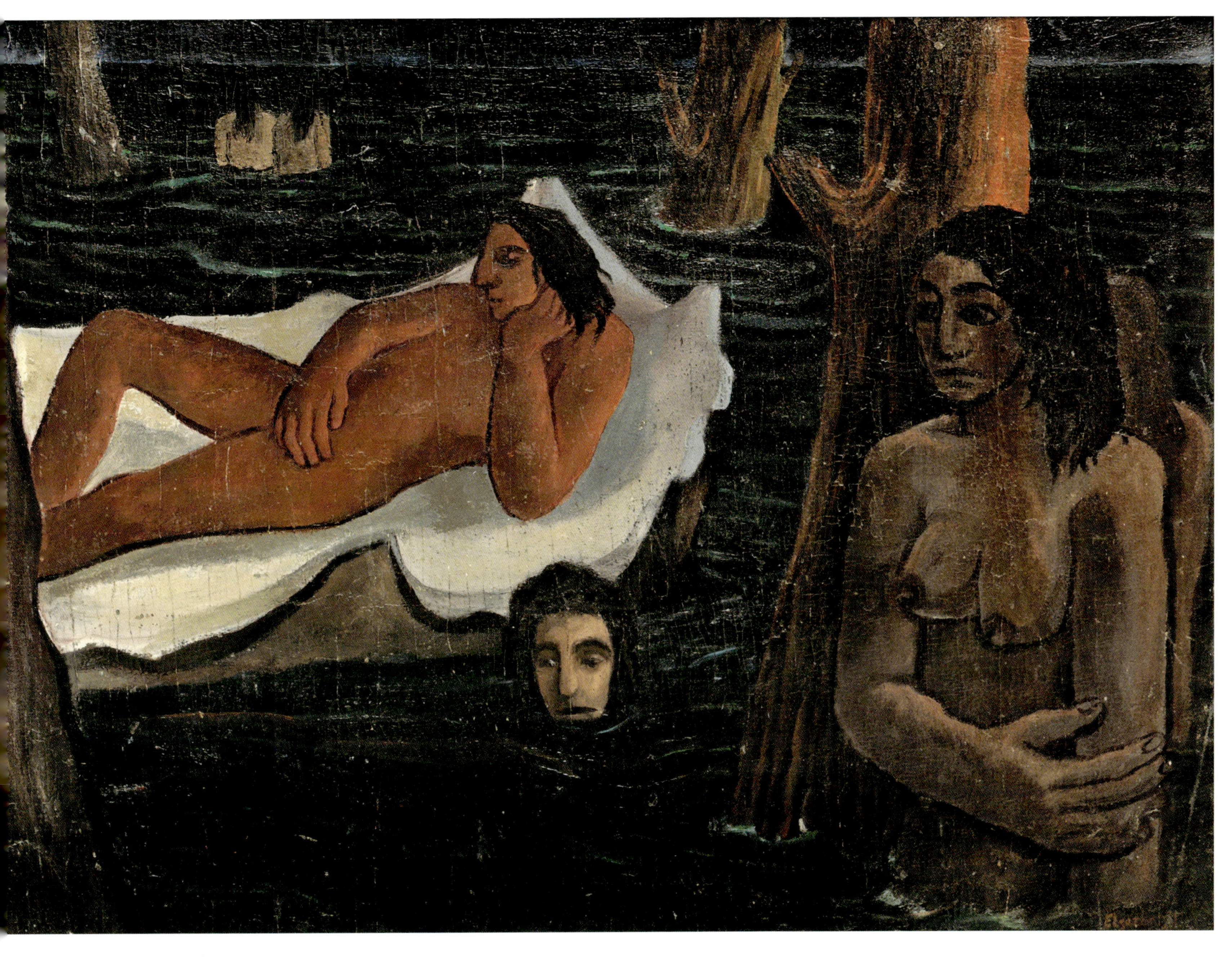

1
ABDEL HADI EL-GAZZAR
Sin título, 1945
Tinta sobre papel
35 x 27 cm
Colección Fairouz el-Gazzar, El Cairo

2
ABDEL HADI EL-GAZZAR
Sin título, 1946
Tinta sobre papel
22 x 17 cm
Colección Fairouz el-Gazzar, El Cairo

3
ABDEL HADI EL-GAZZAR
Hombre en concha, 1948
Óleo sobre masonita
78 x 144 cm
Colección H. E. Sh. Hassan M. A. Al Thani, Doha

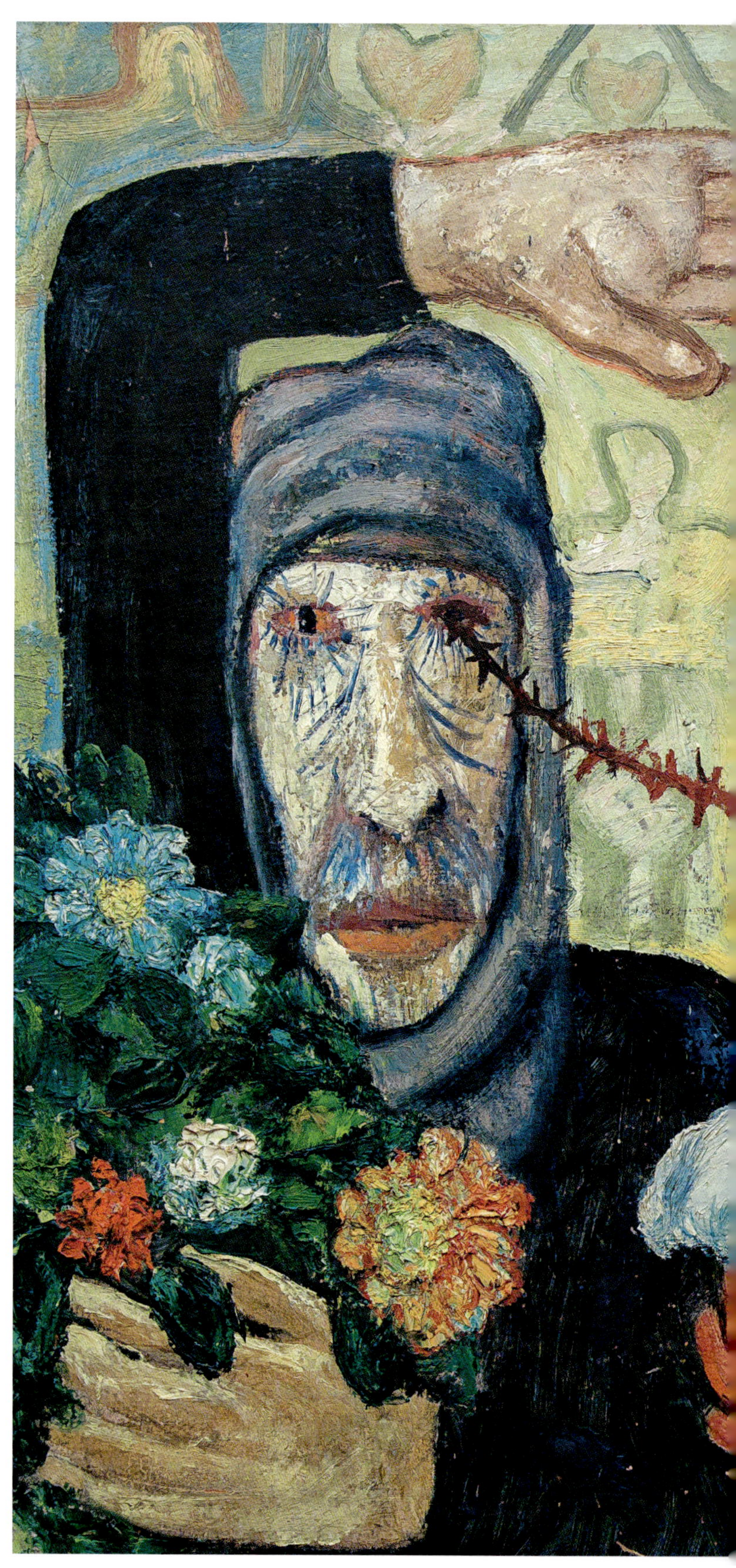

ABDEL HADI EL-GAZZAR
Mahasseb Il-Sayyidah
[El dichoso Sayyidah], 1953
Óleo sobre cartón
60,5 x 92 cm
Colección Yasser Hashem, El Cairo

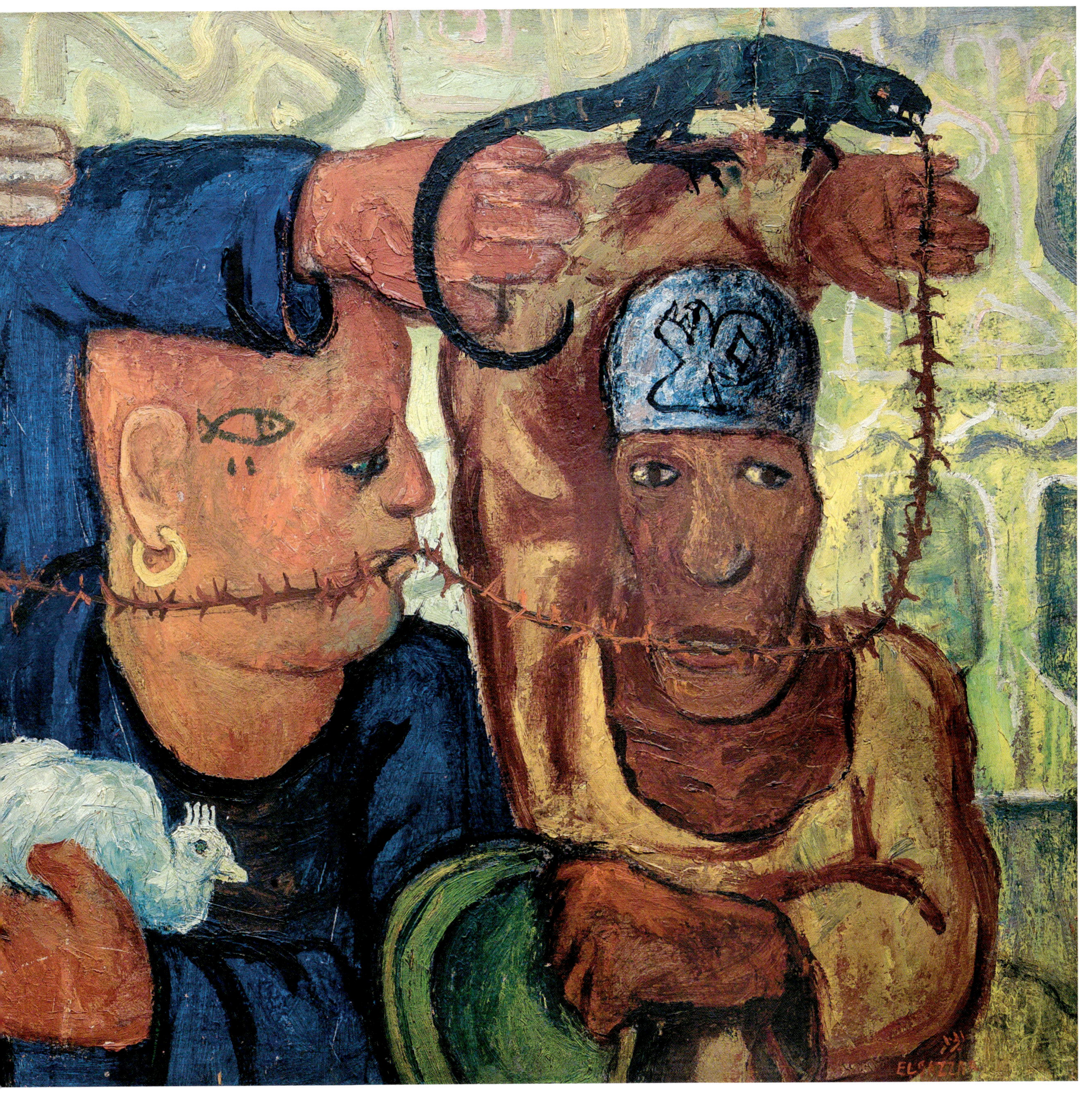

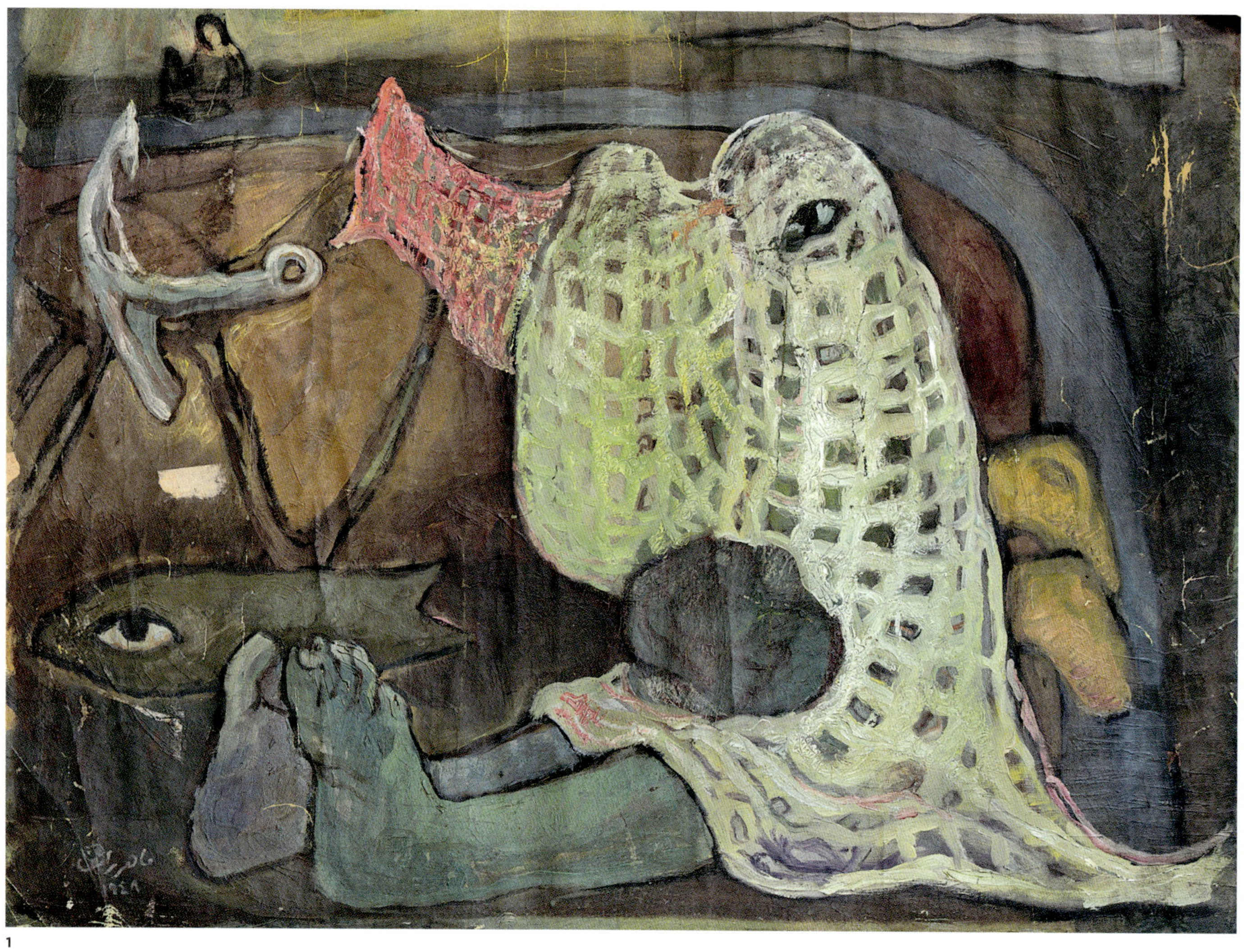

1

1, 2
MAHER RA'EF
Sin título (La pescadora y la red), ca. 1948
Óleo sobre lienzo, recto y verso
60 x 85 cm
Colección particular

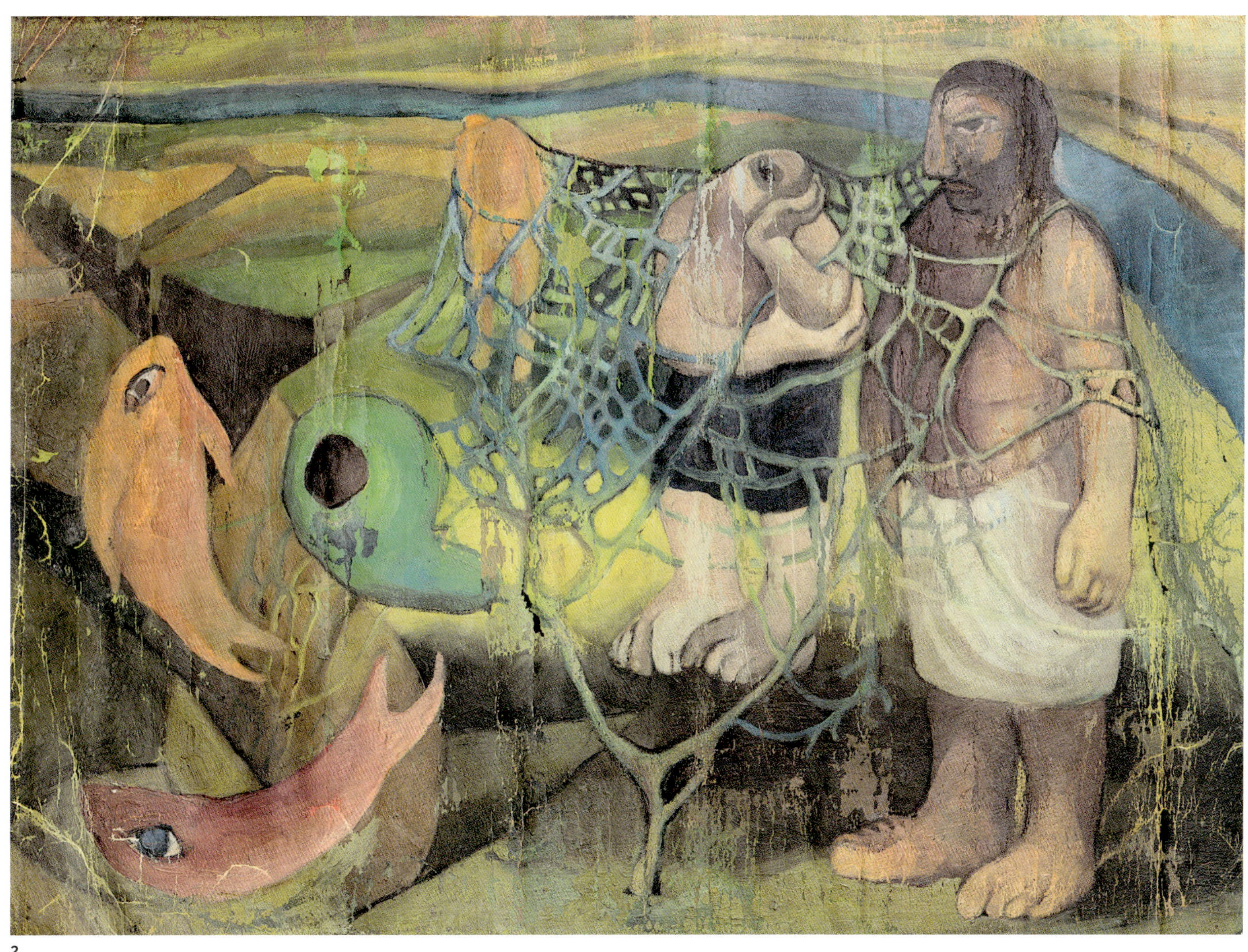

2

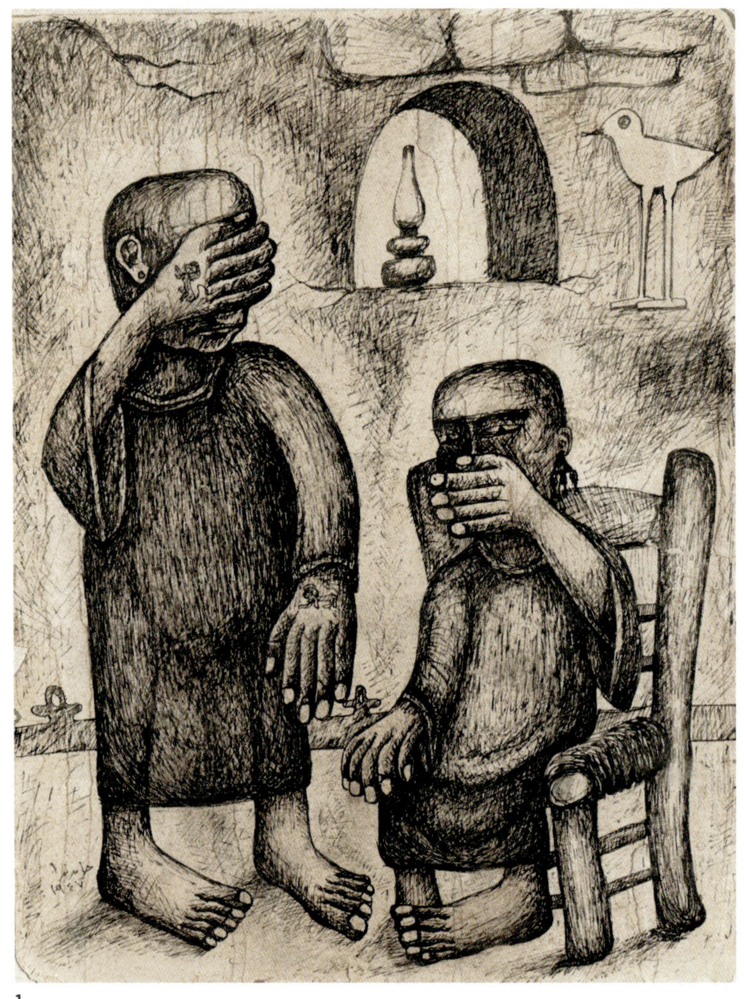

1

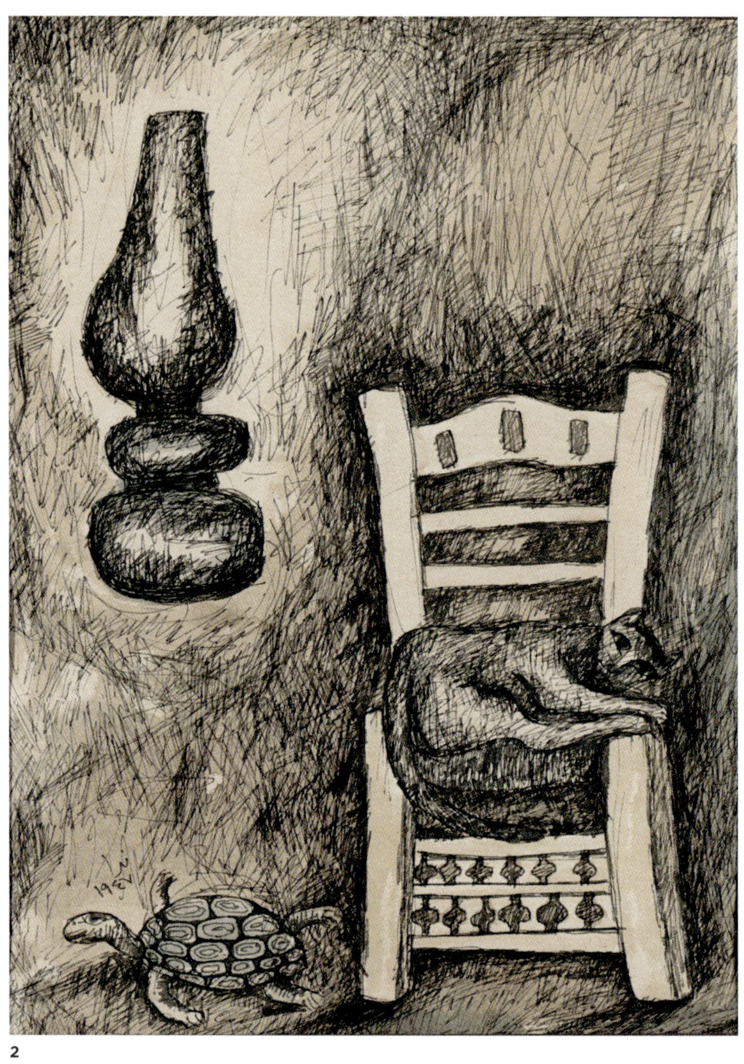

2

1

HAMED NADA
Figuras, 1947
Tinta sobre papel
35,5 x 27 cm
Colección H. E. Sh. Hassan M. A. Al Thani, Doha

2

HAMED NADA
Naturaleza muerta, 1947
Tinta y acuarela sobre papel
35 x 26 cm
Colección H. E. Sh. Hassan M. A. Al Thani, Doha

3

HAMED NADA
Hombre y gato, 1947
Tinta y acuarela sobre papel
35 x 26 cm
Colección H. E. Sh. Hassan M. A. Al Thani, Doha

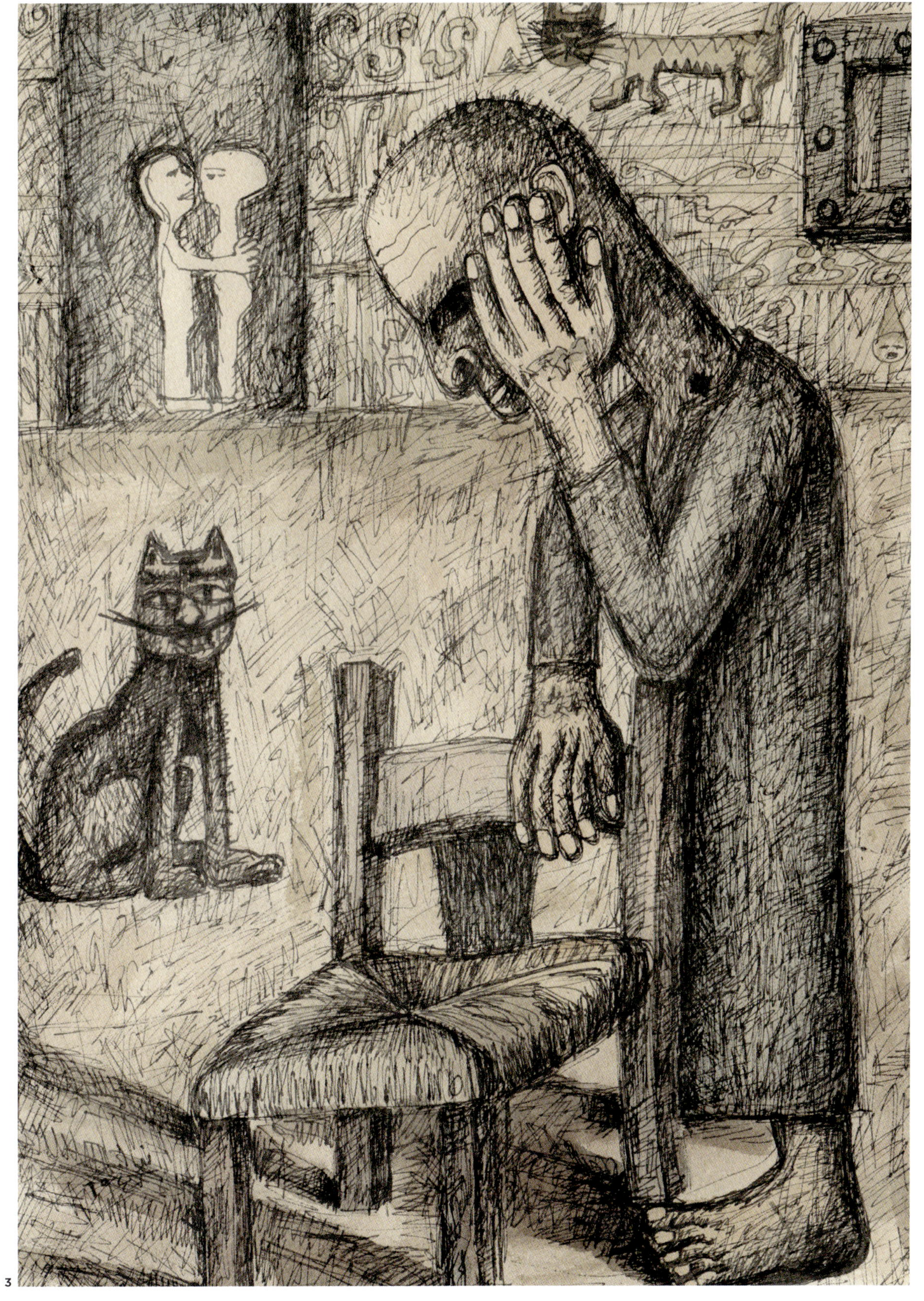

3

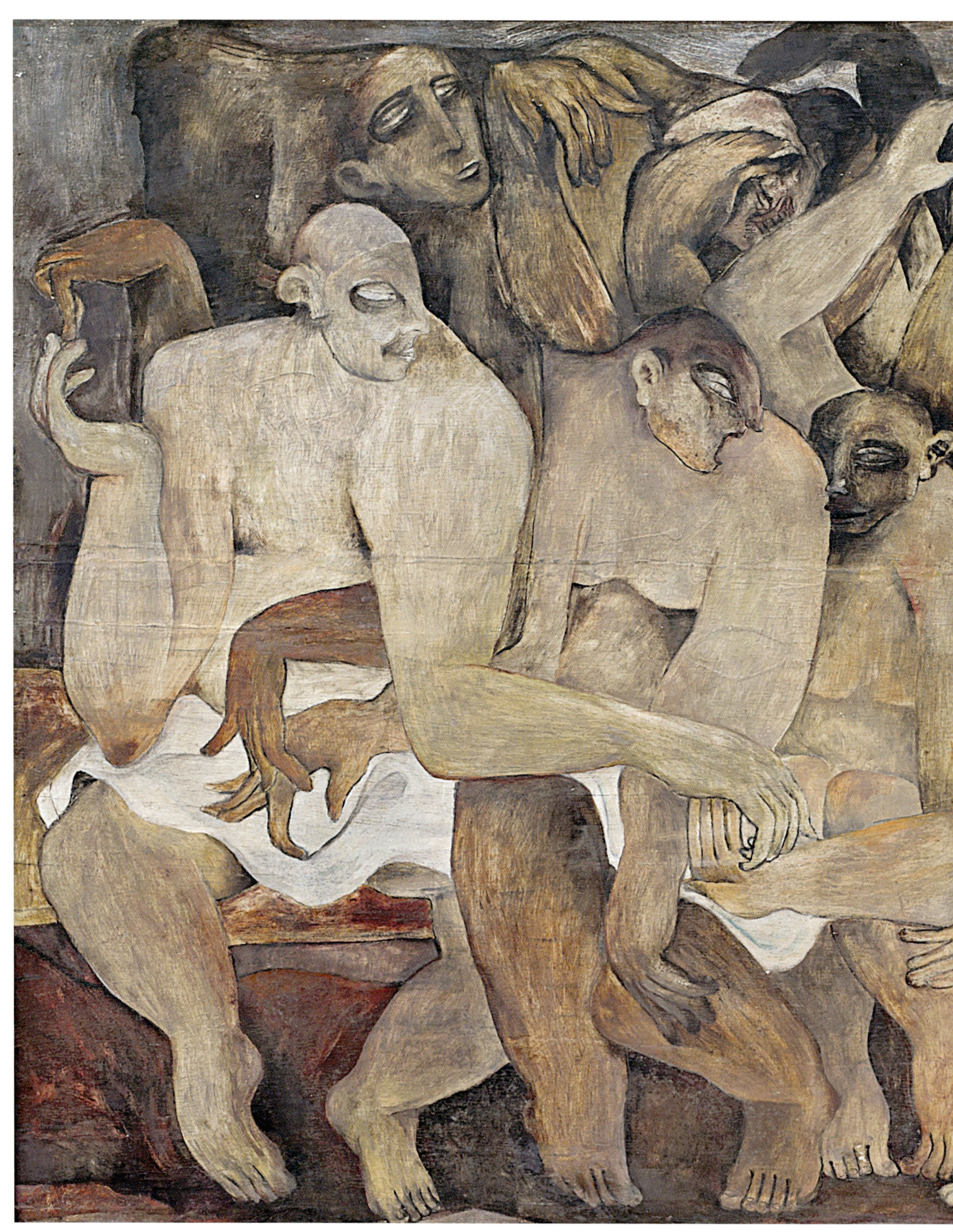

RATEB SEDDIK
Sin título, ca. 1940
Óleo sobre madera
120 x 220 cm
Rateb Seddik Museum, El Cairo

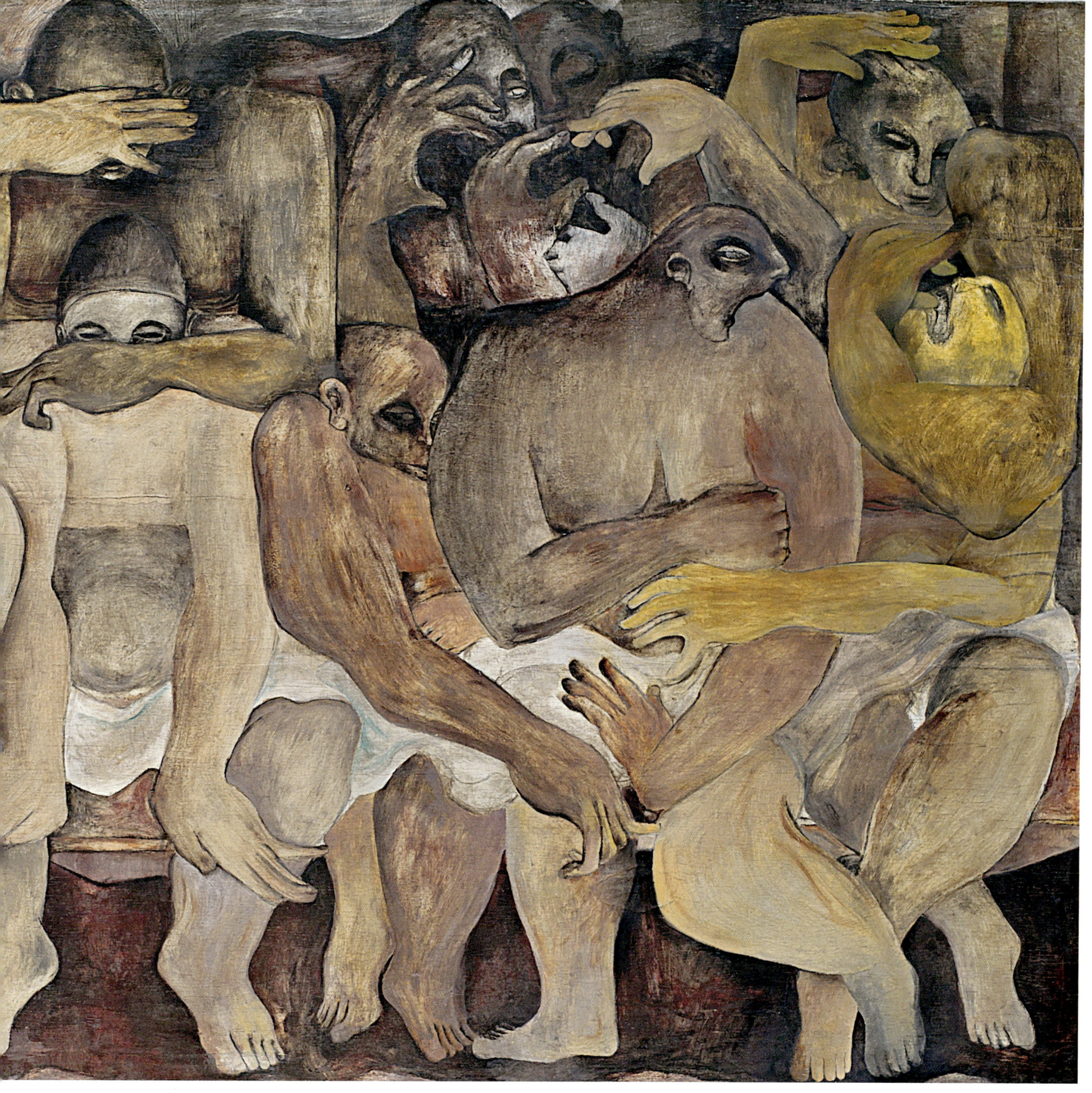

MAYO
Un Soir à Cannes
[Una tarde en Cannes], 1948
Óleo sobre lienzo
137 x 144 cm
Centro Cultural Europeo de Delfos, Grecia

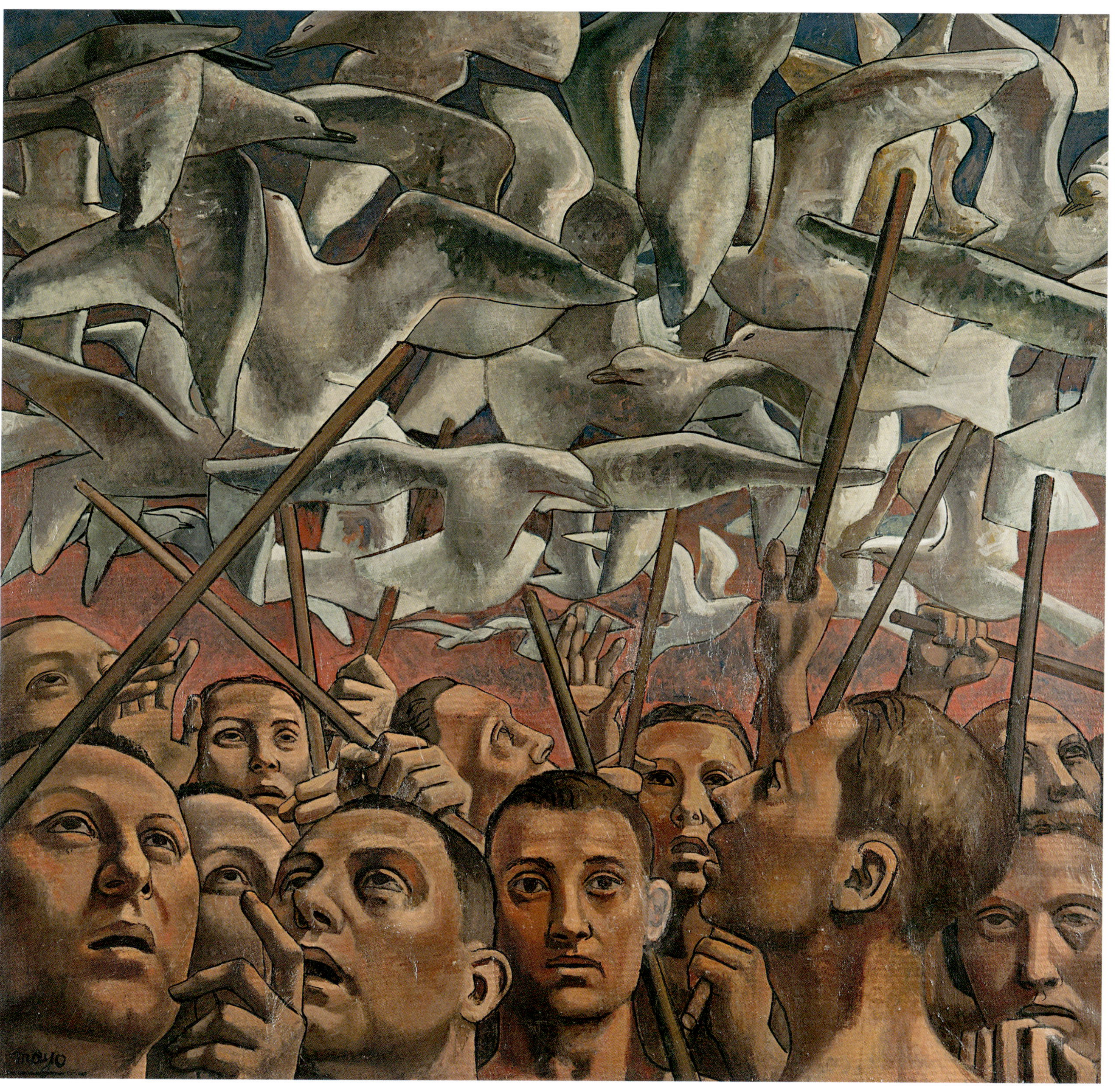

EL GRUPO DE ARTE CONTEMPORÁNEO: «UN ARTE EGIPCIO»

Abdel Hadi el-Gazzar, *Loisirs,* n.º 21, primavera de 1950

Durante la segunda mitad de la década de 1940, Art et Liberté manifestó la diferencia en su posicionamiento artístico con respecto al Grupo de Arte Contemporáneo, un colectivo de artistas algo más jóvenes que, en algunos casos, habían participado en las exposiciones de arte independiente organizadas por Art et Liberté. A finales de la década de 1940 y durante las primeras décadas que siguieron a la revolución de 1952, la preocupación por cómo producir arte egipcio —muy distinta de la noción de hacer arte para Egipto— se convirtió en un tema recurrente en las reflexiones teóricas y experimentos estilísticos de numerosos historiadores y artistas, respectivamente. Es en este contexto donde se percibió al Grupo de Arte Contemporáneo como un movimiento egipcio genuino, autor del primer arte auténticamente egipcio. Para conseguir su objetivo, se sirvieron del acervo visual de la tradición popular de supersticiones, mitos y fábulas del folklore que se había transmitido de forma oral durante generaciones, y crearon un lenguaje en el que convivían lo antiguo y lo nuevo, lo faraónico y lo islámico, lo real y lo imaginario, junto con lo que es quizá más importante: un depósito vivo de formas. No obstante, en lo que concierne a Art et Liberté, el colectivo temía que estos jóvenes artistas, quienes en su momento les habían proporcionado las páginas en blanco sobre las que escribir su próximo capítulo, se convirtieran en portavoces de un nuevo tipo de nacionalismo. No obstante, a pesar de esta diferencia, algunos miembros del Grupo de Arte Contemporáneo, como Abdel Hadi el-Gazzar, Hamed Nada y Samir Rafi', todos ellos influidos inicialmente por el surrealismo de Art et Liberté, llegarían a formar parte de los artistas modernos más influyentes de Egipto, mientras que varios miembros de Art et Liberté caían en el olvido.

EL GRUPO DE ARTE CONTEMPORÁNEO

*«Existen actualmente en Egipto diversas corrientes artísticas
que proponen un proyecto de arte nacional.*

*No resulta difícil crear un arte nacional egipcio siempre
que los artistas comprendan nuestra problemática específica
y sean capaces de recrearla con elementos ambientales y
con una mentalidad moderna».*

Abdel Hadi el-Gazzar, «Vers un art spécifiquement Égyptien», en *Loisirs,* primavera de 1950

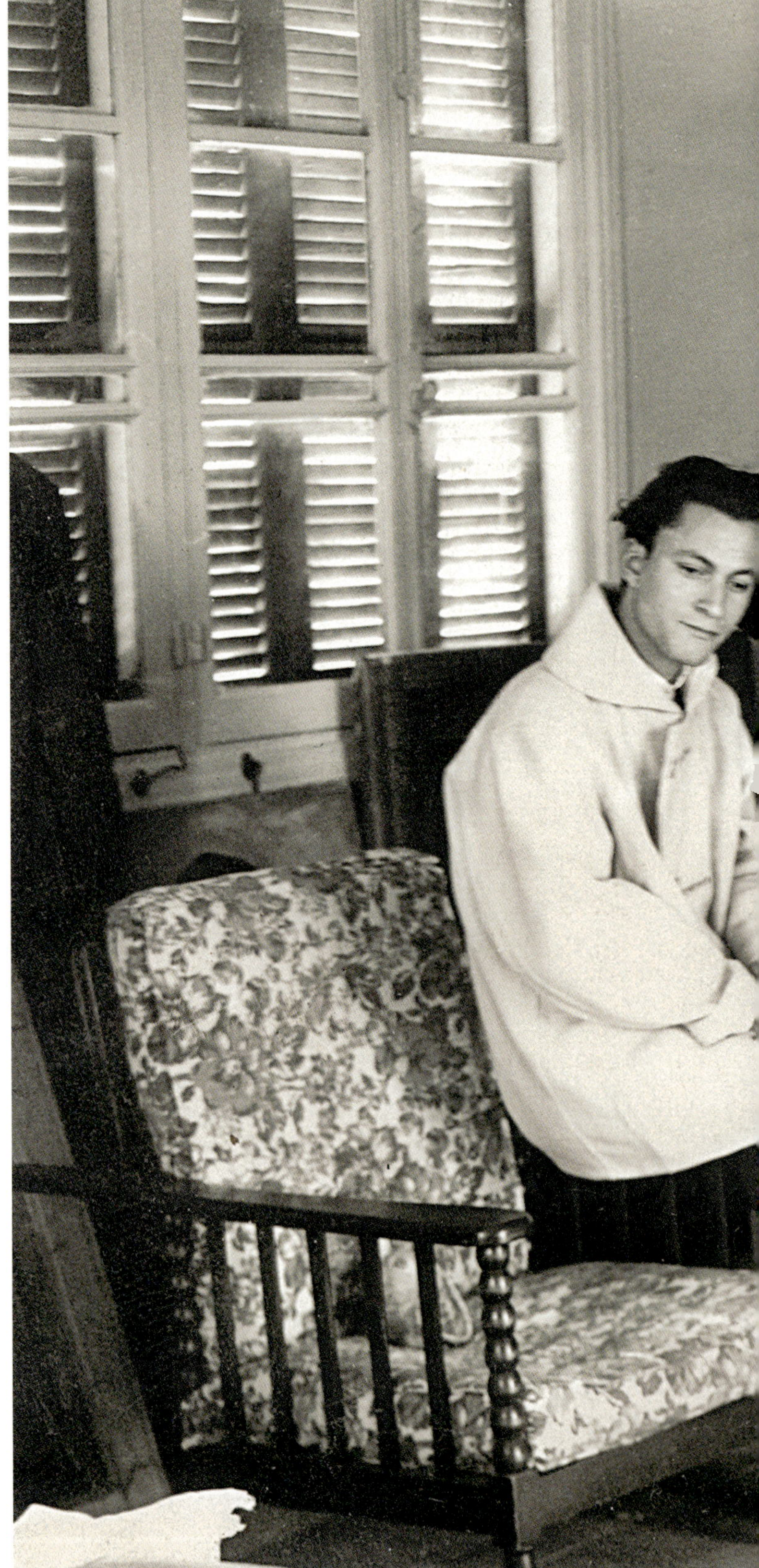

El Grupo de Arte Contemporáneo, ca. 1946
De izquierda a derecha: Hamed Nada,
Abdel Hadi el-Gazzar, Hussein Youssef Amin,
Mahmoud Khalil (atrás), Kamal Youssef
y Samir Rafi'
Fotógrafo desconocido
Gelatina de plata sobre papel
Archivo Kamal Youssef, Dayton, Pensilvania

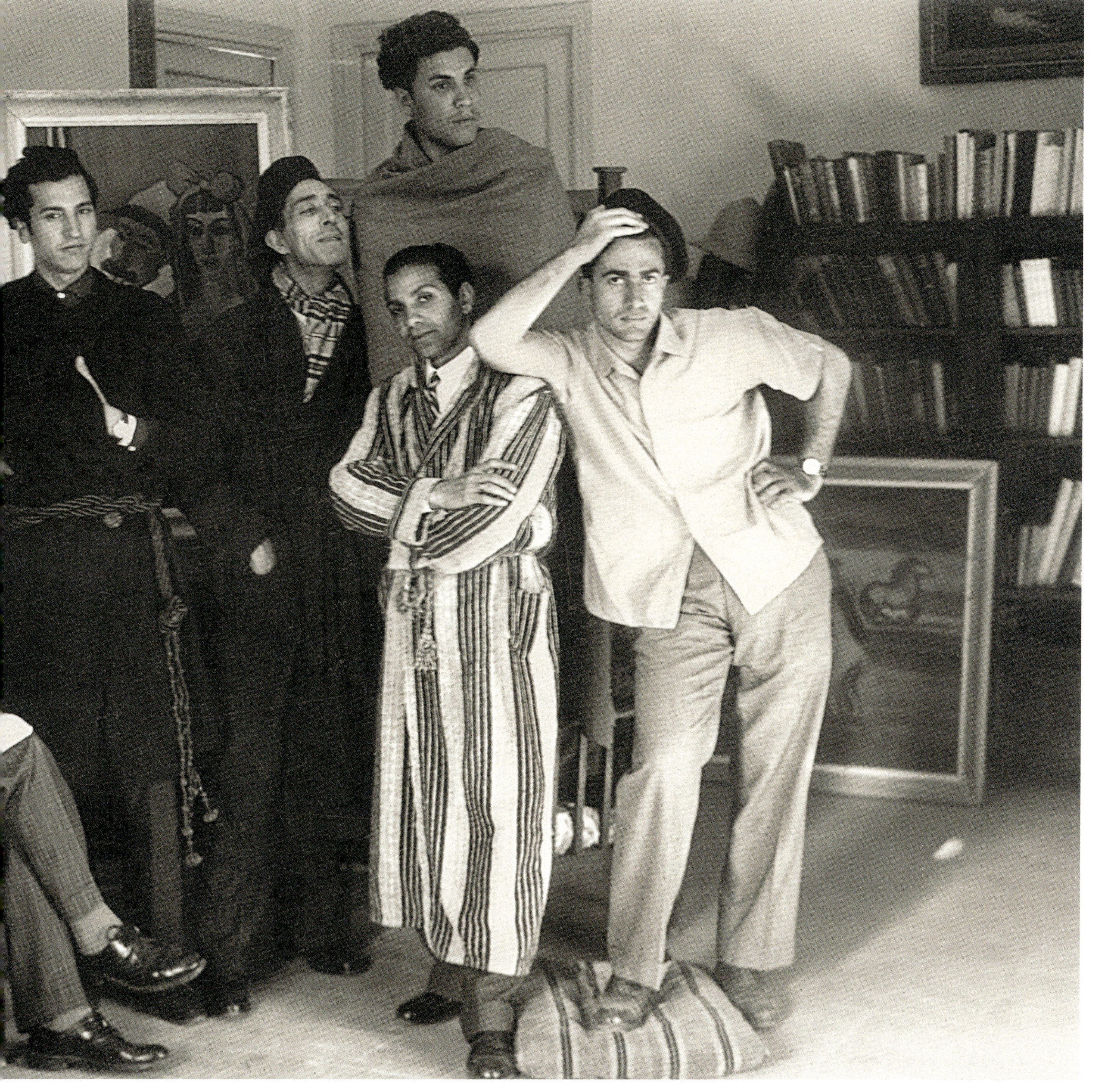

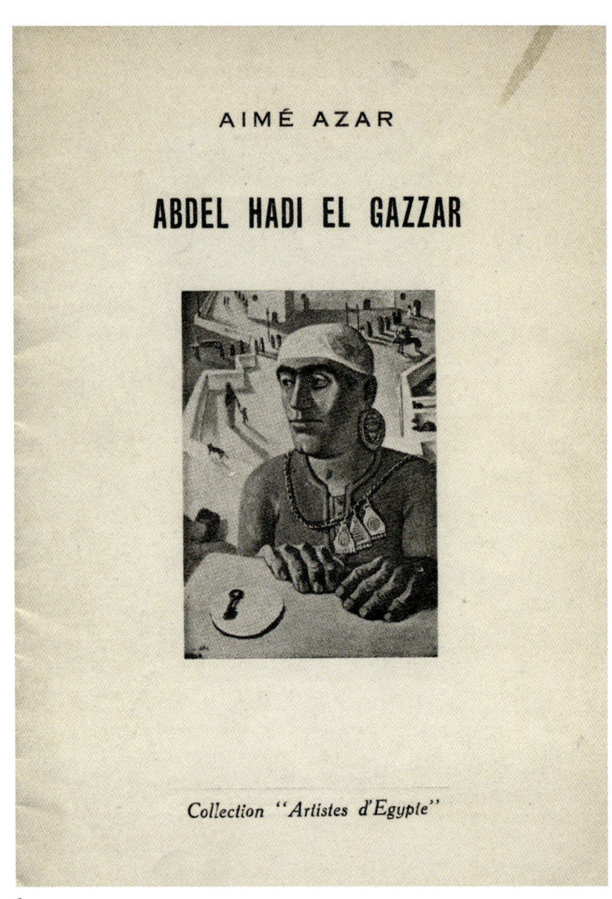

1

1
Aimé Azar
Abdel Hadi el-Gazzar, 1952
Impreso sobre papel
Archivo Kamal Youssef, Dayton, Pensilvania

2
ABDEL HADI EL-GAZZAR
El loco verde, 1951
Óleo sobre cartón
63 x 70 cm
Colección Naguib Sawiris, El Cairo

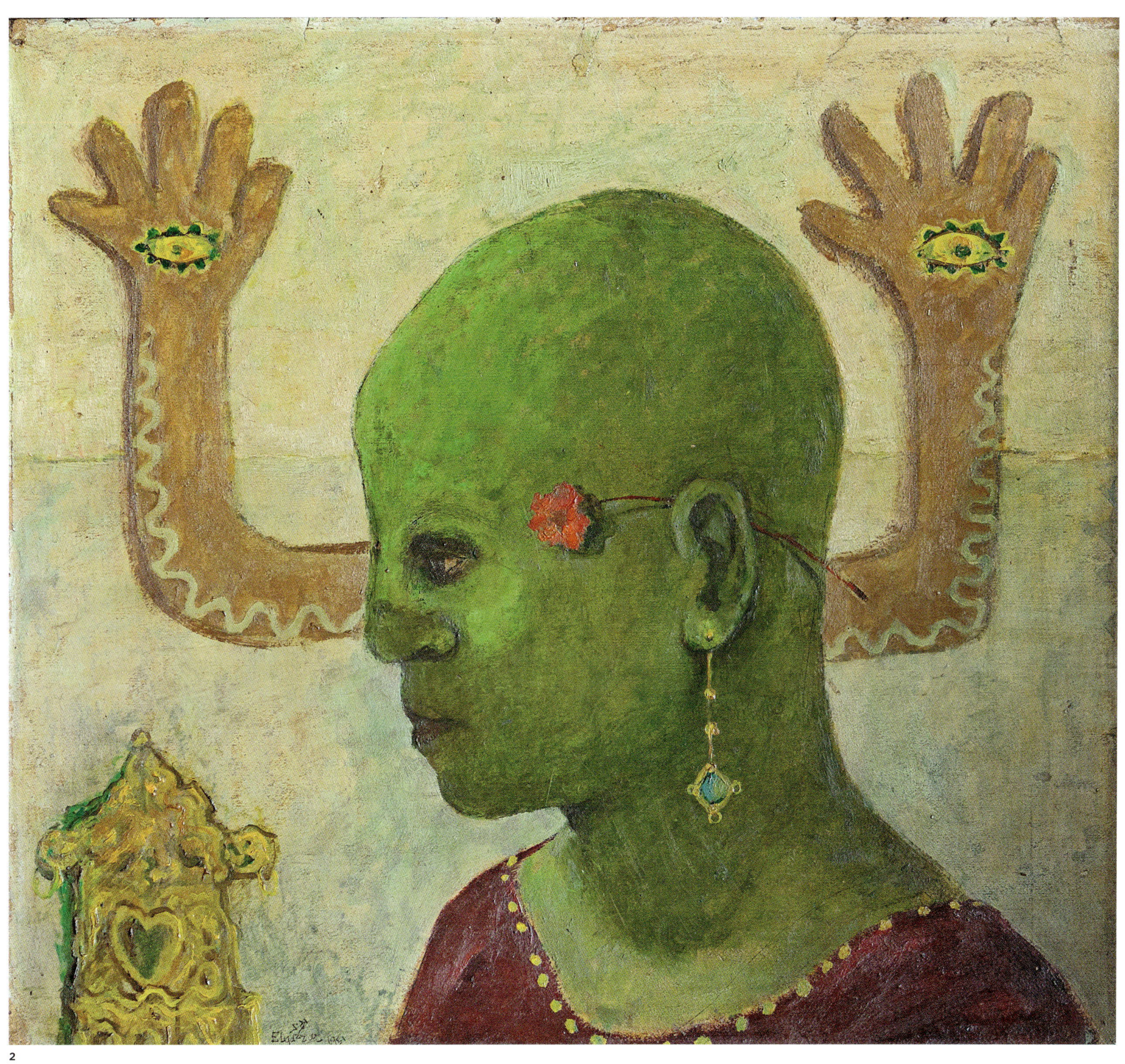

2

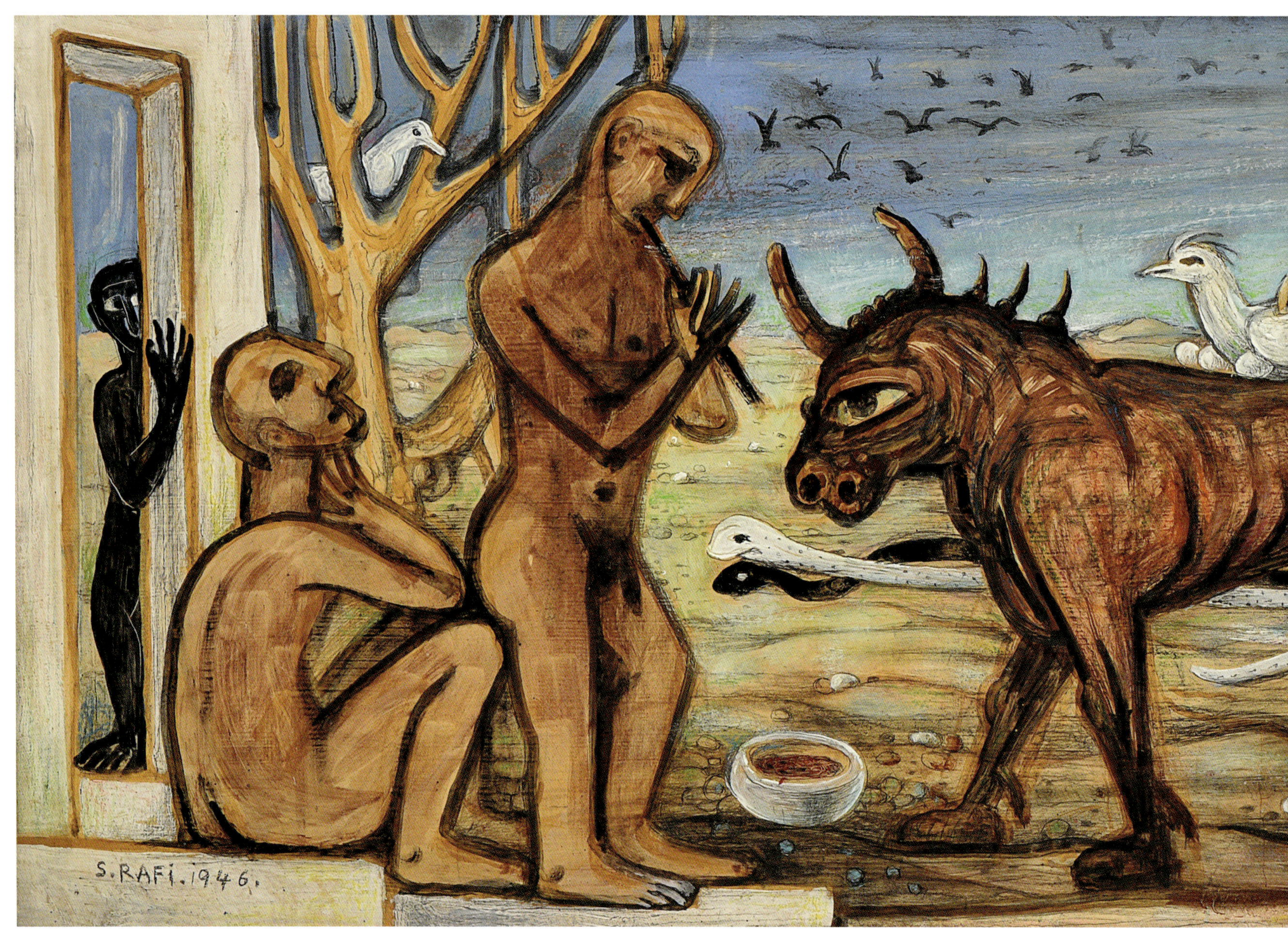

SAMIR RAFI'
Sin título, 1946
Técnica mixta sobre cartón
41 x 116 cm
Colección particular

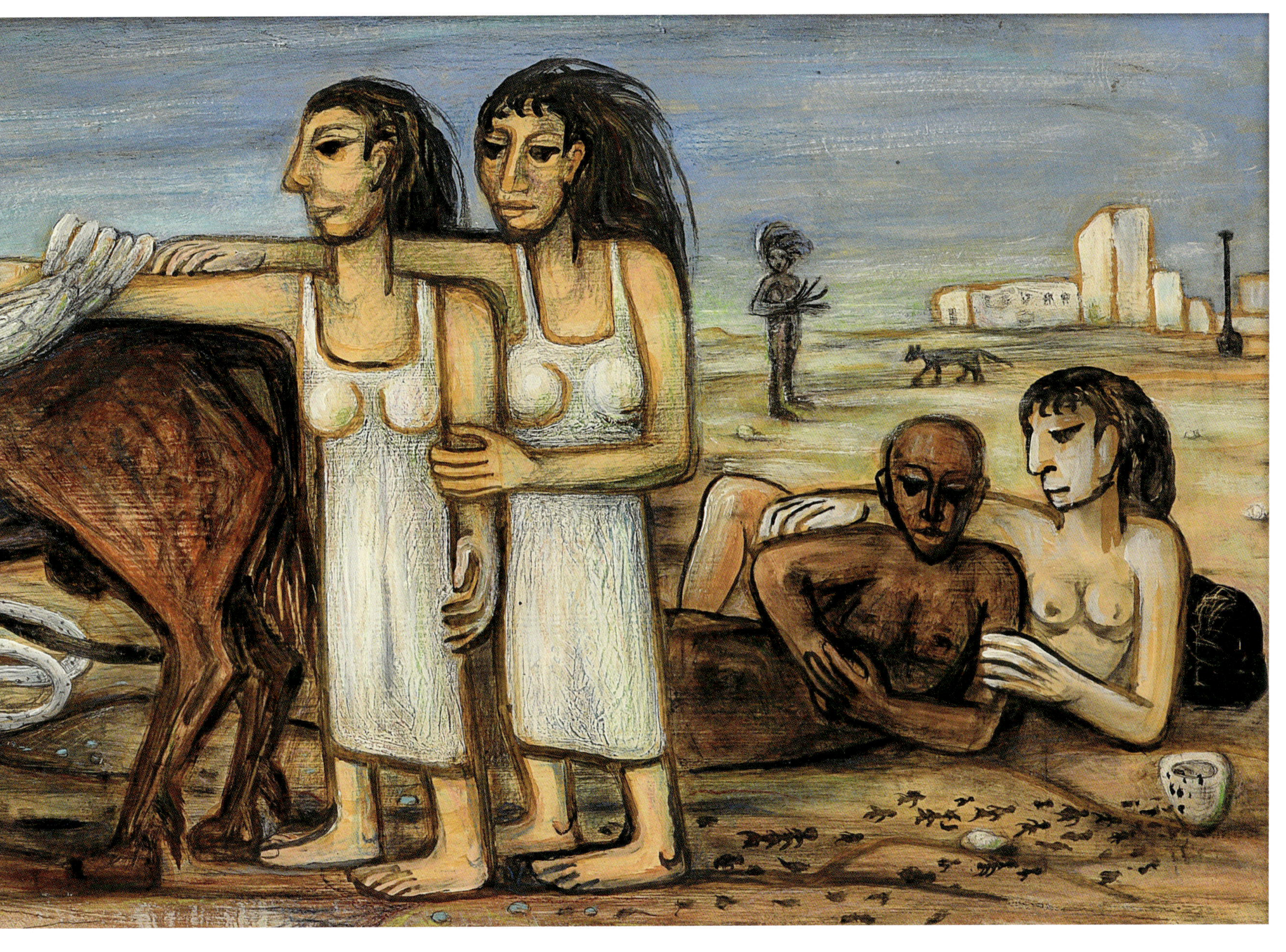

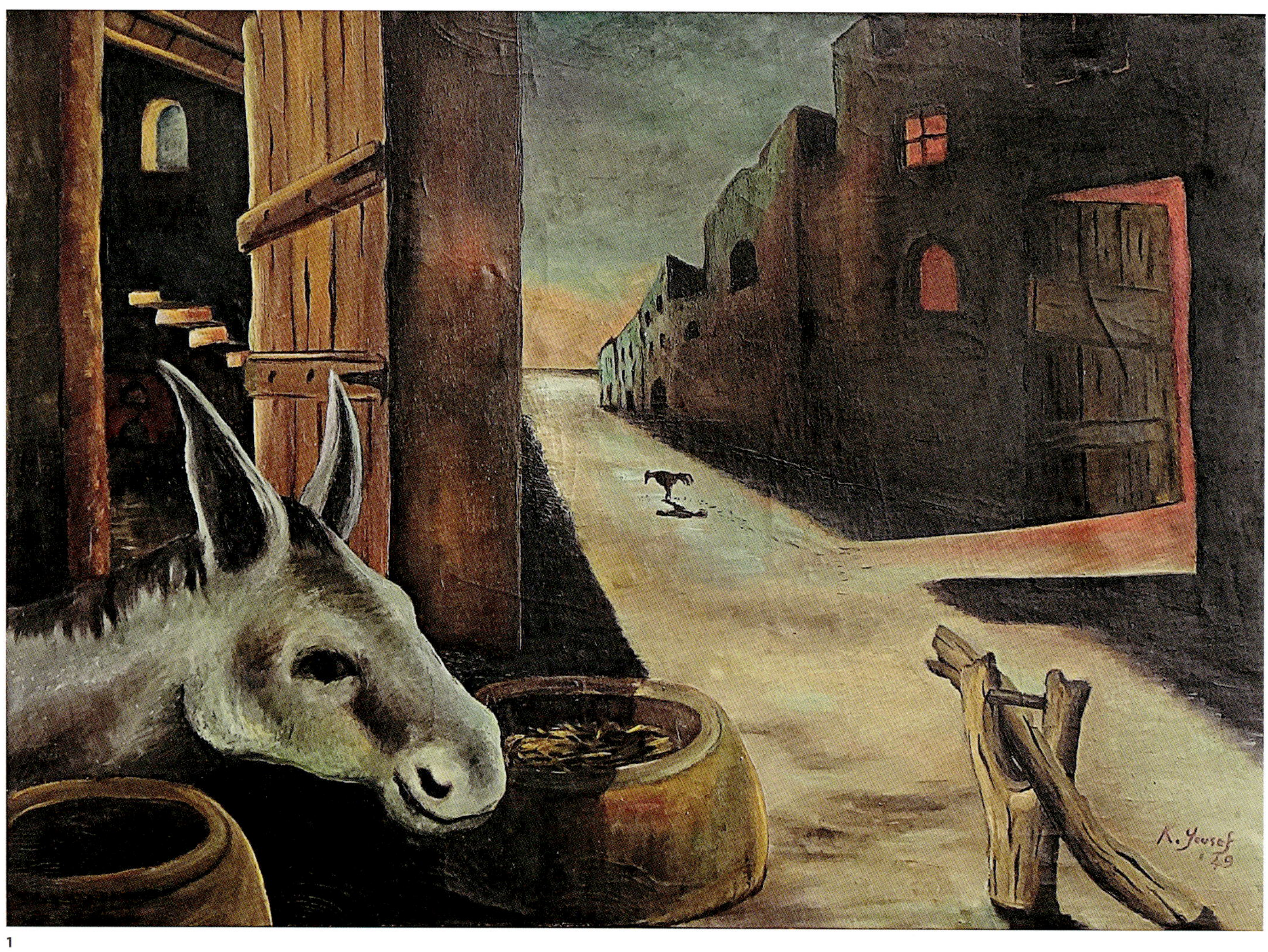

1

1
KAMAL YOUSSEF
Puesta de sol en la aldea, 1949
Óleo sobre lienzo
74 x 108 cm
Colección particular

2
HAMED NADA
El poseído, 1952
Óleo sobre lienzo
132,2 x 79,4 cm
Colección particular

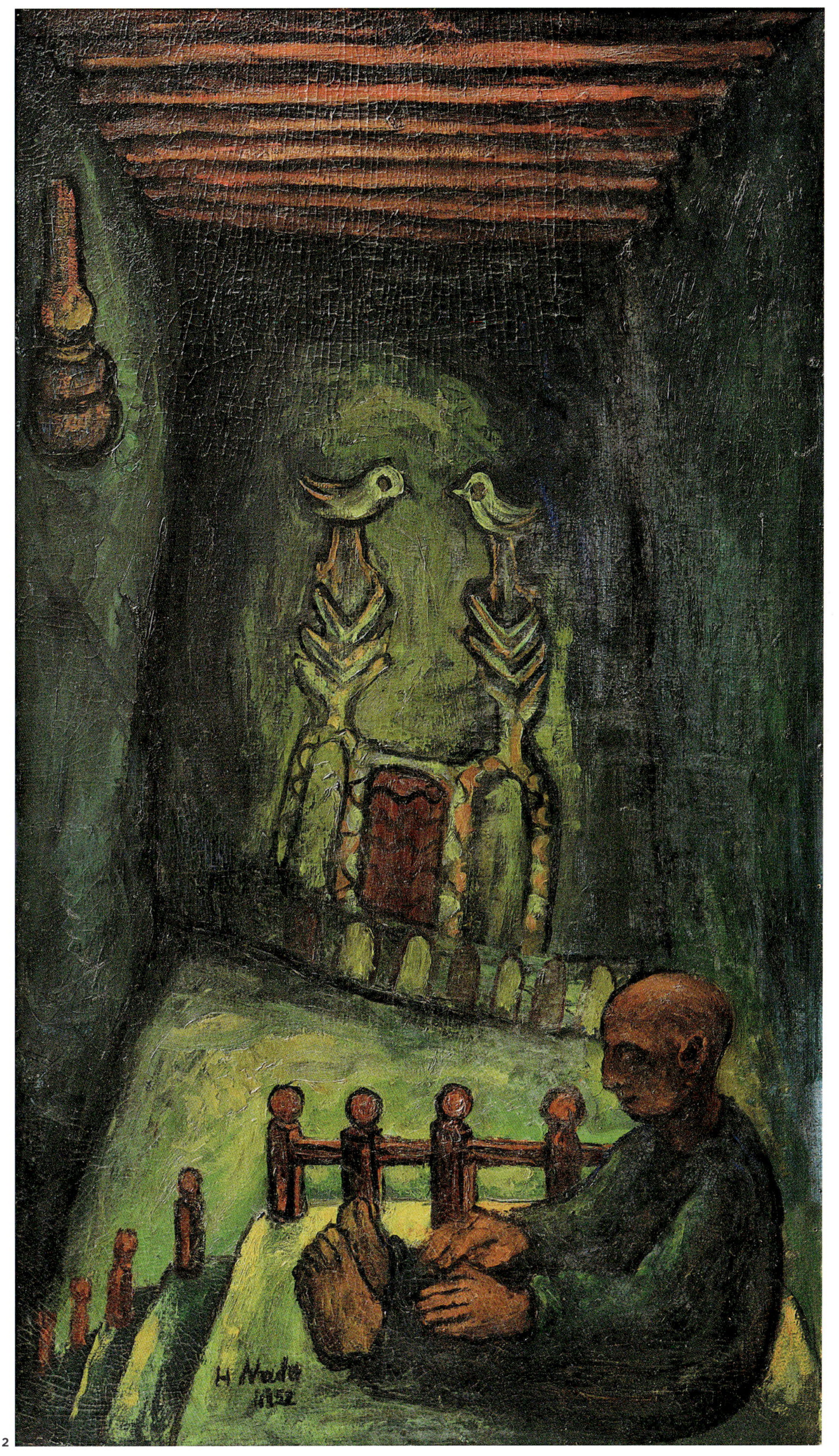

2

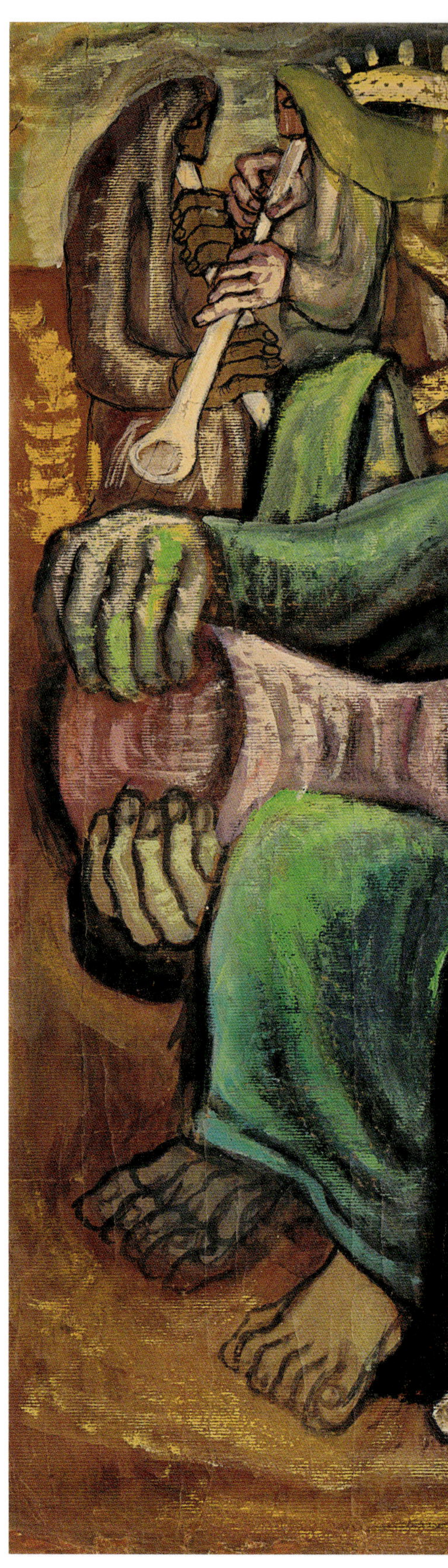

MAHER RA'EF
Sin título, 1948
65 x 74 cm
Gouache y tinta sobre papel
Colección particular, El Cairo

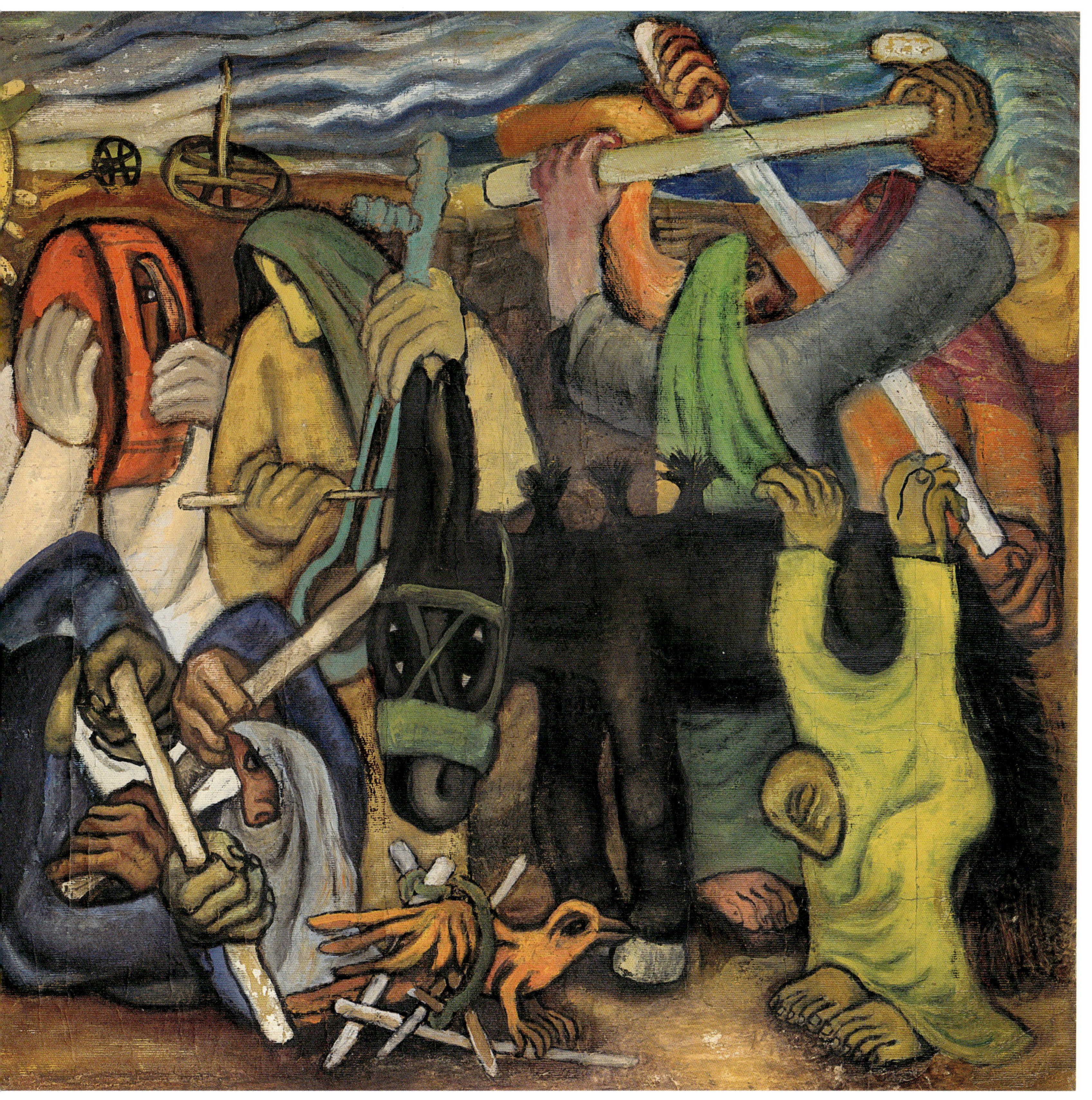

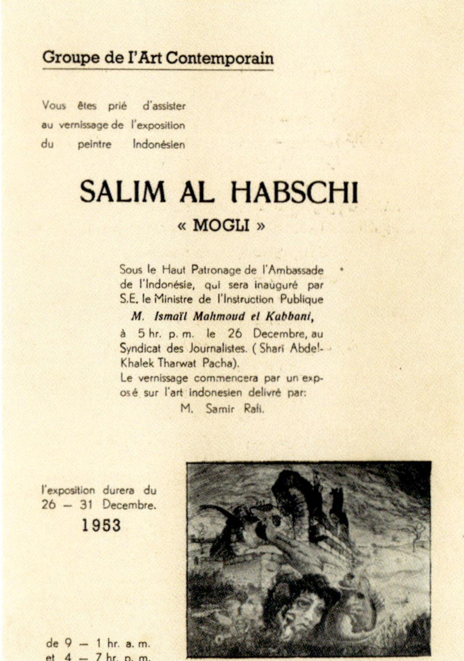

Groupe de l'Art Contemporain

Vous êtes prié d'assister
au vernissage de l'exposition
du peintre Indonésien

SALIM AL HABSCHI
« MOGLI »

Sous le Haut Patronage de l'Ambassade
de l'Indonésie, qui sera inauguré par
S.E. le Ministre de l'Instruction Publique
M. Ismaïl Mahmoud el Kabbani,
à 5 hr. p. m. le 26 Decembre, au
Syndicat des Journalistes. (Shari Abdel-
Khalek Tharwat Pacha).
Le vernissage commencera par un exp-
osé sur l'art Indonesien delivré par:
M. Samir Rafi.

l'exposition durera du
26 — 31 Decembre.
1953

de 9 — 1 hr. a. m.
et 4 — 7 hr. p. m.

1

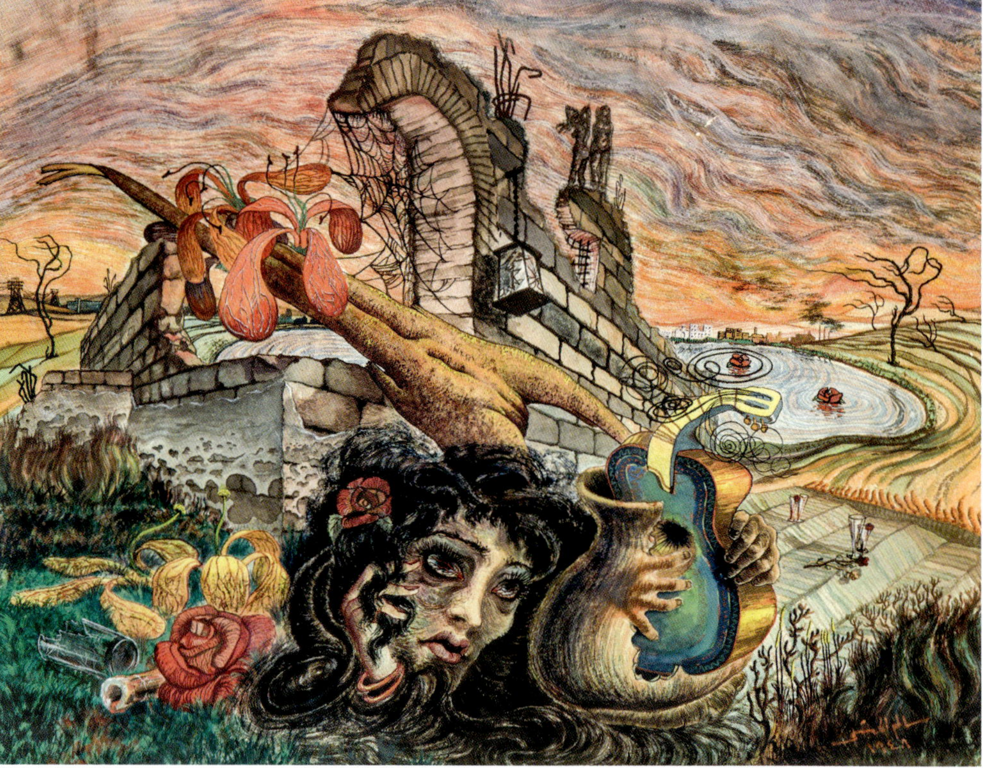

2

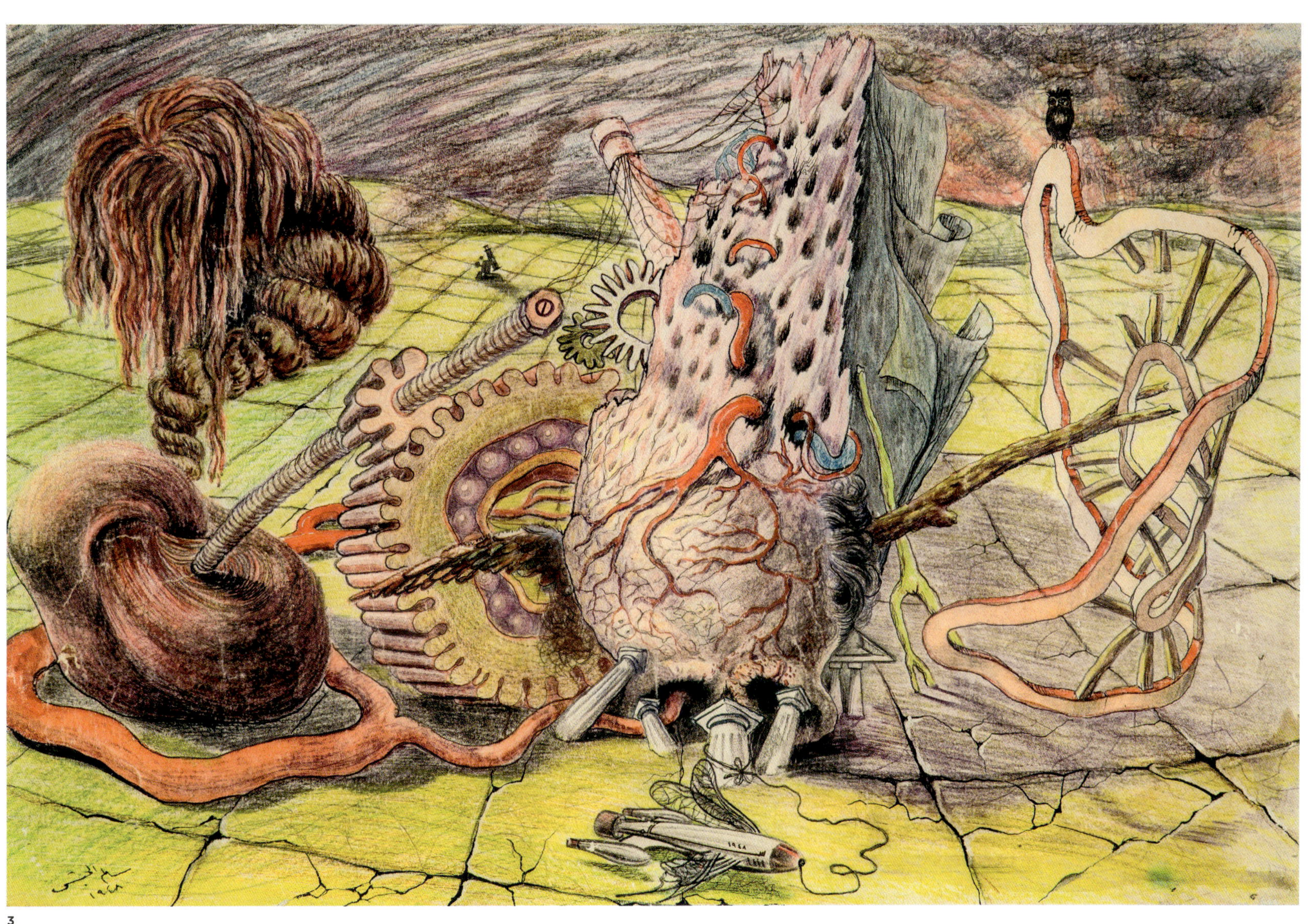

3

3
SALIM AL-HABSCHI
Sin título (Naufrages) [Naufragios], 1948
Tinta y pastel sobre papel
37 x 54 cm
Al Masar Gallery for Contemporary Art, El Cairo;
colección particular, El Cairo

IBRAHIM MASSOUDA
Adán y Eva, 1950
Óleo sobre tabla
41 x 42 cm
Colección Fatenn Mostafa Kanafani, El Cairo

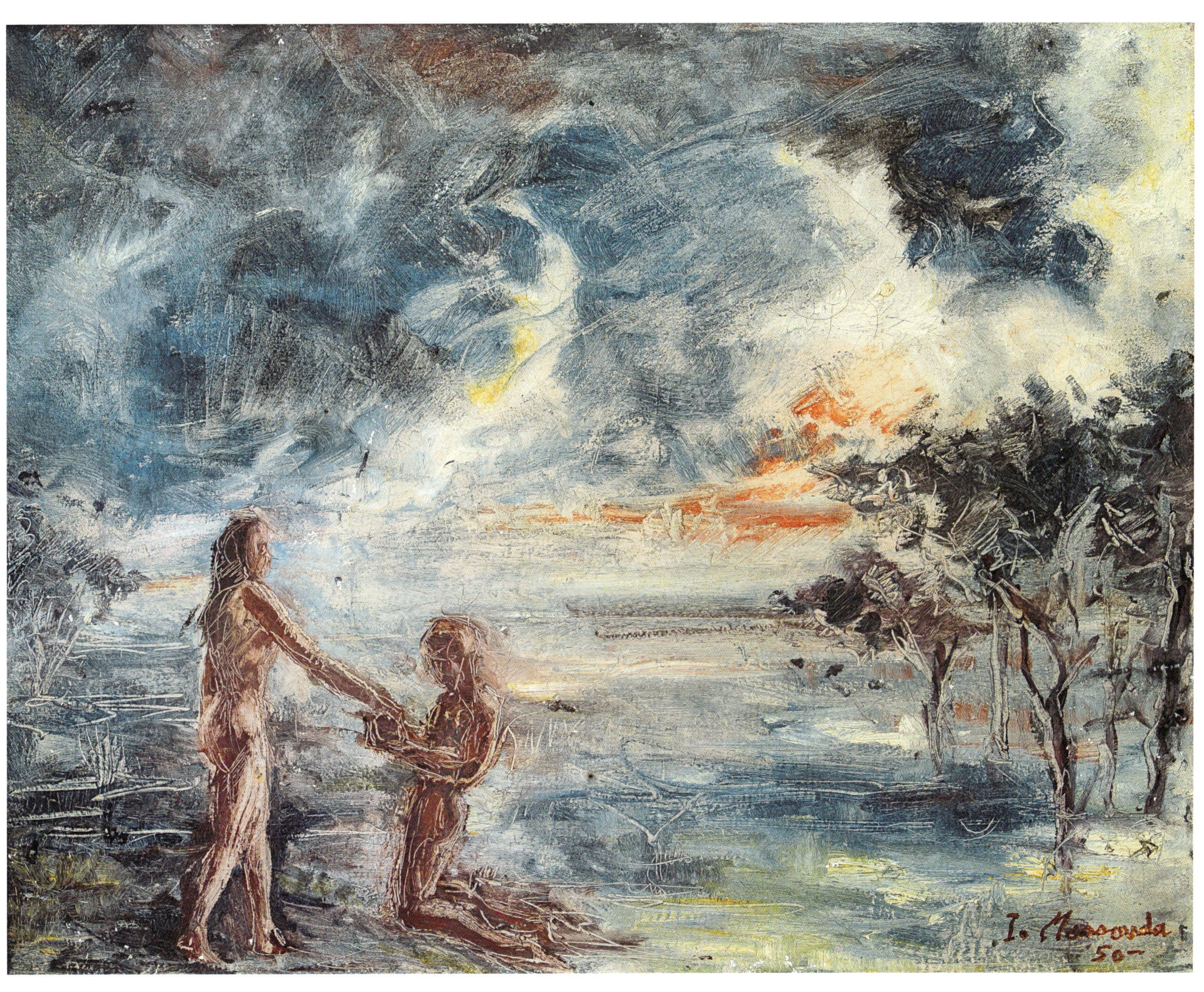

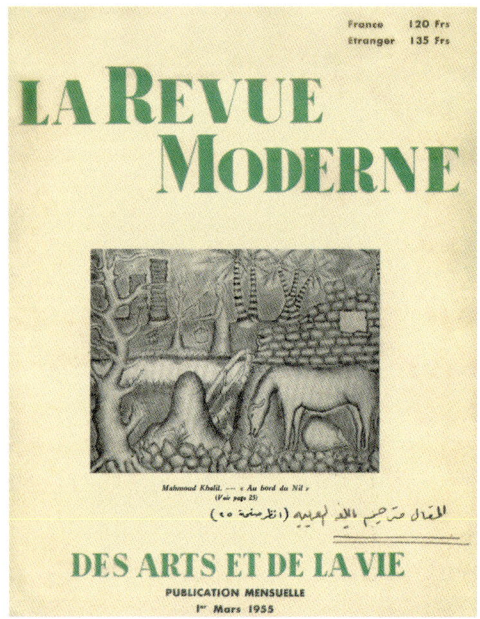

1

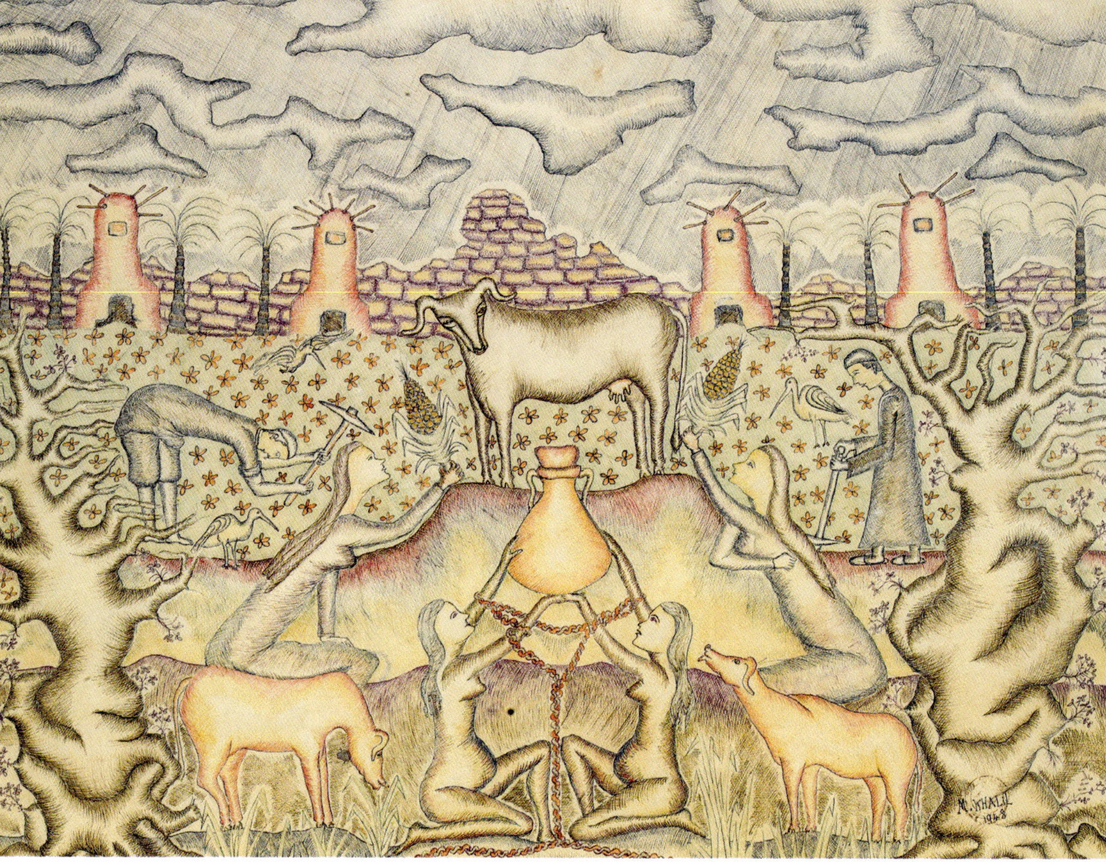

2

1

MAHMOUD KHALIL
Au bord du Nil [A orillas del Nilo]
La Revue Moderne, 1 de marzo de 1953
Impreso sobre papel
Al Masar Gallery for Contemporary Art, El Cairo

2

MAHMOUD KHALIL
Campagne [Campo], 1948
Tinta coloreada sobre papel
55,5 x 71 cm
Al Masar Gallery for Contemporary Art, El Cairo;
colección particular, El Cairo

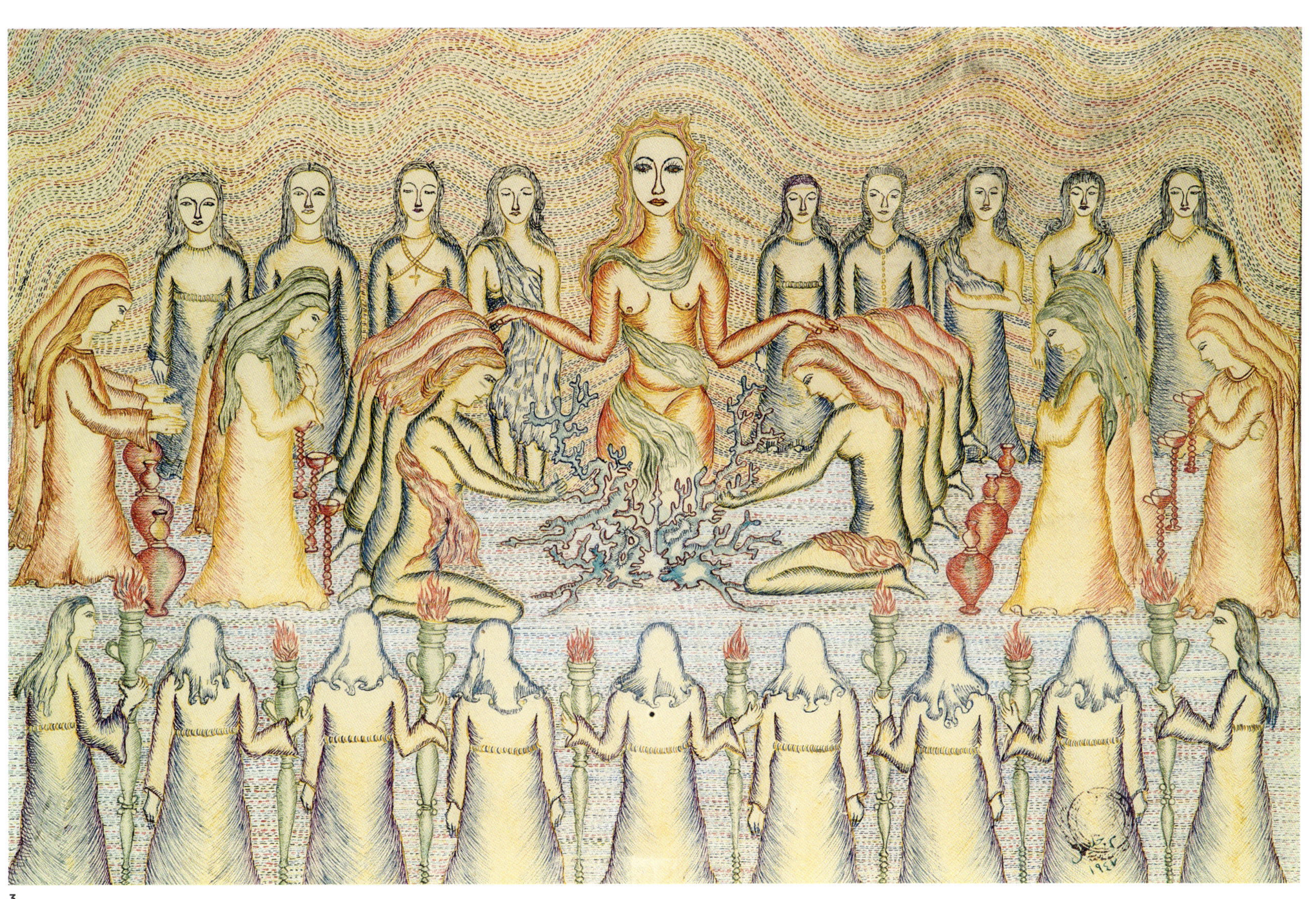

3

3
MAHMOUD KHALIL
Vertu [Virtud], 1947
Tinta coloreada sobre papel
36,5 x 54,7 cm
Al Masar Gallery for Contemporary Art, El Cairo;
colección particular, El Cairo

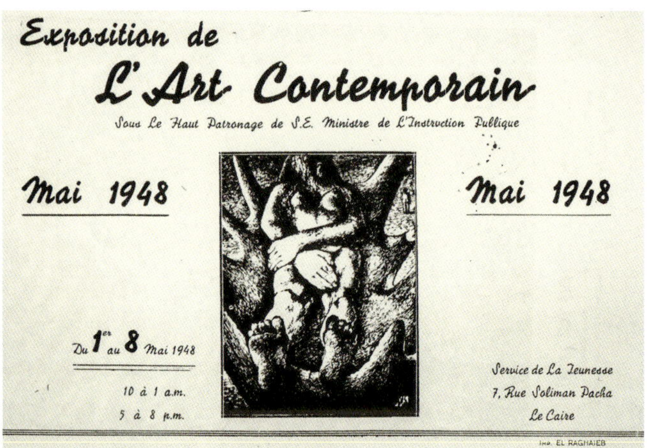

1

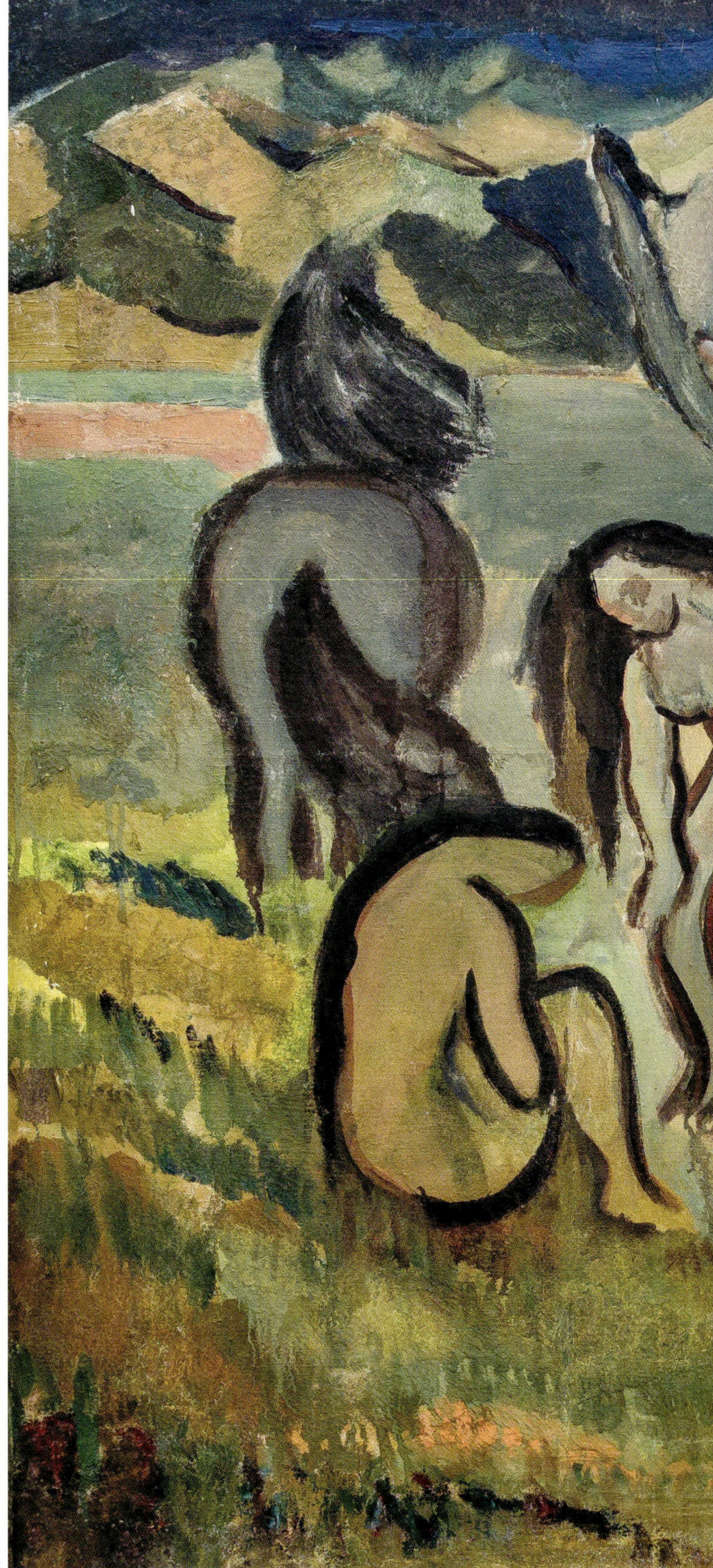

1
Catálogo de la segunda exposición
del Grupo de Arte Contemporáneo, 1948
Folleto
Safarkhan Art Gallery, El Cairo

2
HUSSEIN YOUSSEF AMIN
Desnudo sobre concha, 1948
Óleo sobre lienzo
89 x 118 cm
Al Masar Gallery for Contemporary Art, El Cairo;
colección particular, El Cairo

2

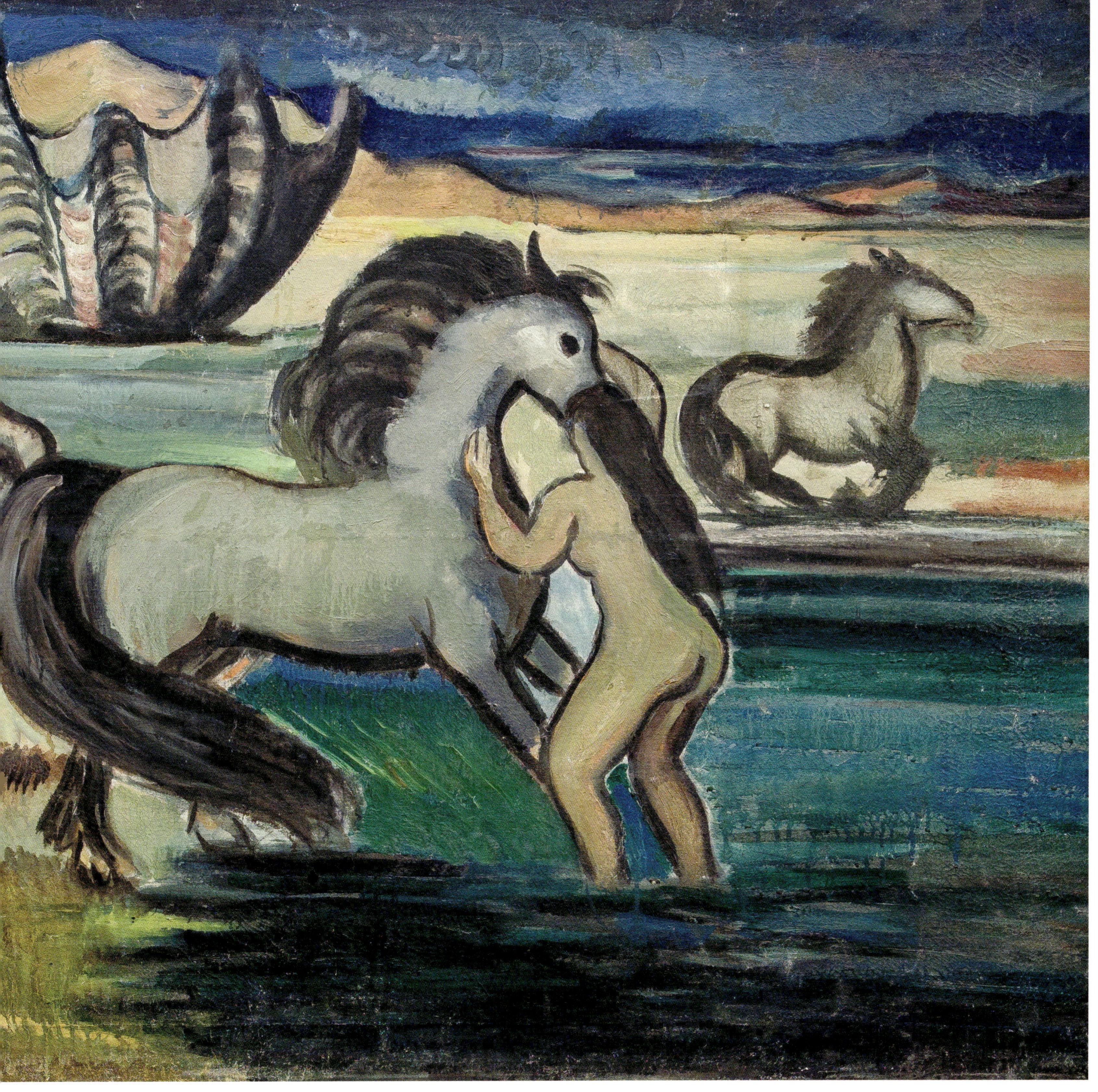

«ESCRIBIENDO CON IMÁGENES»

Albert Cossery, *La Semaine Égyptienne*, 17 de marzo de 1941

La correlación entre la palabra escrita y la imagen pictórica es una de las particularidades excepcionales de Art et Liberté y una prueba de que exploraban sus círculos artísticos e intelectuales inmediatos en busca de estímulos pictóricos y literarios. El grupo gestionaba dos editoriales, Les Éditions Masses y La Part du Sable, que publicaron, en poco menos de dos décadas, más de treinta libros, incluidos los de autores tan importantes como Yves Bonnefoy, Jean Grenier, Edmond Jabès y Philippe Soupault.

No era raro que los escritores del colectivo pidieran pintores a sus correligionarios para que ilustraran sus publicaciones. Kamel el-Telmisany realizó las ilustraciones tanto de *Déraisons d'être* [Sinrazones de ser, París, J. Corti, 1938], de Georges Henein, como de *Les hommes oubliés de Dieu* [Los hombres a los que Dios olvidó, El Cairo, Éditions de La Semaine Égyptienne, 1941], de Cossery. Fouad Kamel ilustró *Phantasmes* [Visiones, El Cairo, Éditions Horus, 1942], de Horus Schenouda, un escritor libremente afiliado al grupo, además de numerosos artículos publicados en la revista izquierdista *Al-Majallah al-Jadidah*, que servía de portavoz de las ideas políticas y culturales de Art et Liberté. El húngaro Eric de Nemes, que se trasladó a El Cairo desde Beirut entre 1939 y 1940, completó una serie de catorce dibujos destinados a ilustrar el libro inédito *The Lovely and the Dead* [Los bellos y los muertos], de John Waller. A la inversa, la poesía surrealista de Henein inspiró algunas de las obras de arte más notables de otros miembros. Igualmente, el tratamiento de los desamparados en el libro de relatos *Les hommes oubliés de Dieu* de Cossery ofrece al lector una condena de los trágicos destinos inamovibles, escrita con meticuloso naturalismo y sobriedad poética. Esta dinámica dialógica refleja la naturaleza auténticamente multidisciplinar de Art et Liberté.

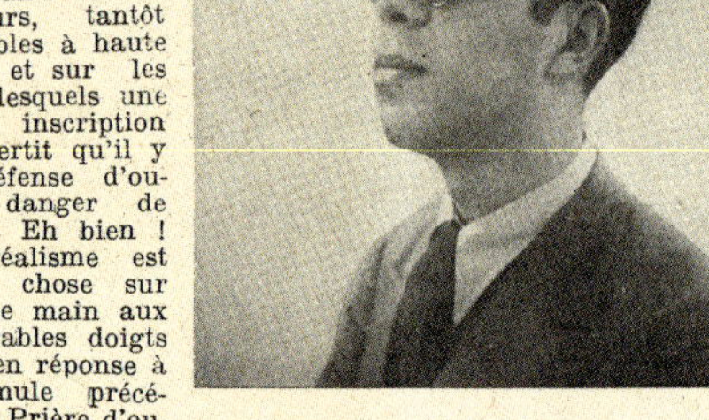

1

«*Damas, caballeros:*

Todos ustedes conocen esos quioscos grisáceos y sosos que albergan tanto potentes transformadores como cables de alta tensión y en cuyas puertas una breve inscripción suele advertir: "Prohibido abrir: peligro de muerte".

¡Pues bien! El surrealismo es algo sobre lo que una mano de innumerables dedos ha escrito su réplica a la fórmula anterior: "Por favor, abrir: peligro de vida"».

Georges Henein, *Bilan du Mouvement Surréaliste* [Balance del movimiento surrealista], 1937

1
Georges Henein, *Bilan du Mouvement Surréaliste* [Balance del movimiento surrealista], 1937
Edición en cartoné encuadernada en piel
Colección Henein-Farhi, Neuilly-sur-Seine

2
THIERRY FORMINTELLI
Retrato surrealista de Georges Henein, s. f.
Espejo y yeso en marco de madera
39 x 23,5 x 3 cm
Colección Henein-Farhi, Neuilly-sur-Seine

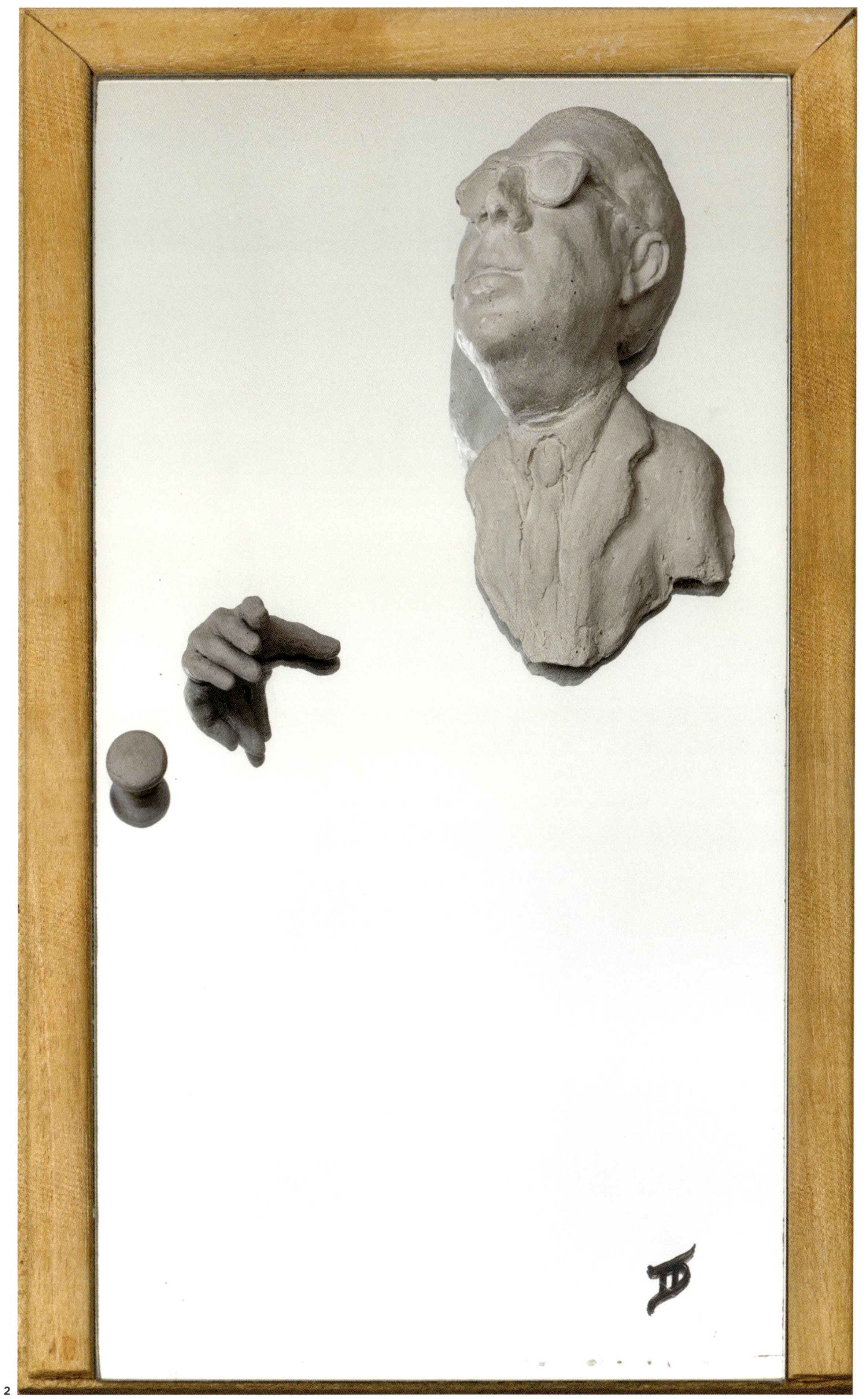

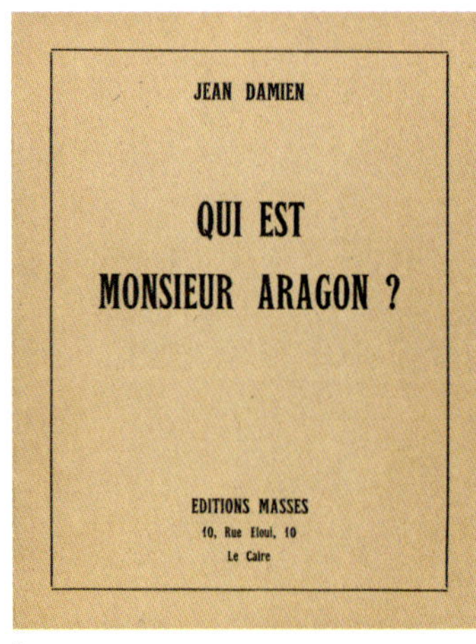

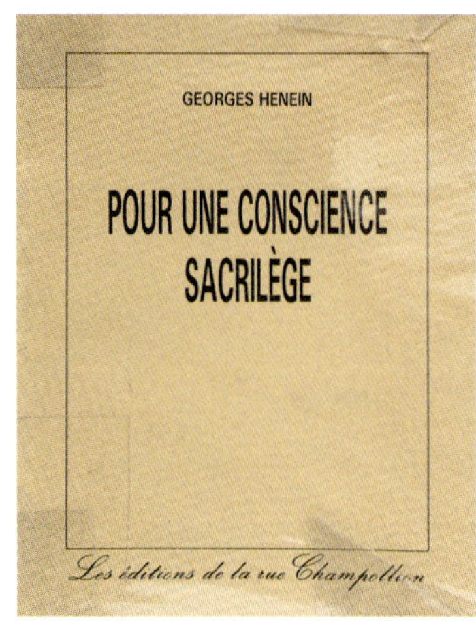

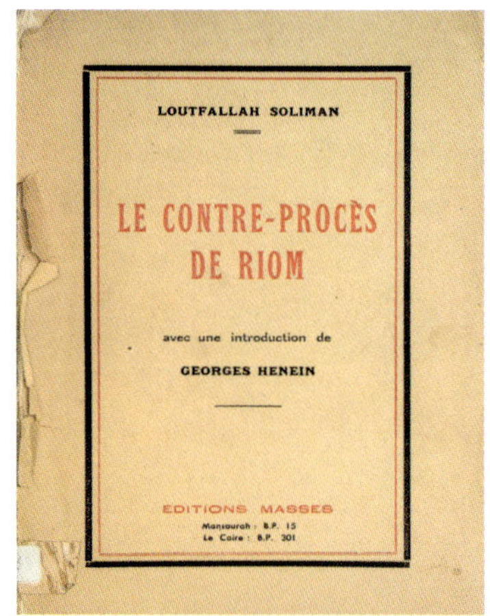

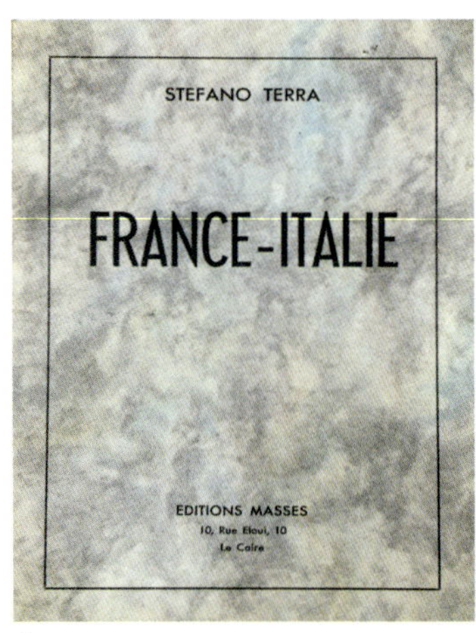

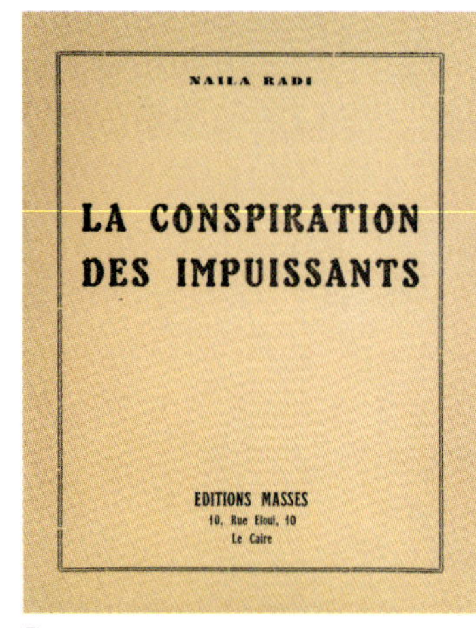

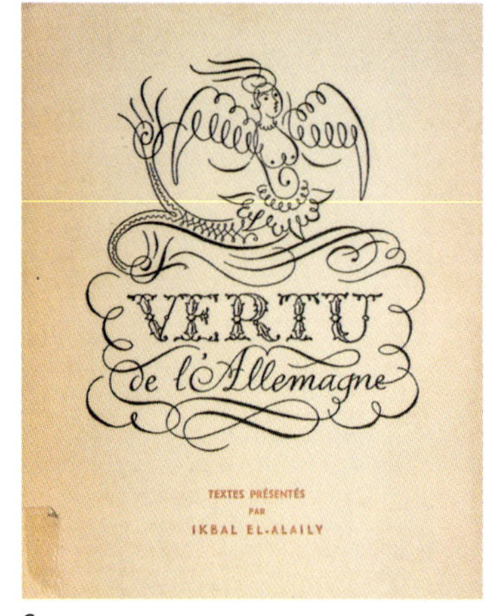

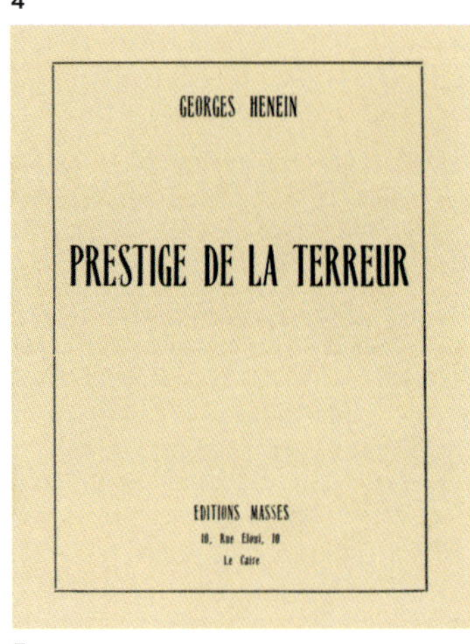

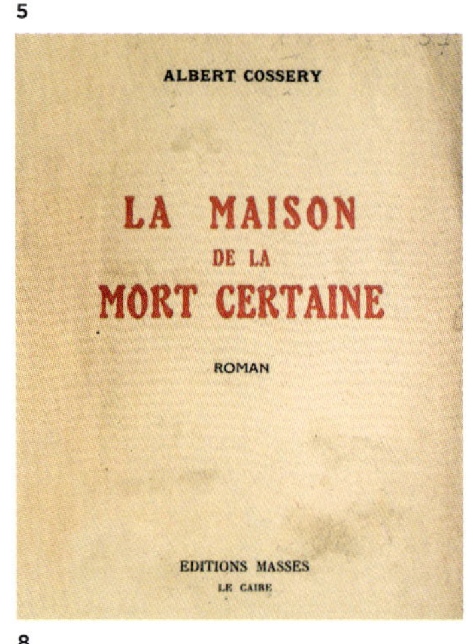

1-8
Publicaciones de Éditions Masses,
1944-1947

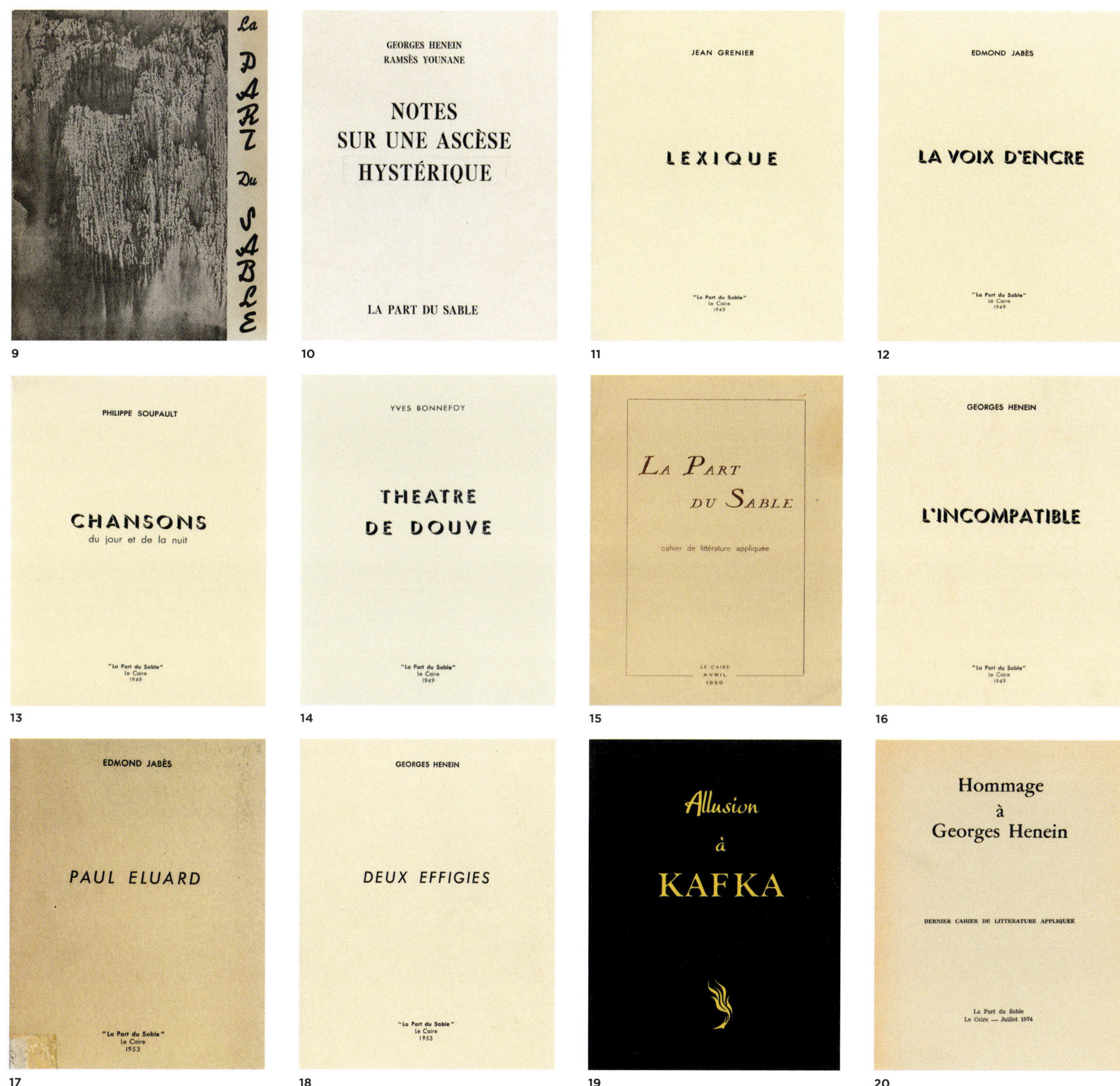

9-20
Publicaciones de La Part du Sable,
1947-1973

«Mirad las ciudades desangrándose una tras otra.

Los campos marchitándose con tantos tumores rapaces [...]

Mirad las llagas definitivas instalándose en pleno pueblo».

Georges Henein, «Non-intervention», en *Déraisons d'être*, 1938

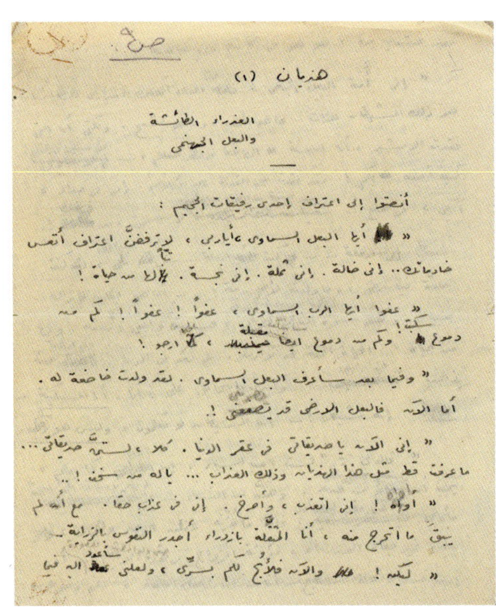

1

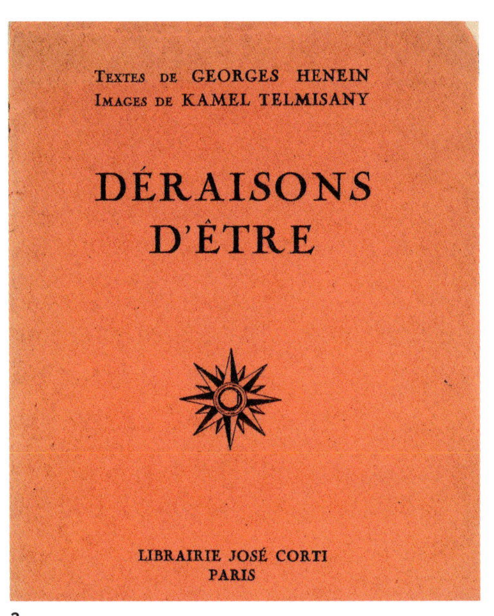

2

«Me muero de cansancio.
Esto es la tumba, voy hacia los gusanos,
¡horror de los horrores!

Satán, bufón, quieres disolverme, con tus encantos.
¡Yo reclamo! Reclamo un golpe de tridente, una gota de fuego».

Arthur Rimbaud, *Une saison en Enfer* [Una temporada en el infierno], 1873
Traducido al árabe por Ramses Younane en 1940

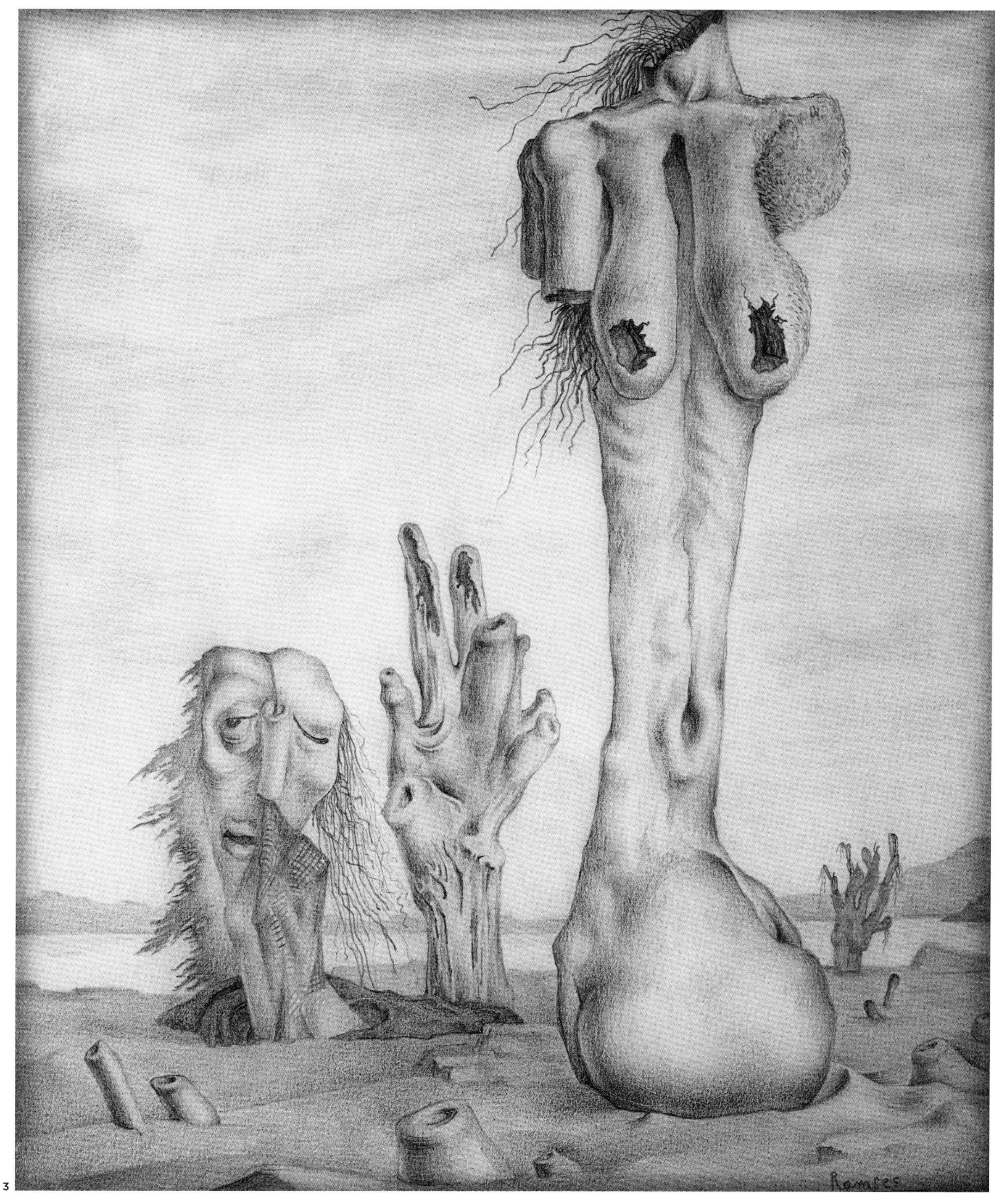
Ramses.

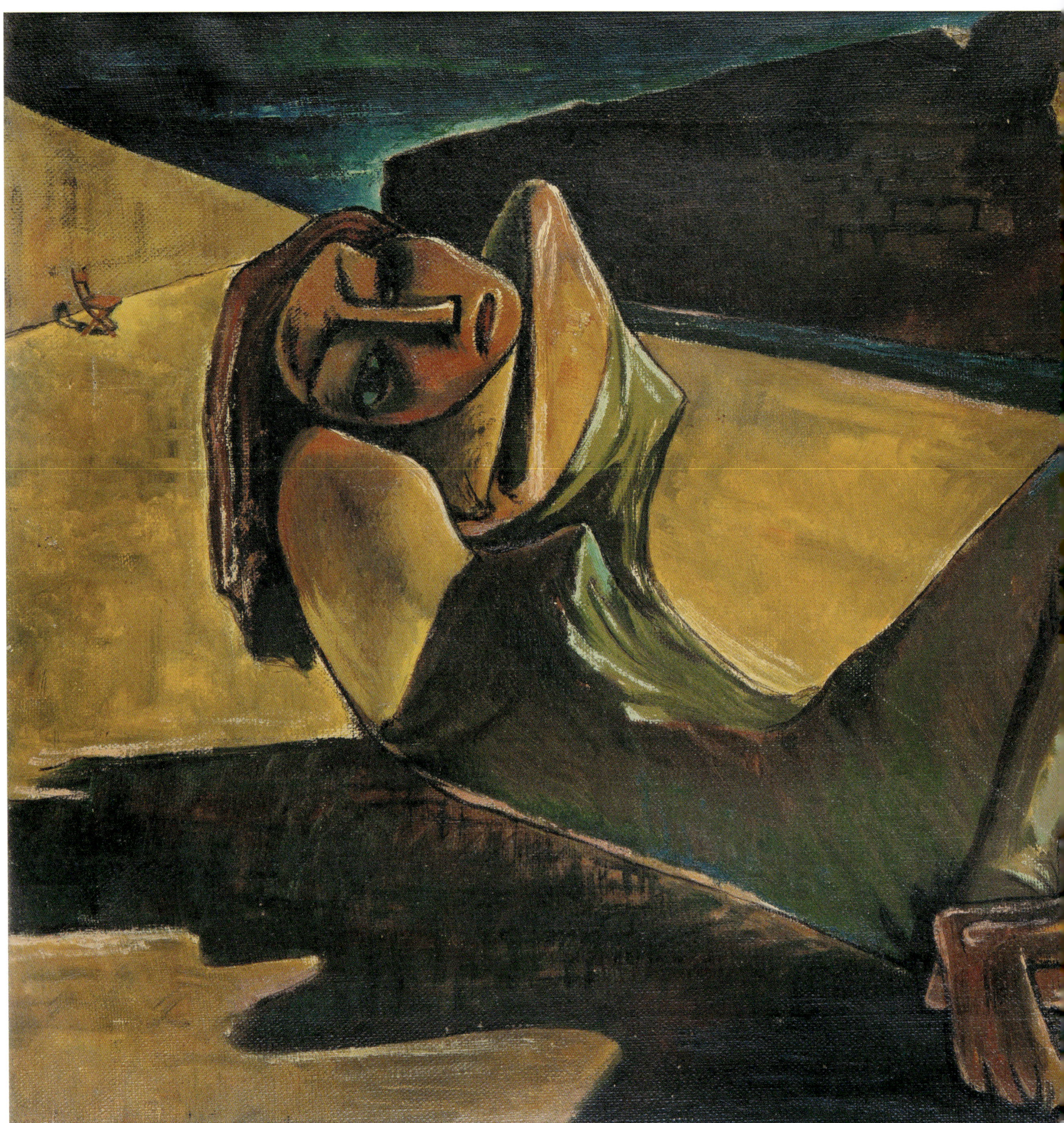

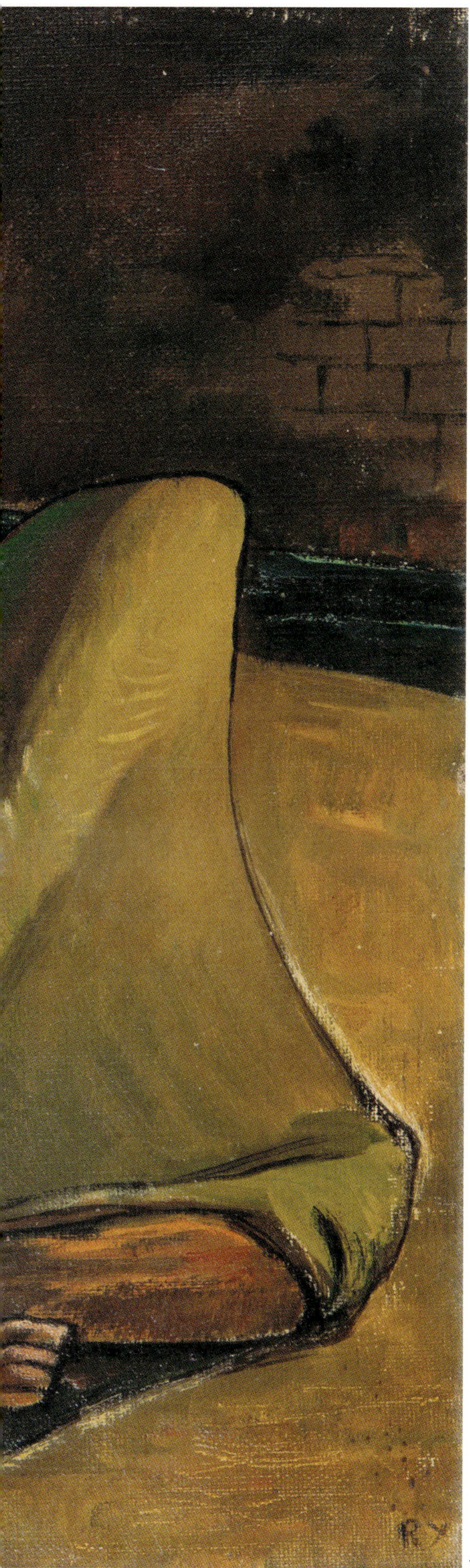

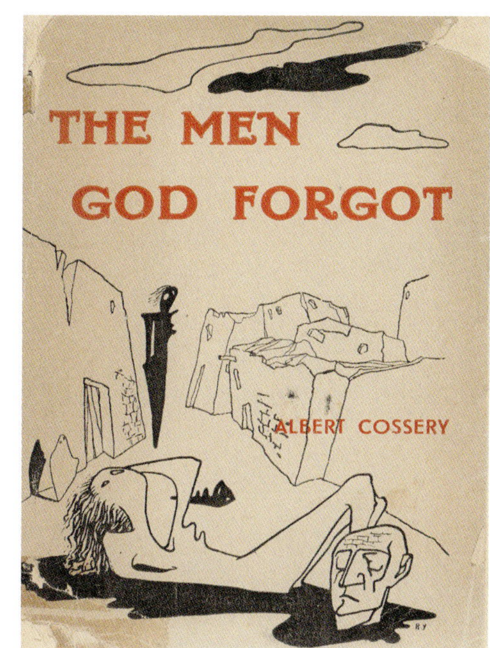

2

«Siempre había una mujer maldiciendo a sus hijos
en un tono alto y estridente.

Y la basura estaba dispersa más o menos por todas partes,
sin preferencias».

Albert Cossery, *Le Coiffeur a tué sa femme* [El peluquero que mató a su mujer], 1941

1
RAMSES YOUNANE
Contre le mur [Contra el muro], 1944
Óleo sobre lienzo
37 x 47 cm
Colección Sylvie y Sonia Younane, París

2
RAMSES YOUNANE
Ilustración de cubierta para el libro
de Albert Cossery, *The Men God Forgot*
[Los hombres a los que Dios olvidó], 1944
Colección particular, París

1

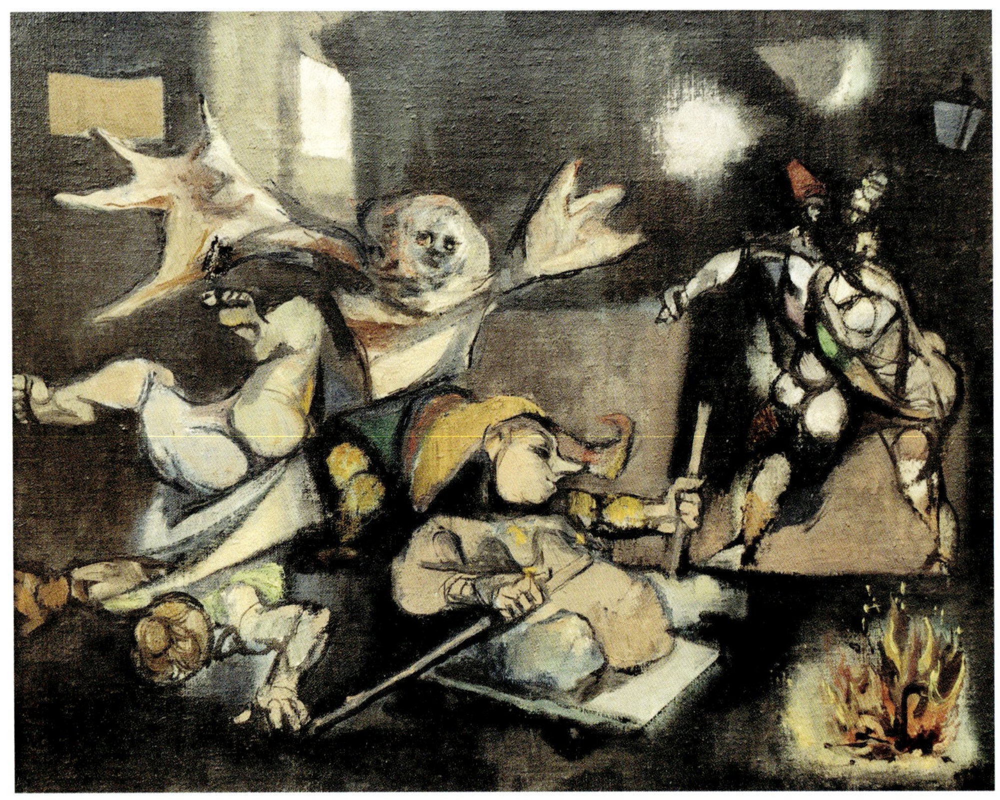

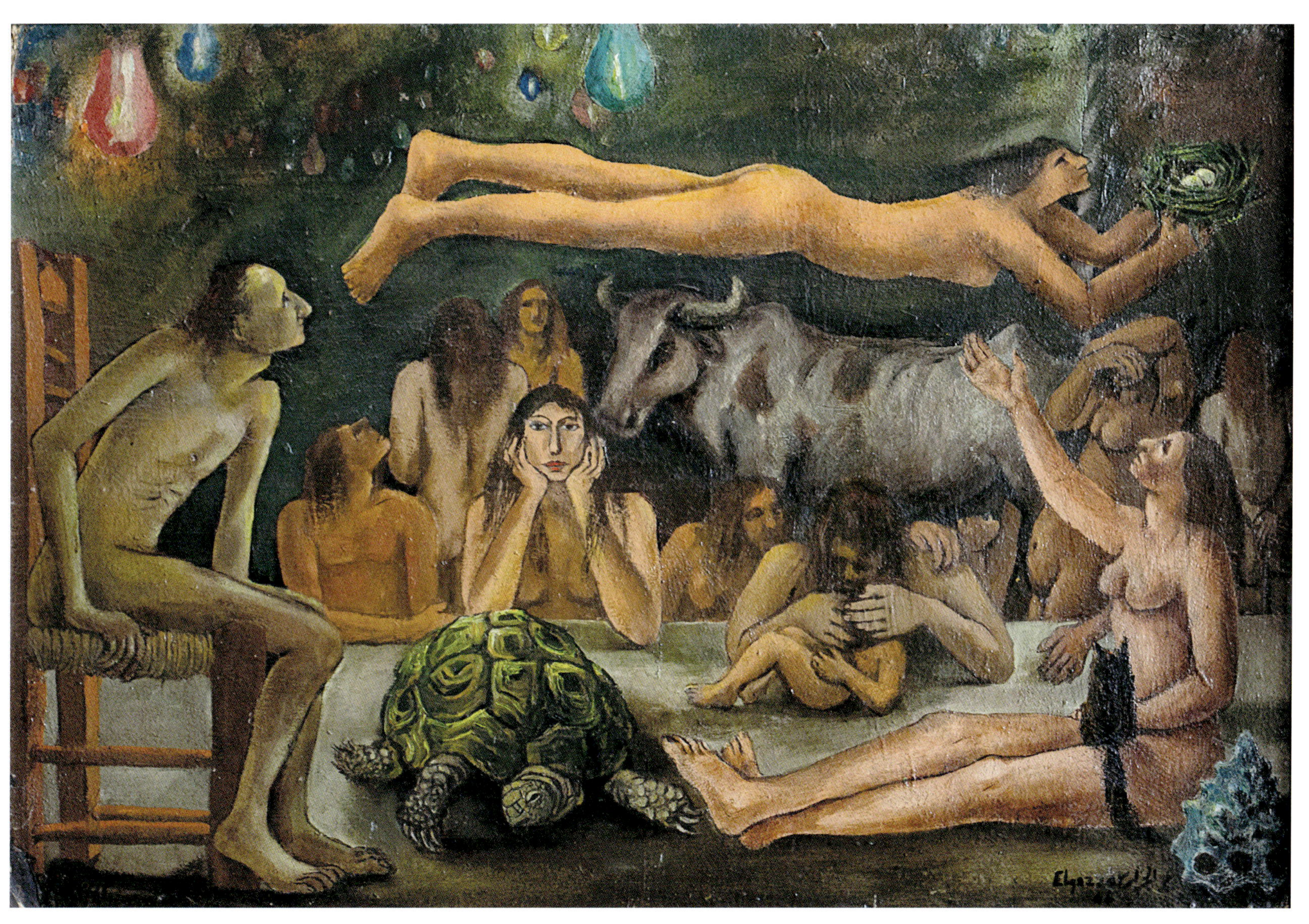

ABDEL HADI EL-GAZZAR
Carnaval de los amantes, 1948
Óleo sobre cartón
70 x 99 cm
Colección Naguib Sawiris, El Cairo

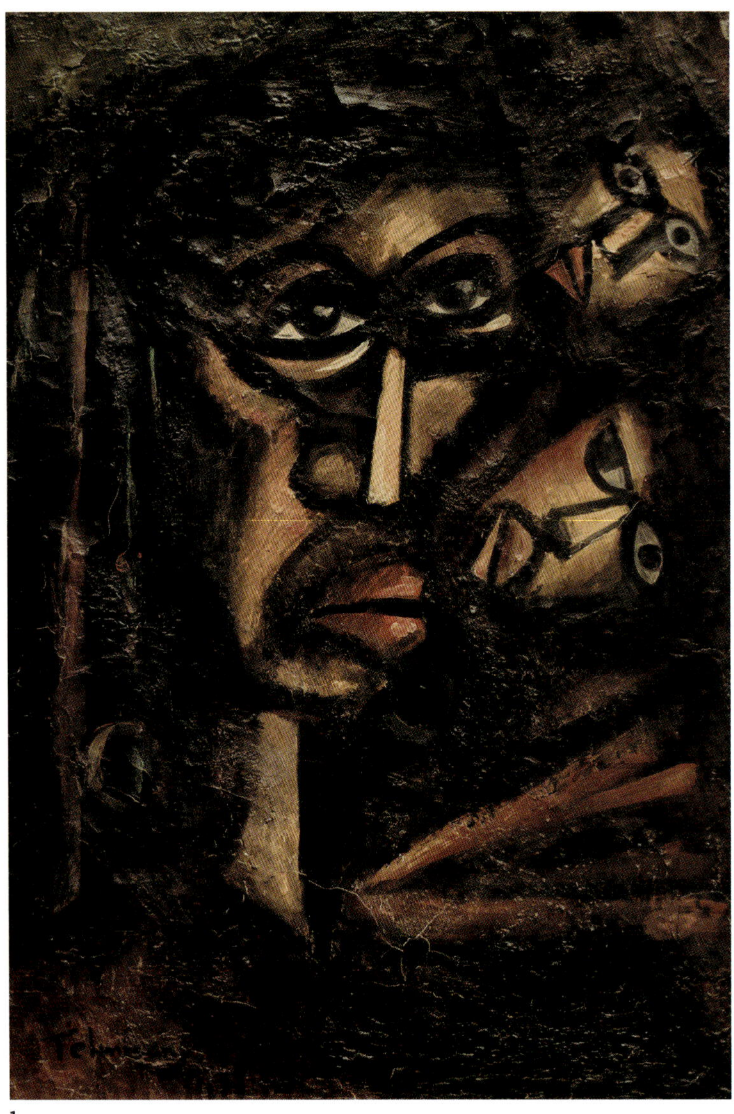

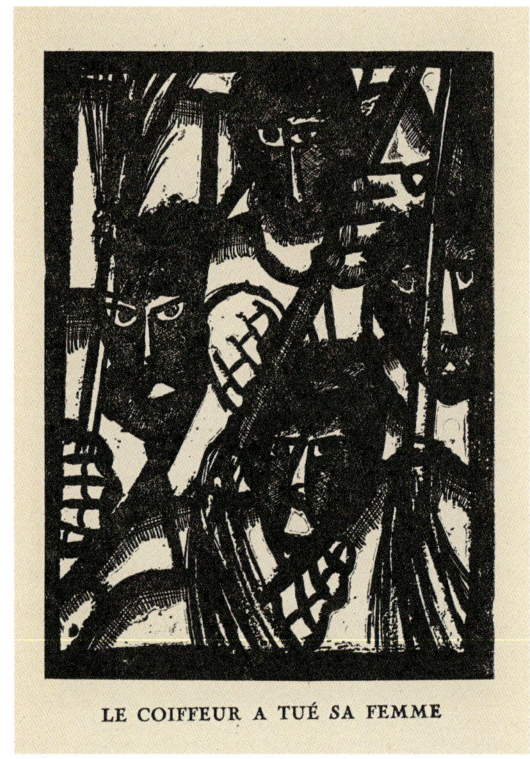

2

«Se hallaba en la calle oscura […].
Frente a la tienda estaba la farola número 32,
que había derrochado su luminosidad oficial
por toda la calle».

Albert Cossery, *Le Coiffeur a tué sa femme*
[El peluquero que mató a su mujer], 1941

1

1
KAMEL EL-TELMISANY
Sin título, 1942
Óleo sobre lienzo
68,5 x 46 cm
Colección H. E. Sh. Hassan M. A. Al Thani, Doha

2
KAMEL EL-TELMISANY
Le coiffeur a tué sa femme
[El peluquero que mató a su mujer], 1941
Impreso sobre papel
Colección Henein-Farhi, Neuilly-sur-Seine

3
INJI EFFLATOUN
Niño y farola, 1941
Óleo sobre lienzo
64 x 42 cm
Colección Yasser Hashem, El Cairo

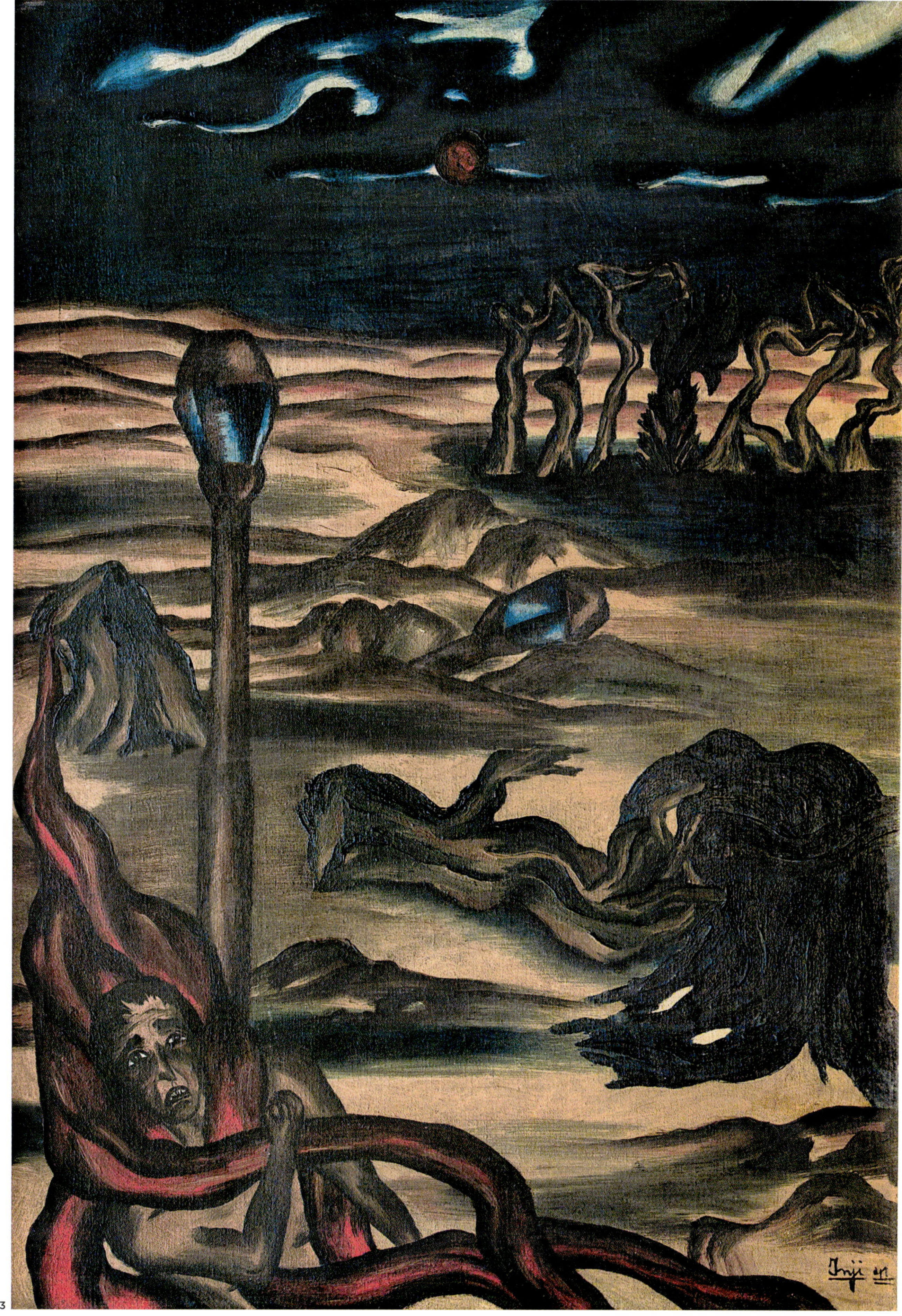

3

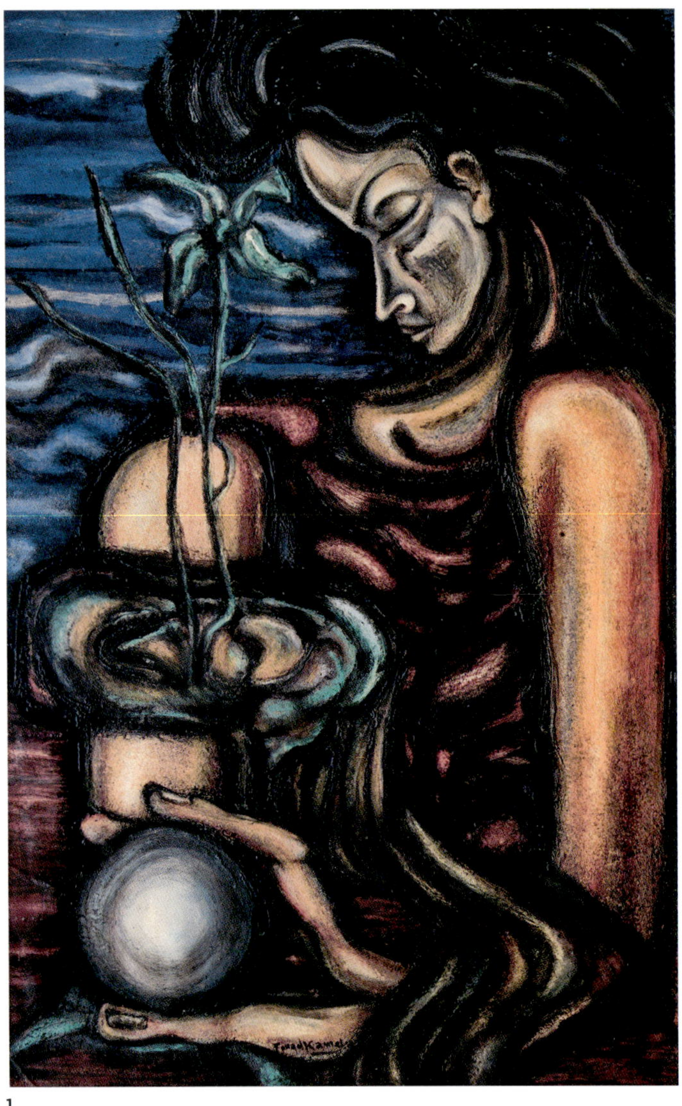

1

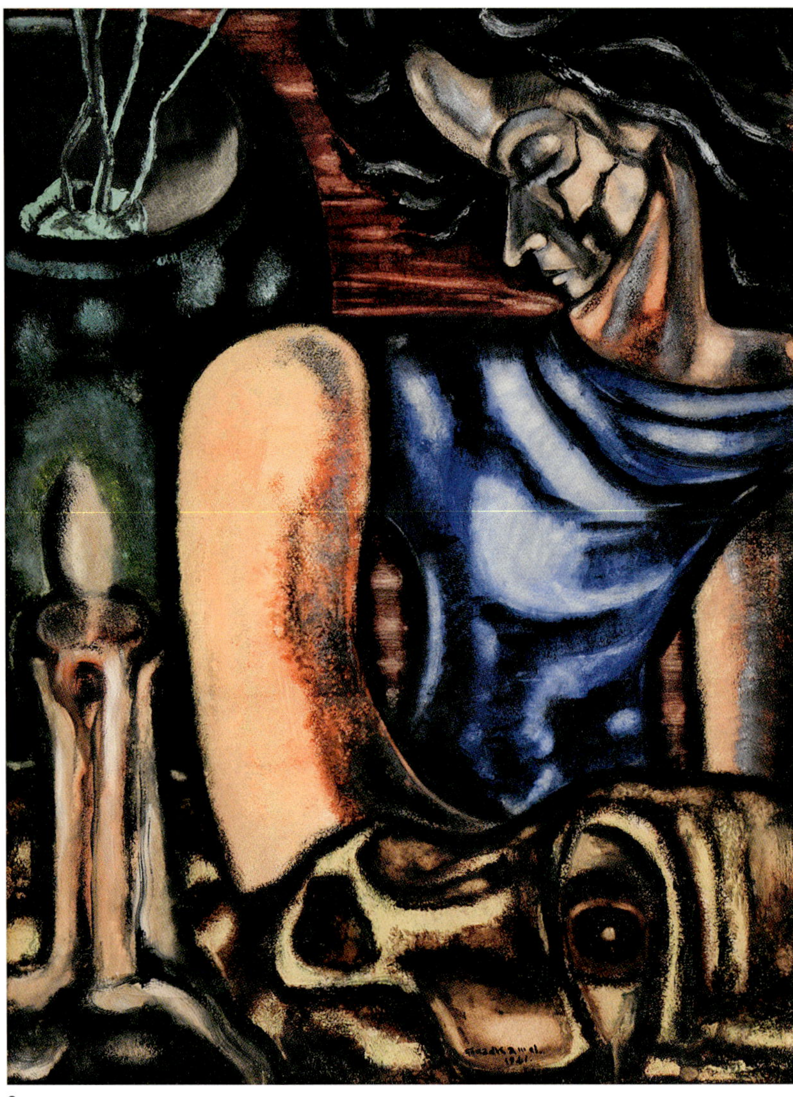

2

1

Sin título, ca. 1940
Técnica mixta sobre cartón
55 x 35 cm
Colección Yasser Hashem, El Cairo

2

FOUAD KAMEL
Sin título, s. f.
Óleo sobre lienzo
54,5 x 40 cm
Colección particular

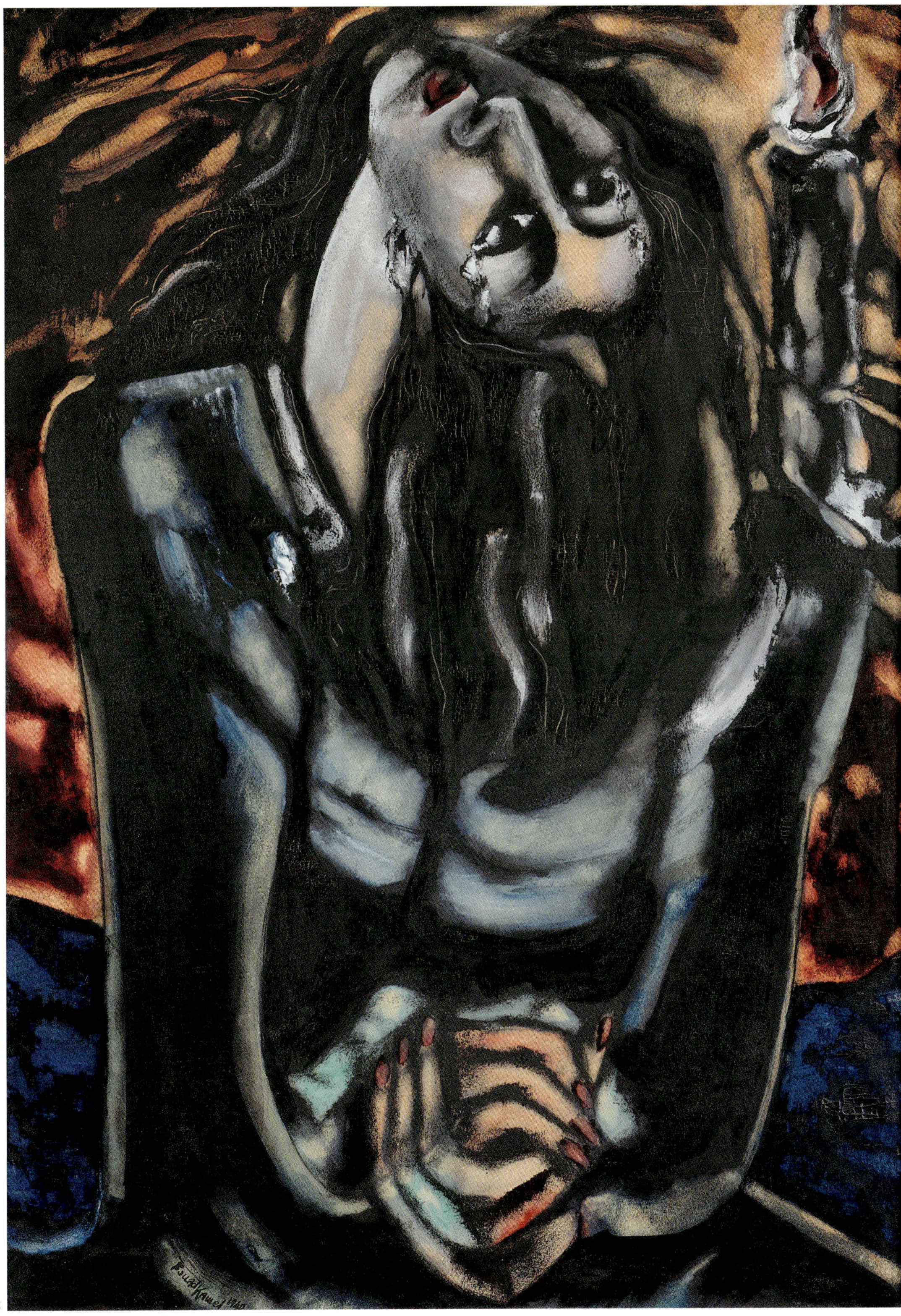

3
FOUAD KAMEL
Sin título, 1940
Técnica mixta sobre lienzo pegado a tabla
47,5 x 33,3 cm
Colección particular

3

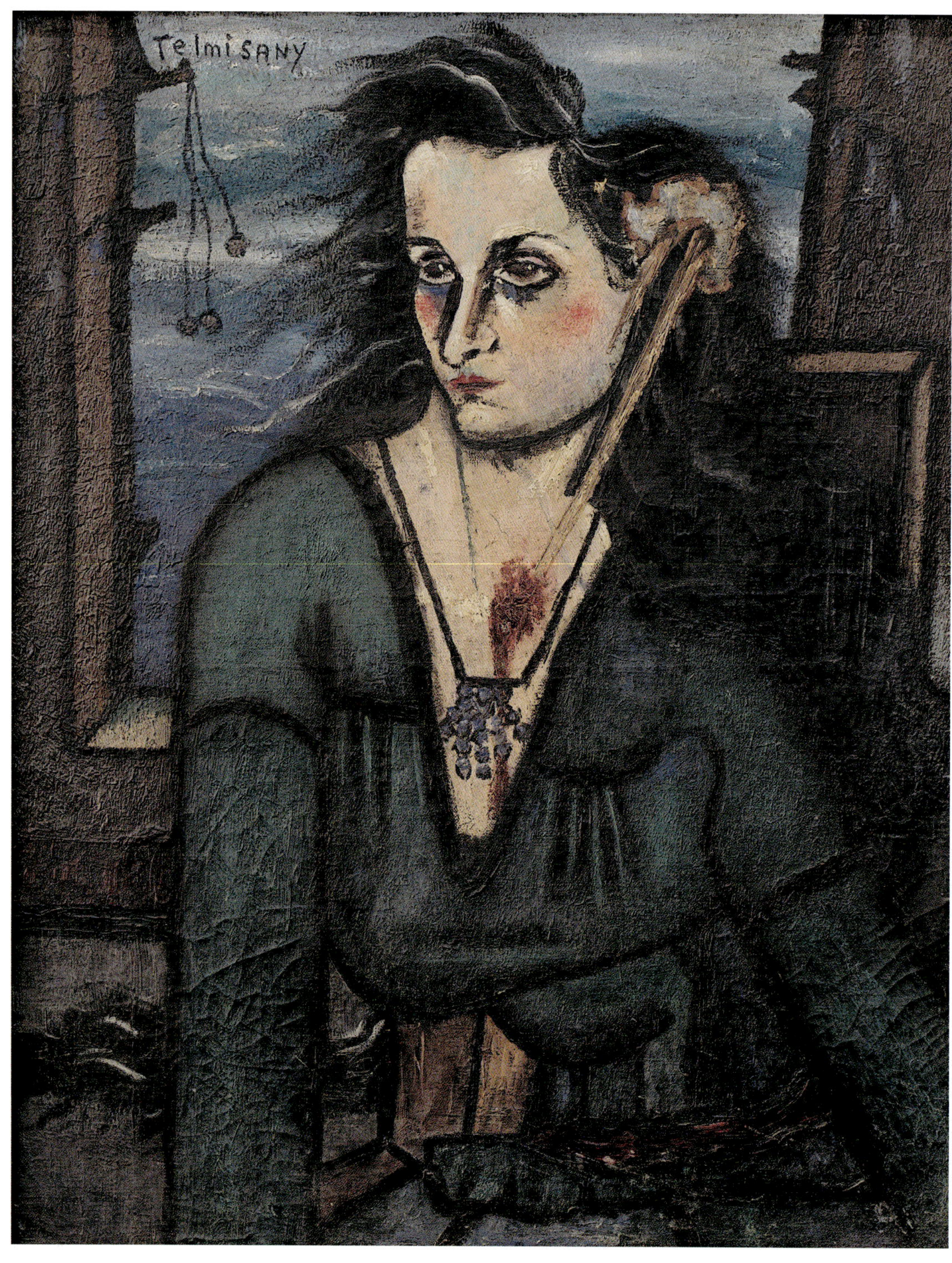

KAMEL EL-TELMISANY
Aida, 1940
Óleo sobre lienzo
59 x 47 cm
Rateb Seddik Museum, El Cairo

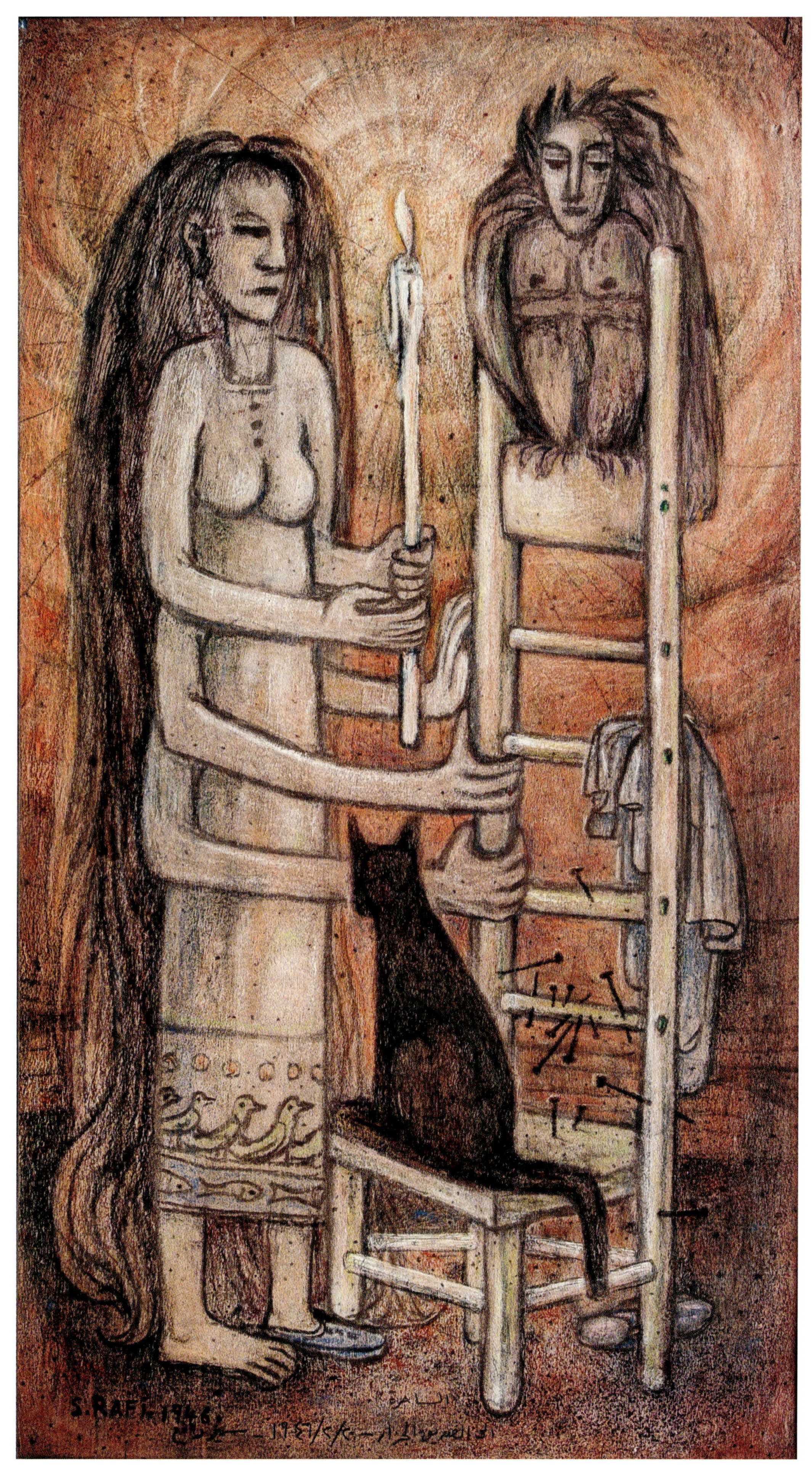

SAMIR RAFI'
La bruja, 1946
Óleo sobre lienzo
77 x 42,5 cm
Colección Nadim Elias, El Cairo

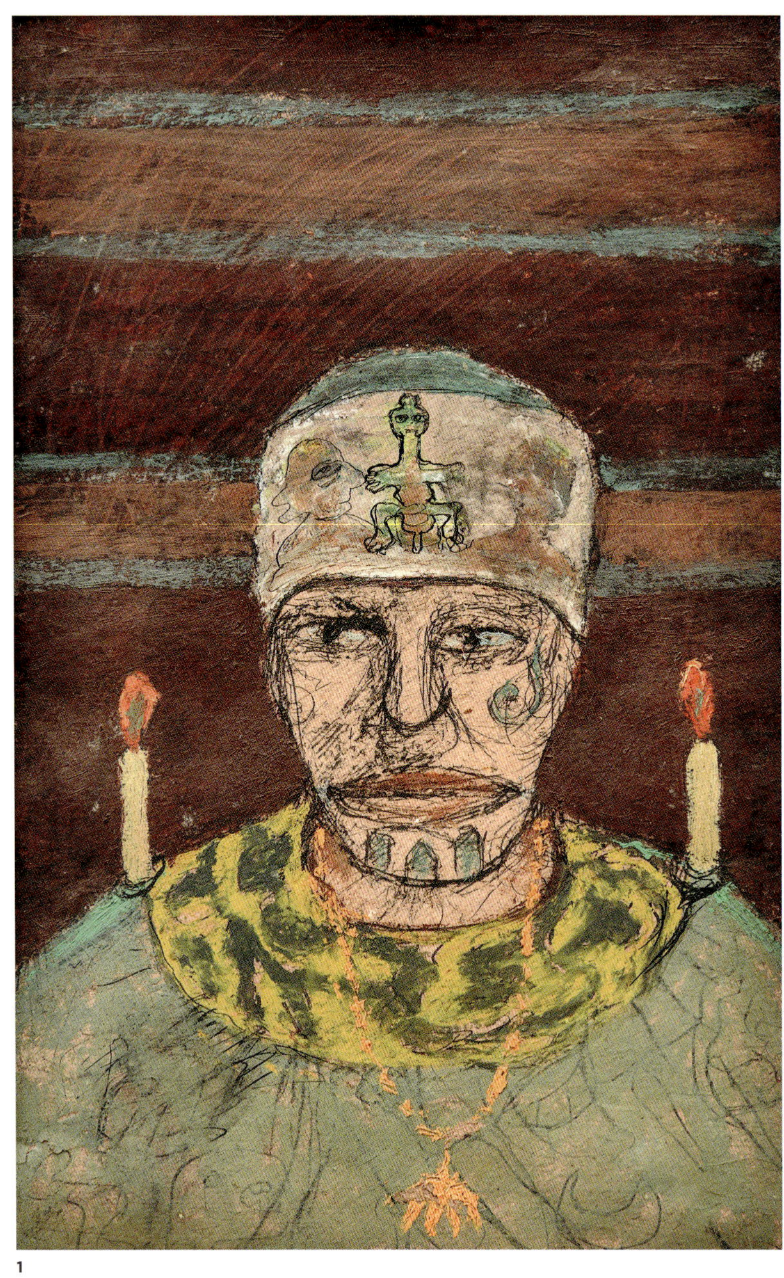

1

1
ABDEL HADI EL-GAZZAR
Retrato (Hombre con velas), ca. 1950
Pastel sobre papel
42 x 30 cm
Colección H. E. Sh. Hassan M. A. Al Thani, Doha

2
ABDEL HADI EL-GAZZAR
El hechizo, 1948
Acuarela sobre papel
90 x 69 cm
Colección H. E. Sh. Hassan M. A. Al Thani, Doha

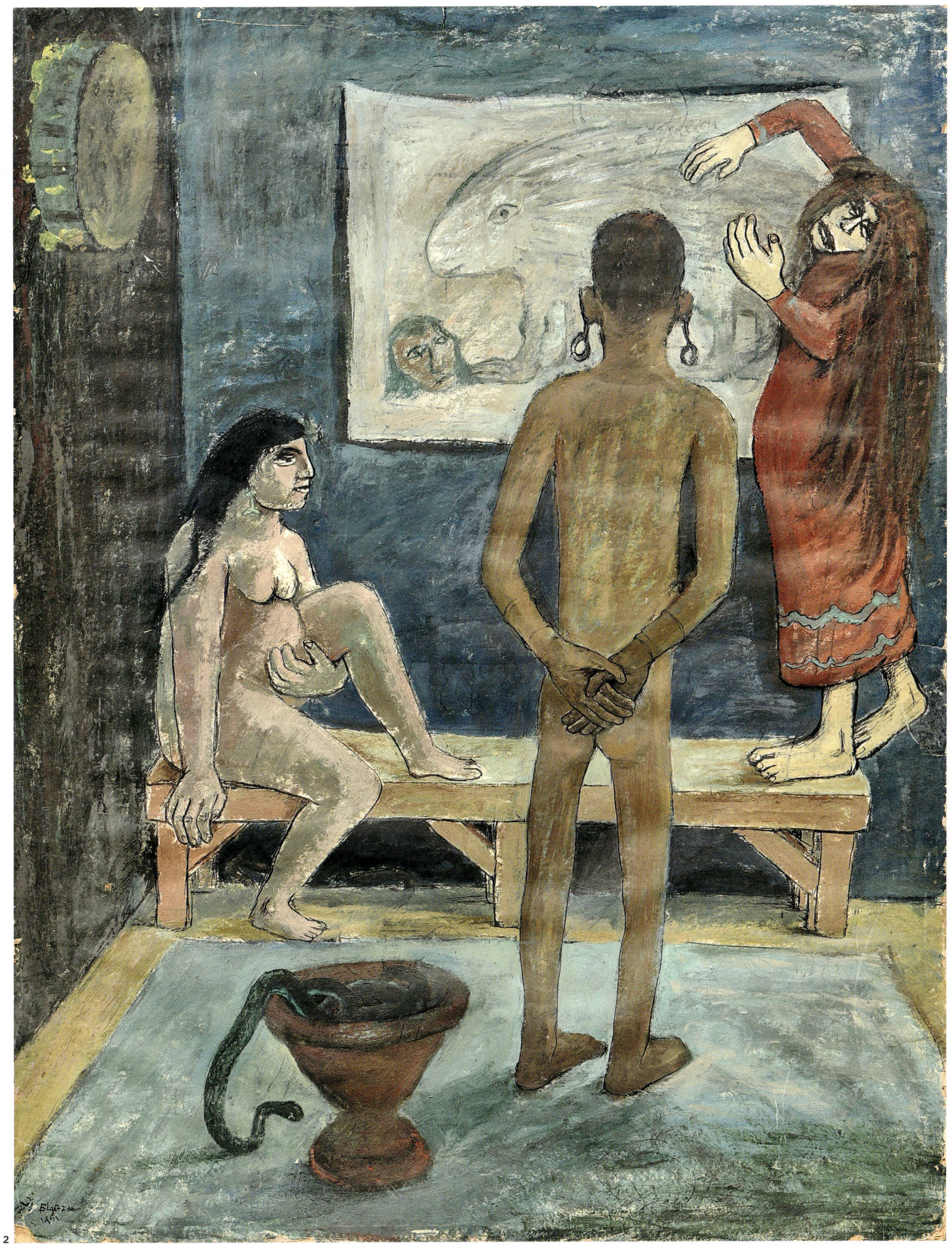

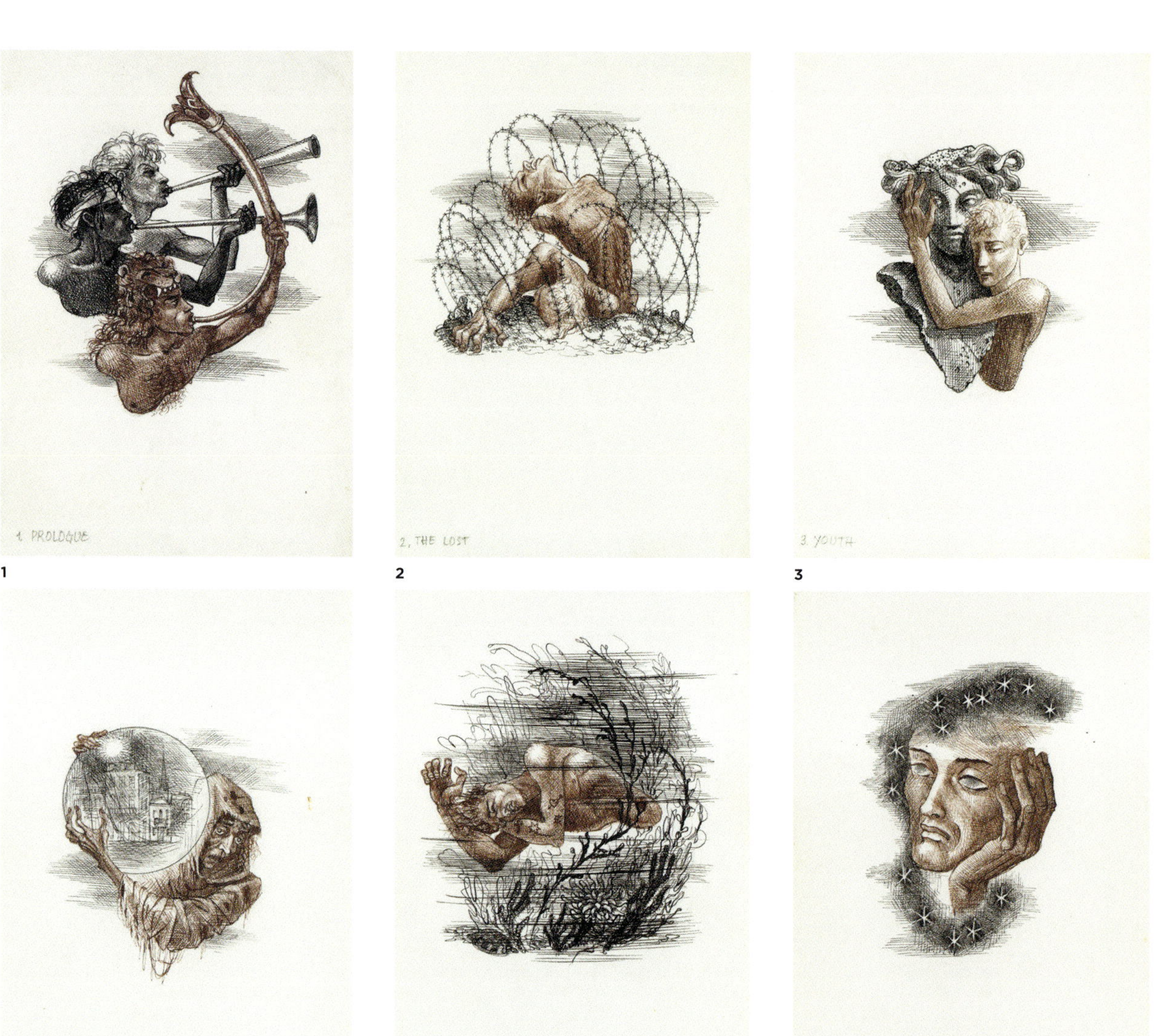

1-14
ERIC DE NEMES
Ilustraciones del libro *The Lovely
and the Dead* [Los bellos y los muertos],
de John Waller (inédito), 1945
Tinta y lápiz sobre papel
28,5 x 19,5 cm
Colección H. E. Sh. Hassan M. A. Al Thani, Doha

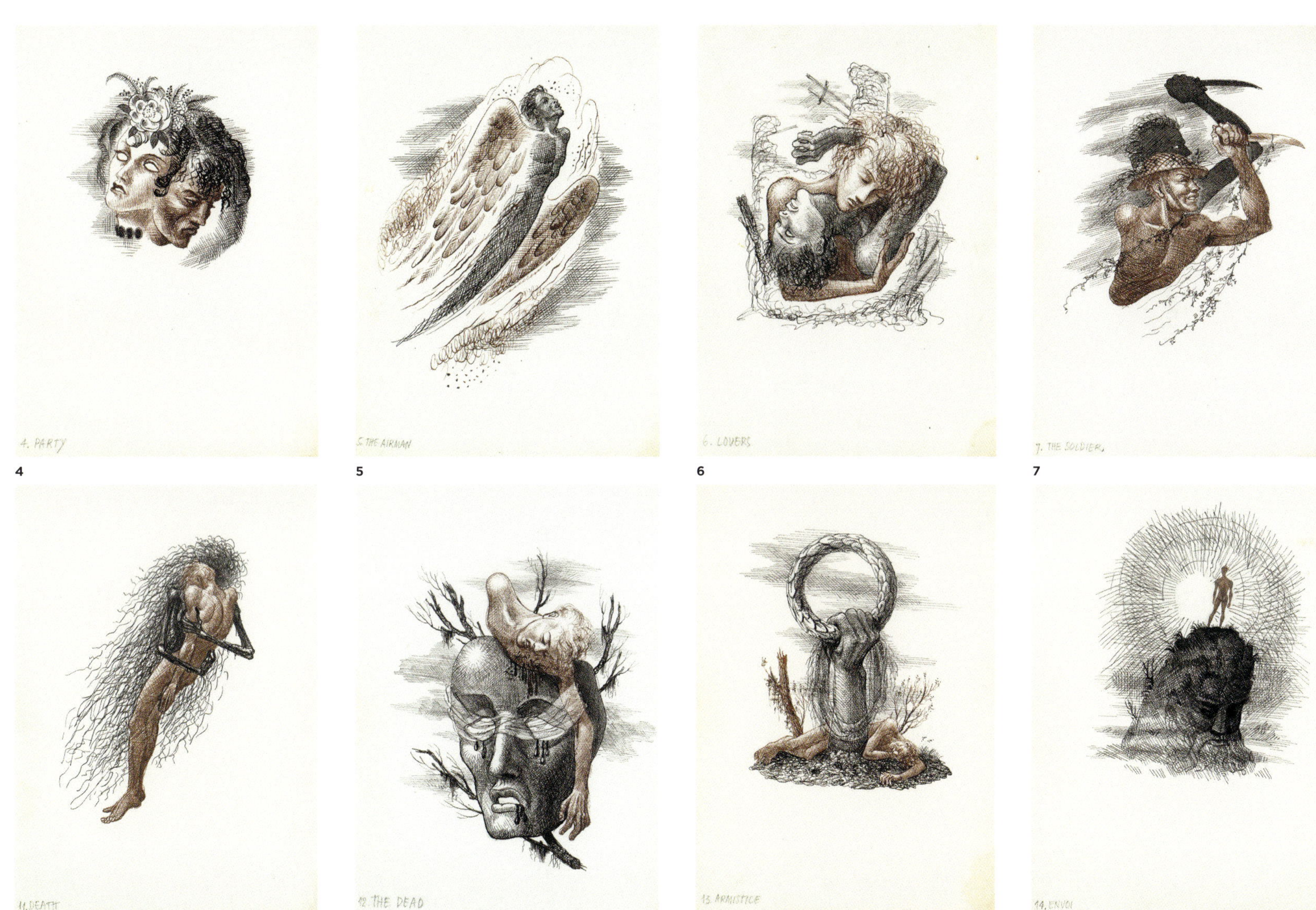

4

5

6

7

11

12

13

14

«FOTOGRAFÍA SURREALISTA»

Ahmed Rassim, *Le Progrès Égyptien*, 7 de junio de 1945

A finales de la década de 1930, surgieron numerosos fotógrafos surrealistas del círculo de Art et Liberté, como Angelo de Riz, Hassia, Ida Kar, Edmond Belali (Idabel), Lee Miller, Ali Khorchid, y Ramzi Zolqomah, a los que pronto les seguirían otras figuras de relevancia, como Van Leo y Khalil Abduh. Hasta Georges Henein se aventuró en este terreno. Experimentaron con varias técnicas que se habían convertido en clásicos de la fotografía surrealista, como la solarización, la alienación, el *collage* y el fotomontaje. Durante excursiones al desierto occidental, se enfrentaron a impresionantes paisajes que alimentaron las obras más llamativas del momento. *Portrait of Space* [Retrato del espacio], de Miller (1938), sigue siendo uno de los ejemplos más impresionantes. Al igual que otros fotógrafos surrealistas en otras partes del mundo, como Man Ray y Hannah Höch, en obras icónicas como *Noire et blanche* [Negra y blanca] (1926) y *Die Süße* [La dulce] (1926), respectivamente, estos creadores usaron máscaras y objetos primitivos para criticar las rígidas jerarquías de las clasificaciones eurocéntricas de la historia del arte, producto de la disputada dinámica colonizador-colonizado. Así, artistas como Ida Kar y Étienne Sved utilizaron en varios fotomontajes y fotografías elementos faraónicos en lúdicas composiciones que, en oposición a los discursos coloniales, evitaron las asociaciones con el nacionalismo egipcio. En *Naturaleza muerta (Faraón y muñeca)* (ca. 1940), Kar yuxtapone lo que parece una muñeca de trapo artesanal con una escultura de la cabeza de un faraón, de manera que el insignificante juguete le quita protagonismo al glorificado objeto de museo. De forma parecida, Étienne Sved contrapuso partes del cuerpo de antiguas esculturas egipcias con sus equivalentes de carne y hueso. El pasado faraónico de Egipto se representa libre, tanto de la carga imperialista como de la nacionalista. Las posibilidades tecnológicas de la disciplina de la fotografía permitieron, a su vez, que Art et Liberté llevara más lejos su proyecto emancipador por el que la expresión artística se convertiría en una forma de crítica política y social.

MOHAMMAD ABDEL LATIF
Sin título, ca. 1938
Copia de época, gelatina de plata
39,5 x 40 cm
Colección particular

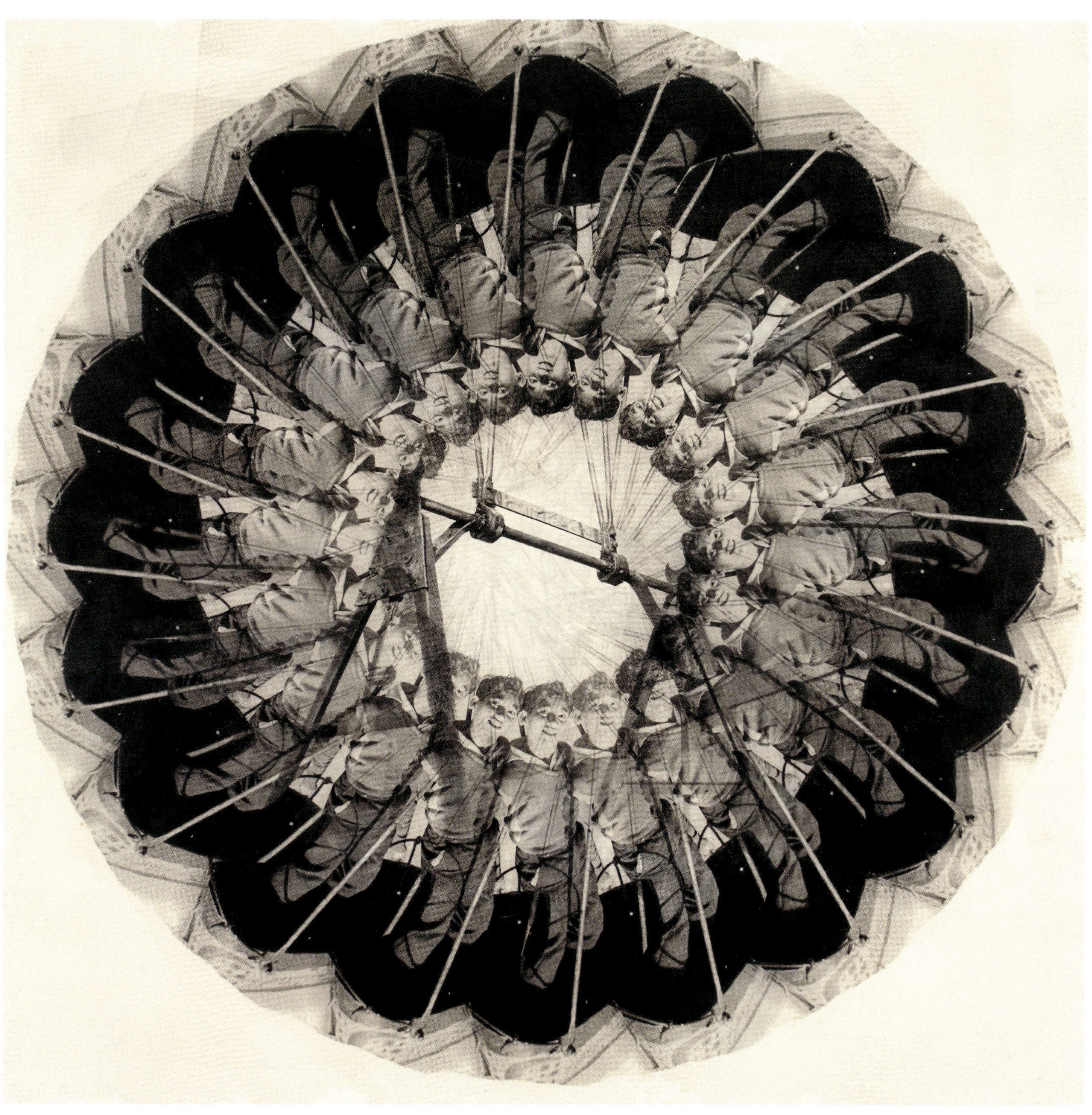

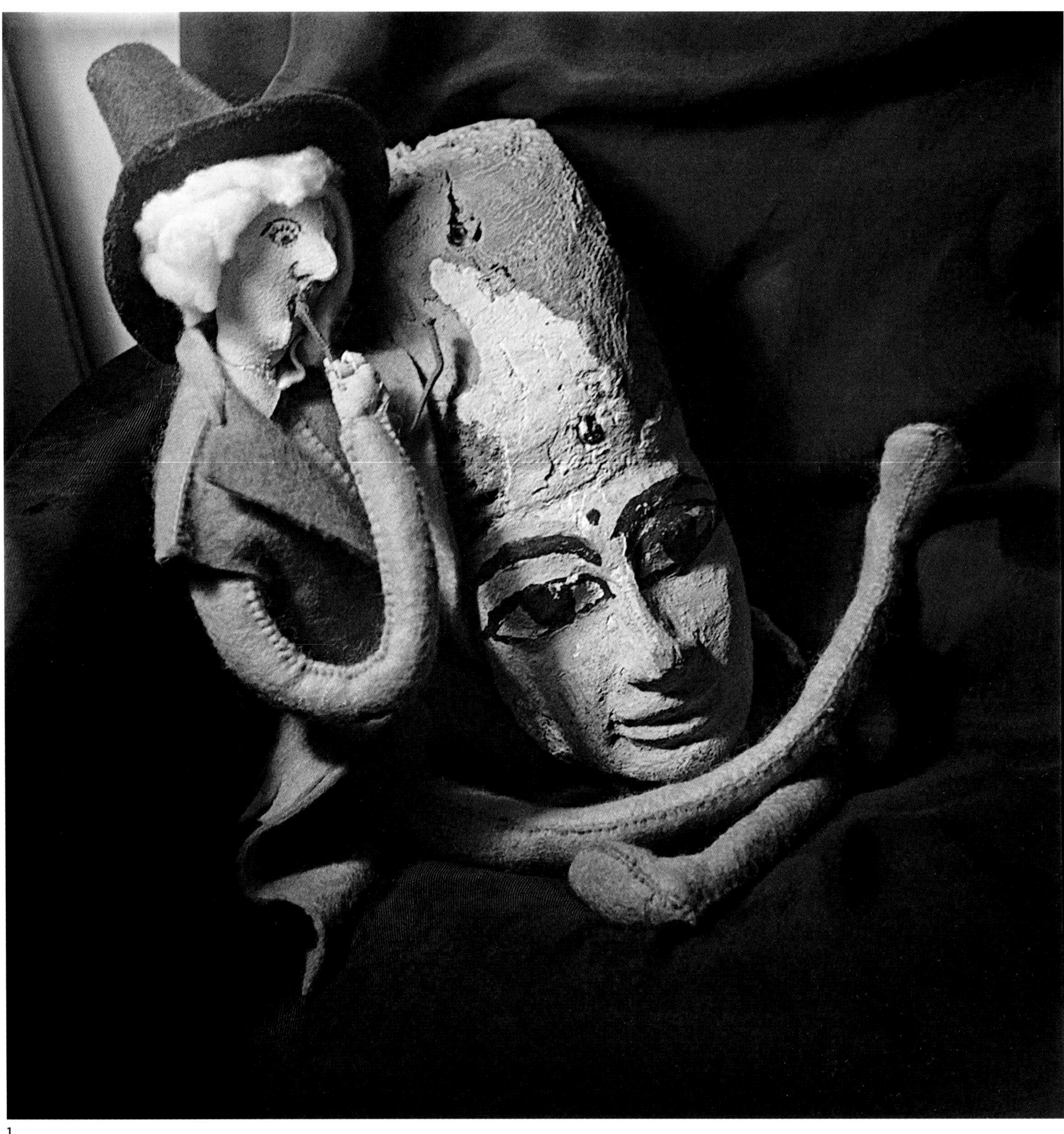

1

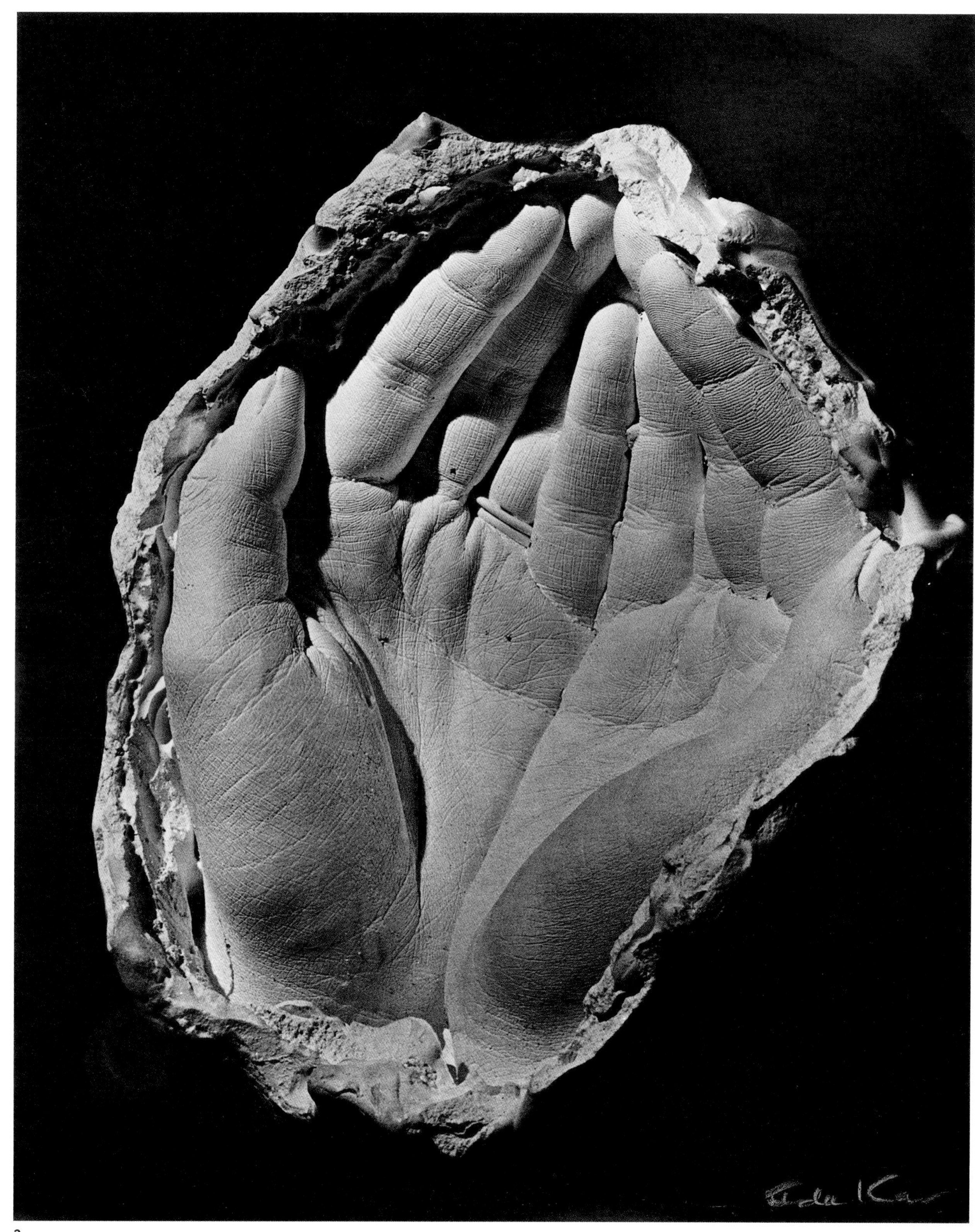

1
IDA KAR / IDABEL
Naturaleza muerta, ca. 1940
Copia de época, impresión de bromuro
sobre papel
23,4 x 22,8 cm
National Portrait Gallery, Londres

2
IDA KAR / IDABEL
Estudio surreal, ca. 1940
Copia de época, impresión de bromuro
sobre papel
25,4 x 20,6 cm
National Portrait Gallery, Londres

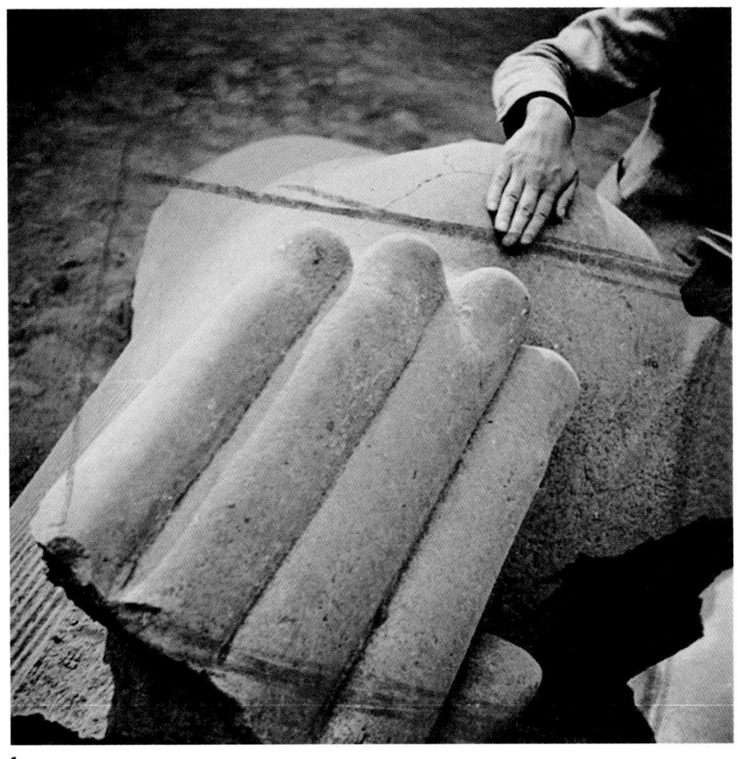

1

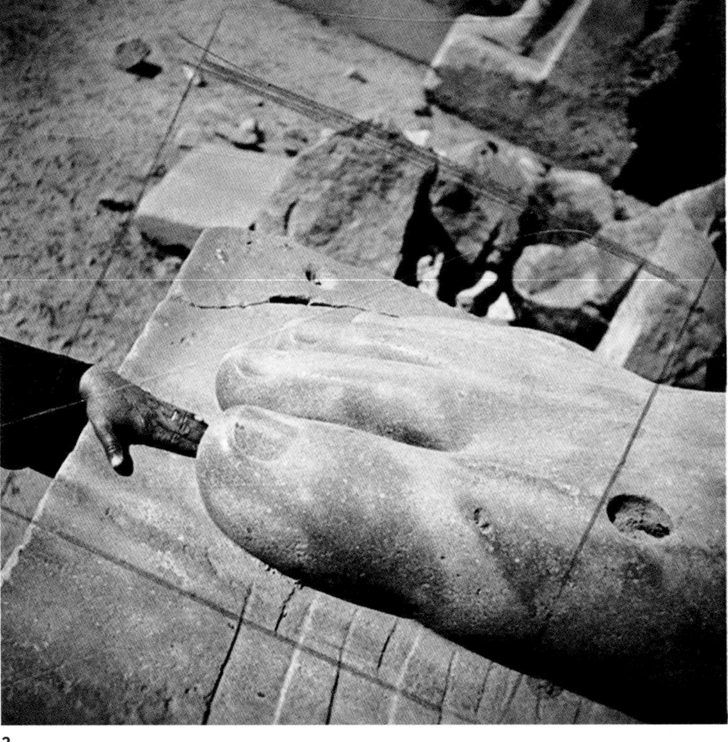

2

1
ÉTIENNE SVED
Sin título, ca. 1945
Copia de época, gelatina de plata
6 x 6 cm
Musée Nicéphore Nièpce, Chalon-sur-Saône

2
ÉTIENNE SVED
Sin título, ca. 1945
Copia de época, gelatina de plata
6 x 6 cm
Musée Nicéphore Nièpce, Chalon-sur-Saône

3
ÉTIENNE SVED
Sin título, ca. 1945
Copia de época, gelatina de plata
6 x 6 cm
Musée Nicéphore Nièpce, Chalon-sur-Saône

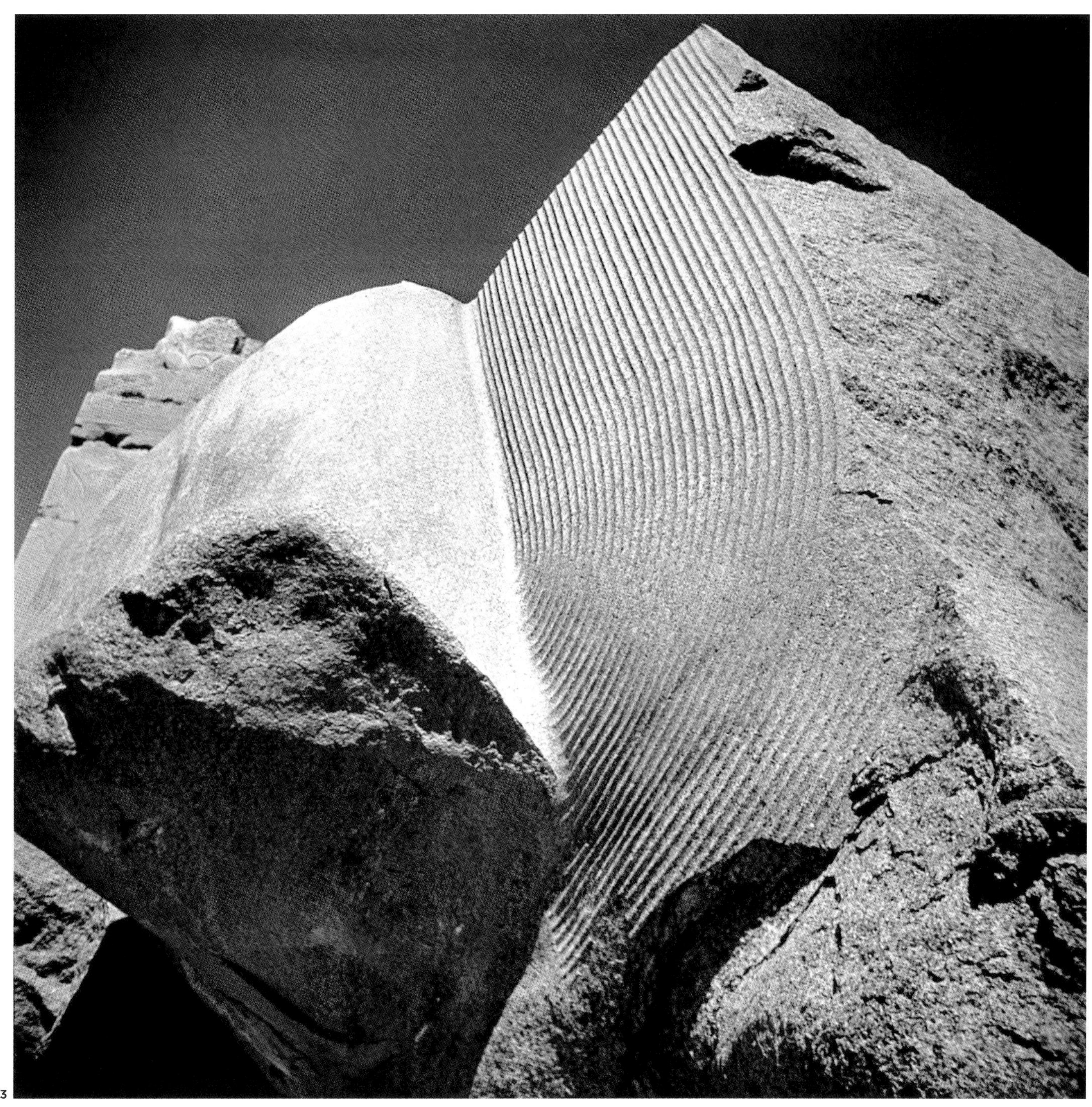

3

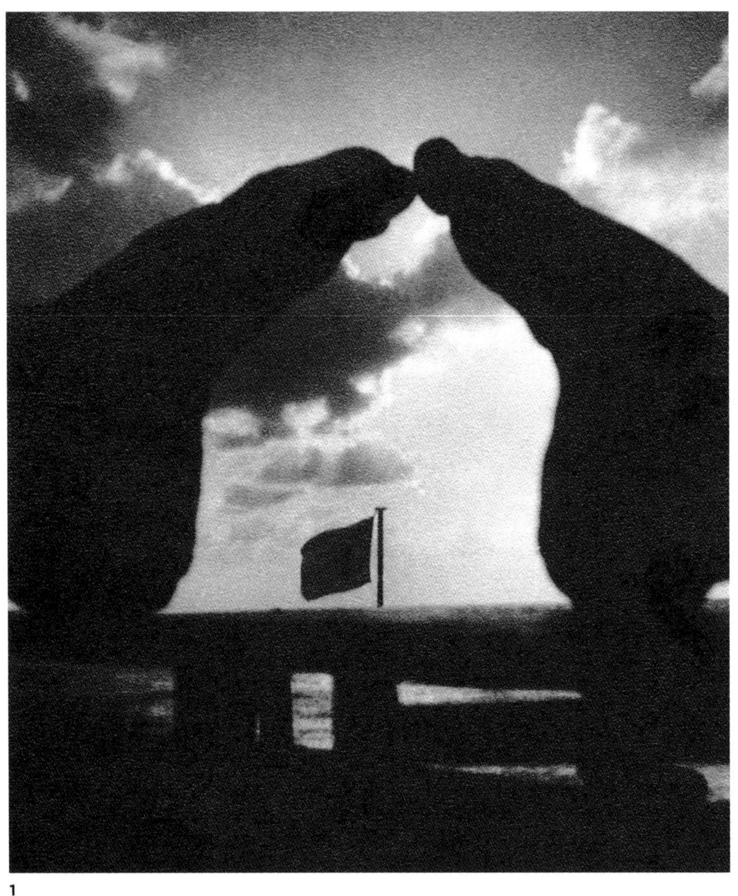

1

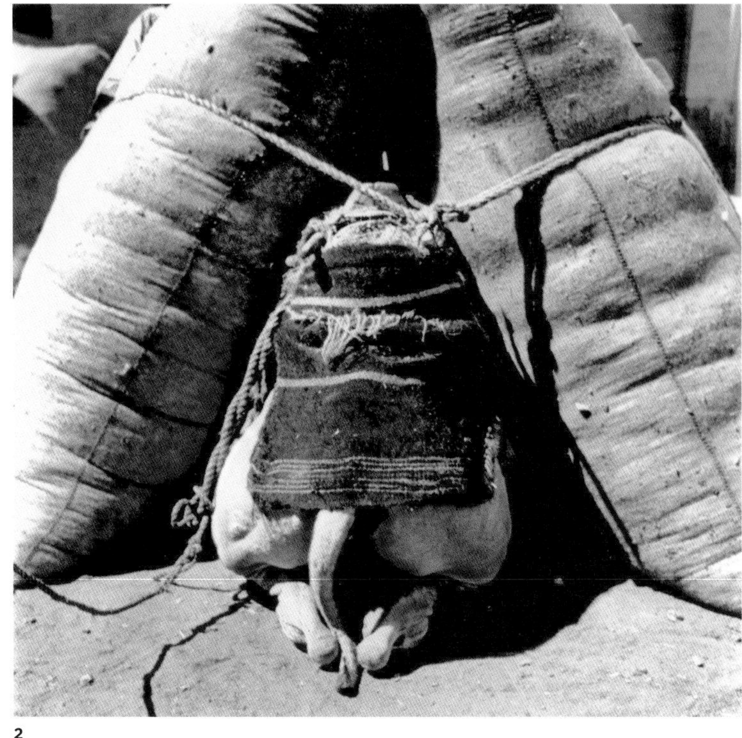

2

1

MAMDOUH MUHAMAD
FATHALLAH
*Pico – Pies del fotógrafo enmarcando
la bandera*, ca. 1944-1945
Copia de época, gelatina de plata
9,7 x 8,1 cm
Colección Mamdouh Muhamad Fathallah,
Arab Image Foundation, Beirut

2

LEE MILLER
Camel loaded up with supplies, Egypt
[Camello cargado de provisiones, Egipto],
1936
Copia de época, gelatina de plata
5,3 x 5,4 cm
Lee Miller Archives, Inglaterra

3

LEE MILLER
Portrait of Space, Al Bulwayeb, Near Siwa, Egypt
[Retrato del espacio, Al Bulwayeb,
cerca de Siwa, Egipto], 1937
Copia moderna a partir de copia antigua,
en gelatina de plata
30,5 x 27,5 cm
Lee Miller Archives, Inglaterra

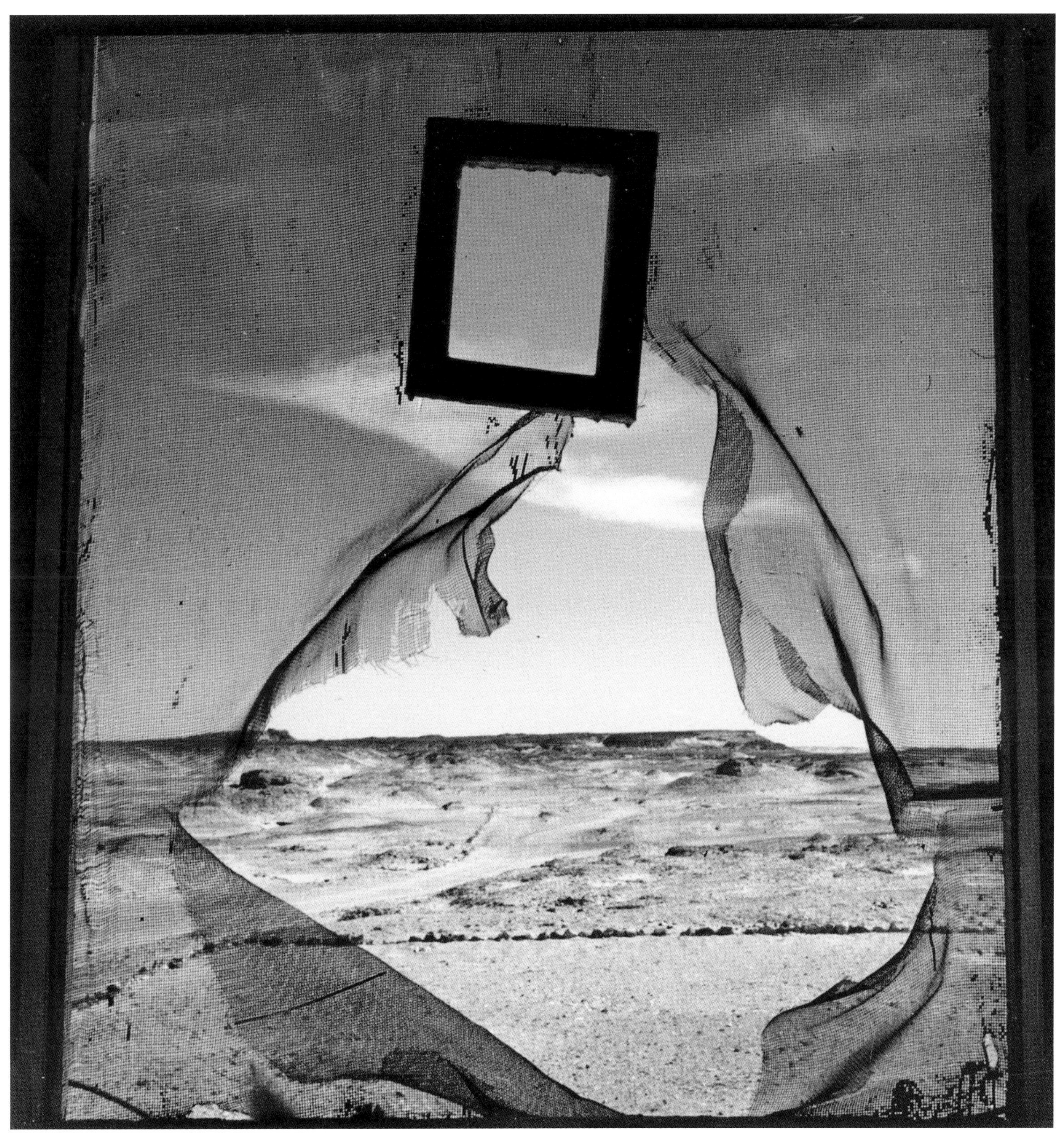

3

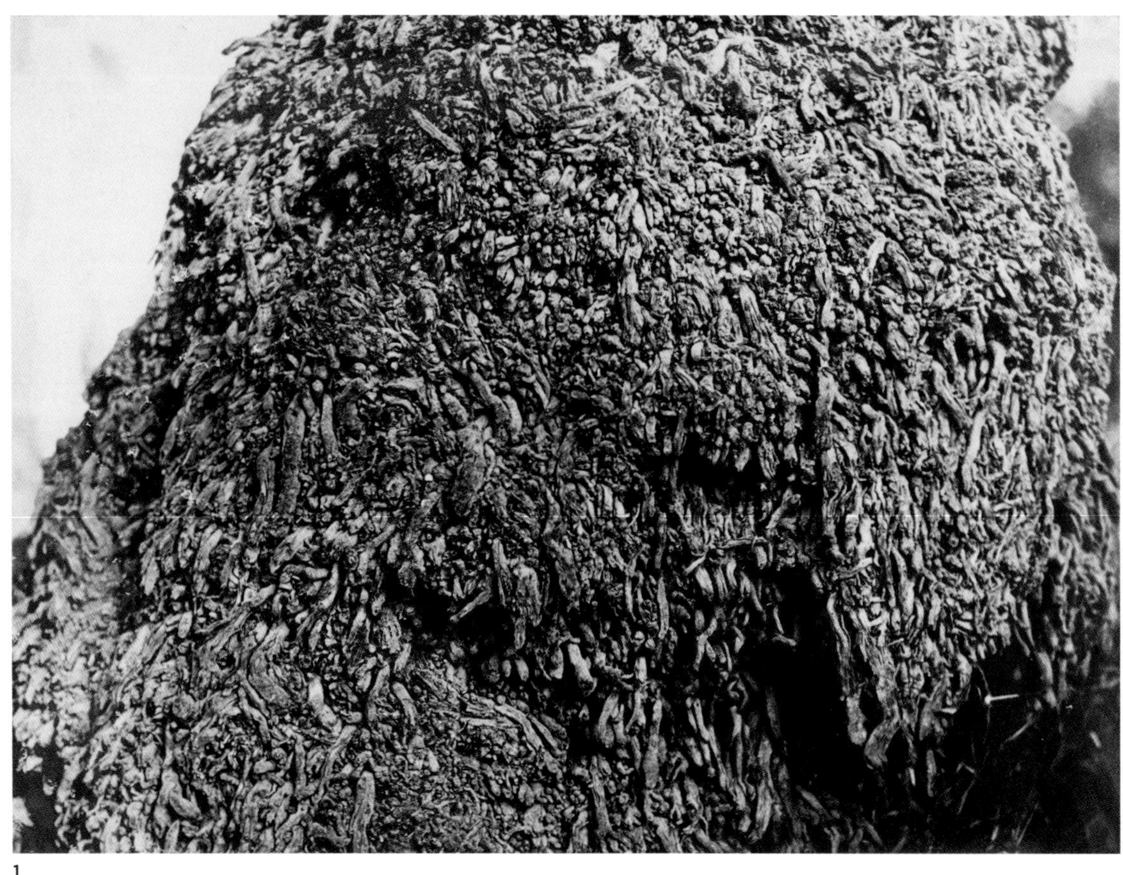

1

1
RAMZI ZOLQOMAH
Sin título, ca. 1939
Copia de época, gelatina de plata
30 x 39,7 cm
Colección particular

2
ABDUH KHALIL
Sin título, ca. 1949
Copia de época, gelatina de plata
31 x 29,5 cm
Colección particular

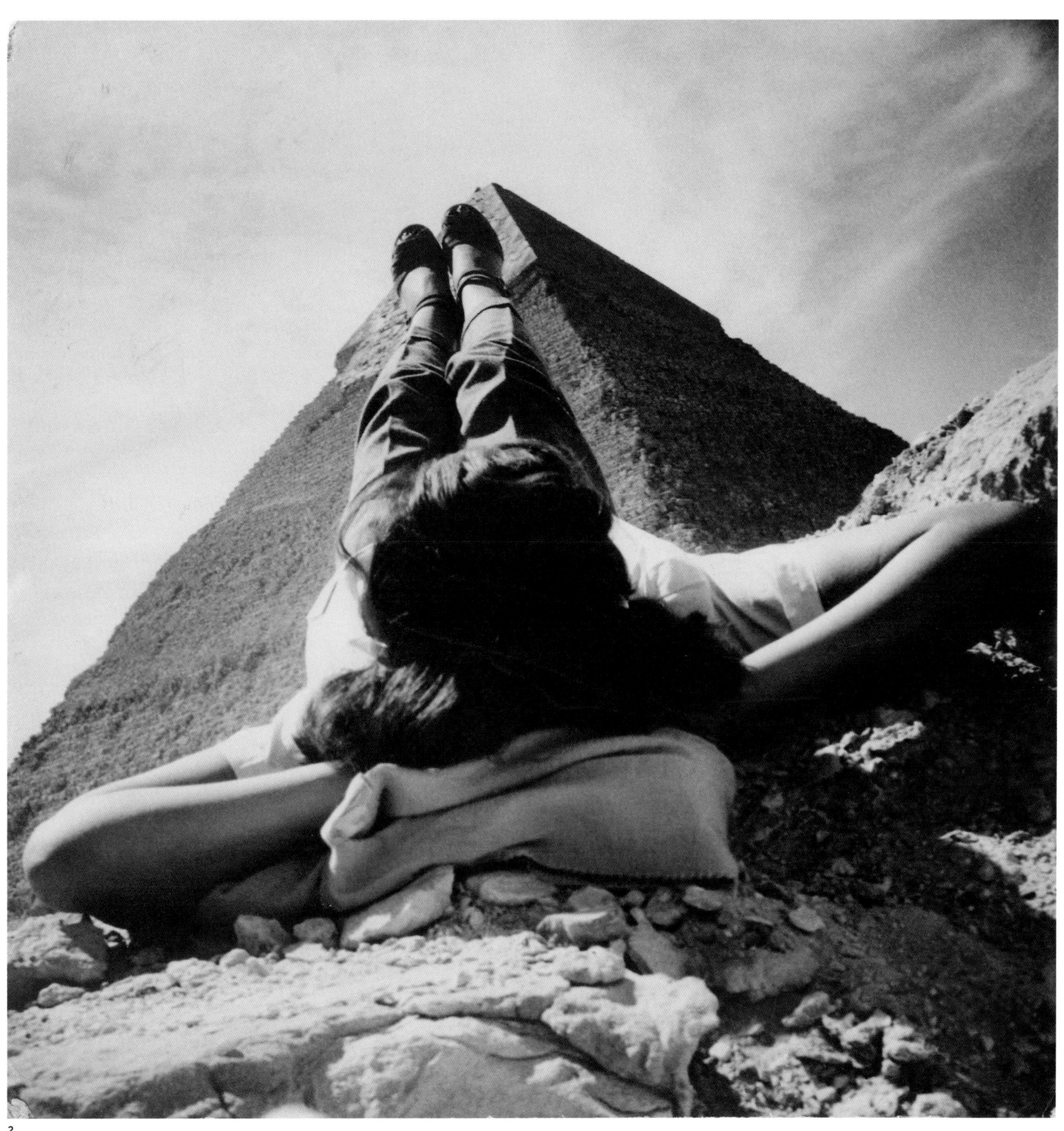

2

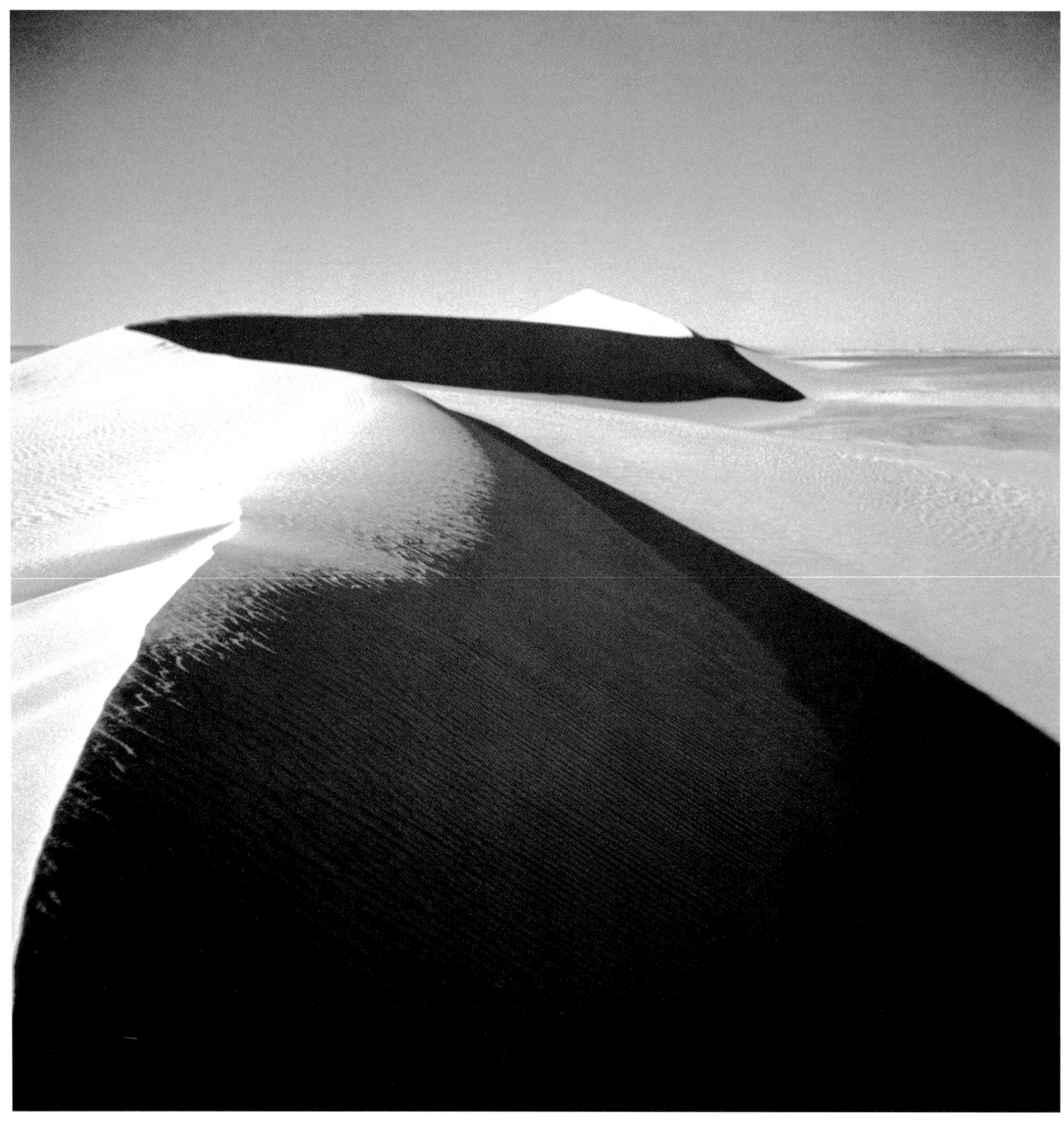

LEE MILLER
Sand dunes, Egypt
[Dunas, Egipto], ca. 1936
Copia de época, gelatina de plata
5,4 x 5,4 cm
Lee Miller Archives, Inglaterra

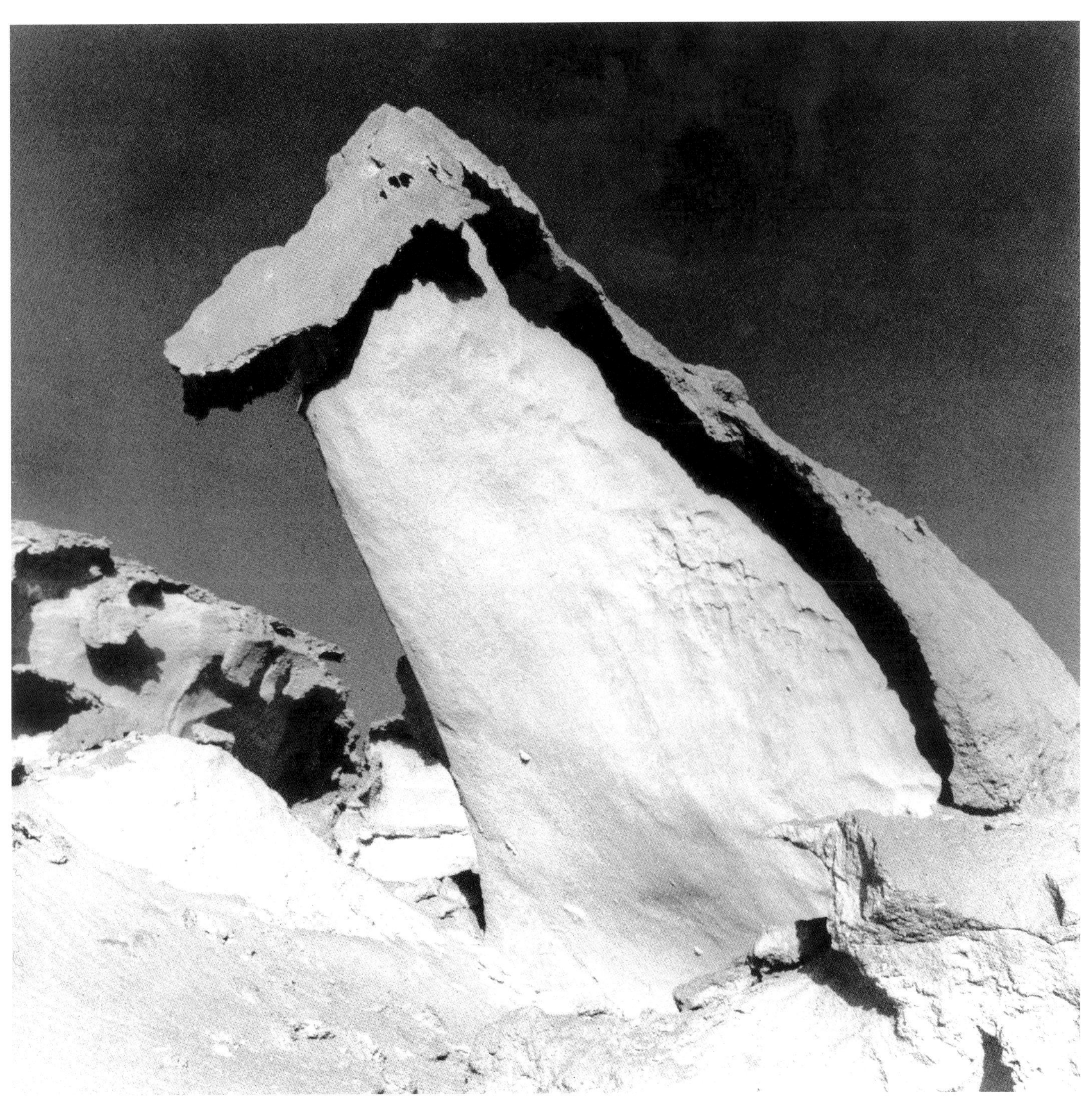

LEE MILLER
Cock Rock (The Native), Near Siwa, Egypt,
[Roca del gallo (El nativo), cerca de Siwa, Egipto], 1939
Copia de época, bromuro
5,8 x 5,9 cm
Lee Miller Archives, Inglaterra

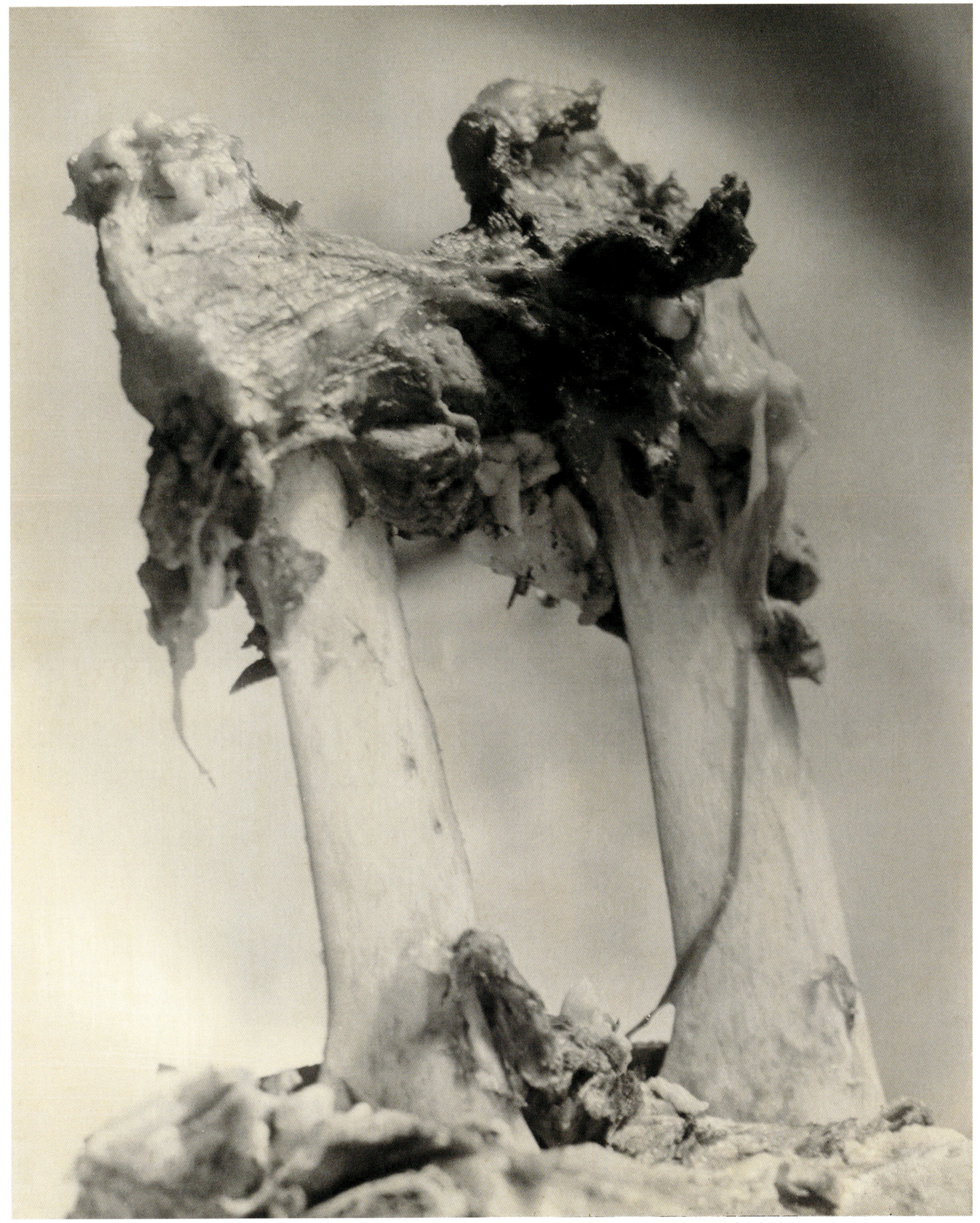

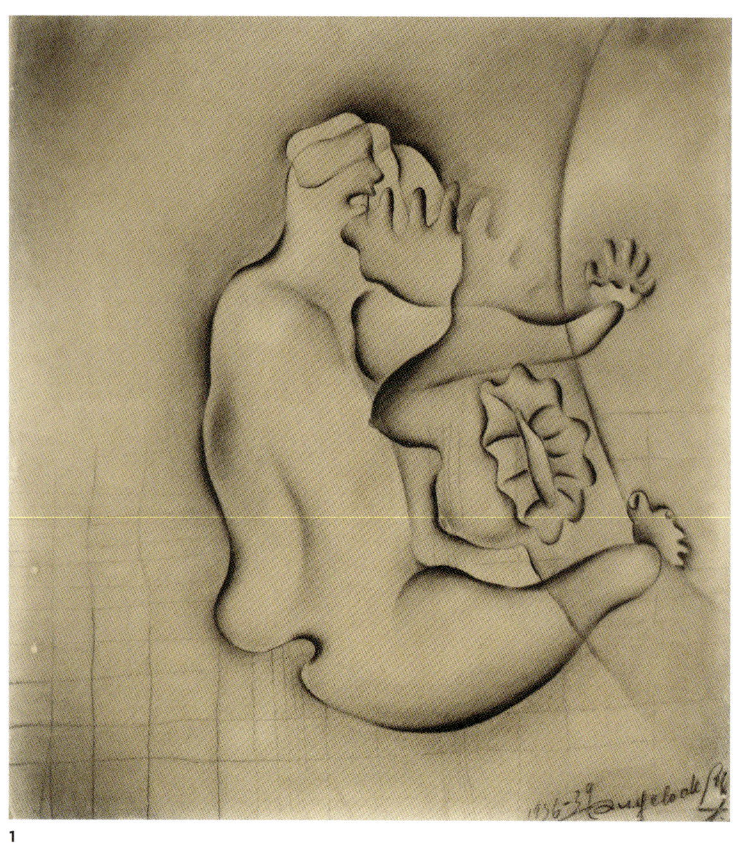

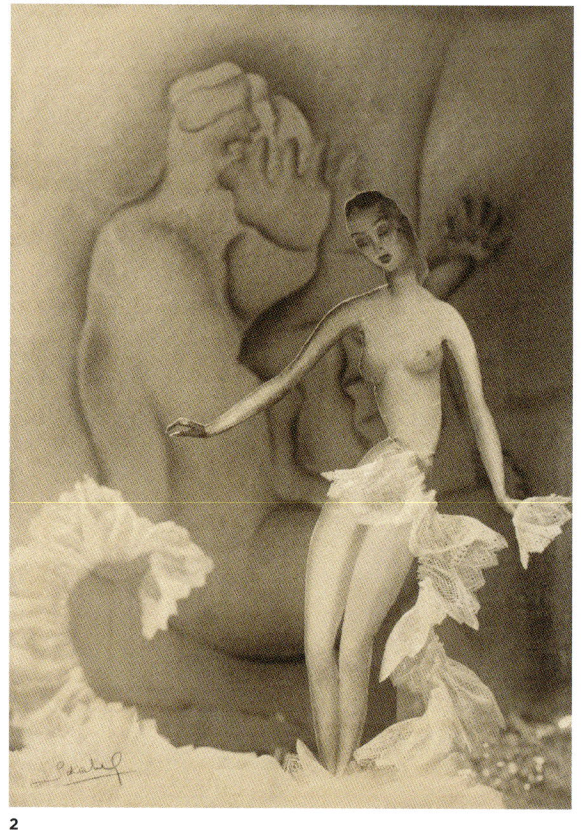

1
ANGELO DE RIZ
Sin título (Estudio surrealista), 1936
Carboncillo sobre cartón
50 x 43 cm
Colección particular, París

2
IDA KAR / IDABEL Y ANGELO DE RIZ
Sin título (Estudio surrealista), ca. 1936
Copia de época, bromuro
53 x 38 cm
Colección particular, París

3
IDA KAR / IDABEL
Sin título (Estudio surrealista), 1936
Copia de época, bromuro
22 x 17 cm
Colección particular, París

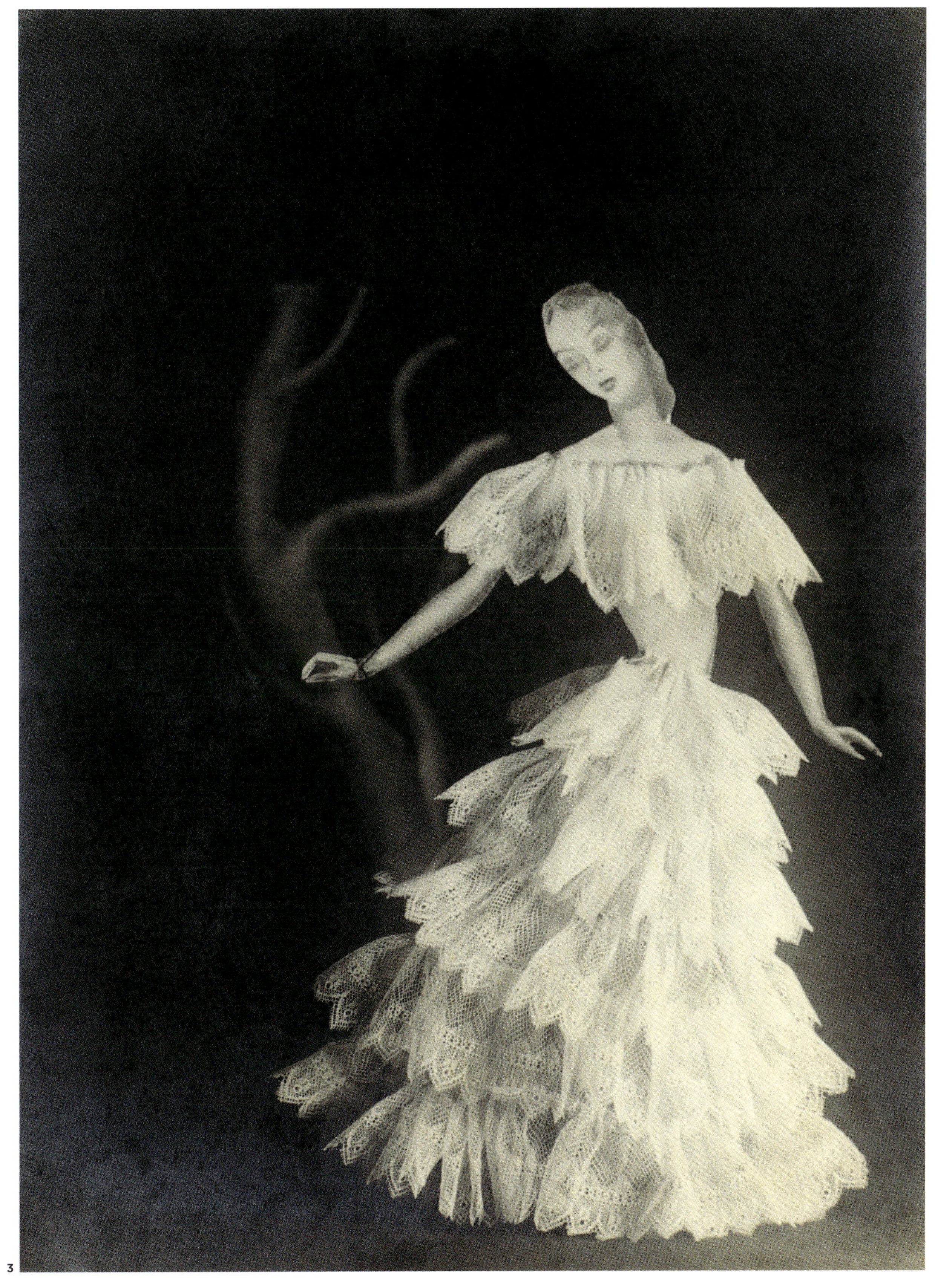

3

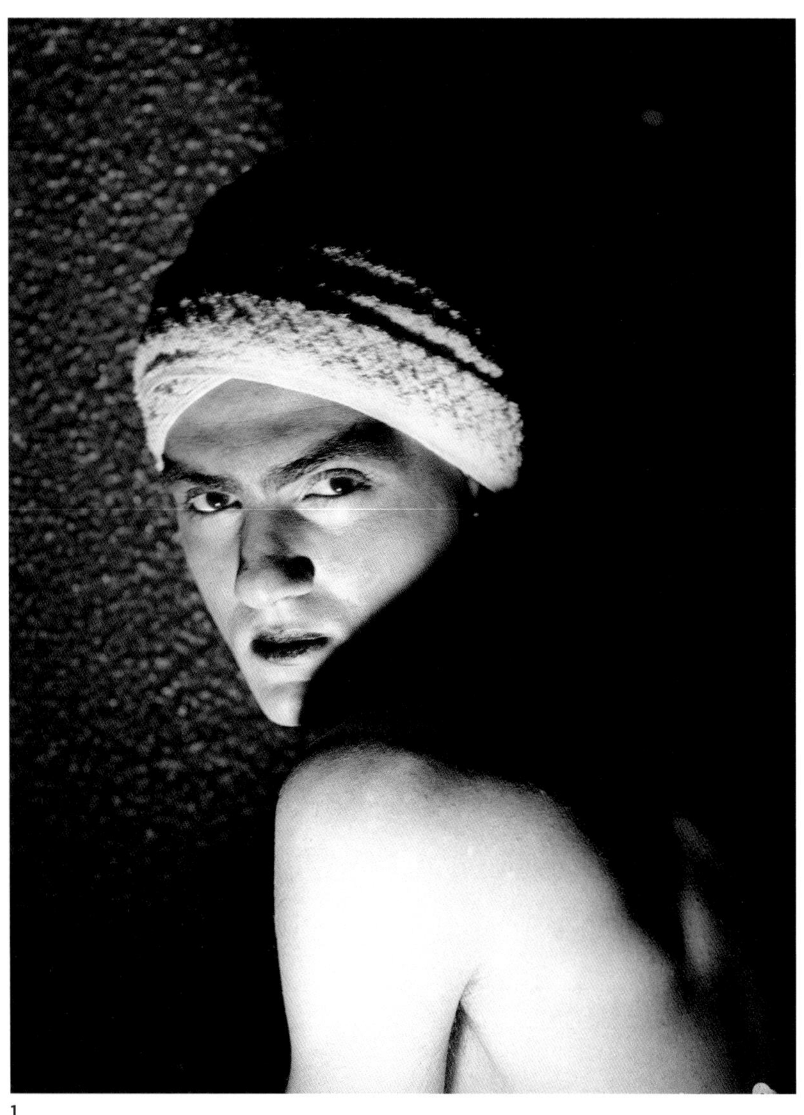

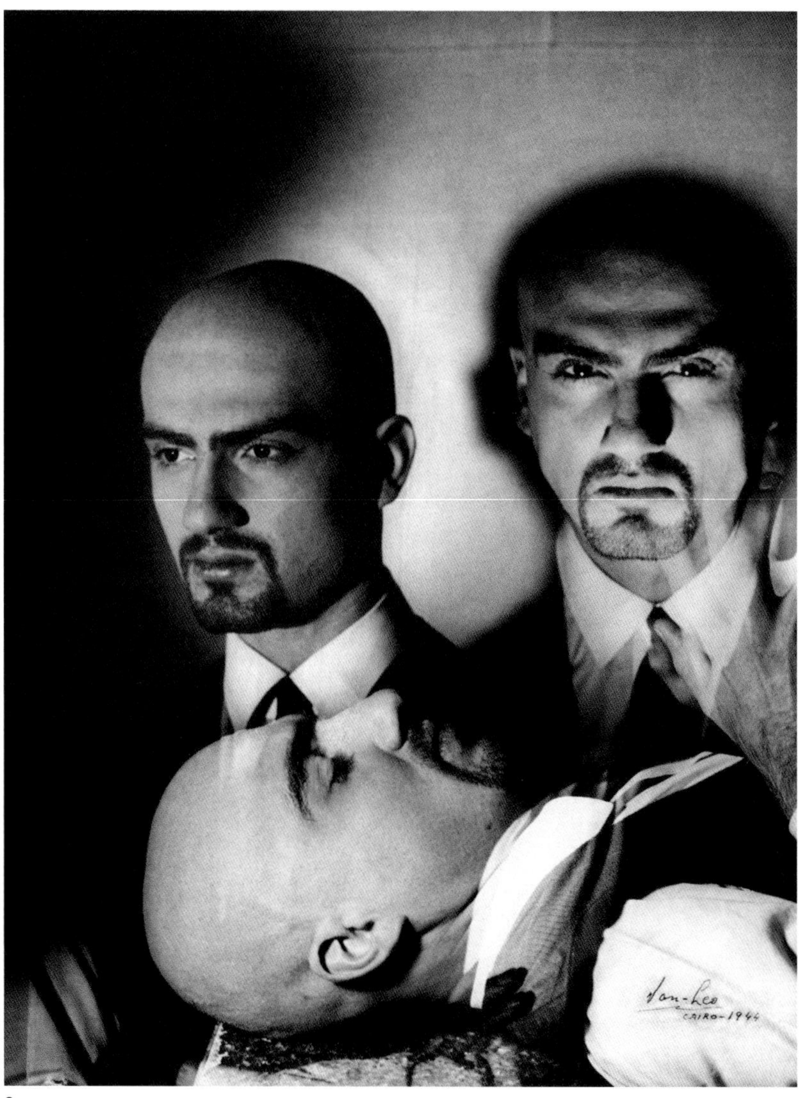

1

VAN LEO
VAN LEO
Sin título, 1945
Copia moderna, gelatina de plata
28 x 21 cm
Colección Van Leo, Arab Image Foundation, Beirut
American University in Cairo, El Cairo

2

VAN LEO
Sin título (Autorretrato), 1945
Copia moderna, gelatina de plata
40 x 30 cm
Colección Van Leo, Arab Image Foundation, Beirut

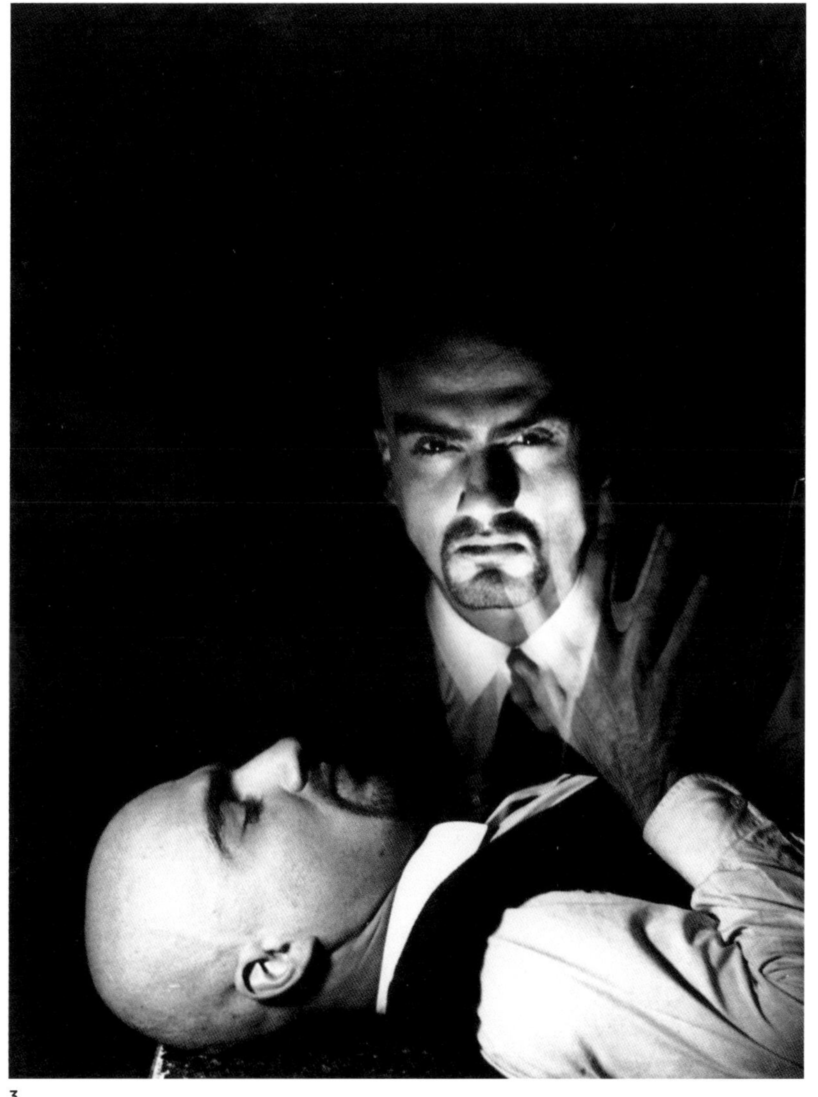

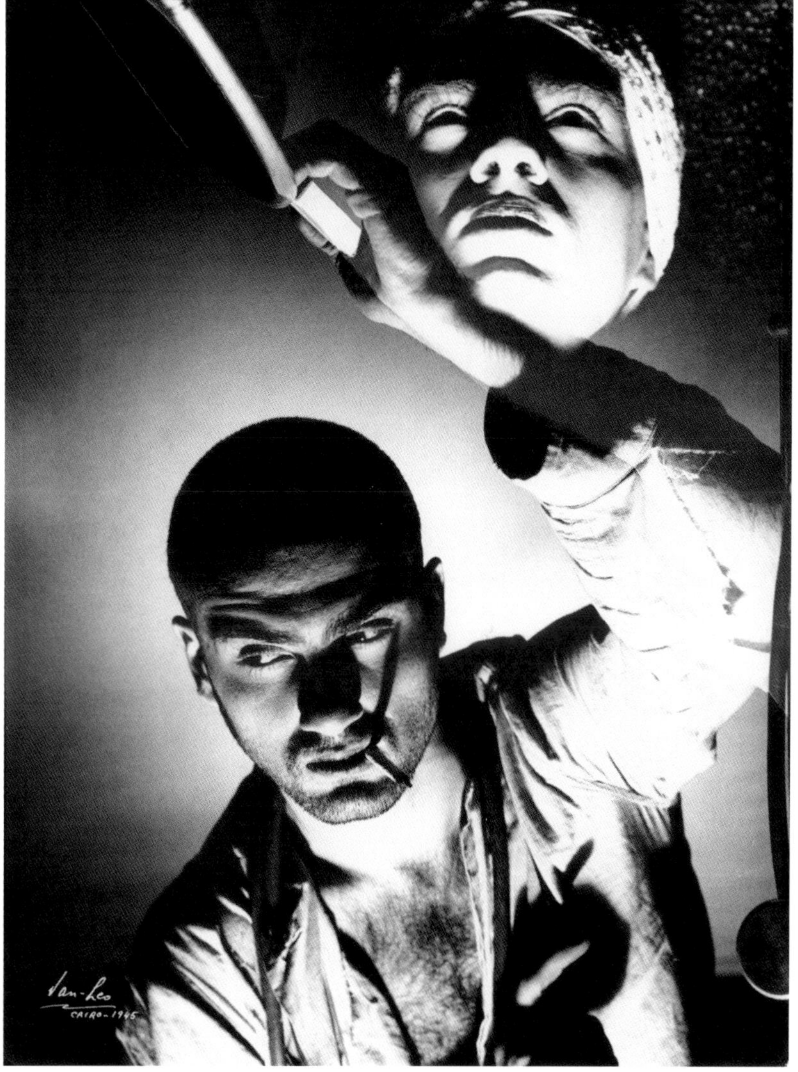

3

VAN LEO
Sin título, 1946
Copia moderna, gelatina de plata
40 x 30 cm
Colección Van Leo, Arab Image Foundation, Beirut
American University in Cairo, El Cairo

4

VAN LEO
Sin título (Autorretrato), 1945
Copia moderna, gelatina de plata
40 x 30 cm
Colección Van Leo, Arab Image Foundation, Beirut

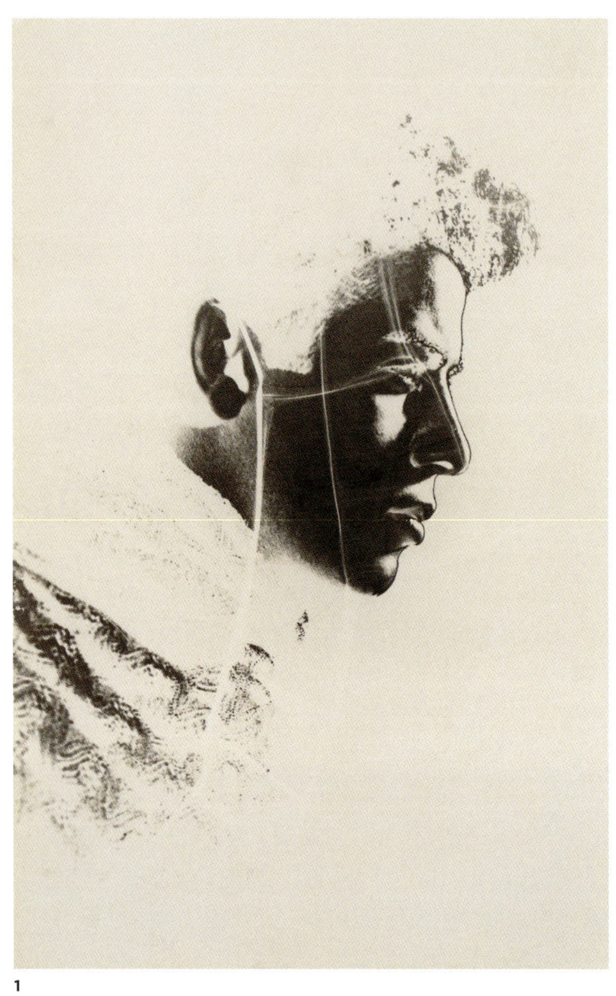

1

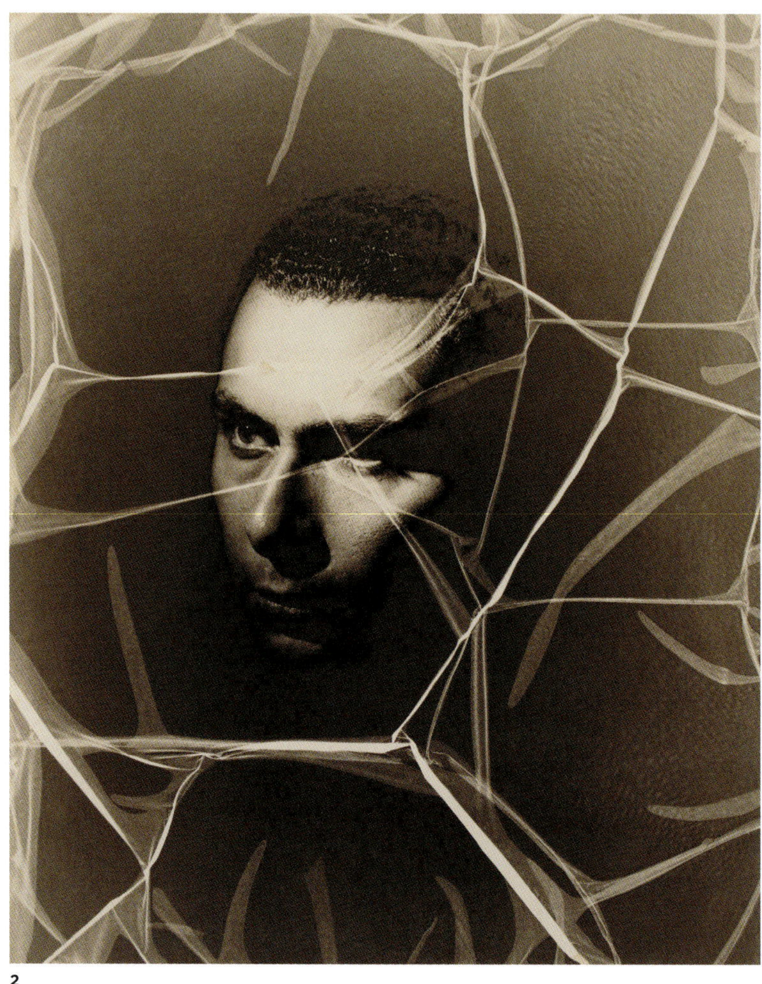

2

1
RAMZI ZOLQOMAH
Sin título, 1938
Copia de época, gelatina de plata
47,5 x 30,1 cm
Colección particular

2
RAMZI ZOLQOMAH
Sin título, 1938
Copia de época, gelatina de plata
48,7 x 38,1 cm
Colección particular

3
AHMED SAWWAN
Sin título, 1938
Copia de época, gelatina de plata
38,8 x 29 cm
Colección particular

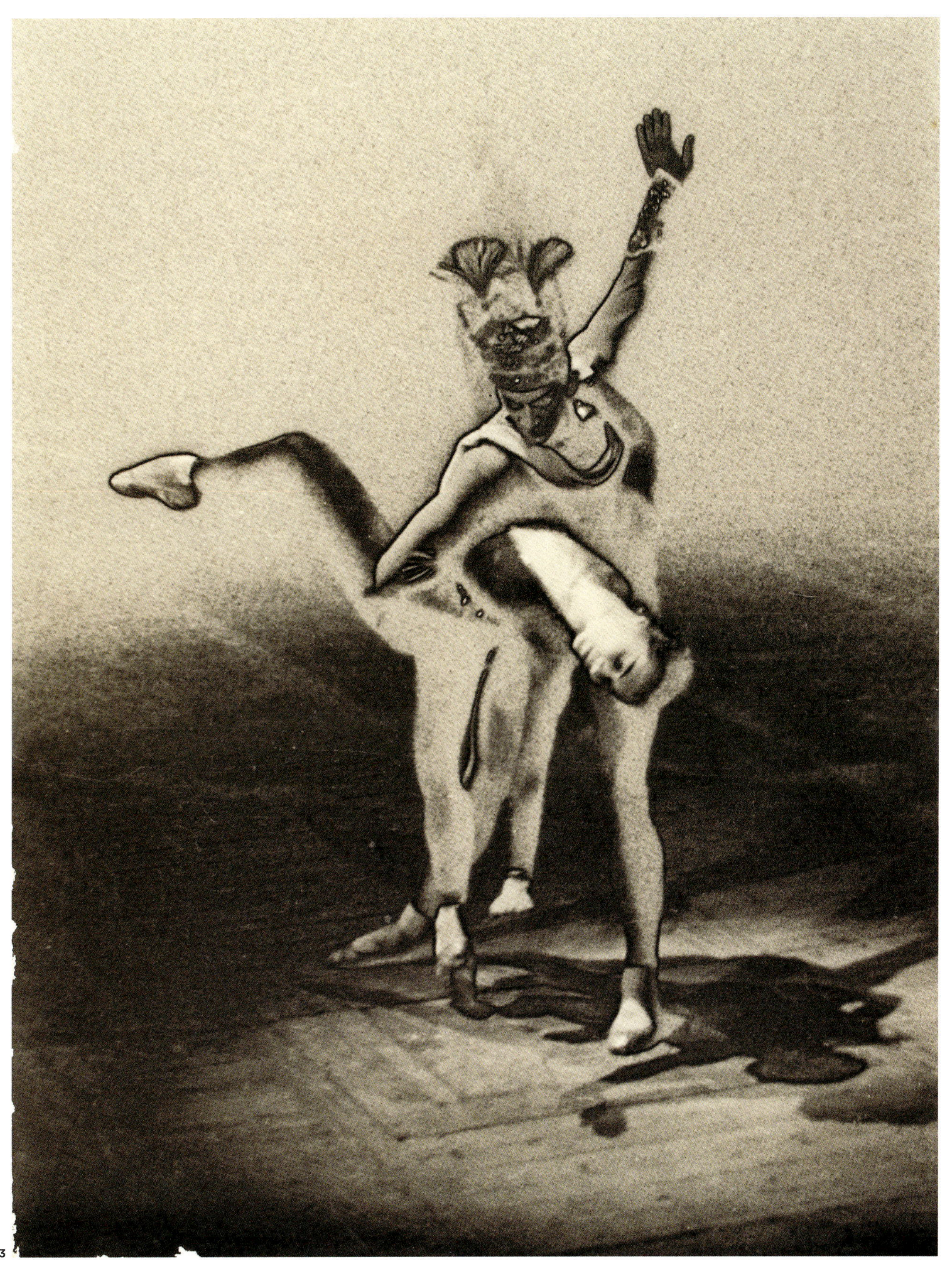

3

BIOGRAFÍAS

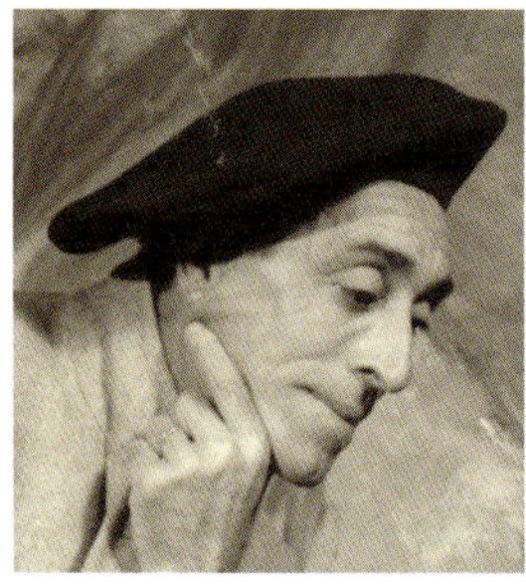

HUSSEIN YOUSSEF AMIN
(1904–1984)

Hussein Youssef Amin fue un pintor y pionero en pedagogía del arte egipcio. Nació en El Cairo y se diplomó en la Academia de Arte de Florencia, en Italia, en 1930. Después de pasar un tiempo en Europa tras obtener el título, viajó a São Paulo donde fue asistente en las clases de arte de su entonces profesor.

De regreso a Egipto pasando por Italia, decidió aplicar las nuevas técnicas pedagógicas que había adquirido en São Paulo. En 1937 fundó la Asociación de Profesores de Arte junto con Youssef Afifi y se convirtió en mentor de una serie de jóvenes artistas, como Abdel Hadi el-Gazzar, Hamed Nada, Samir Rafi', Maher Ra'ef, Youssef Kamel, Ibrahim Massouda y Salem Abdallah el-Habachi (también conocido como Mogli). Con ellos fundaría el Grupo de Arte Contemporáneo en 1946. No obstante, fragmentos recién publicados de las memorias de Samir Rafi' indican que fue este último quien fundó el grupo en 1940 (véase la biografía de Samir Rafi'). Algunos de los integrantes del Grupo de Arte Contemporáneo también eran miembros o simpatizantes, aunque jóvenes, de Art et Liberté; sin embargo, el Grupo de Arte Contemporáneo se distinguía por servirse del surrealismo para tratar primordialmente temas y asuntos egipcios, en un intento por desarrollar un arte auténticamente «egipcio», a diferencia de sus antecesores más universalistas.

Además de su obra artística, Amin también era especialista en historia y crítica del arte, así como en psicología aplicada a la enseñanza artística. Recibió el primer premio en Arte Moderno en la Bienal de São Paulo en 1951 y expuso su obra internacionalmente a lo largo de su vida. Murió en 1984.

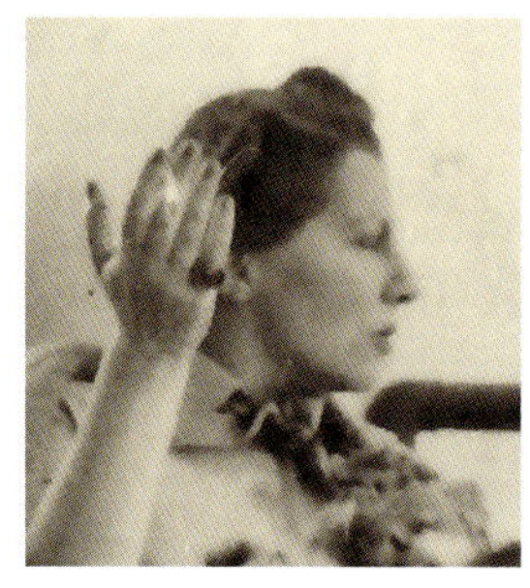

MARIE CAVADIA-RIAZ
(1901–1970)

Marie Cavadia fue una poetisa y escritora rumana de origen griego. Nació en Rumanía en 1901 y allí pasó su infancia. Estudió en París y se casó en primeras nupcias con el cineasta francés Marcel L'Herbier. Más tarde, en 1929, se mudó a Egipto y contrajo matrimonio con Mamdouh Riaz Bey, prestigioso político y ministro, nieto del primer ministro egipcio Riaz Pasha.

Cavadia fue una figura relevante del surrealismo egipcio, tanto por su labor como escritora como por ser una de las primeras mecenas y defensoras del movimiento en el país. Además de por su obra literaria, es famosa por haber sido anfitriona, desde los años treinta hasta los cincuenta, de uno de los salones culturales más importantes de El Cairo, situado en su casa de Zamalek, donde albergaba una significativa colección de arte ramésida del antiguo Egipto. En su salón surrealista se dieron cita muchas figuras de este movimiento, incluidos los escritores Georges Henein, Edmond Jabès y Joyce Mansour. Cavadia le presentó Lee Miller a Henein en 1939. Su hogar también estaba abierto a pintores, bailarines y músicos, además de acoger a personajes de la cultura extranjeros, en su mayor parte francófonos, que estaban de visita en Egipto, como André Gide y Roland Petit, quien se trasladó junto con su compañía de ballet. Así pues, el salón de Cavadia era un punto de encuentro cultural para intelectuales egipcios y extranjeros.

Además de formar parte de la junta editorial de *La Revue du Caire*, donde publicó textos surrealistas, reseñas y poemas, también escribió varios libros de poesía, incluida una colección, *Printemps* [Primavera], y otra de relatos surrealistas en 1944 titulada *Peau d'ange* [Piel de ángel]. Sus cuentos y poemas también se publicaron en revistas locales, como *Don Quichotte*, la publicación afiliada al grupo Art et Liberté. Cavadia escribió reseñas en las que alababa las exposiciones de Art et Liberté y defendió el surrealismo como único movimiento poético capaz de captar la esencia del mundo contemporáneo.

Cavadia se marchó de Egipto en 1956 tras la crisis del canal de Suez y se mudó a Suiza. Murió en 1970.

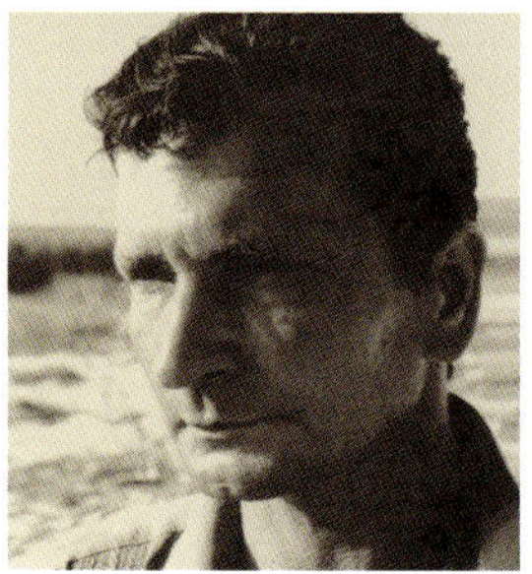

ALBERT COSSERY
(1913–2008)

Albert Cossery fue un escritor egipcio francófono residente en París. Nacido en El Cairo en el seno de una familia ortodoxa griega de origen levantino, estudió con los jesuitas y viajó a Francia en 1917, donde pasó largos periodos antes de establecerse de manera permanente en ese país en 1945.

A Cossery le afectó mucho la pobreza e indigencia de la que fue testigo en Egipto en los años de entreguerras y durante la Segunda Guerra Mundial, en particular las circunstancias de los campesinos llegados masivamente a El Cairo, quienes solo encontraban indiferencia y precariedad a su arribo a la capital. Fue miembro fundador del grupo Art et Liberté, y sus escritos inspiraron los dibujos y pinturas de muchos de los artistas del colectivo, como Inji Efflatoun, Fouad Kamel y Kamel el-Telmisany. La influencia mutua de literatura y arte es, sin duda, uno de los atributos sobresalientes de Art et Liberté.

Cossery publicó relatos cortos en *al-Tatawwur*, la revista en árabe del colectivo, que más tarde se publicarían en forma de libro en una colección titulada *Les Hommes oubliés de Dieu* [Los hombres a los que Dios olvidó, 1941]. *La Maison de la mort certaine* [La casa de la muerte cierta, 1944] es otra de sus obras más importantes de la época de Art et Liberté, y cuenta la historia de una casa a punto de derrumbarse y la de sus habitantes en un barrio pobre de El Cairo. Cossery estaba especialmente interesado en los marginados y desfavorecidos, y su trabajo gira sobre todo en torno a personajes como mendigos, ladrones y prostitutas de poca monta. A lo largo de su vida escribió un total de ocho novelas, entre las cuales *Mendiants et Orgueilleux* [Mendigos y orgullosos, 1955] se considera a menudo su obra maestra.

En 1945, Cossery se trasladó a París y residió en el hotel La Louisiane hasta su muerte en 2008 a causa de un cáncer de garganta. Allí se convirtió en un personaje conocido en los círculos de la Rive gauche, donde se codeó con Camus, Lawrence Durrell, Mouloudji y Tristan Tzara.

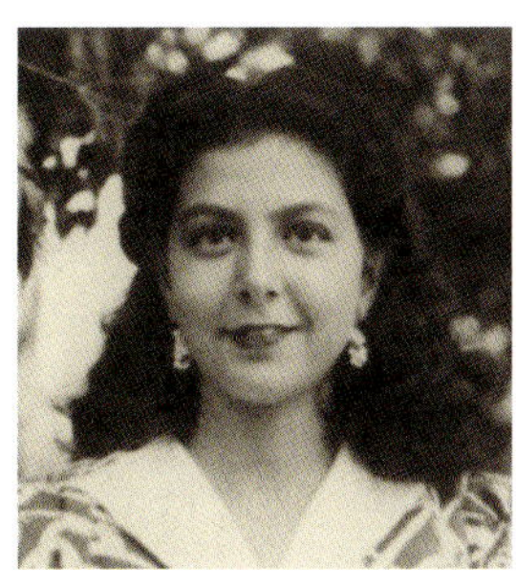

INJI EFFLATOUN
(1924–1989)

Inji Efflatoun fue una pintora, feminista y activista egipcia, y una de las figuras más importantes de la historia del arte egipcio moderno.

Efflatoun nació en 1924 en el seno de una familia aristocrática cairota y estudió en el Lycée Français de El Cairo. Junto a su hermana, la poetisa y escritora Gulperie, Efflatoun fue criada por su madre, Salha Efflatoun, una mujer divorciada y con profesión propia: diseñadora de moda. Al mantener a su familia y educar a sus hijas ella sola, Salha Efflatoun desafió al machismo imperante en la época e influyó así enormemente en el posterior feminismo de su hija.

Efflatoun demostró un temprano interés por el arte y fue alumna de Kamel el-Telmisany, quien le dio a conocer el surrealismo, el cubismo y el grupo Art et Liberté. A los dieciocho años, se convirtió en la artista más joven en participar en una de las exposiciones de arte independiente del grupo, en la tercera edición (era el año 1942, para ser más exactos). El estilo de su obra de esa época es atormentado y tenebroso, influido por la obra literaria del grupo, especialmente por los escritos acerca de las tribulaciones de los pobres de Albert Cossery. Más tarde, fue una de las primeras mujeres en asistir a la sección libre de la Facultad de Arte de El Cairo, y realizó su primera exposición en solitario en 1952. Posteriormente, fue alumna de Margo Veillon, Hamed Abdallah y Ragheb Ayyad, y pasó algún tiempo en el Alto Egipto pintando escenas locales.

Efflatoun era conocida por su ideología marxista y por ser una aguerrida y comprometida feminista, además de ser autora de tres libros cortos de ideas progresistas. Su activismo le terminó costando pena de prisión en 1959, año en el que fue arrestada durante la campaña anticomunista de Nasser. Efflatoun estuvo en contacto con artistas comunistas extranjeros, como el muralista mexicano David Alfaro Siqueiros y el pintor italiano Renato Guttuso. Siguió pintando durante los años que pasó en prisión y después de ser puesta en libertad, en 1963. Las pinturas del periodo de cautiverio destacan por su carácter duro y sombrío, aunque su obra fue haciéndose cada vez más liviana y alegre tras recuperar la libertad. Efflatoun fue comisaria de varias exposiciones, incluidas *Rostros del arte contemporáneo egipcio*, de 1971, en el Musée Galliera de París, y *Diez mujeres artistas egipcias*, de 1975, en la galería del Sindicato Socialista Árabe en El Cairo, entre otras. Además, organizó una importante exposición personal que viajó a Berlín oriental en 1970, Dresde y la URSS. Efflatoun fue una de las artistas de mayor proyección de Egipto.

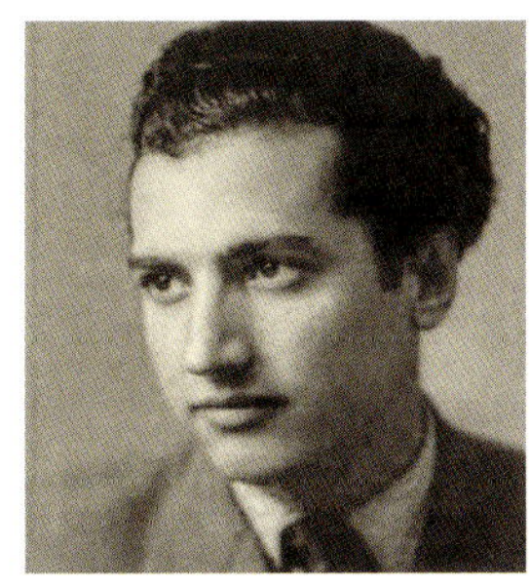

ABDEL HADI EL-GAZZAR
(1925–1966)

Abdel Hadi el-Gazzar es uno de los artistas egipcios más respetados y conocidos de la época de posguerra. Hijo de un erudito islámico, El-Gazzar nació en Alejandría en 1925. En 1936, su padre obtuvo un puesto en Al-Azhar, por lo que la familia se trasladó a El Cairo, concretamente al popular barrio de Sayeda Zeinab, cerca de la zona musulmana de la ciudad. Allí fue testigo de los *moulids* o celebraciones de santos y de otros rituales de carácter religioso y folklórico que dejarían huella en su obra.

El-Gazzar estudió medicina en la Universidad de El Cairo durante un breve periodo y posteriormente, en 1945, se matriculó en la Facultad de Bellas Artes. Allí fue alumno de Hussein Youssef Amin, pionero de la pedagogía del arte. Con él pasaría a formar parte, junto con Samir Rafi', Hamed Nada y otros, del Grupo de Arte Contemporáneo, cuya fundación se remonta a 1946, según la mayoría de las fuentes. No obstante, dicha fecha se ha puesto en entredicho porque Rafi' sostiene en sus memorias, cuyos fragmentos han sido publicados recientemente, que fue él quien fundó el grupo en 1940. Antes de afiliarse al Grupo de Arte Contemporáneo, El-Gazzar ya había expuesto en ocasiones con Art et Liberté, convirtiéndose así en un miembro joven del colectivo. Sus pinturas de aquella época son de difícil interpretación y tienen un carácter surreal: desarrolló imágenes personales con las que representaba escenas mágicas e imaginarias de rituales o cuentos folklóricos egipcios. Muchas de sus obras evidencian el impacto de la obra literaria de Albert Cossery al ilustrar las tribulaciones de los pobres. Un ejemplo de lo anterior es *La cola del hambre*, de 1948, que provocó su arresto la noche de la inauguración de su exposición. El-Gazzar disfrutó de una carrera de gran proyección y expuso su obra en Egipto y en el extranjero. Participó en la Bienal de São Paulo en 1957, en la que obtuvo la medalla de bronce.

En 1958, El-Gazzar viajó a Roma para asistir al Instituto Central de Restauración, donde abandonó de manera gradual la representación de escenas folklóricas y típicamente egipcias, y pasó a pintar imágenes de industrialización de tintes fantásticos con complejas máquinas, en alusión al Estado nación y al proyecto político de Nasser. Murió en 1966 a la edad de cuarenta años tras regresar de Italia, por lo que su carrera fue corta pero profundamente rica.

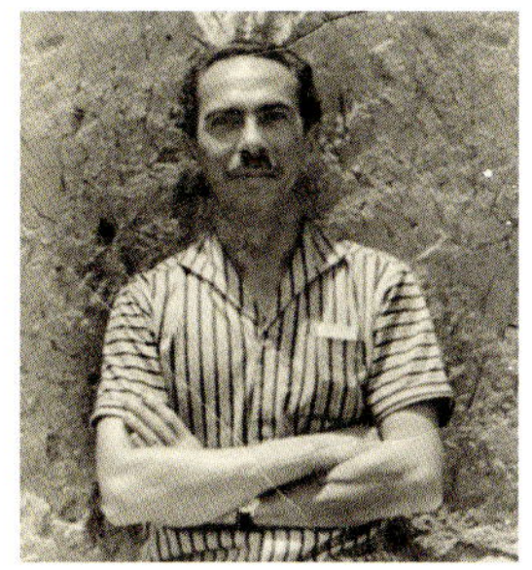

HASSAN EL-TELMISANI
(1923–1987)

Hassan el-Telmisani, hermano menor de Kamel el-Telmisany, fue un pintor e ilustrador. Nació en 1923 y se diplomó en Artes Decorativas en 1938. Sin embargo, Hassan se sentía más atraído por la pintura y el dibujo, y siguió los pasos de su hermano mayor en el mundo del arte. Aprendió a pintar bajo la tutela de Ramses Younane y empezó a mostrar su obra en varias exposiciones conjuntas, incluidas las de la Société des Amis des Beaux-Arts y los Néo-Orientalistes.

Profundamente influido por el estallido de la guerra y la miseria de las clases marginales en Egipto, de los que fue testigo, Hassan se afiliaría al grupo Art et Liberté, al igual que su hermano. En 1942, se afilió al grupo Pain et Liberté de Fouad Kamel, una organización socialista prácticamente hermanada con Art et Liberté que se centraba en el activismo en la calle. En 1943, a los 20 años, crearía algunas de sus obras más emblemáticas en respuesta a la destrucción de la guerra. Hassan expuso con Art et Liberté a partir de 1944. En 1946, junto con su hermano, además de Ramses Younane y Anwar Kamel, fue arrestado durante la represión anticomunista del gobierno y pasó varios meses en prisión. Posteriormente se hizo simpatizante pero no llegó a ser miembro oficial del Grupo de Arte Contemporáneo, que incluía a innovadores como Abdel Hadi el-Gazzar y Hamed Nada. Estos últimos estaban interesados en representar escenas típicamente egipcias y cuentos folklóricos de supersticiones y magia en un estilo surrealista.

Más tarde, Hassan abandonaría su carrera como pintor para convertirse en pionero de la industria del cine documental. Murió en 1987.

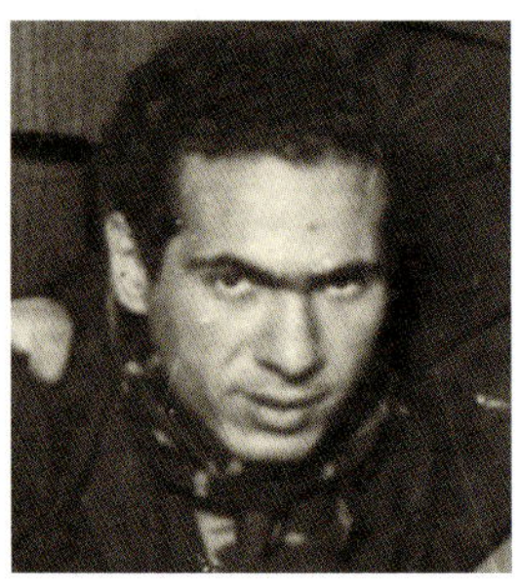

KAMEL EL-TELMISANY
(1915–1972)

El-Telmisany nació en 1915 en Qalyubiyeh, Egipto, y estudió medicina veterinaria. Apasionado de la pintura, abandonó sus estudios para dedicarse al arte cuando su familia se mudó a El Cairo. Allí conoció al joven escritor experimental Georges Henein y al artista y crítico Ramses Younane; junto con ambos impulsó Art et Liberté, y se convertiría en uno de sus fundadores y miembros más destacados.

La carrera pictórica de El-Telmisany fue muy corta, apenas diez años. Su obra representa una vigorosa manifestación de las ideas de Art et Liberté, y es de una naturaleza particularmente violenta y oscura pero también poética. Además de pintor, El-Telmisany fue un prolífico escritor y crítico. Publicó varios artículos en *al-Tatawwur*, la revista en árabe de Art et Liberté, así como en *Don Quichotte*, una revista francófona de vanguardia, de temática artística y literaria, fundada por Henri y Raoul Curiel junto con varios miembros y simpatizantes de Art et Liberté, incluido Georges Henein, quien formaba parte de su junta editorial. El-Telmisany diseñó las cabeceras de *Don Quichotte* y escribió una serie de artículos titulados «L'Art en Égypte». En cada uno de ellos mostraba la obra de un correligionario de Art et Liberté y la acompañaba de textos extraordinariamente poéticos y surrealistas.

Con el tiempo, El-Telmisany se volcó cada vez más en la ideología marxista, y en 1945 se pasó al cine para difundir su mensaje. Al igual que su hermano, destacó en este campo. En 1945, dirigió la muy controvertida y anticapitalista *Al-Souq al-Sawda'*, una de las películas más importantes del cine árabe y probablemente la primera de estilo neorrealista. La cinta estuvo prohibida durante cuatro años. El-Telmisany murió en 1972.

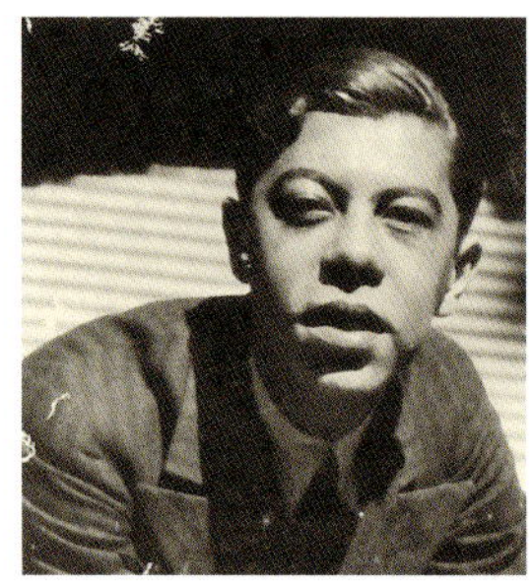

GEORGES HENEIN
(1914–1973)

Georges Henein fue un poeta surrealista y crítico literario egipcio. Nacido en 1914 en el seno de una familia copta de clase alta, el padre de Henein, Sadik Henein Pasha, era diplomático y su madre, una italo-egipcia llamada Maria Zanelli. Henein se crió en un ambiente cosmopolita y, gracias a ello, llegó a dominar muchas lenguas. Pasó su infancia en El Cairo, Madrid, Roma y París debido a la labor diplomática de su padre. Completó su educación en la Sorbona y formó parte de círculos surrealistas en el París de la década de 1930. Colaboró con *Un Effort*, una revista mensual cairota publicada por el colectivo literario francófono Les Essayistes, y con *Les Humbles*, una revista marxista-leninista editada en París.

En 1936, Henein conoció a André Breton, el llamado padre del surrealismo. Fue el principio de una correspondencia y amistad entre ambos que animaría a Henein a formar el grupo Art et Liberté en El Cairo. Finalmente, lograría su propósito con la publicación, el 22 de diciembre de 1938, del famoso manifiesto a favor del arte degenerado en respuesta a la persecución de artistas en Europa por parte de los nazis. «Vive l'Art Dégénéré» [Viva el arte degenerado] marcó el comienzo de un movimiento en arte y literatura que integró a treinta y nueve artistas e intelectuales de distintos orígenes. Las subsiguientes exposiciones de arte independiente organizadas por el grupo, que suponían un reto absoluto a las ideas convencionales sobre el arte, contribuyeron al desarrollo de la pintura y la fotografía surrealistas en Egipto. Henein también financió *al-Tatawwur*, la revista en árabe de Art et Liberté, y fundó la editorial La Part du Sable junto con el poeta Edmond Jabès y el pintor y crítico Ramses Younane.

En 1948, Henein se distanció de los surrealistas. En una carta dirigida a Breton, citó sus discrepancias con este último respecto a la dirección y la estrategia del movimiento. Art et Liberté ya se había desintegrado durante los dos años anteriores, y los esfuerzos de Henein para dotarlo de una segunda vida y que sirviera de guía a los artistas que más tarde se convertirían en el Grupo de Arte Contemporáneo habían fracasado. En 1962, el gobierno egipcio forzó a Henein a exiliarse. Junto con su mujer, Iqbal el-Alaily, también escritora, se asentó en Francia, donde escribió para *Jeune Afrique* y *L'Express*, y se dedicó al periodismo hasta su muerte en 1973.

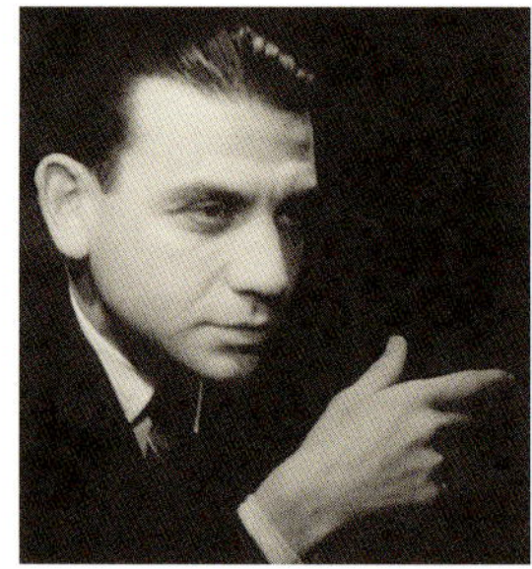

EDMOND JABÈS
(1912–1991)

Edmond Jabès nació en El Cairo en 1912 en el seno de una familia judía acomodada, que llevaba asentada en Egipto al menos desde el siglo XIX. Jabès se convirtió en una de las figuras literarias más importantes de la Francia de posguerra. Desde temprana edad ya sentía interés por el teatro, y con veinte años escribía poesía surrealista. Más tarde tendría lazos con el grupo Art et Liberté. Había colaborado con artistas surrealistas antes de la fundación oficial del colectivo, especialmente con Mayo, el pintor surrealista y simpatizante de Art et Liberté, que hizo los dibujos para su libro *Les pieds en l'air* [Los pies en el aire, Éditions de la Semaine Égyptienne, 1934].

Fuertemente comprometido con la lucha antifascista, Jabès fundó la Liga de Jóvenes contra el Racismo y el Antisemitismo en El Cairo. En esa misma época entabló amistad con Paul Éluard, André Gide y, especialmente, Max Jacob. Después de su muerte, publicó las cartas que Jacob le había escrito (Éditions du Scarabée, 1945). Sus poemas aparecieron en la efímera revista *La Part du Sable*, de la editorial surrealista del mismo nombre, fundada por Georges Henein y Ramses Younane. Edmond Jabès nunca se afilió formalmente al grupo, pero contribuyó al debate acerca de la estética surrealista tras el descubrimiento de los campos de exterminio. Antes de huir de Egipto y asentarse en París en 1957, fundó la editorial Le Chemin des Sources, que publicó obras breves de Gabriel Bounoure, Jean Grenier y René Char.

Jabès publicó extensamente en Francia y recibió numerosos premios, incluido el Grand Prix National de la Poésie en 1987. Uno de sus libros más conocidos es *Le livre des questions* [El libro de las preguntas, Gallimard, 1963], un largo poema sobre dos jóvenes amantes a los que les toca vivir la persecución de los nazis y del gobierno de Vichy. A Jabès siempre le preocupó el tema del judío abocado perpetuamente al exilio, y sus escritos destilan una intensa melancolía. En 1972, Jacques Derrida dijo de él: «En los últimos diez años, no se ha escrito nada de interés en Francia que no tenga su antecedente en un texto de Jabès». Murió en París en 1991.

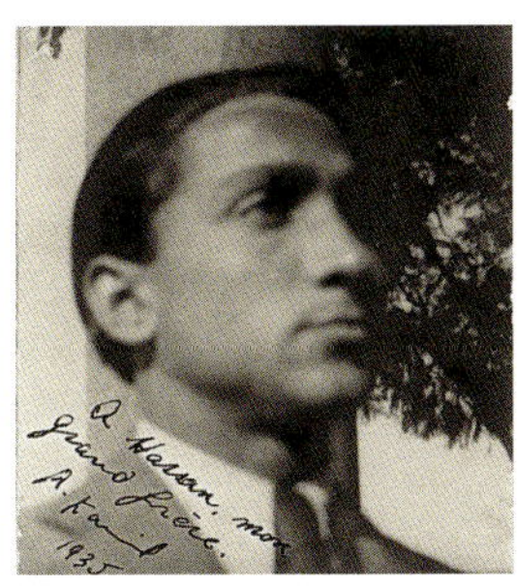

ANWAR KAMEL
(1913–1991)

Anwar Kamel fue un poeta, escritor y activista egipcio. Junto con los artistas y escritores Georges Henein, Kamel el-Telmisany y Fouad Kamel, su hermano menor, fundó el colectivo antifascista Art et Liberté para exigir la liberación social y creativa de la imaginación mediante los valores surrealistas.

Kamel, que era conocido por su ideología comunista, ya proponía ideas surrealistas y fundamentalmente antifascistas antes de la formación de Art et Liberté. En 1936, a los 23 años, Anwar publicó *Al-Kitab al-Manbuz* [El libro del paria], una obra de prosa poética que pedía la liberación del deseo de las ideas represivas de la burguesía. Pronto se formaría en torno a él un grupo de intelectuales autodenominado Al-Manbuzin [Los parias]. Dicha agrupación incluía a Ramses Younane y a los hermanos Telmisany, y más tarde desembocó en la formación del grupo Art et Liberté.

En enero de 1940 se publicó el primer número de *al-Tatawwur*, la revista socialista en árabe de Art et Liberté. Kamel fue su redactor jefe hasta que el gobierno la prohibió, en su séptima edición, debido a su contenido incendiario. Desavenencias con miembros de Art et Liberté, así como divergencias en la estrategia que se debía seguir, impulsaron a Kamel a formar Pain et Liberté, un grupo comunista militante de intelectuales que contribuía a movilizar manifestaciones obreras y estudiantiles. Tras la eliminación del grupo por parte del gobierno, Kamel fue arrestado junto con los hermanos Telmisany. Continuó escribiendo durante su condena y publicó obras como *Al-Sahyuniyya* [Zionismo, 1944] y *La Tabaqaat* [Una sociedad sin clases, 1945]. Kamel siguió dedicándose a escribir tras su puesta en libertad, y en 1948 publicó *Afyoun al-Shu'ub* [El opio del pueblo], una feroz obra antiestalinista de crítica sociopolítica.

Kamel murió en 1991. El poeta Hisham al-Gashta reeditó los contenidos completos de *al-Tatawwurr* en la publicación *Al-Kitabah al-Ukhrah*.

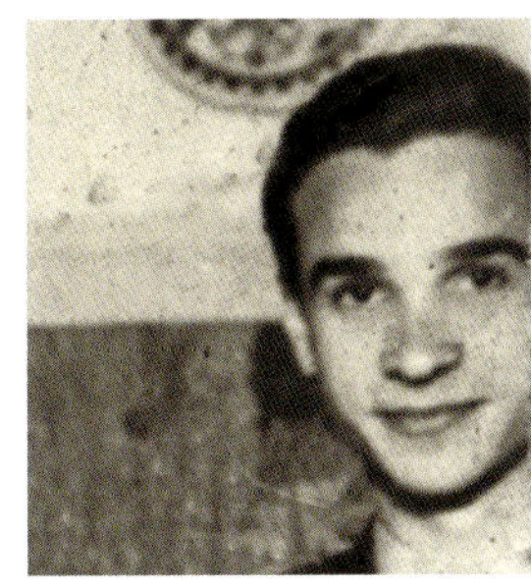

FOUAD KAMEL
(1919–1973)

Fouad Kamel fue un pintor, poeta e ilustrador egipcio, y uno de los fundadores del grupo Art et Liberté. Nacido en Beni Suef, Egipto, el 28 de abril de 1919, estudió arte y pedagogía del arte en El Cairo y se graduó en la Escuela de Bellas Artes en 1942. Posteriormente, fue profesor de dibujo en escuelas públicas.

A lo largo de su extensa carrera, Kamel formó parte de varios grupos y movimientos artísticos, incluidos los neo-orientalistas, junto con Kamel el-Telmisany en 1937. De carácter rebelde, más tarde se uniría a Kamel el-Telmisany y Georges Henein para formar el grupo Art et Liberté en 1938, con el que expuso durante toda la guerra. Sus pinturas y dibujos de esa época tienen afinidad con la obra literaria de Albert Cossery, quien escribió sobre las tribulaciones de los pobres y desamparados en Egipto. También participó en una exposición de dibujo automático en el Lycée Français de El Cairo en 1947, junto con Ramses Younane y Kamel el-Telmisany. Breton le incluyó en *Le Surréalisme en 1947*, exposición celebrada en la Galerie Maeght de París en 1947.

Kamel también creó una serie de ilustraciones para las publicaciones *al-Tatawwur*, *Al-Majallah al-Jadida* y *La Part du Sable*, que cofundó con Henein y Younane en 1947. Incluso después de que se disolviera Art et Liberté, Kamel siguió organizando exposiciones de arte surrealista bien entrada la década de 1940. Más adelante, su pintura se tornó completamente abstracta. Kamel murió en El Cairo el 25 de junio de 1973.

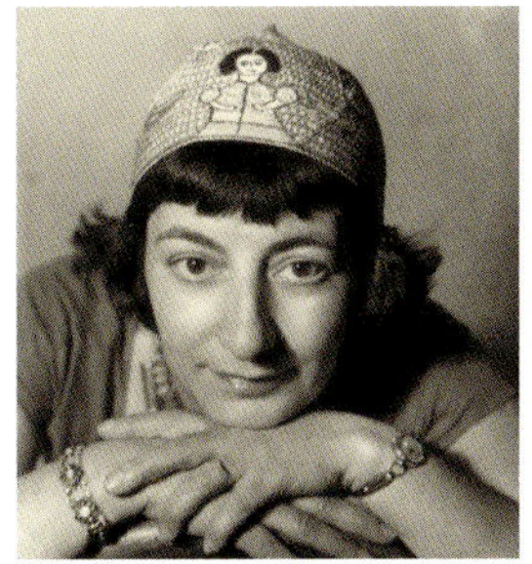

IDA KAR
(1908–1974)

Ida Kar, originalmente Karamian, fue una fotógrafa de origen armenio nacida en Rusia. Pasó su infancia en Irán, Armenia y Rusia, antes de que su familia se trasladara a Alejandría, donde asistió al Lycée Français de aquella ciudad.

Tras terminar la enseñanza en el Lycée, Kar se marchó de Alejandría para estudiar química y medicina en París, y más tarde interrumpió su carrera para aprender canto y violín. Por aquella época conoció al fotógrafo experimental alemán Heinrich Heidersberger, quien le dio a conocer la fotografía surrealista.

En 1933, Kar regresó a Egipto y posteriormente se casó con Edmond Belali, funcionario y fotógrafo aficionado. Juntos fundaron Idabel, colectivo y estudio de fotografía, en El Cairo, y expusieron su obra en tres de las exposiciones de Art et Liberté, que fue bien recibida por críticos como Ahmed Rassim Bey. Kar colaboró con distintos fotógrafos y artistas en series de fotomontaje, incluido el pintor surrealista Angelo de Riz, su correligionario en Art et Liberté. Como Étienne Sved, Kar también fotografió antiguos monumentos y objetos egipcios sin otorgarles una pesada carga de simbolismo nacional, a diferencia de sus contemporáneos más conservadores.

Posteriormente, se divorciaría de Belali y se casaría con el poeta británico Victor Musgrave, destinado en Egipto durante la Segunda Guerra Mundial. Juntos se trasladaron a Londres en 1949, donde Kar se embarcaría en una notable carrera como fotógrafa, durante la cual retrataría a importantes intelectuales europeos. Hasta su muerte en 1974, Kar trabajó entre Londres y París, y exhibió su obra en Europa y Rusia, donde cosechó un gran éxito y se granjeó el respeto de la crítica. Kar contribuyó en gran medida a que la fotografía se considerara un arte. Fue la primera fotógrafa en ser objeto de una exposición retrospectiva en una galería londinense de renombre, la Whitechapel Art Gallery, en 1960.

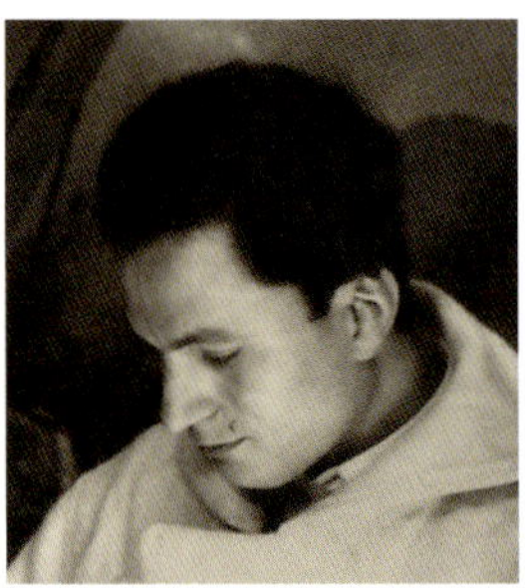

MAHMOUD KHALIL
(1929-1955)

Mahmoud Khalil fue un pintor y poeta egipcio nacido en 1929. Disponemos de poca información sobre este artista, del que se sabe que fue el alumno más joven de Hussein Youssef Amin y también el menor de los miembros del Grupo de Arte Contemporáneo.

Khalil estudió filosofía con el importante filósofo existencialista Abdel Rahmn Badawi (1917-2002). Mantuvo correspondencia con el escritor romántico egipcio Mahmoud Taymour, y realizó sus primeros dibujos y pinturas poco después de cumplir veinte años. Khalil recibió un premio de dibujo y una beca del gobierno egipcio, y participó en la exposición inaugural del Grupo de Arte Contemporáneo en 1946, así como en la segunda en 1948, además de mostrar su obra en una exposición organizada por Amitiés françaises a mediados de la década de los años cincuenta, entre otras.

En su breve libro de 1954 sobre este artista, el crítico Étienne Meriel lo tilda de «completamente original»; la obra de Khalil se distingue de la de otros miembros del Grupo de Arte Contemporáneo por su «ingenuidad, espontaneidad, persuasión y misterio». Usaba tinta china en muchos de sus dibujos, que casi siempre representan figuras en el transcurso de un ritual, aunque en posición estática, dibujados de perfil o de frente, de manera parecida al arte del antiguo Egipto. Su tratamiento de la composición, según el cual siempre llena la página y a menudo abandona la profundidad y la perspectiva clásica, llevó a los críticos a decir que su obra estaba influida por un «atavismo oriental».

Khalil participó en la Bienal de Venecia de 1952 junto con Abdel Hadi el-Gazzar y Hamed Nada, sus correligionarios en el Grupo de Arte Contemporáneo. Su obra se encuentra en el Museo de Arte Moderno Egipcio, así como en colecciones privadas. Se sabe que pasó una temporada en Sudán para concentrarse en el arte y vivir con sencillez.

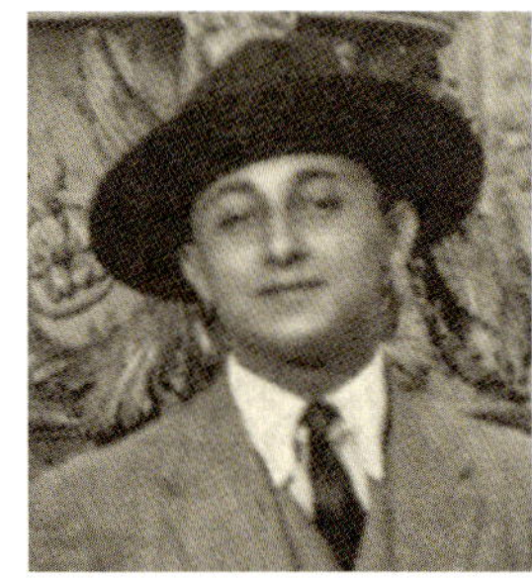

MAYO
(1905-1990)

Antoine Malliarakis, más conocido como Mayo, nació en Port Said, Egipto, en 1905. Era hijo de madre francesa y padre griego, ingeniero del canal de Suez. Aunque no se afilió oficialmente ni al grupo surrealista de Breton ni a Art et Liberté en Egipto, fue un miembro importante del movimiento surrealista.

Mayo estudió en la École des Beaux-Arts de París entre 1923 y 1927. Allí pasó mucho tiempo en Montparnasse y socializó con importantes surrealistas, como Tristan Tzara, Man Ray e Yves Tanguy, y, más tarde, Jacques Prévert y Robert Desnos. Participó en varias exposiciones conjuntas e individuales en toda Europa y fue colaborador de la revista literaria del grupo parasurrealista *Le Grand Jeu*. Estuvo de nuevo en Egipto de 1933 a 1934 y posteriormente de 1937 a 1941, donde expuso junto con el grupo Art et Liberté y fue muy bien recibido por la crítica. Mayo también ilustró varios escritos de miembros de Art et Liberté, incluidos los de Ivo Barbitch y Edmond Jabès, y creó dibujos para varias revistas literarias. Sus ilustraciones se tornaron más sombrías durante los años de la guerra, e incluyen trabajos para Camus y Prévert. También es conocido por su labor como escenógrafo y figurinista de teatro y cine, especialmente en *Les Enfants du paradis* [Los niños del paraíso], de Marcel Carné.

Después de 1942, Mayo regresó a Europa y se asentó primero en París y luego en Roma en 1966. En Europa continuó pintando y dibujando, y expuso principalmente en Italia y también en París hasta que sufrió una infección ocular en 1984. Regresó a París en 1986, año en que se le concedió el título de caballero de la Orden de las Artes y las Letras de Francia. Murió en Seine-Port, Francia, en 1990.

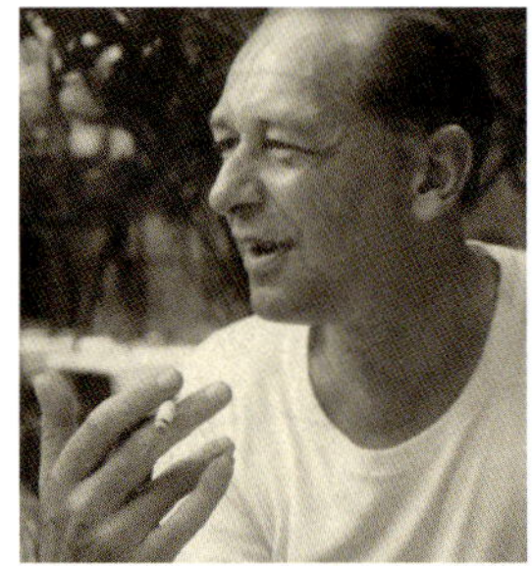

ROBERT MEDLEY
(1905-1994)

Robert Medley fue un pintor, escenógrafo teatral y profesor de arte inglés. Nació en Londres, de padre abogado y conocido especialista en derechos de autor, y estudió en la Slade School of Fine Art, para más tarde completar sus estudios en París.

En 1932, Medley empezó a exponer su obra y también a dar clase en la Chelsea School of Art, donde fue profesor del pintor egipcio Rateb Seddik, quien más tarde se afiliaría al grupo Art et Liberté. Medley participó en la Exposición Surrealista Internacional de Londres en 1936 y fue miembro activo de los círculos surrealistas británicos, en los que ayudó a organizar exposiciones e incluso actuó como moderador en un debate entre surrealistas y realistas celebrado en 1938.

Fue destinado a El Cairo como artista de guerra durante la Segunda Guerra Mundial. Allí conocería al grupo Art et Liberté y, en 1945, participaría en su quinta exposición de arte independiente. Como varios correligionarios suyos, Medley también se vio fuertemente influido por la obra literaria de Albert Cossery, integrante de Art et Liberté. *Cairo at Night* [El Cairo de noche], obra que Medley comenzó en 1944 mientras estaba destinado en la ciudad egipcia y que terminó después de regresar a Inglaterra una vez finalizada la contienda, es un ejemplo de esa influencia, con sus figuras vivamente contorsionadas en proceso de metamorfosis.

De vuelta a Inglaterra, Medley mantuvo su prolífica carrera como pintor y ocupó varios puestos de profesor. Fue jefe del Departamento de Pintura de la Camberwell School of Art durante muchos años y también dio clases en la Chelsea Art School y la Slade School of Art. Se le considera uno de los pintores ingleses más importantes del siglo xx.

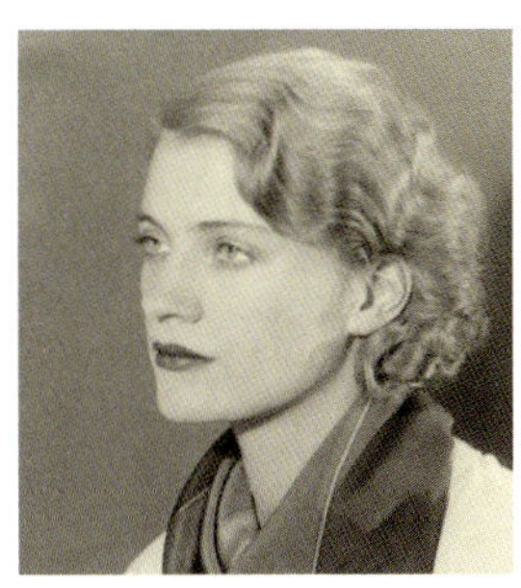

LEE MILLER
(1907-1977)

Nacida en Poughkeepsie, Nueva York, de ascendencia canadiense y alemana, Lee Miller fue fotógrafa, modelo y uno de los espíritus libres más famosos del siglo xx.

Miller comenzó su carrera en el mundo de la fotografía posando como modelo para importantes artistas, como Edward Steichen y Arnold Genthe. En 1929 se trasladó a París para estudiar con Man Ray, de quien llegaría a ser musa, aprendiz, colaboradora y amante. Posteriormente, abrió su propio estudio en Nueva York en 1932 y lo gestionó con éxito hasta que se casó con Aziz Eloui Bey, un rico hombre de negocios egipcio, y se mudó a El Cairo en 1934. Allí estableció fuertes vínculos con los surrealistas egipcios y el grupo Art et Liberté. Representó un papel fundamental al contribuir al diálogo entre este colectivo, los surrealistas de Londres y el círculo de la Villa Seurat en París. Asimismo, puso la literatura y las reseñas de exposiciones surrealistas que le facilitaba su amante Roland Penrose a disposición de Art et Liberté, lo que contribuyó al desarrollo de la escena surrealista local.

Por su parte, su propia obra fotográfica surrealista floreció bajo el hechizo de paisajes desérticos y ruinas, que plasmó en bellas obras casi abstractas, como *Portrait of Space* [Retrato del espacio, 1937].

En 1939, Miller se trasladó a Londres con el pintor surrealista británico Roland Penrose, con quien posteriormente se casaría y tendría su único hijo. Durante la Segunda Guerra Mundial, Miller trabajó como fotógrafa de moda y fotoperiodista para la revista *Vogue*, y cubriría desde el bombardeo de Londres hasta los campos de exterminio de Buchenwald y Dachau. Al volver a Inglaterra, se asentó con Penrose en su residencia de Farley Farm House en East Sussex, meca de artistas de visita en ese país, como Man Ray, Moore, Dubuffet y Ernst. Murió allí en 1977.

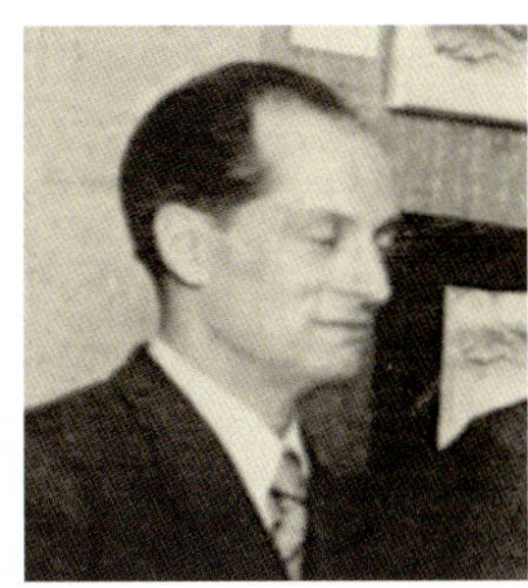

JEAN MOSCATELLI
(1905-1965)

Jean Moscatelli fue un poeta, artista y periodista francófono de origen italiano nacido en Egipto. Al principio de su carrera, Moscatelli fue miembro activo de varios grupos literarios. Entre ellos destaca la Salamander Society, de la que también eran miembros el crítico de arte y literatura Ahmed Rassim y el periodista Erik de Mauny, y Les Essayistes, una sociedad literaria francófona radicada en El Cairo que publicaba la revista *Un Effort*.

En 1933, Moscatelli tradujo al francés la colección de poemas futuristas *Per le mie donne* [Para mis mujeres, El Cairo, Éditions de La Semaine Égyptienne], del italiano Nelson Morpurgo, en aquella época escritor futurista instalado en Egipto cuya poesía de vanguardia admiraba Moscatelli. No obstante, debido a la cada vez más evidente afinidad de los futuristas con el fascismo, Moscatelli escribió un artículo para el semanario *La Semaine Égyptienne* en octubre de ese mismo año, en el que criticaba al poeta y al movimiento futurista y mantenía que el lenguaje de Morpurgo era incomprensible para todas las clases sociales. Tras la visita y conferencia en Egipto de Filippo Tommaso Marinetti en 1938, organizada por Les Essayistes, que desembocó en una polémica después de que Henein atacara la propaganda fascista de Marinetti, Moscatelli, junto con Henein y Jo Farna (Joseph Habachi), rompió completamente sus lazos con esta sociedad literaria y con el futurismo.

Tras la ruptura con *Les Essayistes*, Moscatelli se convirtió, junto con Georges Henein, en miembro fundador del grupo Art et Liberté, y llegó a participar como artista en su exposición inaugural *L'Exposition de l'art indépendant* en el Lycée Français en 1940. Durante su carrera, escribiría muchas reseñas positivas acerca de los proyectos de Art et Liberté para varias publicaciones, incluidas la revista ilustrada *Images* y el semanario francófono *La Semaine Égyptienne*.

Las publicaciones de Moscatelli incluyen la antología *Poètes en Égypte* [Poetas en Egipto, El Cairo, L'Atelier, 1955] y varios libros y colecciones de poesía, incluidos *Moi sans toi* [Yo sin ti, París, Éditions de La Caravelle, 1927], *Poèmes maudits* [Poemas malditos, París, Éditions de La Caravelle, s. f.; y Le Livre et l'Image, 1929], *Dix sonnets* [Diez sonetos, El Cairo, Éditions de La Semaine Égyptienne, 1935] y *Akhénaton ou la religion la meilleure* [Akenatón o la mejor religión, El Cairo, Imprimerie Paul Barbey, 1936].

En 1956, Moscatelli ganó la medalla de bronce en la categoría en lengua francesa del Prix de l'Academie française. Murió en Egipto en 1965.

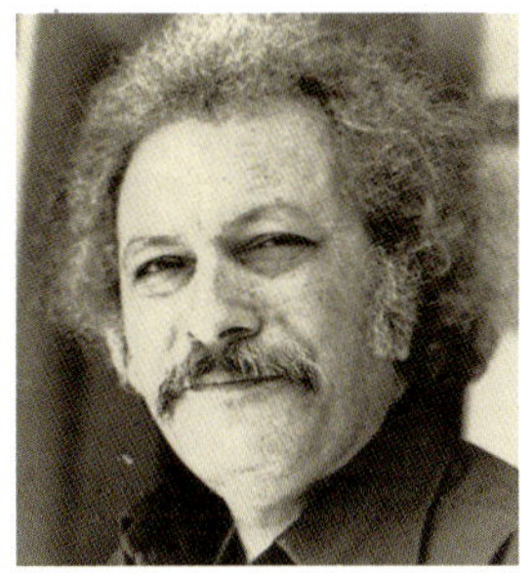

HAMED NADA
(1924-1990)

Criado en el seno de una familia religiosa en el distrito de Al-Qal'a en El Cairo, Hamed Nada fue uno de los artistas surrealistas más famosos del país. Sus pinturas manifiestan una honda inspiración en los rituales, supersticiones y cuentos folklóricos del día a día en Egipto.

El interés de Nada en el arte desde temprana edad le llevó a ser alumno de Hussein Youssef Amin, un pedagogo del arte conocido por su rechazo de las técnicas tradicionales de enseñanza, además de estar generalmente considerado el fundador del Grupo de Arte Contemporáneo, cuyas principales preocupaciones eran el surrealismo y los temas sociales (su papel como fundador del colectivo ha sido puesto en entredicho en publicaciones recientes; para más información, véase la biografía de Samir Rafi' en esta sección). Con el tiempo, Nada organizaría su primera muestra con el Grupo de Arte Contemporáneo en 1946 y participaría en todas sus exposiciones hasta 1951, lo que le convertiría en miembro fundamental de la agrupación junto con Abdel Hadi el-Gazzar y Samir Rafi'. Además, Nada mostró su obra en quince exposiciones en Egipto, Francia, Italia y España a lo largo de su vida.

Se graduó en la Facultad de Bellas Artes de El Cairo en 1951 tras haber sido alumno de artistas egipcios tan importantes como Ahmed Sabry y Youssef Kamel. Al mismo tiempo, colaboró como escritor e ilustrador con la revista literaria *al-Thaqafah*, donde otros notables escritores, como Taha Hussein y Louis Awad, publicaron su obra. Después de estudiar en Luxor y Madrid, se convirtió en jefe del Departamento de Pintura de la Escuela de Bellas Artes de Alejandría y, posteriormente, de El Cairo en 1977, tras lo cual siguió dando clases de pintura a tiempo parcial hasta su muerte en 1990.

Las pinturas de Hamed Nada son únicas en su acercamiento al surrealismo, y combinan un profundo conocimiento de los cuentos folklóricos y la magia junto a elementos simbólicos para representar la vida de la clase trabajadora en Egipto.

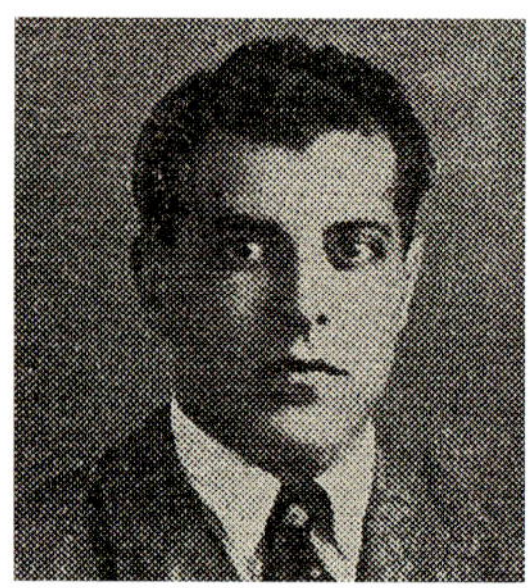

ERIC DE NEMES
(fechas de nacimiento y muerte desconocidas)

Eric de Nemes fue un ilustrador y escritor húngaro que se trasladó a El Cairo desde Beirut en 1939 o 1940. Aunque no se conoce mucho acerca de la vida de este artista, se sabe que más adelante se le concedió la nacionalidad egipcia.

Se puede decir que De Nemes es el ilustrador más prolífico del grupo Art et Liberté. Aunque no firmó el manifiesto «Vive l'art dégénéré» [Viva el arte degenerado] en 1938, se afilió al grupo poco después y fue uno de sus muchos integrantes extranjeros; su incorporación da cuenta del auténtico cosmopolitismo de este colectivo. Expuso con Art et Liberté en 1941 en la segunda exposición de arte independiente que organizaron. La declaración que firmó para el catálogo de esta muestra decía que, para él, el arte era como una bolsa de la suerte, cuyo «papel de plata y flores artificiales esconde una bomba que explota en manos del público».

El dominio de la ilustración de De Nemes se puede apreciar en una serie de publicaciones, entre ellas, *Poetry of Our Times* [Poesía de nuestro tiempo], una antología de poetas anglófonos radicados en El Cairo publicada por la librería Thoth en esta ciudad en 1943. En 1945 ilustró *La Vertu de l'Allemagne* [La virtud de Alemania], de Iqbal el-Alaily, la mujer de George Henein. *Cœurs Doubles* [Alejandría, Éditions du Scarabée, 1948], una revista literaria y cultural fundada en 1945 por René Étiemble, es otro ejemplo de su talento. De Nemes también produjo el mismo año una serie de catorce ilustraciones para un libro titulado *The Lovely and the Dead* [Los bellos y los muertos], de John Waller, que, no obstante, nunca llegó a publicarse.

En lo que se refiere a la literatura, De Nemes fue colaborador de *Sphinx*, un semanario ilustrado anglófono publicado en El Cairo. Sus textos abarcan desde reseñas de exposiciones a relatos cortos.

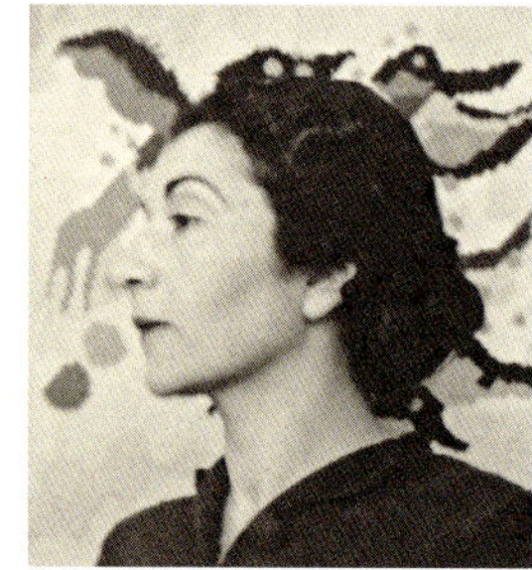

AMY NIMR
(1907–1974)

Amy Nimr, también conocida como Amy Smart, fue pintora y escritora, hija del prominente magnate sirio de la prensa afincado en Egipto, Faris Nimr. Nacida en El Cairo, Nimr viajó a París y Roma en su juventud. Estudió Bellas Artes en la Slade School de Londres y fue alumna de Walter Sickert durante un breve periodo. Nimr empezó a exponer su obra en París y Londres en la década de 1920 y llegó a conocer muy bien a los surrealistas británicos y a los artistas de la Villa Seurat en París. De regreso a El Cairo a principios de los años treinta, se casó con Walter Smart, un oficial de alto rango y reputado estudioso de las lenguas árabe y persa. La obra de Nimr fue aclamada por la crítica egipcia y expuso con regularidad en el Salon du Caire anual junto con pintores como Mahmoud Saïd.

Nimr y su marido eran conocidos por su hospitalidad; en su salón cultural acogían a visitantes de todo el mundo, desde la realeza y celebridades hasta artistas e intelectuales sin un céntimo. También se hizo famosa por su generosidad al ser mecenas de las artes y ayudar a muchos creadores necesitados, entre ellos, a Lawrence Durrell cuando llegó a Egipto. Asimismo, representó un importante papel al contribuir a reforzar el diálogo entre los surrealistas europeos y la escena artística egipcia.

Como Mahmoud Saïd, Nimr recibió los halagos tanto de los adeptos a la Société des Amis de l'Art como de la vanguardia del grupo Art et Liberté; de los pintores de su generación, solo ellos dos disfrutaron de la admiración de ambas facciones. En 1943, el único hijo de Nimr, Micky, murió al explotar una mina antipersonal durante un pícnic en familia en Wadi Degla. La obra que pintó después de esta tragedia se considera su fase más surrealista y tenebrosa. Expuso esos cuadros a mediados de la década de los cuarenta en las exposiciones de arte independiente, donde fue aclamada por la crítica. Nimr fue la única surrealista afincada en Egipto que colaboró con la revista de poesía de guerra surrealista *Personal Landscape*, en la que publicó un ensayo sobre la poesía de Cavafis en 1945.

Abandonó Egipto tras la guerra del canal de Suez de 1956. Murió en París en enero de 1974.

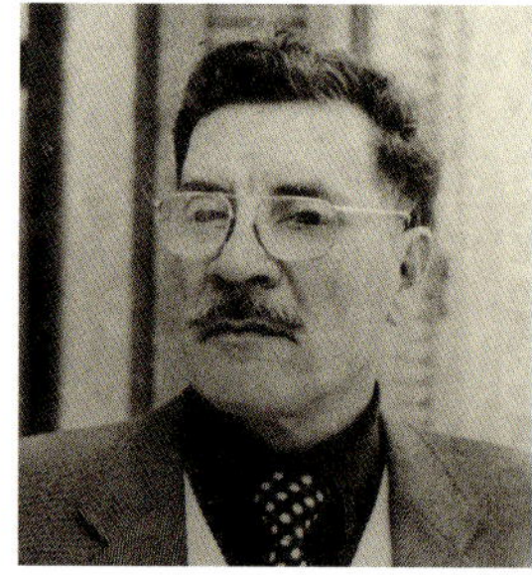

MAHER RA'EF
(1926–1999)

Maher Ra'ef nació en el distrito Shubra de El Cairo. Su padre era artista y fue contemporáneo de los llamados «Pioneros» o «primera generación de artistas egipcios». Su abuelo fue un erudito islámico en la Universidad de al-Azhar.

Ra'ef dedicó muchos años de su vida a la investigación, de la que era un apasionado. Estudió grabado en la Facultad de Bellas Artes de El Cairo, donde se graduó en 1950. Más tarde estudió filosofía en la Universidad de El Cairo, y consiguió su licenciatura en 1954.

Ra'ef se afilió al Grupo de Arte Contemporáneo (para más información acerca de este grupo, véase la biografía de Hussein Youssef Amin) y expuso con ellos en la muestra inaugural del colectivo en 1946. La preocupación de este grupo estribaba en desarrollar un arte esencialmente egipcio mediante el examen de temas tomados del folklore y la cultura popular, que le imbuyeron de un fuerte simbolismo. Consiguió el puesto de artista residente en Luxor y más tarde recibió dos becas para formarse en Alemania: estudió grabado en Düsseldorf, donde se graduó en 1960, y en la Academia Wuppertal en 1961. También se doctoró en Estética por la Universidad de Colonia. Cuando volvió a Egipto, se había convertido al sufismo y había abandonado la pintura figurativa para centrarse en la caligrafía y en las formas geométricas.

Ra'ef expuso su obra en todo Egipto, incluida la Bienal de Alejandría, además de en Alemania, Suiza, Francia y Suecia. Trabajó como profesor en las facultades de Bellas Artes de Alejandría y El Cairo, y fue decano de estudios de posgrado en la Facultad de Bellas Artes de Alejandría en 1979. Tras su jubilación en 1986, se trasladó a Nueva Jersey para vivir con su hija. Murió en Estados Unidos en 1999.

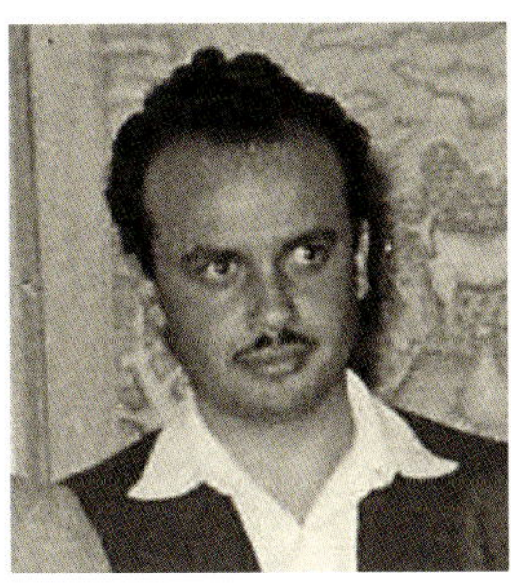

SAMIR RAFI'
(1926–2004)

Samir Rafi' nació en el distrito Sakakini de El Cairo en 1926, en el seno de una familia acomodada y multiconfesional. Su padre era un abogado musulmán de carácter severo y su madre, una cristiana de naturaleza cariñosa que enseñó a su hijo a hablar francés.

Durante sus años en la escuela secundaria, Rafi' fue alumno de Hussein Youssef Amin, un pionero en pedagogía del arte en la escuela Faruk I, que había residido en América Latina y Europa para volver posteriormente a Egipto con novedosos métodos de enseñanza. Rafi' pasó a estudiar artes decorativas en la Escuela de Bellas Artes de El Cairo y se graduó en 1948. No obstante, empezó a exponer su obra mucho antes gracias a su maestro Amin, quien le animó a participar en una exposición en la biblioteca Qattan de la capital egipcia en 1943, cuando Rafi' tenía apenas 17 años.

Rafi' estuvo influido por los surrealistas, y con el tiempo expondría con el grupo Art et Liberté. Georges Henein era consciente de su talento y le sugirió a André Breton por carta que lo incluyera en la exposición *Surréalisme en 1947*, aunque Rafi' era entonces tan solo un joven miembro de Art et Liberté. El colectivo no tardaría en disgregarse, y en 1946, Amin fundó el Grupo de Arte Contemporáneo, del que Rafi' llegaría a ser un importante integrante, junto con Abdel Hadi el-Gazzar y Hamed Nada. No obstante, fragmentos de las memorias de Rafi' publicados recientemente ponen en entredicho que Amin fundara el grupo; en ellos Rafi' sostiene que fue él quien lo fundó en 1940. Este colectivo estaba preocupado por representar la vida y la cultura popular egipcias con un enfoque surrealista, para lo que recurría a menudo a las narrativas folklóricas y a la magia como temas principales.

Rafi' se trasladó a Francia en 1954 para empezar un doctorado en Historia del Arte en la Soborna. Continuó pintando incansablemente y murió en París en 2004, dejando tras de sí un considerable legado de pinturas y dibujos.

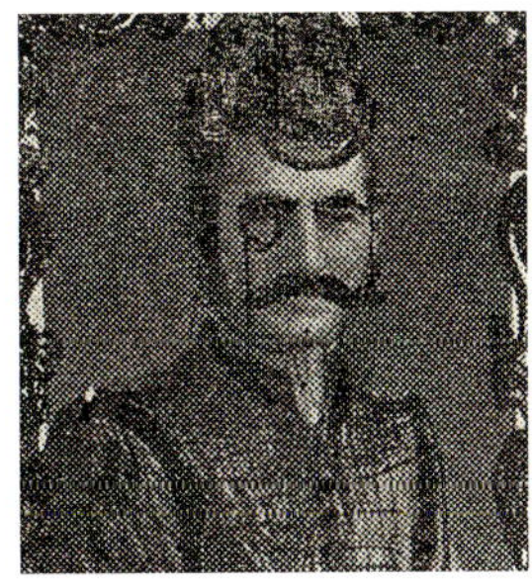

ANGELO DE RIZ
(fechas de nacimiento y muerte desconocidas)

Angelo de Riz fue un pintor anarquista y antifascista italiano que estuvo activo en Egipto entre la década de 1930 y la de 1950. No se conoce mucho acerca de la biografía de este artista; no obstante, se sabe que huyó del régimen fascista de Mussolini y llegó como refugiado a Alejandría a mediados de los años treinta. Más tarde, se trasladó a la capital egipcia, donde fue profesor en el Lycée Français en Bab el-Louq y trabajó como pintor, muralista y decorador.

Puede considerarse a De Riz un pionero del surrealismo en Egipto. En 1937, bajo la dirección de Georges Henein y junto con Ramses Younane y el escritor Émile Simon, coorganizó un congreso para dar a conocer este movimiento al público egipcio. Ese mismo año expuso junto con Jo Schlesinger, otro integrante de Art et Liberté, en la galería Nistri de El Cairo. Además de ser miembro de este grupo, fue uno de los primeros en firmar el manifiesto «Vive l'art dégénéré» [Viva el arte degenerado] en 1938. Participó en exposiciones conjuntas de Art et Liberté durante la guerra, y Georges Henein alabó sus pinturas de carácter onírico. Varios dibujos suyos aparecieron en la efímera revista de arte y literatura *al-Tatawwurr*, publicada en El Cairo en 1940.

Además de esta actividad, De Riz pintó murales en salones de baile en Alejandría y uno en el cine Rivoli en El Cairo. Vivió en Beit el-Dahabieh, una casa situada enfrente de la famosa Maison des Artistes en Darb el-Labbanah, que fue demolida tras su marcha en los años cincuenta.

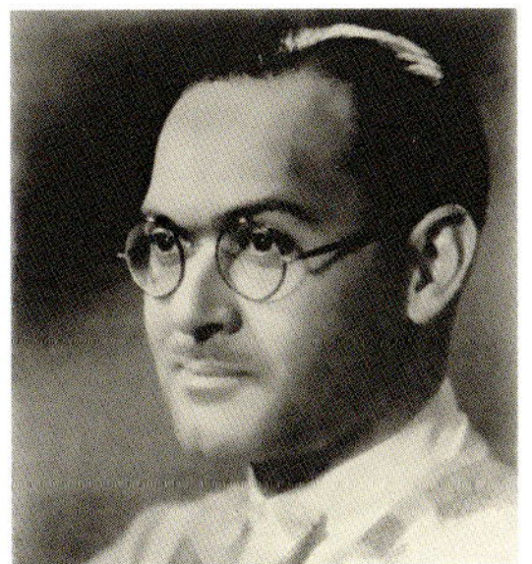

MAHMOUD SAÏD
(1897–1964)

Mahmoud Saïd nació en Alejandría en 1897 en el seno de una acomodada e influyente familia de terratenientes. Su padre, Mohammed Saïd Pasha, se convertiría más tarde en primer ministro de Egipto, y su sobrina llegaría a ser la reina Farida de Egipto.

Aunque Saïd se graduó en la Facultad de Derecho de El Cairo en 1918, anteriormente había estudiado pintura con los artistas italianos Amelia Cassonato y Arturo Zanieri. Tras licenciarse, viajó a París para continuar sus estudios, y se matriculó al mismo tiempo en la Académie de la Grande Chaumière en 1919.

A su regreso a Egipto, trabajó en los tribunales mixtos y continuó ejerciendo como abogado hasta su jubilación en 1949, año a partir del cual se dedicó exclusivamente al arte. Durante su carrera artística, que transcurrió en paralelo a la de abogado, Saïd creó obras que fueron aclamadas tanto por grupos subvencionados por el Estado, como la Société des Amis des Beaux Arts, como por el contestatario y surrealista Art et Liberté. Fue el único artista de los llamados «Pioneros» en exponer con los miembros de Art et Liberté, quienes consideraban que sus extraños y misteriosos retratos, como *Thaat al-Jada'il al-Thahabiyya* [La mujer de los rizos de oro, 1933], tenían un carácter surreal y freudiano, y sondeaban el reino del subconsciente. Saïd también pintó muchos retratos de sociedad y desnudos.

Participó en el Alexandria Atelier y en el Salon du Caire, organizado por la Société anualmente, y también representó a Egipto en las bienales de Venecia y del Mediterráneo en numerosas ocasiones; asimismo, recibió la medalla de oro representando a su país en la Exposición Internacional de París de 1937. Saïd murió en 1964.

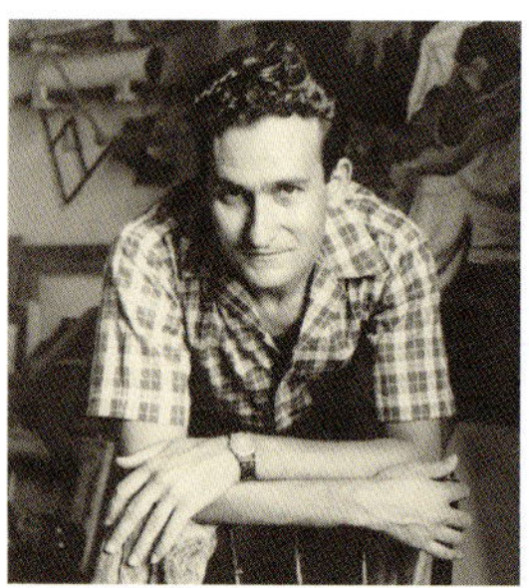

LAURENT MARCEL SALINAS
(1913–2010)

Hijo de madre francesa y padre italiano, Salinas nació en Alejandría en 1913 y pasó su infancia entre la costa mediterránea y Aix-en-Provence, Francia, donde estudió Derecho.

No obstante, estaba principalmente interesado en la pintura y estuvo muy comprometido con el grupo Art et Liberté. Fue uno de los firmantes originales de su manifiesto «Vive l'art dégénéré» [Viva el arte degenerado] y expuso sus pinturas surrealistas, conocidas por su amalgama del hombre y la máquina, en las exposiciones de arte independiente del grupo. También participó en muestras conjuntas con Mahmoud Saïd y Ahmed Nagi en el Alexandria Atelier. Además de pintor, Salinas fue crítico de arte y colaboró regularmente con revistas literarias, como las francófonas *Valeurs* y *Don Quichotte*, que sirvieron de plataforma para muchos de los miembros de Art et Liberté.

Después de la revolución de 1952 en Egipto, Salinas y su familia se vieron obligados a exiliarse, con consecuencias desastrosas para sus finanzas; en este periodo se perdieron muchas de sus pinturas. Durante los años siguientes, siguió pintando y expandió su labor a la litografía y la fotografía en París, donde se convirtió rápidamente en un experto en ambas artes hasta tal punto que Picasso reconoció oficialmente la calidad de la ejecución litográfica de sus veintinueve *Retratos imaginarios*; además, se granjeó el reconocimiento y la admiración de Henri Cartier Bresson. Murió en 2010.

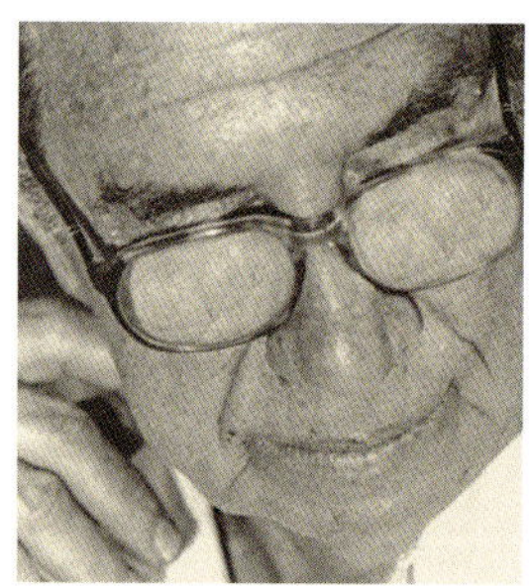

RATEB SEDDIK
(1917-1994)

En sus primeros años de formación artística, Rateb Seddik fue alumno de dos pioneros del arte egipcio, Mohammad Saïd el-Gharably y, posteriormente, Youssef el-Afifi, en la escuela de educación secundaria Saadiyyah. Allí conocería a Kamel el-Telmisany, quien sería miembro de Art et Liberté y su amigo de por vida. En 1936, Seddik se mudó a Londres para estudiar en la Chelsea School of Art. Uno de sus profesores fue el pintor surrealista Robert Medley, quien se trasladaría a El Cairo como soldado durante la Segunda Guerra Mundial y participaría en exposiciones de Art et Liberté.

En 1937, se matriculó en la más progresista Academy of Fine Art de Amédée Ozenfant, donde estudiaba el también egipcio Hamed Saïd. En 1938, tras anunciar Ozenfant que iba a aceptar un puesto de profesor en la Universidad de Yale, Seddik se trasladó a París para estudiar con Fernand Léger. En 1939, conoció a Georges Henein, quien le animó a adoptar un estilo surrealista y le invitó a unirse al grupo Art et Liberté. Una vez estalló la guerra, los dos se encontraron en el mismo barco camino de la capital egipcia desde Marsella.

La primera exposición individual de Seddik en El Cairo tuvo lugar en 1940. Expuso con el grupo Art et Liberté hasta 1942. Su obra de ese periodo es de una naturaleza tenebrosa, marcada por escenas apocalípticas y variaciones surrealistas de la pintura religiosa del Renacimiento. En 1942 se casó con una correligionaria de Art et Liberté, la escultora y poetisa Aïda Schéhadé (1922-1981). Juntos se mudaron a Sudán, donde dieron clases de arte y residieron hasta 1951.

En la década de 1960, la obra de Seddik se tornó más esotérica, con representaciones de figuras mitológicas y profetas. En 1964, fue elegido director de Cairo Atelier, puesto que mantuvo hasta su fallecimiento en 1994. Seddik donó su hogar, completado en 1970 por el legendario arquitecto egipcio Hassan Fathi, al Ministerio de Cultura de Egipto. Actualmente alberga el Museo Rateb Seddik en Al-Mounib.

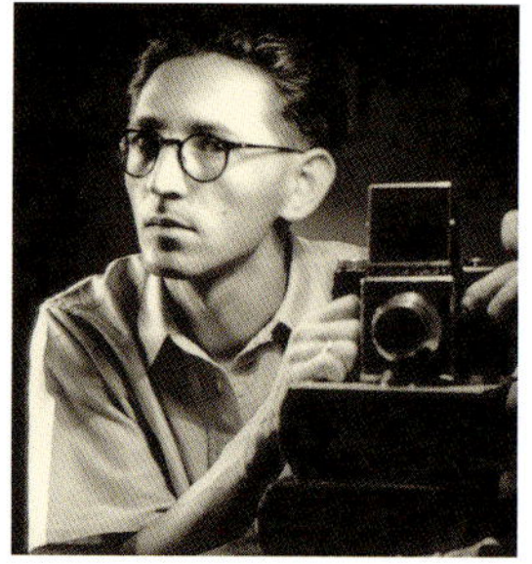

ÉTIENNE SVED
(1914–1996)

Étienne Sved fue un fotógrafo y diseñador gráfico judío de origen húngaro y posteriormente nacionalizado francés. Estudió diseño en Budapest con profesores de la Bauhaus huidos de la Alemania nazi y trabajó como diseñador de carteles comerciales.

Sved se marchó de una Europa oriental cada vez más fascista en 1938 y se asentó en Egipto. Allí realizó trabajos como ilustrador en el periódico *Al-Ahram* y luego en la *Société Orientale de Publications*, donde publicó caricaturas políticas, incluida una serie antinazi que sería reeditada años después en un volumen titulado *Adolf ou à quand le crépuscule des odieux?* [Adolf o, ¿para cuándo el crespúsculo de los odiosos?].

Sved también trabajó para el diario *Le Progès Égyptien*, un puesto que probablemente obtuvo gracias a su amistad con Georges Henein. Allí descubrió la fotografía, disciplina en la que crearía una ingente obra. De acuerdo con las tendencias surrealistas y antifascistas locales, Sved realizó una serie de fotomontajes surrealistas en los primeros años de la década de 1940 que mostraban antiguos monumentos egipcios sin el simbolismo nacional habitual, en directa oposición a artistas egipcios de renombre, como Mahmoud Moukhtar, quien usaba estos símbolos para reforzar narrativas de identidad nacional.

En 1954, Sved publicó una colección de fotografías de su viaje en burro por Egipto, acompañadas de un texto escrito por Tristan Tzara titulado *L'Égypte face à face* [Egipto cara a cara]. Más tarde ilustró *Maalesh*, el diario de Jean Cocteau inspirado en su estancia en el mismo país en 1949.

Posteriormente, Sved se asentó en Francia, donde fundó su propia agencia de *marketing* y editorial de arte. Hasta su muerte en 1996, siguió alternando entre el trabajo editorial y el diseño gráfico —por el que ganó numerosos premios internacionales—, además de sus eclécticas pasiones por la semiología, las artes terapéuticas y la ilustración.

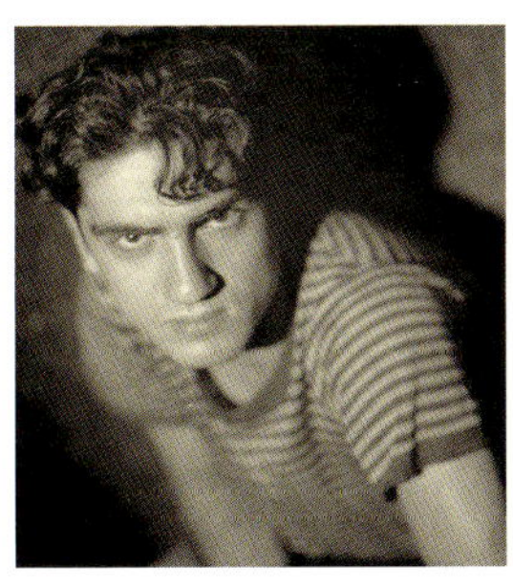

VAN LEO
(1921–2002)

Van Leo fue un fotógrafo de origen armenio-egipcio que se hizo famoso por sus llamativos y glamurosos retratos de celebridades. Nacido como Levon Alexander Boyadjian en 1921, en el seno de una familia armenia que se había trasladado a El Cairo en la década de 1880, Van Leo demostró un temprano interés por la fotografía. En 1940 se matriculó en la American University de la capital egipcia, pero interrumpió su carrera universitaria para centrarse en la fotografía debido a sus malos resultados académicos, y fue aprendiz en los estudios de fotografía Venus, de los que era dueño el también armenio Artinian. En aquella época, la fotografía de estudio estaba principalmente en manos de armenios. Desde 1941 en adelante, Van Leo colaboró con su hermano, y juntos firmaron sus fotografías, primero como Studio Metro y, más tarde, con el nombre de Studio Angelo.

Van Leo realizó autorretratos surrealistas a principios de la década de los cuarenta, lo que le permitió ganarse un lugar en las exposiciones de arte independiente de 1944 y 1945 organizadas por Art et Liberté. Colaboró con Angelo de Riz, pintor y miembro del grupo, en la elaboración de fotomontajes surrealistas, y los domingos por la mañana frecuentaba su casa en Darb al-Labbanah, cerca de la ciudadela, para hablar de estética. Su periodo surrealista fue, no obstante, breve; en 1947 abrió su propio estudio en la calle Fouad, en el centro de El Cairo (hoy en día llamada calle del 26 de julio), se cambió el nombre a Van Leo y produjo fotografías durante más de cincuenta años. Por ese motivo se le recuerda más por sus glamurosos retratos de sociedad, en los que aparecen estrellas del cine egipcio y otras celebridades, como Taha Hussein. Van Leo donó su archivo a la American University de El Cairo antes de su muerte en 2002.

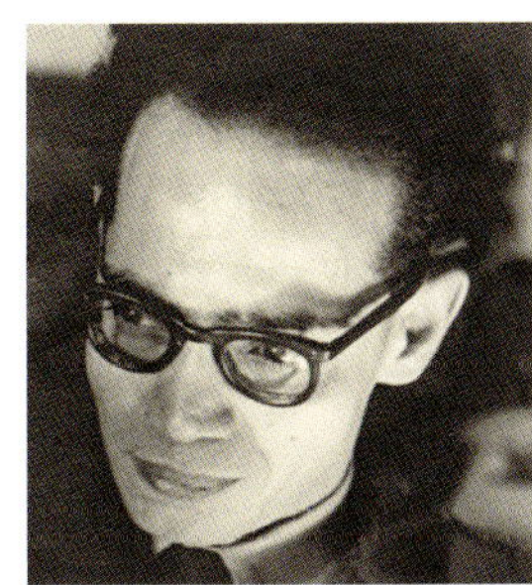

RAMSES YOUNANE
(1913–1966)

Ramses Younane fue un pintor, escritor y traductor egipcio de gran influencia en el movimiento surrealista en Egipto. Nació en el seno de una modesta familia en Minyah, se graduó en la Facultad de Bellas Artes de El Cairo en 1933 y dio clases en varias escuelas públicas del país tras obtener el diploma para ejercer de profesor en 1934.

Al año siguiente, Younane se unió a *Jamaa'at al-di'aya al-fanniyya* [Grupo de defensa de las artes], un colectivo fundado por el artista Habib Gorgui, que reivindicaba la importancia del arte en la educación. Dicho colectivo publicó el libro de Younane, *Ghayat al-rassaam al-'asri* [El propósito del pintor contemporáneo], en 1938. En enero de 1939, Younane se unió, junto con Georges Henein, al grupo antifascista Art et Liberté, recientemente instituido, que había declarado, tan solo unas pocas semanas antes, en su manifiesto «Vive l'art dégénéré» [Viva el arte degenerado], su condena a la persecución de artistas en Europa por parte de los nazis. El escrito fue publicado en *Al-Majallah al-Jadidah* y suscrito por treinta y siete artistas, escritores e intelectuales egipcios y extranjeros. De este modo, se inauguró una serie de muestras de vanguardia surrealista, las exposiciones de arte independiente, organizadas por el grupo a principios de la década de 1940. En ellas se exponía una gama surrealista y vanguardista de pinturas, dibujos, esculturas y fotografías –estas últimas muy inusuales en aquel momento–, realizadas por artistas ignorados en su mayor parte por los colectivos convencionales e institucionales de la época, como la Société des Amis des Beaux-Arts. Durante este periodo, Younane expuso su obra con regularidad y publicó muchos artículos para difundir los principios del surrealismo y demandar justicia social. También tradujo *Une saison en enfer* [Una temporada en el infierno], de Arthur Rimbaud, *Un médecin de campagne* [Un médico rural], de Franz Kafka, y *Caligula* [Calígula], de Albert Camus.

En 1942, se convirtió en redactor jefe de *Al-Majallah al-Jadida*, una revista de tendencia trotskista y plataforma para muchos miembros de Art et Liberté, que dirigió hasta que fue prohibida por el gobierno egipcio en 1944.

Se mudó a París en 1947 después de pasar una corta temporada en prisión, tras lo cual se disgregó Art et Liberté. Trabajó para la Radio Nacional Francesa y después brevemente en la oficina de prensa de la embajada de Egipto. Tras este exilio por razones políticas, regresó a El Cairo en 1956. En 1960, Younane recibió una beca del Ministerio de Cultura de Egipto que le permitiría dedicarse totalmente a la pintura. Su obra fue predominantemente abstracta hasta su muerte en 1966.

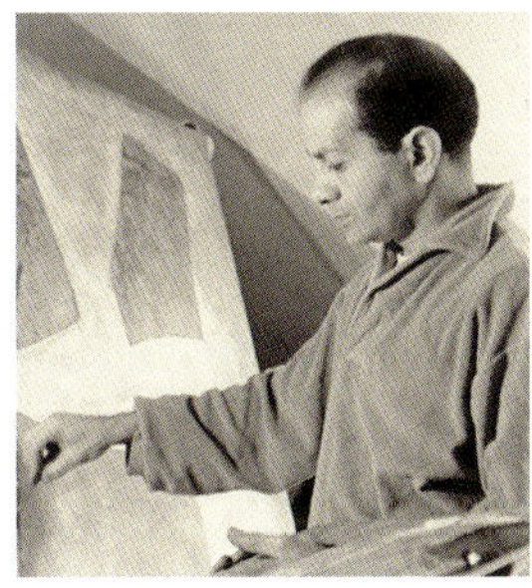

KAMAL YOUSSEF
(Nacido en 1923. Vive en Pittsburgh, Pensilvania)

Kamal Youssef es un pintor e ingeniero civil egipcio. Nacido en 1923 en el seno de una familia acomodada, Youssef estudió ingeniería en la Universidad de El Cairo, y se dedicó seriamente al arte al mismo tiempo. A los dieciséis años, se afilió al grupo Art et Liberté y participó en sus exposiciones de arte independiente en varias ocasiones. Como su colega Inji Efflatoun, Youssef estaba particularmente influido por los escritos de Albert Cossery, miembro también de Art et Liberté, y por sus retratos de los pobres y desfavorecidos de la sociedad egipcia. Sus pinturas a menudo han tratado las tribulaciones de los campesinos, de las que fue testigo al haber pasado temporadas en Masjid al-Khadr, la aldea natal de su padre.

Posteriormente, Kamal Youssef se uniría al Grupo de Arte Contemporáneo, cuyos principales intereses residían en una especie de surrealismo centrado en la vida y el folklore egipcios. También fue alumno de Rateb Seddik, representó a Egipto en varias bienales internacionales y fue objeto de una exposición en solitario en el Museo de Arte Moderno Egipcio.

Tras la revolución de 1952, Youssef se trasladó a París, donde residió durante dos años antes de mudarse a Estados Unidos, país en el que se ha jubilado y en el que continúa pintando. Su obra abarca seis décadas y está fuertemente influida por su amor a la tierra, su aguda conciencia de las desigualdades socioeconómicas y su trabajo con ordenadores a lo largo de su carrera como ingeniero civil.

BIBLIOGRAFÍA

RECOPILADA POR SAM BARDAOUIL

Abaza, Mona. *Twentieth Century Egyptian Art: The Private Collection of Sherwet Shafei.* Cairo: American University in Cairo Press, 2011.

Abbas, Raouf, Assem El-Dessouky, y Peter Gran. *The Large Landowning Class and the Peasantry in Egypt, 1837–1952.* Syracuse, NY: Syracuse University Press, 2011.

Adams, Christopher, et al., eds. *Piety and Pragmatism: Spiritualism in Futurist Art.* Roma: Gangemi Editore, 2010.

Alexandrian, Sarane. *Georges Henein.* París: Éditions Seghers, 1981.

Almarcegui, Patricia. «Orientalism and Post-Orientalism. Ten Years without Edward Said». *Observatory of Euro-Mediterranean Policies,* 2014. http://www.iemed.org/observatori/arees-danalisi/arxius-adjunts/qm20/Orientalism%20and%20Post-Orientalism%20Ten%20Years%20without%20Edward%20Said%20Patricia%20Almarcegui.pdf/view

Ameen, Ghali. «Al-fāshiyya kama yaraha du'ātuhā». *Al-Majallah Al-Jadidah,* 2 (1 de febrero, 1936).

Amin, Hussein Youssef. «Al-fann al-mu'aṣir». *The Second Exhibition of the Contemporary Art Group.* El Cairo: Ministerio de Instrucción Pública, 1948.

Anderson, Benedict. *Imagined Communities: Reflections on the Origin and Spread of Nationalism.* Londres y Nueva York: Verso Editions, 2006.

Apollinaire, Guillaume. *Les Mamelles de Tirésas.* Saint Julien en Genevois: Éditions Arvensa, 1917.

——. «Le Poète Assassiné». *Œuvres en prose complètes.* Vol. 1. París: Gallimard, 1991.

Aragon, Louis. «Communisme et révolution». Citado en Nadeau, Maurice. *Histoire du Surréalisme.* París: Éditions du Seuil, 1944.

«Art et Liberté». *Clé* 2 (febrero 1939).

Grupo Art et Liberté. *Vive L'Art Dégénéré.* El Cairo: Grupo Art et Liberté, 1938. Roland Penrose Archives, Library of the National Gallery of Scotland in Edinburgh, ref. GMA A35/1/1/RPA200.

——. *La Scéance Continue.* El Cairo: C. Tsoumas & Co., 1945.

'Atiyyah, Naïm. *Al-'ain la tazāl 'āshiqa.* El Cairo: Al-hai'a al-'āma li quṣur al-thaqāfa, 1998.

Azar, Aimé. *L'Éveil de la conscience picturale en Égypte.* El Cairo: Imprimerie Française, 1954.

——. *La peinture moderne en Égypte.* El Cairo: Les Éditions Nouvelles, 1961.

Baker, George. *The Artwork Caught by the Tail: Francis Picabia and Dada in Paris.* Cambridge, MA: MIT Press, 2007.

Bal, Mieke. «Grounds of ComParison». *The Artemisia Files: Artemisia Gentileschi for Feminists and Other Thinking People.* Editado por Mieke Bal. Chicago y Londres: University of Chicago Press, 2005.

Balakian, Anna. *Surrealism, the Road to the Absolute.* Chicago: University of Chicago Press, 1986.

Bardaouil, Sam. «Dirty Dark Loud and Hysteric: The Londres and París Surrealist Exhibitions of the 1930s and the Exhibition Practices of the Art and Liberty group in Cairo». *Dada/Surrealism* 19 (2013). http://ir.uiowa.edu/cgi/viewcontent.cgi?article=1273&context=dadasur.

——. «From Monsieur to Effendi: Reflections on Georges Sabbagh, His Art and A Life Spent Between Two Worlds». En Bardaouil, Sam, y Till Fellrath. *Tea with Nefertiti: The Making of the Artwork by the Artist, the Museum, and the Public.* Londres y Doha: Bloomsbury Qatar Foundation Publishing, 2012.

Bauman, Zygmund. *Liquid Life.* Cambridge: Polity, 2005.

Beinin, Joel. «Formation of the Egyptian Working Class». *MERIP Reports* 94 (febrero 1981).

Beinin, Joel, y Zachary Lockman. *Workers on the Nile: Nationalism, Communism, Islam and the Egyptian Working Class, 1882–1954.* El Cairo: American University in Cairo Press, 1998.

Berque, Jacques. *Egypt: Imperialism and Revolution.* Traducido por Jean Stewart. Londres: Faber and Faber, 1972.

Blyth, Sarah Ganz, y Edward D. Powers. *Looking at Dada.* Nueva York, NY: Museum of Modern Art, 2011.

Boidard-Boisson, Cristina. «Georges Henein y el surrealismo». Tesis doctoral, Universidad de Cadiz, España, 1991.

Botman, Selma. *Egypt from Independence to Revolution, 1919–1952.* Syracuse, NY: Syracuse University Press, 1991.

——. *Egypt from Independence to Revolution, 1919–1970.* Syracuse, NY: Syracuse University Press, 1991.

Bouleau, Christophe. «Les peintres de la Maison des Arts». *Photograph, early 1940s.* En Santelli, Serge, ed. Hassan Fathi: Une Ambition Égyptienne. Cairo: L'Institut Français d'Égypte, 2012.

Bowen, Roger. *Many Histories Deep: The Personal Landscape Poets in Egypt, 1940–45.* Londres: Associated University Press, 1995.

Breton, André. «Alentours 1 1931 – 1935». *Œuvres complètes.* Vol. 2. París: Gallimard, 1992.

——. «Après Dada». *Comœdia,* marzo 2012. En Motherwell, Robert, The Dada Painters. Traducido por Ralph Manheim. 2nd ed. Cambridge, MA, y Londres: The Belknap Press of the Harvard University Press, 1989.

——. *Entretiens 1913–1952.* París: Gallimard, 1952.

——. *Manifestoes of Surrealism.* Traducido por Richard Seaver y Helen R. Lane. Ann Arbor: Ann Arbor Paperbacks, University of Michigan Press, 1972.

Brosdkaïa, Nathalia. *Surrealism.* Nueva York: Parkstone International, 2012.

Cannistraro, Philip V., ed. *Historical Dictionary of Fascist Italy.* Westport, CT: Greenwood Press, 1982.

Cavadia, Maria. «Une Exposition d'Amy Nimr». *La Semaine Égyptienne* 3–4 (11 de febrero, 1937).

——. «La 2ème Exposition de L'Art Indépendant». *Images* 601 (18 de marzo, 1941).

Clunas, Craig. «The Art of Global ComParison». *Writing the History of the Global: Challenges for the 21st Century.* Editado por Maxine Berg. Oxford: Oxford University Press 2013.

Cocteau, Jean (texto), y Étienne Sved (fotografías). *Maalesh: Voyages en Égypte.* Marsella: Le Bec en l'air, 2008.

Cole, Juan R. I. *Colonialism and Revolution in the Middle East: Social and Cultural Origins of Egypt's Urabi Movement.* El Cairo: American University in Cairo Press, 2000.

Colla, Elliott. *Conflicted Antiquities: Egyptology, Egyptomania, Egyptian Modernity.* Durham, NC: Duke University Press, 2007.

Cooper, Artemis. *Cairo in the War: 1939–1945.* Londres: Hamish Hamilton, 1989.

Corner, Paul. *The Fascist Party and Popular Opinion in Mussolini's Italy.* Oxford: Oxford University Press, 2012.

Cossery, Albert. *Men God Forgot.* Berkeley: Circle Edition, 1946.

Cossery, Albert. *Men God Forgot.* Traducido por Harold Edwards. San Fransisco: City Lights Books, 1963.

David, Deirdre. *Olivia Manning: A Woman at War.* Oxford: Oxford University Press, 2012.

Davidson, Michael. *The San Fransisco Renaissance: Poetics and Community at Mid-Century.* Cambridge: Cambridge University Press, 1991.

Deeb, Marius. «Labour and Politics in Egypt, 1919–1939». *International Journal of Middle East Studies* 10, n.º 2 (mayo 1979).

Desvaux-Mansour, Marie-Francine. «Le Surréalisme à travers Joyce Mansour: Peinture et Poésie, le miroir du désir». Tesis doctoral Université París I–Sorbonne Panthéon, 2014.

Durrell, Lawrence. En *Hommage à Georges Henein La Part du Sable.* El Cairo: La Part du Sable, 1974.

E. Evans, Trefor, ed. *The Killearn Diaries 1934–46.* Londres: Sidgwick and Jackson, 1972.

Efflatoun, Inji. *Mudhakkarāt Inji Efflatoun.* Editado por Saïd Khayyal. El Cairo: Dar al-thaqafa al-jadīda, 2014.

El-Janabi, Abdel Kader. *The Nile of Surrealism: Surrealist Activities in Egypt, 1936–1952.* París: Arabie-sur-Seine, mayo 1991.

Elkins, James. «Art History as a Global Discipline». *Is Art History Global?* Nueva York y Londres: Routledge, 2007.

Fahmy, Ziad. *Ordinary Egyptians: Creating the Modern Nation through Popular Culture.* Palo Alto, CA: Stanford University Press, 2011.

«Al-fann al-masrī wa al-mujtama'a al-hahder». *Al-Tatawwur* 1 (enero 1940).

Fargues, Nicolas. «Incidences d'un parcours consenti». Tesis de maestría Université París IV-Sorbonne, 1995.

«Al-fāshiyyūn fi maṣr». *Al-Majallah Al-Jadidah* 410 (14 de abril, 1942).

Filipovic, Elena. «Surrealism in 1938: The Exhibition at War». En *Spiteri, Raymond, and Donald LaCoss,* eds. Surrealism, Politics and Culture. Burlington: Ashgate Publishing Limited, 2003.

Forrest, Andrew. *The Spanish Civil War.* Londres: Routledge, 2000.

Frank, Pierre. *The Fourth International: The Long March of the Trotskyists.* Londres: Ink Links, 1979.

Franklin, Rosemont. *André Breton and the First Principles of Surrealism: A Companion Volume to What is Surrealism?: Selected Writings of André Breton.* Londres: Pluto Press, 1978.

El-Gabakhangui, Mohammad Sidqi. *Tarīkh al-ḥaraka al-fanniyya fi misr ila 'ām 1945.* El Cairo: General Egyptian Authority for the Book, 1986.

Gascoyne, David. «Henry Miller». En *Selected Prose: 1934–1996.* Editado por Roger Scott. Londres: Enitharmon Press, 1998.

«Georges Henein: hommage: Études de S. Alexandrian, Marcel Berthie, Raymond Beyeler, Yves Bonnefoy…». *Le pont de l'épée* 71–72 (1981): 106.

Gershoni, Israel. «The Evolution of National Culture in Modern Egypt: Intellectual Formation and Social Diffusion, 1892–1945». *Poetics Today* 13, n.º 2 (verano 1992).

Gershoni, Israel, y James P. Jankowski. *Redefining the Egyptian Nation, 1930–1945.* Cambridge: Cambridge University Press, 2002.

Gharib, Samir. *Al-suriyāliyya fi miṣr.* El Cairo: General Egyptian Book Organization Press, 1998.

Gifford, James. *Personal Modernisms: Anarchist Networks and the Later Avant-Gardes.* Edmonton: University of Alberta Press, 2014.

Golia, Maria. *Photography and Egypt.* Chicago: University of Chicago Press, 2010.

Greely, Robin Adèle. «For an Independent Revolutionary Art». En *Spiteri, Raymond, and Donald LaCoss,* eds. Surrealism, Politics and Culture. Aldershot: Ashgate Publishing Limited, 2003.

«Hal tanjaḥ al-diktatūriyya 'indanā?» *Al-Hilāl* 4 (1 de febrero, 1939).

Hanna, Nelly. *Artisan Entrepreneurs in Cairo and Early-Modern Capitalism (1600-1800).* Syracuse, NY: Syracuse University Press, 2011.

Henein, Georges, y Jo Farna [Joseph Habachi]. «La guerre qui revient». *Le rappel à l'ordure.* El Cairo, 1935.

Henein, Georges. «À contre-cloison». *London Bulletin* 17 (15 de junio, 1939).

——. «Bilan du mouvement surréaliste». *Revue des conférences françaises en Orient* 8 (octubre 1937).

——. «Letter 14». *Lettres: Georges Henein – Henri Calet (Grandes Largeurs).* Association Henri Calet, otoño-invierno 1981.

——. «Lettre à André Gide». *Combat.* 30 de octubre, 1947. En Sarane Alexandrian, Georges Henein. París: Éditions Seghers, 1981.

——. *L'Esprit frappeur: Carnets 1940–1973.* París: Éditions Encre, 1980.

——. *The First Exhibition of Independent Art, February 8–24.* Catálogo de exposición. El Cairo: Grupo Art et Liberté, 1940.

Henein, Georges, a André Breton, 16 de febrero, 1947. Carta inédita, ref. BRT.L.950 (1/2), Archivos Breton, La Bibliothèque Littéraire Jacques Doucet, París.

Henein, Georges. «Les Judas de L'Espagne». *Art et Liberté* 1 (marzo 1939).

Henein, Georges, en El Cairo a André Breton en París, 26 de julio, 1948. Carta inédita, ref. BRT.L.962 1/3. Archivos Georges Breton, La Bibliothèque Littéraire Jacques Doucet, París.

Henein, Georges, a André Breton, 1936. En Kober, Marc, «Georges Henein, reporter de l'universel». *Mélusine*, n.° 25, *L'Universel reportage*. Lausanne: L'Âge d'homme, 2005.

Hentea, Marius. *TaTa Dada: The Real Life and Celestial Adventures of Tristan Tzara.* Cambridge, MA: MIT Press Books, 2014.

Hopkins, David. *Dada and Surrealism: A Very Short Introduction.* Oxford: Oxford University Press, 2004.

«Ila al-fann al-hadīth». *Al-'Imāra* 4, n.° 7-8 (julio 1939).

«Ila aṣḥāb al-abrāj al-'ājiya». *Al-Tatawwur* 1 (enero 1940): 30.

Ismael, Tareq Y., y Rifa'at al-Sa'id. *The Communist Movement in Egypt, 1920-1988.* Syracuse NY: Syracuse University Press, 1990.

Jabès, Edmond. «Le Caire quitté». Entrevista con Carole Naggar y Jacques Hassoun en *Mille et une villes.* París: Autrement, 1985.

Jackson, Ashley. The British Empire and the Second World War. Londres: Hambledon Continuum, 2006.

«Jama'āt al-fann wal ḥurriyya, al-qanūn al-asāsi». *Al-Tatawwur* 1 (enero 1940).

Jankowski, James P. «The Egyptian Blue Shirts and the Egyptian Wafd, 1935-1938». *Middle Eastern Studies* 6, n.° 1 (enero 1970).

Kamel, Anwar. *Al-kitāb al-manbūz.* El Cairo: Majallati Publishers, 1936.

——. «Al-fikr fi khidmat al mujtmama'». *Al-Tatawwur* 1 (enero 1940).

——. *Afyūn al-shu'ūb.* Cairo: Al-Risāla Publishers, 1948.

Kamel, Fouad. «A Pain Waiting to Be Found». *Art et Liberté* 2 (mayo 1939).

——. «Maṣīr al-fann al-hadīth ba'da inhiyār faransa». *Al-Majallah al-Jadida* 434 (15 de septiembre, 1943).

Kane, Patrick. *The Politics of Art in Modern Egypt: Aesthetics, Ideology and Nation Building.* Londres: I.B. Taurus, 2012.

Kantarovitz, Sam. «Yasna'ūn al-mawt». *Al-Tatawwur* 3 (marzo 1940).

Karnouk, Liliane. *Modern Egyptian Art.* El Cairo: American University in Cairo Press, 2005.

Kober, Marc. «The Magic Powers of Ancient Egypt: Georges Henein, André Breton and Horus Schenouda». *Dada/Surrealism* 19, 2013. http://ir.uiowa.edu/cgi/viewcontent. cgi?article=1272&context=dadasur

Kober, Marc. *Georges Henein: L'éclat de la ténacité – Itinéraire d'un écrivain francophone entre Égypte et Europe au xxᵉ siècle.* París: Honoré Champion, 2014.

La Part du sable. El Cairo: Éditions Masses, 1947.

LaCoss, Don. «Egyptian Surrealism and 'Degenerate Art' in 1939». *Arab Studies Journal* 18, n.° 1 (primavera 2010).

Lançon, Daniel. «Le Caire (1934 – 1941): le défi des avant-gardes européennes pour les écrivains égyptiens et pour Georges Henein en particulier». En *Les Métropoles des avant-gardes.* Editado por Edith Kunz y Thomas Hunkeler. Berna: Peter Lang Publishers, 2009.

——. *La Semaine Égyptienne, de 1926 à 1939 ou la littérature comme ailleurs.* HAL Archives Ouvertes, 2011. doi: hal-00872925.

Lewis, Helena. *The Politics of Surrealism.* Nueva York, NY: Paragon House, 1988.

Luthi, Jean-Jacques. «Le Mouvement Surréaliste en Égypte». *Mélusine: Cahiers du centre de recherches sur le surréalisme,* n.° 3: *Marges Non-Frontières,* 1982.

Al-Mallakh, Kamal, y Rushdi Iskandar. *Khamsūn sana min al-fann.* El Cairo: Dar al-Ma'ārif, 1962.

——. *Thamanūn sana min al-fann.* El Cairo: General Egyptian Book Organization Press, 1991.

Matthews, J. H. *An Introduction to Surrealism.* University Park: Pennsylvania State University Press, 1965.

Miller, Henry. «An Open Letter to Surrealists Everywhere». *The Cosmological Eye.* Nueva York: New Directions, 1939.

Mitchell, Timothy. «The World as Exhibition». *Comparative Studies in Society and History* 31, n.° 2 (abril 1989).

Morris, Jan. *Farewell the Trumpets: An Imperial Retreat.* Nueva York: Harcourt, Brace Jovanovich, 1978.

Morsy, Laila. «The Military Clauses of the Anglo-Egyptian Treaty of Friendship and Alliance, 1936». *International Journal of Middle East Studies* 16, n.° 1 (marzo 1984).

Motherwell, Robert. «Some Memories of Pre-Dada: Picabia and Duchamp». *The Dada Painters and Poets.* Nueva York: Wittenborn, Schultz, Inc., 1951.

Moxey, Keith. «Motivating History». *The Art Bulletin* 77, n.° 3 (septiembre 1995).

Muravchik, Joshua. «Enough Said: The False Scholarship of Edward Said». *World Affairs,* marzo/April 2013. http://www.worldaffairsjournal.org/article/enough-said-false-scholarship-edward-said

Naddaf, Sandra. «Mirrored Images: Rifa'a al-Tahtawi and the West». *Alif: Journal of Comparative Poetics* 6 (primavera 1986).

Naguib, Ezz El-Deen. *Fajr al-taswīr al-masri al-hadīth.* El Cairo: Dar al-mustaqbal al-'arabi, 1985.

Nimr, Amy. «The Poetry of Cavafy». *Personal Landscape.* Vol. 2. 1945.

Ostle, Robin. «Egyptian Renaissance Man». *Bulletin of the School of Oriental and African Studies* 57, n.° 1 (1994).

'Oukashah, Abd El-Razek. *dhikrayāt wa a'amāl Samir Rafi'.* El Cairo: General Egyptian Book Organization Press, 2012.

Palermo, Lynn E. «L'Exposition Anticoloniale: Political or Aesthetic Protest?» *French Cultural Studies* 20, n.° 1 (febrero 2009).

Panofsky, Erwin. «The History of Art as a Humanistic Discipline». *The Meaning of the Humanities.* Editado por T. Greene. Princeton, NJ: Princeton University Press, 1940.

Penrose, Roland. «From Egypt». *The London Bulletin* 13 (15 de abril, 1939).

Perrault, Gilles. *A Man Apart: The Life of Henri Curiel.* Londres: Zed Books, 1987.

Pollard, Lisa. *Nurturing the Nation: The Family Politics of Modernizing, Colonizing, and Liberating Egypt, 1805-1923.* Berkeley y Los Angeles: University of California Press, 2005.

Al-Quwaidi, Youssri, y 'Esmat Dawastashy. *Mohammad Naghi kama lam na'rifhu min qabl.* El Cairo, 2009.

Rassim, Ahmed. «Jamā'at al-sharqiyyūn al-judud». *Al-Balagh,* 15 de octubre, 1938.

Al-Razzaz, Mustafa. *Al-fann al-masri al-hadīth – al-qarn al-'ishrīn.* El Cairo: Sección de Bellas Artes, Ministerio Egipcio de la Cultura, 2007.

Read, Herbert. «Children's Art». *Exhibition of Contemporary British Art.* El Cairo: Le Scribe Égyptien, 1945.

——. *To Hell with Culture.* Londres: Routledge Classics, 2002.

Reid, Donald Malcolm. «Cultural Imperialism and Nationalism: The Struggle to Define and Control the Heritage of Arab Art in Egypt». *International Journal of Middle East Studies* 24, n.° 1 (febrero 1992).

——. *Whose Pharaohs? Archeology, Museum, and Egyptian National Identity From Napoleon to World War I.* El Cairo: The American University in Cairo Press, 2002.

Renton, Dave. *Dissident Marxism: Past Voices for Present Times.* Londres: Zed Books, 2004.

Roche, Gérard. «Breton, Trotsky: une collaboration». *Pleine Marge* 3 (1986).

Rogers, John D. «Post-Orientalism and the Interpretation of Premodern and Modern Political Identities; The Case of Sri Lanka». *The Journal of Asian Studies* 53, n.° 1 (febrero 1994).

Rosemont, Franklin. *Black, Brown & Beige: Surrealist Writings from Africa and the Diaspora.* Editado por Robin D. G. Kelley. Austin: University of Texas Press, 7 de diciembre, 2009.

Roux, Pascale. «Georges Henein: écritures polémiques». Tesis doctoral, París III–Université Sorbonne Nouvelle, 2009.

Roux-Cassuto, Pascale. «Georges Henein. Une grande opacité veille sur les êtres». *Le nouveau recueil* (julio–agosto 2006).

Safran, Nadav. *Egypt in Search of Political Community: An Analysis of the Intellectual and Political Evolution of Egypt, 1804–1952.* Cambridge, MA: Harvard University Press, 1961.

Said, Edward W. *Culture and Imperialism.* Nueva York: Vintage Books, 1994.

Al-Saïd, Rif'at. *Tarīkh al-ḥaraka al-shuyu'iyya al-maṣriyya.* Vol. 2. *Al-ṣaḥafa al-'alaniyya, 1925–1952.* El Cairo: Sharikat al-'amal lil-tiba'ah wa-l-nashr wa-l-tawzee', 1987.

Salmawy, Mohamed, y Mustafa El-Razzaz. *Mohammad Mahmoud Khalil.* El Cairo: Ministerio de la Cultura, 1995.

Schaffner, Anna Katharina. «Dissecting the Order of Signs: On the Textual Politics of Dada Poetcs». En Adamowicz, Elza, y Eric Roberson. *Dada and Beyond.* Vol. 1. *Dada Discourses.* Amsterdam: Rodopi Brill Editions, 2011.

Seggerman, Alexandra Dika. «Al-Tatawwur (Evolution): An Enhanced Timeline of Egyptian Surrealism». *Dada/Surrealism* 19 (2013). http://ir.uiowa.edu/cgi/viewcontent. cgi?article=1269&context=dadasur

Shabout, Nada. «The Challenge of Arab Modern Art». En *The Future of Tradition – The Tradition of Future.* Editado por Chris Dercon, Leon Krempel, y Avinoam Shalem. Munich: Prestel, 2010.

Shohat, Ella. «The 'Postcolonial' in Translation: Reading Said in Hebrew». *Journal in Palestine Studies* 33, n.° 3 (primavera 2004).

Short, Robert. «The Politics of Surrealism, 1920–36». *Journal Contemporary History* 1, n.° 2. *Left-Wing Intellectuals between the Wars* (1966.)

Spiteri, Raymond, y Donald LaCoss, eds. «Introduction: Revolution by Night: Surrealism, Politics and Culture». En *Surrealism, Politics and Culture.* Aldershot: Ashgate Publishing Limited, 2003.

Stone, Douglas. *Henry Miller and the Villa Seurat Circle.* Irvine: University of California Press, 1973.

«Al-suriyalism». *Al-Majallah Al-Jadidah* 420 (28 de junio, 1942).

«Surrealism and Its Others». *Yale French Studies* 109 (11 de julio, 2006).

Sus, Nasri 'Atallah. «Fann munḥatt biraghm dhalik». *Al-Risāla* 316 (24 de julio, 1939).

——. «Ḥawl al-fann al-munḥatt – kalima akhīra». *Al-Risāla* 319 (14 de agosto, 1939).

Al-Tahtawi, Rifa'a. *Al-a'māl al-kāmila.* Vol. 2. Beirut: Al-mu'assasa al-'arabiyya li-l-dirasat wa-l-nashr, 1973.

El-Telmisany, Kamel. «Ḥawl al-fann al-munḥatt». *Al-Risāla* 321 (28 de agosto, 1939).

——. «Nahw fann ḥurr». *Al-Tatawwur* 1 (enero 1940).

——. «Al-insāniyya wa al-fann al-hadīth». *Al-Tatawwur* 2 (febrero 1940).

——. «Al-ma'raḍ al-awwal lil fann al-ḥurr». *Al-Tatawwur* 3 (marzo 1940).

Vilar, Pierre, en colaboración con Marc Kober y Daniel Lançon. *Georges Henein, Œuvres.* París: Denoël, 2006.

Volait, Mercedes. «La requalification d'un ensemble urbain créé au xxᵉ siècle en Égypte, Héliopolis (1905–2005)». En *Conquérir la ville.* Editado por Ziad Akl y Nabil Beyhum. Beirut: Académie Libanaise des Beaux-Arts, junio 2006 y Université de Balmand 2009.

Volait, Mercedes, y Jean-Baptiste Minnaert. «Héliopolis: Création et assimilation d'une ville européene en Egypte au xxᵉ siècle». *Villes rattachées, villes reconfigurées: xvⁱᵉ-xxᵉ siècles.* Editado por Denise Turrel. Tours: Presses de l'Université François-Rabelais, 2003.

Williams, Caroline. «Twentieth Century Egyptian Art: The Pioneers, 1920–52». *Re-envisioning Egypt: 1919-1952.* Editado por Arthur Golschmidt, Amy Johnson, y Barak A. Salmoni. El Cairo y Nueva York: American University in Cairo Press, 2005.

Younane, Ramses. *Ghāyat al-rassām al-'asri.* El Cairo: Jamā'at al-di'āayah al-fanniyya, 1938.

——. «Ḥarakat al-suriyalism». *Al-Risāla* 322 (4 de septiembre, 1939).

——. «Al-faqr mas'ala 'iṭima'iyya». *Al-Risāla* 427 (8 de septiembre, 1941).

——. «Al-ḥaraka al-fanniyya bayn al-maḥaliyya wal 'ālamiyya». *Al-fikr al-mu'aṣir* 17 (1 de julio, 1966).

——. *Dirasāt fi al-fann.* With an introduction by Louis Awad. El Cairo: Dār al-kātib al-'arabi li-l-tiba'ah wa-l-nashr, 1969.

Younan, Sonia (hija de Ramses Younane). Conversación con el autor. París, 24 de noviembre, 2011.

Zijlmans, Kitty. «An Intercultural Perspective in Art History: beyond Othering and Appropriation». En *Is Art History Global?* Editado por James Elkins. Nueva York y Londres: Routledge, 2007.

Zouari, Fawzia. «En débatant du futurisme». En *Entre Nil et sable: Écrivains d'Égypte d'expression française (1920 – 1960).* Editado por Marc Kober, Irène Fenoglio, y Daniel Lançon. París: Centre national de documentation pédagogique, 1999.